Die grundrechtliche Schutzbereichsbegrenzung

STUDIEN UND MATERIALIEN ZUM ÖFFENTLICHEN RECHT

Herausgegeben von Herbert Bethge

Band 40

PETER LANG
Frankfurt am Main · Berlin · Bern · Bruxelles · New York · Oxford · Wien

Katja Arnold

Die grundrechtliche Schutzbereichsbegrenzung

PETER LANG
Internationaler Verlag der Wissenschaften

Bibliografische Information der Deutschen Nationalbibliothek
Die Deutsche Nationalbibliothek verzeichnet diese Publikation in der Deutschen Nationalbibliografie; detaillierte bibliografische Daten sind im Internet über http://dnb.d-nb.de abrufbar.

Zugl.: Passau, Univ., Diss., 2011

Umschlaggestaltung:
Olaf Glöckler, Atelier Platen, Friedberg

D 739
ISSN 1433-1500
ISBN 978-3-631-61674-1

www.peterlang.de

Meinen Eltern

Vorwort

Die vorliegende Arbeit wurde im Juli 2010 abgeschlossen und im Wintersemester 2010/2011 an der Universität Passau als Dissertation angenommen. Sie konnte im Frühjahr 2011 vor der Drucklegung aktualisiert werden.

Besonders herzlich danken möchte ich zu allererst meinem Doktorvater Herrn Professor Dr. Rainer Wernsmann, an dessen Lehrstuhl ich während des Entstehens der Arbeit als wissenschaftliche Mitarbeiterin tätig sein durfte. Er stand mir bei Fragen und Problemen in fachlicher Hinsicht stets zur Seite und ließ mir zugleich von der Themenwahl bis zum Abschluss Arbeit den nötigen Freiraum zur selbstständigen wissenschaftlichen Beschäftigung.

Mein herzlicher Dank gilt auch Herrn Professor Dr. Ralf Müller-Terpitz für die Erstellung des ausführlichen Zweitgutachtens.

Weiterhin möchte ich meinen ehemaligen Kolleginnen und Kollegen vom Lehrstuhl für das schöne Miteinander und die gute Atmosphäre im Büro danken.

Besonderer Dank gebührt außerdem Frau Dr. Cäcilie Lüneborg und Herrn Jens Bruns für die mühevolle Durchsicht der Arbeit, die kritischen Gespräche und den Rückhalt, den sie mir boten.

Schließlich möchte ich meinen Eltern danken, von denen ich immerzu in allen Belangen Unterstützung und Zuspruch erfahren habe. Ihnen ist dieses Buch gewidmet.

Inhaltsverzeichnis

Abkürzungsverzeichnis

a.a.O.	am angegebenen Orte
AEUV	Vertrag über die Arbeitsweise der Europäischen Union
AfP	Zeitschrift für Medien- und Kommunikationsrecht
AöR	Archiv des öffentlichen Rechts
AuR	Arbeit und Recht
Ausg.	Ausgabe
BayVersG	Bayerisches Versammlungsgesetz
BayVBl.	Bayerische Verwaltungsblätter
BB	Betriebs-Berater
BerlVgG	Berliner Vergabegesetz
BGB	Bürgerliches Gesetzbuch
BGH	Bundesgerichtshof
BremHochSchG	Bremisches Hochschulgesetz
BSG	Bundessozialgericht
BVerfG	Bundesverfassungsgericht
BVerfGE	Sammlung der Entscheidungen des Bundesverfassungsgerichts
BVerfGG	Bundesverfassungsgerichtsgesetz
BVerwG	Bundesverwaltungsgericht
BVerwGE	Sammlung der Entscheidungen des Bundesverwaltungsgerichts
Der Staat	Zeitschrift für Staatslehre und Verfassungsgeschichte, deutsches und europäisches öffentliches Recht
Die Verwaltung	Zeitschrift für Verwaltungsrecht und Verwaltungswissenschaften
DÖV	Die Öffentliche Verwaltung
DVBl.	Deutsches Verwaltungsblatt
Einl.	Einleitung
EGMR	Europäischer Gerichtshof für Menschenrechte
EMRK	Europäische Menschenrechtskonvention
EuG	Gericht der Europäischen Union
EuGH	Europäischer Gerichtshof
EU-GRCh	EU-Grundrechte-Charta
EuGRZ	Europäische Grundrechte-Zeitschrift
EuR	Europarecht

EUV	Vertrag über die Europäische Union
EWS	Europäisches Wirtschafts- und Steuerrecht
GG	Grundgesetz
GKG	Gerichtskostengesetz
GRUR	Gewerblicher Rechtsschutz und Urheberrecht
GWB	Gesetz gegen Wettbewerbsbeschränkungen
Halbs.	Halbsatz
HessHochSchG	Hessisches Hochschulgesetz
h.M.	herrschende Meinung
i.e.S.	im engeren Sinne
i.S.d.	im Sinne des
i.S.v.	im Sinne von
i.w.S.	im weiteren Sinne
i.V.m.	in Verbindung mit
JA	Juristische Arbeitsblätter
Jura	Juristische Ausbildung
JuS	Juristische Schulung
JZ	Juristenzeitung
KostRMoG	Gesetz zur Modernisierung des Kostenrechts
LG	Landgericht
Ls.	Leitsatz
LSG	Landessozialgericht
m.w.N.	mit weiteren Nachweisen
NJW	Neue Juristische Wochenschrift
NVwZ	Neue Zeitschrift für Verwaltungsrecht
NZA	Neue Zeitschrift für Arbeitsrecht
NZBau	Neue Zeitschrift für Baurecht und Vergaberecht
NZS	Neue Zeitschrift für Sozialrecht
OLG	Oberlandesgericht
OVG	Oberverwaltungsgericht
RdA	Recht der Arbeit
Rn.	Randnummer

RVG	Gesetz über die Vergütung der Rechtsanwältinnen und Rechtsanwälte
RW	Rechtswissenschaft
SachsAnhHochSchG	Hochschulgesetz des Landes Sachsen-Anhalt
SächsVersG	Sächsisches Versammlungsgesetz
SGB V	Sozialgesetzbuch Fünftes Buch
Slg.	Sammlung
st. Rspr.	ständige Rechtsprechung
TVG	Tarifvertragsgesetz
VergabeR	Zeitschrift für das gesamte Vergaberecht
VersammelG LSA	Gesetz des Landes Sachsen-Anhalt über Versammlungen und Aufzüge
VersG	Versammlungsgesetz
VerwArch	Verwaltungsarchiv
VG	Verwaltungsgericht
Vorb.	Vorbemerkungen
VSG NRW	Verfassungsschutzgesetz Nordrhein-Westfalen
VVDStRL	Veröffentlichungen der Vereinigung der Deutschen Staatsrechtslehrer
ZRP	Zeitschrift für Rechtspolitik
ZUM	Zeitschrift für Urheber- und Medienrecht

A. Einleitung

I. Begriffsbestimmungen

In der Rechtsprechung des Ersten Senats des Bundesverfassungsgerichts ist seit geraumer Zeit die Tendenz verfolgbar, die Schutzbereiche der Freiheitsgrundrechte zunehmend enger zu fassen.[1] Zugleich billigt der Senat dem parlamentarischen Gesetzgeber einen immer weiteren Spielraum bei der einfachgesetzlichen Ausformung der grundrechtlichen Gewährleistungen zu.[2] Manch einer sieht diese Entwicklung in engem Zusammenhang mit dem Wirken eines ehemaligen Richters am Bundesverfassungsgericht.[3] Einige Stimmen in der Rechtswissenschaft proklamieren in Anbetracht der sich abzeichnenden Tendenzen bereits einen Paradigmenwechsel in der Grundrechtsdogmatik.[4] Bisherige Reaktionen im Schrifttum reichen von jubelnder Befürwortung[5] über bloße Kenntnisnahme[6] bis hin zur endzeitlich anmutenden Prophezeiung der Mutation der Bundesrepublik Deutschland zum Jurisdiktionsstaat.[7] Angesichts eines breit gefächerten Meinungsspektrums zur Thematik der Schutzbereichsbestimmung, die schlech-

---

1 Hier seien zunächst beispielhaft genannt: BVerfG, NJW 2001, 2459 – „Fuckparade" / „Love Parade"; BVerfGE 105, 252 – Glykol; BVerfGE 105, 279 – Osho.

2 Bspw. geschehen in: BVerfGE 84, 372 (378) – Lohnsteuerhilfeverein; BVerfG, NJW 1992, 1747 (1748) – Instanzenzug für Unterhaltsstreitigkeiten; BVerfGE 103, 44 (59 ff.) – Fernsehaufnahmen im Gerichtssaal II; 119, 181 (214) – Rundfunkfinanzierungsstaatsvertrag.

3 So Rixen, Sozialrecht als öffentliches Wirtschaftsrecht, S. 240, in Bezug auf den Richter Hoffmann-Riem: „Man betreibt keine unziemliche Richtersoziologie, wenn man gewisse Parallelen zwischen den jüngsten Judikaten und dem publizierten Denken eines Richters des Ersten Senats ausmacht. Ihn darf man (…) mit Fug und Recht als spiritus rector eines über die Anlassfälle weit hinaus weisenden grundrechtstheoretischen Umwertungsprojekts bezeichnen." Moderater Breyer, NVwZ 2008, 824 (825); Höfling, in: Muckel (Hrsg.), Kirche und Religion im sozialen Rechtsstaat, S. 329 (337); Murswiek, Der Staat 45 (2006), 473 (486): „Hauptpromotor"; Rusteberg, Der grundrechtliche Gewährleistungsgehalt, S. 93.

4 Vgl. Kahl, Der Staat 43 (2004), 167 (169); Martins, DÖV 2007, 456 (462); Möllers, NJW 2005, 1973; Zuck, JZ 2008, 291.

5 Hoffmann-Riem, Der Staat 43 (2004), 203.

6 In diesem Sinne Cornils, Die Ausgestaltung der Grundrechte, S. 34.

7 Nochmals Kahl, Der Staat 43 (2004), 176 (169); etwas zurückhaltender Sodan, NJW 2003, 257, der im „erheblichen Wandel" der Judikatur des BVerfG durchaus „Anlass zur Besorgnis" sieht. Die Entwicklung zum Richterstaat hingegen grundsätzlich befürwortend Rüthers, NJW 2009, 1461 (1462).

terdings über die Reichweite des dem Einzelnen zuerkannten Freiheitsraums bei Wahrnehmung seiner Grundrechte entscheidet, soll die vom Bundesverfassungsgericht bemühte Schutzbereichsbegrenzung einer kritischen Analyse unterzogen werden.

Bevor mit der eigentlichen Untersuchung begonnen werden kann, bedarf es einer Klärung der einschlägigen Begrifflichkeiten. Wegen der inneren Zusammenhänge der Schutzbereichsbegrenzung mit der Grundrechtsausgestaltung soll auch letztere Figur vorgestellt werden. Es wird gezeigt, dass sich beide Konstellationen unter den Oberbegriff der Schutzbereichsbegrenzung i.w.S. fassen lassen. Schließlich werden die Unterschiede zwischen den beiden dogmatischen Konstellationen herausgestellt, bevor auf die Problematik der Schutzbereichsbegrenzung eingegangen und der Fortgang der Arbeit geklärt wird.

1. Die Schutzbereichsbegrenzung

Unter dem Terminus der Schutzbereichsbegrenzung, für den synonym die Begriffe „Schutzbereichskonkretisierung“[8], „Schutzbereichsverengung“[9], „immanente Grenze“ [10], „Grundrechtsbegrenzung“ [11] und „Grundrechtskonkretisierung“[12] in Gebrauch sind, wird zunächst pauschal der Vorgang der engeren Bestimmung des Schutzbereichs eines Freiheitsgrundrechts durch das BVerfG im Rahmen des ersten Prüfungsschritts einer Grundrechtsprüfung verstanden. Bestimmte Verhaltensweisen eines Grundrechtsträgers unterfallen zwar rein ihrem Wortlaut nach dem jeweiligen Schutzbereich, werden unter Heranziehung wechselnder Kriterien aber doch aus dem garantierten Freiheitsschutz ausgesondert.

Die Figur der Schutzbereichsbegrenzung fiel in der Rechtsprechung des BVerfG erstmals in der Entscheidung des Falles „Naegeli“[13], des sog. Sprayers von Zürich, im Jahre 1984 auf, als damals der Zweite Senat des BVerfG der künstlerischen Betätigung, die fremdes Eigentum für sich in Anspruch nimmt, die Berufung auf die grundrechtlich garantierte Kunstfreiheit verweigerte. Namentlich betreffend die Grundrechte der Religionsfreiheit[14], der Kunstfreiheit[15],

8 Etwa Holoubek, Der Grundrechtseingriff – Überlegungen zu einer grundrechtsdogmatischen Figur im Wandel, in: Merten/Papier (Hrsg.), Grundsatzfragen der Grundrechtsdogmatik, S. 17 (28).

9 Klement, Verantwortung, S. 497.

10 Vgl. Borowski, Grundrechte als Prinzipien, S. 39.

11 Sachs, in: ders. (Hrsg.), Grundgesetz, Vor Art. 1 Rn. 96.

12 Hoffmann-Riem, Enge oder weite Gewährleistungsgehalte, in: Bäuerle (Hrsg.), Haben wir wirklich Recht?, S. 53 (59).

13 BVerfG, NJW 1984, 1293 ff. – Naegeli

14 BVerfGE 105, 279 ff. – Osho; BVerfG, NJW 2002, 3458 ff. – Scientology.

der Versammlungsfreiheit[16] und der Berufsfreiheit[17] flammte die Schutzbereichsbegrenzung in späteren Entscheidungen des BVerfG mit neuer Kraft und Konsequenz auf.

Das der Schutzbereichsbegrenzung eigene Aussortieren menschlicher Verhaltensweisen aus den grundrechtlichen Schutzbereichen beruht mitunter auf dem Bemühen der historisch-genetischen Auslegungsmethode[18], auf dem Aufspüren eines „Funktionsvorbehalts“[19] oder auf der Zugrundelegung einer „Verantwortungsdogmatik“[20]. Die Figur stützt sich folglich auf eine erstaunlich heterogene Begründungsstruktur.

Mit der vielgestaltigen Erscheinung der Schutzbereichsbegrenzung mag es zusammenhängen, dass, soweit ersichtlich, kein geschlossenes Konzept zur dogmatischen Erschließung des nach grundrechtsdogmatischen Maßstäben neuartigen Konstrukts entwickelt wurde. Im Gegenteil: Wenn sie überhaupt ausdrücklich Erwähnung findet, wird die Figur der Schutzbereichsbegrenzung oftmals in wenigen Sätzen abgehandelt, ohne dass auf ihre konstruktive Besonderheit geschweige denn ihre Hintergründe eingegangen wird.

2. Die Grundrechtsausgestaltung

Im Vergleich zur Schutzbereichsbegrenzung erfreut sich die Figur der Grundrechtsausgestaltung großer Beachtung in der wissenschaftlichen Diskussion.[21] Der Begriff der „Grundrechtsausgestaltung“ beschreibt das Vorgehen des einfachen Gesetzgebers, den grundrechtlichen Schutzbereich durch materielle, organisatorische und verfahrensrechtliche Regelungen näher zu bestimmen bzw. auszuformen.[22] Verfassungsrechtliche Schutzgüter erfahren durch das einfache Recht eine nähere Konturierung. Sie werden konkretisiert[23], zuweilen gar erst

15 Siehe unten S. 93 ff.

16 Vgl. unten S. 119 ff.

17 Unten S. 137 ff.

18 Böckenförde, Der Staat 42 (2003), 186.

19 Dies beobachtend Möllers, NJW 2005, 1976; tendenziell ähnlich Jarass, AöR 110 (1985), 363 (394).

20 In diesem Sinne Klement, Verantwortung, S. 496.

21 So haben sich etwa Morgenthaler, Freiheit durch Gesetz (1999), Gellermann, Grundrechte im einfachgesetzlichen Gewande (2000), Cornils, Die Ausgestaltung der Grundrechte (2005) und Bumke, Ausgestaltung von Grundrechten (2009) in jüngster Zeit umfassend mit der Thematik der Grundrechtsausgestaltung auseinandergesetzt.

22 Hesse, Grundzüge des Verfassungsrechts, Rn. 303.

23 Bethge, NJW 1982, 1 (4).

konstituiert.[24] Es geht um eine vom Eingriffsbegriff abzugrenzende Kategorie, der alle Normen unterfallen, die „irgend etwas“[25] mit dem, was ein Grundrecht umfasst, zu tun haben, ohne dass sie dem Einzelnen ein Verhalten, das in den Schutzbereich eines Grundrechts fällt, verwehren.[26] Der Legislative kommt bei dieser das Verfassungsrecht mitgestaltenden Funktion[27] ein weiter Gestaltungsspielraum zu.[28]

Als Legitimationsstränge für die inhaltsbestimmende Tätigkeit des Gesetzgebers werden die „Normgeprägtheit“[29] einiger Grundrechte[30], die Erfüllung grundrechtlicher Schutzpflichten basierend auf dem objektiv-rechtlichen Verständnis der Grundrechte als Wertordnung[31], die Koordination von Grundrechtskonflikten zwischen verschiedenen Grundrechtsträgern[32] sowie die Verbürgung von Institutsgarantien im Grundgesetz[33], welche fortwährend nach einfachgesetzlicher Ausformung verlangen, angeführt.[34]

Von einer einheitlichen Terminologie für die Kategorie der Ausgestaltung kann keine Rede sein.[35] So finden sich z.B. die Begriffe der „Grundrechtsaktua-

---

24 Gleichsinnig Böckenförde, Der Staat 42 (2003), S. 168.

25 Alexy, Theorie der Grundrechte, S. 300; ebenso Engels, RdA 2008, 331 (333).

26 Ähnlich Degenhart, Grundrechtsausgestaltung und Grundrechtsbeschränkung, in: Merten/Papier (Hrsg.), Handbuch der Grundrechte III, § 61 Rn. 9.

27 So Häberle, Die Wesensgehaltgarantie des Art. 19 Abs. 2 GG, S. 181.

28 In Bezug auf Art. 5 III GG: BVerfGE 66, 155 (177) – Hochschule Hannover; vgl. auch Häberle, Die Wesensgehaltgarantie des Art. 19 Abs. 2 GG, S. 186.

29 Zum Begriff vgl. unten S. 25.

30 Hoffmann-Riem, Enge oder weite Gewährleistungsgehalte?, in: Bäuerle (Hrsg.), Haben wir wirklich Recht?, S. 53 (58); Kingreen, Jura 1997, 401 (403).

31 Bumke, Der Grundrechtsvorbehalt, S. 58; Hoffmann-Riem, Enge oder weite Gewährleistungsgehalte?, in: Bäuerle (Hrsg.), Haben wir wirklich Recht?, S. 53 (57 f.); Jestaedt, Grundrechtsentfaltung im Gesetz, S. 73; Ruck, AöR 117 (1992), 543 (546). Den generellen Nutzen der objektiv-rechtlichen Grundrechtsdimension anzweifelnd Lindner, Theorie der Grundrechtsdogmatik, S. 435 ff. Gegen die Bezeichnung der Wertentscheidungsseite der Grundrechte als objektiv-rechtlich Jarass, AöR 110 (1985), 363 (368).

32 Vgl. BVerfGE 89, 276 (286 ff.) – § 611a BGB. Siehe auch Gellermann, Grundrechte im einfachgesetzlichen Gewande, S. 222 ff.

33 Jarass, AöR 110 (1985), 363 (390); Häberle, Die Wesensgehaltgarantie des Art. 19 Abs. 2 GG, S. 165.

34 Mager, Einrichtungsgarantien, S. 432.

35 Lerche, in: Isensee/Kirchhof (Hrsg.), Handbuch des Staatsrechts V, § 121 Rn. 38, der selbst von „Grundrechtsprägung“ spricht; vgl. auch Degenhart, Grundrechtsausgestaltung und Grundrechtsbeschränkung, in: Merten/Papier (Hrsg.), Handbuch der Grundrechte III, § 61 Rn. 8; Gellermann, Grundrechte im einfachgesetzlichen Gewande, S. 14 f.; Rixen, Sozialrecht als öffentliches Wirtschaftsrecht, S. 245.

lisierung“[36], der „mittelbaren Schutzbereichsverkürzung“[37] und der „Grundrechtsprägung“[38] in synonymer Verwendung. Selbst diejenigen, die sich auf den Begriff der Grundrechtsausgestaltung festgelegt haben, verbinden damit unterschiedliche Inhalte.[39]

Bereits die eingangs angeführte Definition, wonach Ausgestaltung etwas ist, was „irgendetwas“ mit einem Freiheitsgrundrecht zu tun hat, ohne beschränkend zu wirken, lässt vermuten, dass sich die Figur der Grundrechtsausgestaltung nur schwerlich von der des Grundrechtseingriffs abgrenzen lässt.[40] Eine trennscharfe Unterscheidung ist jedoch sowohl im Hinblick auf möglicherweise verschiedene Rechtfertigungsanforderungen[41] als auch eingedenk des verfassungsgerichtlichen Kontrollmaßstabs gegenüber gesetzgeberischem Handeln angezeigt.[42]

a. Grundrechtsausgestaltung als allgemeine dogmatische Figur?

Bevor die Möglichkeit der akkuraten Abgrenzung zwischen Ausgestaltung und Eingriff weiterverfolgt wird, ist zu hinterfragen, bei welchen Grundrechten sich das Abgrenzungsproblem überhaupt stellt, weil sie der Ausgestaltung prinzipiell zugänglich sind. Eine fundierte Antwort macht zunächst die Beleuchtung der Hintergründe der Ausgestaltung erforderlich.

Der Grundrechtsausgestaltung liegt die Erkenntnis zu Grunde, dass (manche) Grundrechte noch nicht aus sich selbst heraus (abschließend) bestimmte Freiheitspositionen vermitteln können, sondern vielmehr der Ausformung durch den einfachen Gesetzgeber bedürfen. Aufgrund der den Grundrechten eigenen offenen Formulierung ist zuweilen eine Konkretisierung erforderlich.[43] Der Gesetzgeber, der als unmittelbar demokratisch gewähltes Organ von der Verfas-

36 Bethge, Der Staat 24 (1985), 366; Häberle, Die Wesensgehaltgarantie des Art. 19 Abs. 2 GG, S. 184.

37 Kahl, Der Staat 43 (2004), 167 (175 Fn. 46).

38 Lerche, Übermaß und Verfassungsrecht, S. 112 ff.

39 Gleichsinnig Alexy, Theorie der Grundrechte, S. 302.

40 Bethge, DÖV 2002, 673 (680); Hoffmann-Riem, Enge oder weite Gewährleistungsgehalte?, in: Bäuerle (Hrsg.), Haben wir wirklich Recht?, S. 53 (58).

41 Bumke, Die Verwaltung 37 (2004), 3 (25); ähnlich Ruck, AöR 117 (1992), 543 (544); ebenso Gellermann, Grundrechte im einfachgesetzlichen Gewande, S. 54 ff. Vgl. etwa zur Frage, ob bei Inhaltsbestimmungen i.S.d. Art. 14 I 2 GG auch das Verhältnismäßigkeitsprinzip anzuwenden ist, Ehlers, VVDStRL 51 (1992), 211 (226 ff.), der dies mit der h.M. bejaht.

42 Gellermann, Grundrechte im einfachgesetzlichen Gewande, S. 80.

43 Bumke, Ausgestaltung von Grundrechten, S. 12; Morgenthaler, Freiheit durch Gesetz, S. 35.

sung dazu prädestiniert ist[44], formt grundrechtlich garantierte Freiheit so weit aus, dass sie vom Individuum in Anspruch genommen werden kann. Freiheit wird dadurch effektiv, dass sie durch das Recht vermittelt und in die Rechtsordnung eingebunden wird.[45] In diesem Zusammenhang garantieren Grundrechte nicht nur Freiheit vom Gesetz, sondern auch Freiheit durch Gesetz.[46] Sie stellen dann sowohl die Grenzen als auch den Gegenstand der Gesetzgebung dar.[47]

Der Ausgestaltungslehre zufolge erfüllt der Gesetzgeber denn auch im Bereich der Grundrechte eine doppelte Funktion: Er wird begrenzend und ausgestaltend tätig.[48] Die Grundrechte fungieren dabei als Kompetenznormen. Ihr objektiv-rechtlicher Gehalt vermittelt dem Gesetzgeber die Ausgestaltungskompetenz. Der grundrechtliche Ausgestaltungsauftrag[49] wird für den einfachen Gesetzgeber zur Aufgabe, wird Ausgestaltungspflicht.

Auf dem Gebiet der Ausgestaltung übernimmt der Staat eine grundlegend andere Rolle als auf dem Gebiet der Grundrechtsbeschränkung: Der parlamentarische Gesetzgeber will nicht als Widersacher der Grundrechte auftreten, sondern dem Bürger die grundrechtliche Betätigung ermöglichen, quasi in einer positiven Rolle als deren Mittler auftreten.[50] Er scheint sich vom Gegner zum Garanten der Grundrechte zu wandeln, weil ihm die Freiheitsgrundrechte selbst die Aufgabe zugeteilt haben, grundrechtsfördernd zu wirken, und er sich an diesen Ausgestaltungsauftrag gebunden fühlt. Die Gesetzgebung mittelt zwischen Verfassungstext und sozialer Wirklichkeit. In Reaktion auf die tatsächlichen Gegebenheiten bei der Grundrechtsausübung koordiniert der Gesetzgeber über eine normative Ordnung die freiheitliche Betätigung der Einzelnen und bringt sie mit der von den Grundrechten nach einer objektiven Deutung hervorgebrachten Wertordnung in Einklang.[51] Erst in Folge dieser einfachgesetzlichen Übersetzung vermögen die Grundrechte ihre soziale Funktion zu erfüllen.[52] Die Ausge-

---

44 Dies gilt für den Bundestag, nicht aber für den Bundesrat, der ebenfalls an der Gesetzgebung mitwirkt.

45 Cornils, Die Ausgestaltung der Grundrechte, S. 495.

46 Morgenthaler, Freiheit durch Gesetz, S. 16.

47 So Häberle, Die Wesensgehaltgarantie des Art. 19 Abs. 2 GG, S. 131.

48 Häberle, Die Wesensgehaltgarantie des Art. 19 Abs. 2 GG, S. 180.

49 Siehe auch Hoffmann-Riem, AöR 130 (2005), 5 (10 f.).

50 Hesse, Grundzüge des Verfassungsrechts, Rn. 304; zustimmend schon H. Huber, Über die Konkretisierung der Grundrechte, in: Saladin/Wildhaber (Hrsg.), Der Staat als Aufgabe, S. 191 (207). Vgl. auch Bäcker, Wettbewerbsfreiheit als normgeprägtes Grundrecht, S. 157; Bethge, NJW 1982, 1 (5), der von der „grundrechtsstabilisierenden Funktion" des Gesetzgebers spricht.

51 Stern, Die Bindung der Gesetzgebung, in: ders. (Hrsg.), Das Staatsrecht der Bundesrepublik Deutschland III/1, § 73 S. 1261.

52 Häberle, Die Wesensgehaltgarantie des Art. 19 Abs. 2 GG, S. 184 f.

staltung soll mithin unter Betonung des objektiv-rechtlichen Gehalts die Voraussetzungen für die reale Entfaltung eines Grundrechts in seiner dienenden Funktion schaffen.[53]

Die Proklamation der Ausgestaltungsbedürftigkeit der Grundrechte gründet sich also maßgeblich auf der objektiv-rechtlichen Grundrechtsdimension, die der subjektiv-rechtlichen Dimension des Grundrechts als Abwehrrecht ergänzend gegenübersteht.[54] Die objektive Grundrechtsdimension ist gegenüber der abwehrrechtlichen weniger eindeutig, da nicht das bloße Heraushalten des Staates aus der Freiheitssphäre des Individuums, sondern normatives Engagement des Staates zur Ermöglichung des Grundrechtsgebrauchs gefordert wird. Während die Grundrechte in ihrer Abwehrfunktion eine eindeutige Rechtsfolge aussprechen und somit aus sich selbst heraus verständlich sind, verlangen Grundrechte im Hinblick auf ihren objektiv-rechtlichen Gehalt nach staatlicher Aktivität zur Verwirklichung der ihnen inhärenten objektiven Wertentscheidung. Die Festlegung des Umfangs und des Inhalts dieser staatlichen Aktivität muss dem parlamentarischen Gesetzgeber überantwortet werden, da die Grundrechte selbst dazu keine konkreten Vorgaben geben.[55]

Vor diesem Hintergrund unbestritten ist die Ausgestaltungsbedürftigkeit der Eigentumsgarantie, zumal diese in Art. 14 I 2 GG den Gesetzgeber ausdrücklich zum Adressaten eines Ausgestaltungsauftrages macht.[56] Generell leuchtet der Gedanke der näheren Konturierung, die Bedingungen für den realen Grundrechtsgebrauchs setzt, auf den ersten Blick in Bezug auf Grundrechte ein, die einen „normgeprägten" Schutzbereich aufweisen.[57] Normgeprägt sind solche Gewährleistungen, deren Schutzgüter nicht dem natürlichen Lebensbereich entstammen, sondern Schöpfungen der einfachgesetzlichen Rechtsordnung sind.[58]

---

53 Ruck, AöR 117 (1992), 543 (547); vgl. auch Grimm, NVwZ 1985, 865 (866).

54 Gellermann, Grundrechte im einfachgesetzlichen Gewande, S. 32 f. Vgl. auch Thum, DÖV 2008, 653, der unter diesem Eindruck die Rechtsprechung des BVerfG zur Rundfunkfreiheit nachzeichnet.

55 Vgl. Gellermann, Grundrechte im einfachgesetzlichen Gewande, S. 45; Jarass, AöR 110 (1985), 363 (395 f.).

56 V. Arnauld, Die Freiheitsrechte und ihre Schranken, S. 36 f.; Degenhart, Grundrechtsausgestaltung und Grundrechtsbeschränkung, in: Merten/Papier (Hrsg.), Handbuch der Grundrechte III, § 61 Rn. 11.

57 Insoweit übereinstimmend Bethge, Mittelbare Grundrechtsbeeinträchtigungen, in: Merten/Papier (Hrsg.), Handbuch der Grundrechte III, § 58 Rn. 93; Rixen, Sozialrecht als öffentliches Wirtschaftsrecht, S. 245; anders v. Arnauld, Die Freiheitsrechte und ihre Schranken, S. 37: „Jenseits der des ausdrücklichen Ausgestaltungsauftrags in Art. 14 Abs. 1 Satz 2 GG hat der einfache Gesetzgeber nicht die Aufgabe, Freiheitsrechte auszugestalten, um ihnen zur Wirksamkeit zu verhelfen (…)."

58 Ähnlich Gellermann, Grundrechte im einfachgesetzlichen Gewande, S. 22.

Beispielhaft sind hier klassischerweise die Eigentumsfreiheit und das Erbrecht gem. Art. 14 GG[59], der Schutz der Ehe nach Art. 6 GG[60] sowie die Rechtsschutzgarantie gem. Art. 19 IV GG[61] aufzuführen.[62] Umstritten ist die Zuordnung zur Kategorie der normgeprägten Grundrechte schon bei der Rundfunkfreiheit gem. Art. 5 I 2 GG[63] und der Koalitionsfreiheit nach Art. 9 III GG[64].

Kennzeichnend für normgeprägte Grundrechte ist, dass sie ein vom einfachen Recht geschaffenes Institut[65] schützen. Eigentum und Erbrecht, die Ehe, die Garantie effektiven Rechtsschutzes sowie eine freie Rundfunkordnung stellen Rechtsinstitute dar. Sie sind mit grundrechtlichem Schutz versehene Kreationen des einfachen Rechts.[66] Rechtsinstitutsgarantien geben sich mithin als „Gewährleistungen normativ konstituierter Freiheit" zu erkennen.[67] Gleichzeitig verpflichtet die Institutsgarantie den Gesetzgeber, Regelungen, die zum Gebrauch der grundrechtlichen Freiheit notwendig sind, bereitzustellen[68] wie auch den Kern des Instituts unangetastet zu lassen. Über die Institutsgarantie sichert das normgeprägte Grundrecht selbst seinen Schutzgegenstand ab.[69] Erst durch die einfachrechtliche Ausgestaltung kommt eine Rechtsposition zustande, die Gegenstand des abwehrrechtlichen Schutzes des Grundrechts wird.[70] Ohne die Normen des einfachen Rechts wäre die grundrechtliche Gewährleistung sinnlos

---

59 Statt aller Berg, JuS 2005, 961 (962).

60 Vgl. nur Degenhart, Grundrechtsausgestaltung und Grundrechtsbeschränkung, in: Merten/Papier (Hrsg.), Handbuch der Grundrechte III, § 61 Rn. 42; Kingreen, Jura 1997, 401 ff.

61 Degenhart, Grundrechtsausgestaltung und Grundrechtsbeschränkung, in: Merten/Papier (Hrsg.), Handbuch der Grundrechte III, § 61 Rn. 29.

62 Art. 9 I GG wird als teilweise normgeprägtes Grundrecht eingestuft, insofern es zu seiner Verwirklichung rechtlicher Regulierungen bedarf; vgl. Cornils, in: Epping/Hillgruber (Hrsg.), Grundgesetz, Stand: 15.1.2011, Art. 9 Rn. 18.

63 Dafür Bethge, DÖV 2002, 673 (674); dagegen Thum, DÖV 2008, 653 (657).

64 Bejahend Degenhart, Grundrechtsausgestaltung und Grundrechtsbeschränkung, in: Merten/Papier (Hrsg.), Handbuch der Grundrechte III, § 61 Rn. 25.

65 Zum Begriff der Institutsgarantie siehe Badura, in: Maunz/Dürig (Hrsg.), Grundgesetz, Art. 6 Rn. 8 f.

66 Gleichsinnig Nierhaus, AöR 116 (1991), 72 (94).

67 Mager, Einrichtungsgarantien, S. 432 m.w.N.

68 Bezüglich der Eigentumsgarantie vgl. Gellermann, Grundrechte im einfachgesetzlichen Gewande, S. 114; allgemein Bumke, Ausgestaltung von Grundrechten, S. 41.

69 An dieser Stelle wird die Überschneidung der Institutsgarantie mit der Wesensgehaltgarantie aus Art. 19 II GG sichtbar, weswegen einige die Institutsgarantie als Relikt aus der Weimarer Zeit für überkommen halten. Ausführlich zum diesbezüglichen Streit Gellermann, Grundrechte im einfachgesetzlichen Gewande, S. 115 ff. m.w.N.

70 Bäcker, Wettbewerbsfreiheit als normgeprägtes Grundrecht, S. 158.

weil gegenstandslos.[71] Hier ist die Grundrechtsausgestaltung gemeinhin anerkannt.[72]

In Bezug auf Grundrechte, die sich als Schutz natürlicher Freiheit darstellen, also einen „sachgeprägten" Schutzbereich aufweisen, ist die Figur der Grundrechtsausgestaltung äußerst umstritten. Allerdings wird auch in diesem Bereich vertreten, dass dem Gesetzgeber die Funktion zukommen muss, Freiheit durch das einfache Gesetz auszugestalten.[73] Dieser Gedankengang lässt auf ein normativiertes Grundrechtsverständnis auch bei sachgeprägten Grundrechten schließen. Ein solches Verständnis der von Haus aus sachgeprägten Grundrechte kann auf verschiedenen, sich zum Teil überschneidenden Wegen begründet werden:

Etwa kann man mit einigen die Lehre von der Institutsgarantie auf die sachgeprägten Grundrechte übertragen[74], weil jedem Grundrecht auch ein objektiver Kerngehalt[75] innewohnt, welcher der einfachgesetzlichen Umhegung bedürftig ist. Diese Argumentationslinie fußt deutlich auf der objektiv-rechtlichen Grundrechtsdimension.

Oder man sieht auch die sachgeprägten Grundrechte einer „normativen Konturierung"[76] bedürftig, weil immanente Begrenzungen des Schutzbereichs aufgrund kollidierenden Verfassungsrechts (insbesondere kollidierender Grundrechte Dritter[77]) noch im Vorfeld eines Eingriffs durch den Gesetzgeber festgelegt werden müssen.[78] Dieser Ansatz wird vor allem von denjenigen verfolgt, die in der Grundrechtsausgestaltung ein adäquates Mittel erblicken, um einer Beschränkung formal vorbehaltlos garantierter Grundrechte durch kollidierendes Verfassungsrecht auf der Ebene der Grundrechtsschranken aus dem Weg zu ge-

71 Alexy, Theorie der Grundrechte, S. 303.

72 Vgl. nur Pieroth/Schlink, Grundrechte, Rn. 225 ff.

73 So Cornils, Die Ausgestaltung der Grundrechte, S. 510; Morgenthaler, Freiheit durch Gesetz, S. 248; dagegen Bumke, Die Verwaltung 37 (2004), 3 (26): „Die Grundrechtsausgestaltung ist kein universelles Phänomen."

74 In diesem Sinne Morgenthaler, Freiheit durch Gesetz, S. 248 f. Kritisch hierzu Rixen, Sozialrecht als öffentliches Wirtschaftsrecht, S. 245; Kahl, AöR 131 (2006), 579 (603 f.).

75 Dieser Kerngehalt entspricht dem Wesensgehalt, der nach Art. 19 II GG unangetastet bleibt.

76 Zum Begriff vgl. Gellermann, Grundrechte im einfachgesetzlichen Gewande, S. 89.

77 Zur Grundrechtskollision allgemein Stern, in: ders./Becker (Hrsg.), Grundrechte-Kommentar, Einl. Rn. 149 ff.

78 Dergestalt Gellermann, Grundrechte im einfachgesetzlichen Gewande, S. 230; kritisch Bumke, Ausgestaltung von Grundrechten, S. 43 ff.

hen.[79] Einer Ausweitung der Grundrechtsausgestaltung auf sachgeprägte Grundrechte zur Vermeidung oder Auflösung mehrpoliger Grundrechtskonflikte kann allerdings entgegengehalten werden, dass es ihrer dazu nicht bedarf. Auch über das hergebrachte abwehrrechtliche Denken, das den dreistufigen Prüfungsaufbau in Schutzbereich, Eingriff, Rechtfertigung unterteilt, lassen sich, wie jahrelange Übung des BVerfG belegt[80], Probleme der Grundrechtskollision verschiedener Berechtigter bewältigen. Angesichts der Tatsache, dass sich mögliche Grundrechtskonflikte in beinahe jeder Konstellation konstruieren lassen, könnte die Figur der Ausgestaltung mit dem Argument beliebig ausgeweitet werden, dass sie Grundrechtskollisionen vorbeugen oder bestehende auflösen will, ohne dass dafür in dogmatischer Hinsicht Anlass besteht.[81]

Einer anderen Ansicht zufolge ist der Begriff der Grundrechtsausgestaltung weit zu verstehen. Umfasst sind danach alle auf die Verwirklichung der Grundrechte im sozialen Leben gerichteten Normen.[82] Da die vollständige Umsetzung der Grundrechte im sozialen Leben auch begrenzende Gesetze erfordert, sind diese von diesem weiten Verständnis der Grundrechtsausgestaltung umfasst. Mit jeder Begrenzung eines Grundrechts wird auch ein Stück seines Inhalts bestimmt.[83] Erst unter der Zusammenschau von ausformenden und begrenzenden Gesetzen ergibt sich dieser Betrachtung zufolge der „Wesensgehalt der Grundrechte“[84]. Selbst grundrechtsbegrenzende Gesetze rechnen dementsprechend zur Kategorie der Grundrechtsausgestaltung[85]. Eine Unterscheidung zwischen norm- und sachgeprägten Grundrechten wird nicht vorgenommen, da beide Gruppen nach der Übersetzung in die soziale Wirklichkeit durch den einfachen Gesetzgeber verlangen. Differenziert wird allein nach dem Grad der Ausgestaltungsbedürftigkeit. Als Maßstab dient hier der Sozialbezug der Grundrechte: Die Aus-

79 So Hoffmann-Riem, Der Staat 43 (2004), 203 (228f.); ähnlich Erichsen, Staatsrecht und Verfassungsgerichtsbarkeit I, S. 159 f. Kritisch dazu Bumke, Ausgestaltung von Grundrechten, S. 44 f.; Vosgerau, Der Staat 48 (2009), 107 (124).

80 Vgl. etwa BVerfGE 28, 243 (256 ff.) – Dienstpflichtverweigerung; 35, 366 ff. – Kreuz im Gerichtssaal; BVerfG, NJW 1997, 2669 ff. – Persönlichkeitsschutz bei Äußerungen über Scientologen; NJW 2001, 503 ff. – Grundbucheinsicht durch Pressevertreter; NJW 2003, 2815 f. – Verkäuferin mit Kopftuch.

81 Vgl. Bumke, Ausgestaltung von Grundrechten, S. 44.

82 Grundlegend Häberle, Die Wesensgehaltgarantie des Art. 19 Abs. 2 GG, S. 184.

83 Degenhart, Grundrechtsausgestaltung und Grundrechtsbeschränkung, in: Merten/Papier (Hrsg.), Handbuch der Grundrechte III, § 61 Rn. 14; Häberle, Die Wesensgehaltgarantie des Art. 19 Abs. 2 GG, S. 179.

84 Häberle, Die Wesensgehaltgarantie des Art. 19 Abs. 2 GG, S. 183.

85 Häberle, Die Wesensgehaltgarantie des Art. 19 Abs. 2 GG, S. 190 f.

gestaltungsbedürftigkeit eines Freiheitsrechts nimmt zu, je intensiver der Sozialbezug der betreffenden Freiheit ist.[86]

Dieser Betrachtung kann jedoch schon im Ansatz nicht gefolgt werden, da es nicht überzeugend ist, in jeder Begrenzung eine Inhaltsbestimmung zu sehen. Zutreffend ist das Gegenteil: die Begrenzung bewirkt eine Aussonderung aus dem grundrechtlichen Schutzbereich. Sie vermag nach so verstandener Lesart (bestenfalls) eine Negativabgrenzung zuzulassen, liefert aber keine positiven Kriterien, anhand derer eine inhaltliche Bestimmung des Schutzbereichs eines Grundrechts möglich wäre. Folglich kann die Begrenzung nicht zur Kategorie der Ausgestaltung zählen, so dass eine Unterscheidung zwischen Ausgestaltung und Beschränkung nicht verzichtbar ist und weiter zwischen norm- und sachgeprägten Grundrechten differenziert werden sollte.

Wer den Staat (wiederum unter Hervorhebung der objektiv-rechtlichen Dimension) als Adressaten grundrechtlicher Schutzpflichten betrachtet, der kann daran anknüpfend argumentieren, dass die Schutzpflichten durch einfachgesetzliche Ausgestaltung konkretisiert werden müssen[87], damit der Staat seinem Schutzauftrag nachkommen kann.[88] Der Staat in Form des Leistungsstaats muss die aus den Grundrechten fließenden staatlichen Leistungspflichten[89] einfachgesetzlich umsetzen.[90] Der Schutz- oder Leistungspflichten verfolgende Staat ist auf einfachgesetzliche Handlungsvorgaben angewiesen, die den generellen Schutz- und Leistungsgedanken der Grundrechte konkreter fassen.

Schließlich kann darauf abgestellt werden, dass den Grundrechten eine verfahrens- und organisationsrechtliche Komponente eigen ist, die einfachgesetzlich gestaltet werden muss, um ein Mindestmaß an prozeduralem Schutz zu gewährleisten und die Übersetzung grundrechtlich garantierter Freiheit in die soziale Wirklichkeit möglich zu machen.[91]

---

86 Häberle, Die Wesensgehaltgarantie des Art. 19 Abs. 2 GG, S. 183.

87 Vosgerau, Der Staat 48 (2009), 107 (115).

88 Vgl. Gellermann, Grundrechte im einfachgesetzlichen Gewande, S. 236 ff.

89 Z.B. die Pflicht des Staates zur Gewährung des Existenzminimums gem. Art. 1 I GG i.V.m. dem Sozialstaatsprinzip, BVerfGE 45, 187 (228).

90 Cornils, Die Ausgestaltung der Grundrechte, S. 511; Degenhart, Grundrechtsausgestaltung und Grundrechtsbeschränkung, in: Merten/Papier (Hrsg.), Handbuch der Grundrechte III, § 61 Rn. 46; Gellermann, Grundrechte im einfachgesetzlichen Gewande, S. 254; Jarass, in: ders./Pieroth (Hrsg.), Grundgesetz, Vorb. vor Art. 1 Rn. 34.

91 In diesem Sinne schon ausführlich Bethge, NJW 1982, 1 (3); Grimm, NVwZ 1985, 865. Vgl. auch Bumke, Ausgestaltung von Grundrechten, S. 42; Gellermann, Grundrechte im einfachgesetzlichen Gewande, S. 266 f.

Alle diese Erwägungen lassen die Figur der Grundrechtsausgestaltung auch im Bereich der sachgeprägten Grundrechte pragmatisch erscheinen. Jedoch reicht bloßer Pragmatismus nicht aus, um die Heranziehung einer dogmatischen Figur zu begründen, die den Blickwinkel auf die Freiheitsrechte grundlegend verschiebt. Durch die Anerkennung der Grundrechtsausgestaltung auch bei sachgeprägten Grundrechten wird an dem subjektivrechtlich-negatorischen Fundament der Grundrechte gerüttelt. Dieses wird durch ein objektiv-rechtliches Verständnis ersetzt (oder von selbigem durchsetzt), aufgrund dessen der Staat unter Verweis auf grundrechtspflegende Absichten Normen schafft, die zu Lasten der subjektiven Seite der Grundrechte gehen.[92] Einer Grundrechtsausgestaltung im Rahmen sachgeprägter Grundrechte kann insgesamt entgegengehalten werden, dass sich sämtliche in Betracht kommende Anwendungsbereiche der Grundrechtsausgestaltung auch mit Hilfe der abwehrrechtlich geprägten Terminologie bewältigen lassen.[93] Die das jeweilige sachgeprägte Grundrecht ausformenden Normen können auch als Grundrechtseingriffe gewertet und als solche dem klassischen Rechtfertigungsprogramm zugeführt werden, ohne dass ein Rückgriff auf die bis dato rätselhaft gebliebene[94] Figur der Grundrechtsausgestaltung notwendig wäre.

Nach alledem sollte der Anwendungsbereich der Ausgestaltung auf die normgeprägten Grundrechte beschränkt bleiben. Selbst innerhalb der Kategorie der normgeprägten Schutzbereiche wirft die Figur dringliche Fragen auf, die sich bisher einer eindeutigen dogmatischen Erfassung widersetzt haben.[95]

b. Abgrenzung zwischen Grundrechtsausgestaltung und Grundrechtseingriff

Das vordringlichste Problem der Grundrechtsausgestaltung ist deren Abgrenzung zum Grundrechtseingriff. Gesetze, mit denen der Gesetzgeber dem Schutzbereich eines Grundrechts Kontur oder Inhalt verleihen will, haben schnell auch begrenzende Wirkung. Insofern stellt sich die Frage, ob und wie eine Differenzierung zwischen den Kategorien erfolgen kann. Dies gilt vor allem dann, wenn an die Figur der Ausgestaltung hinsichtlich der verfassungs-

---

92 Rixen, Sozialrecht als öffentliches Wirtschaftsrecht, S. 246.

93 Anders Gellermann, Grundrechte im einfachgesetzlichen Gewande, S. 267.

94 Gleichsinnig Hain, JZ 2005, 939.

95 Siehe dazu Lindner, DÖV 2006, 86 (87), der feststellt, dass „der Begriff der Ausgestaltung viel zu schillernd ist, als dass aus den unter ihn gefassten Phänomenen verallgemeinerbare und tragfähige dogmatische Strukturen erschlossen werden könnten. (…) Auf die Kategorie der ‚Ausgestaltung' als allgemeine grundrechtsdogmatische Argumentationsfigur sollte daher verzichtet werden."

rechtlichen Rechtfertigung andere oder geringere Anforderungen gestellt werden als an den Eingriff.

(1) Die Grundrechtsbindung des Ausgestaltungsgesetzgebers

Traditionell erfolgt die Prüfung der Frage, ob der Staat einen Bürger in seinem Grundrecht verletzt hat, in einem Dreischritt. Zunächst ist zu ermitteln, ob das Verhalten des Bürgers vom Schutzbereich eines Freiheitsgrundrechts erfasst ist. Ist der Schutzbereich eröffnet, ist in einem nächsten Schritt zu fragen, ob der Staat in den grundrechtlichen Schutzbereich eingegriffen hat. Nur wenn dem Handeln des Staates Eingriffsqualität zukommt, muss im letzten Schritt untersucht werden, ob der staatliche Eingriff in das Grundrecht verfassungsrechtlich gerechtfertigt werden kann. Wendet man den dreistufigen Prüfungsaufbau strikt an, muss sich eine Normierung des einfachen Gesetzgebers also nur dann der Prüfung der verfassungsrechtlichen Rechtfertigung unterziehen, wenn sie zuvor als Eingriff in den Schutzbereich eines Grundrechts qualifiziert wurde. Der Eingriffsbegriff ist mithin Dreh- und Angelpunkt[96] für den Eintritt auf die Ebene der verfassungsrechtlichen Rechtfertigung. Für die Figur der Grundrechtsausgestaltung könnte demnach gelten: wo (formal) kein Eingriff, da kein Bedarf nach verfassungsrechtlicher Rechtfertigung, wodurch die den grundrechtlichen Schranken gezogenen Grenzen unterlaufen werden könnten[97].

Ob der ausgestaltende Gesetzgeber von einer für den Eingriff üblichen vollständigen Überprüfung tatsächlich ausgenommen ist, erscheint vor dem Hintergrund der umfassenden Grundrechtsbindung des Gesetzgebers gem. Art. 1 III GG[98] jedoch höchst fraglich.[99] Diese umfassende Grundrechtsbindung auch der Legislative unterscheidet gerade nicht nach dem Wesen der erlassenen Gesetze, sondern gilt für jedwedes Tätigwerden des Gesetzgebers, folglich für ausgestaltende und eingreifende Normen gleichermaßen. Daraus ergibt sich ein Dilemma für die Grundrechtsausgestaltung: Der Gesetzgeber, der bestimmte Grundrechte erst handhabbar machen will, indem er sie ausformt, soll gleichzei-

---

96 Vgl. Ipsen, JZ 1997, 473 (474), der die Rechtsfigur des Eingriffs als „grundrechtsdogmatisches Axiom“ begreift. Siehe auch Merten, Grundrechtlicher Schutzbereich, in: ders./Papier (Hrsg.), Handbuch der Grundrechte III, § 56 Rn. 14; Volkmann, JZ 2005, 261 (269). Anders offenbar Holoubek, Der Grundrechtseingriff – Überlegungen zu einer grundrechtsdogmatischen Figur im Wandel, in: Merten/Papier (Hrsg.), Grundsatzfragen der Grundrechtsdogmatik, S. 17 (34), der dem Grundrechtseingriff „keine selbständige Bedeutung“ beimisst.

97 Jarass, AöR 120 (1995), 345 (368).

98 Vgl. nur Nierhaus, AöR 116 (1991), 72 (73).

99 Differenzierend zur Grundrechtsbindung des Gesetzgebers Morgenthaler, Freiheit durch Gesetz, S. 17 f.

tig nach Maßgabe derselben gebunden sein.[100] Je nach Schwerpunktsetzung und Perspektive läuft man entweder Gefahr, den freiheitssichernden Auftrag des parlamentarischen Gesetzgebers unbotmäßig zu behindern[101] oder dem grundrechtsgefährdenden Gesetzgeber zu weitläufige Handlungsmöglichkeiten zu eröffnen[102].

Wird dem Gesetzgeber in seiner Ausgestaltungsfunktion zugestanden, den durch Grundrechte vermittelten Freiheitsschutz aktiv zu gestalten, erfährt er eine Gleichstellung mit dem Individuum, das sich selbstbestimmt verhält und dadurch in der abwehrrechtlichen Situation selbstbestimmt über den jeweiligen Grundrechtsschutz entscheidet.[103] Eine solche Gleichbehandlung verbietet sich indes in Anbetracht der in Art. 1 III GG normierten umfassenden Grundrechtsbindung des Gesetzgebers und der Wesensverschiedenheit von Bürger und Staat. Dem einfachen Gesetzgeber kann nicht anvertraut werden, dass er im Wege verantwortungsvoller Selbstbeschränkung von seiner Ausgestaltungsbefugnis gemäßigten Gebrauch macht, weil missbrauchtes Vertrauen (im Unterschied zur Situation des Bürgers, der den ihm zukommenden Freiheitsbereich zu großzügig definiert) großen Schaden in Form von massiv freiheitsbeschränkenden Normierungen anrichten kann.[104] Das Grundgesetz ordnet mit seiner Gleichstellung aller drei Gewalten im Rahmen von Art. 1 III GG eine unterschiedslose, strenge Bindung eben auch des Gesetzgebers an.

In der Grundrechtsbindung des Ausgestaltungsgesetzgebers wird denn auch von manchen die „entscheidende Herausforderung“ für das Konzept der Grundrechtsausgestaltung erkannt.[105] Dennoch herrscht gerade im Hinblick auf diese

---

100 Bäcker, Wettbewerbsfreiheit als normgeprägtes Grundrecht, S. 162; Rossen, Grundrechte als Regeln und Prinzipien, in: Grabenwarter (Hrsg.), Allgemeinheit der Grundrechte und Vielfalt der Gesellschaft, S. 41 (50), der von einer „Paradoxiegefahr“ spricht; Ruck, AöR 117 (1992), 543 (549). Anders Gellermann, Grundrechte im einfachgesetzlichen Gewande, S. 291; Häberle, Die Wesensgehaltgarantie des Art. 19 Abs. 2 GG, S. 187, die keinen Widerspruch zur Bindung des Gesetzgebers erkennen.

101 In diesem Sinne Morgenthaler, Freiheit durch Gesetz, S. 17.

102 Anschaulich H. Huber, Über die Konkretisierung der Grundrechte, in: Saladin/Wildhaber (Hrsg.), Der Staat als Aufgabe, S. 191 (207): „In der Ausgestaltung liegt (…) die Versuchung zur Einschränkung verborgen.“

103 So Cornils, Die Ausgestaltung der Grundrechte, S. 530 f., dem unter dem Gesichtspunkt der aktiven Einflussnahme auf den abwehrrechtlichen Freiheitsschutz zuzustimmen ist. Indes bleibt etwa die Schaffung der rechtlichen Voraussetzungen für die Ehe durch den Gesetzgeber von der Heirat zweier Personen wesensverschieden.

104 Gleichsinnig Ladeur, Kritik der Abwägung in der Grundrechtsdogmatik, S. 14.

105 Bumke, Ausgestaltung von Grundrechten, S. 18; Cornils, Die Ausgestaltung der Grundrechte, S. 190. Siehe auch Hain, JZ 2005, 939, der die Ausgestaltungslehre als gescheitert ansieht, weil sie dem rechtsstaatlichen Verteilungsprinzip zuwider läuft.

Frage große Unklarheit.[106] Es werden unterschiedlichste Ansichten dazu vertreten, inwieweit der ausgestaltende Gesetzgeber an die Grundrechte gebunden ist.

Einige wollen ausgestaltende Normen umfassend auf ihre verfassungsrechtliche Rechtfertigung überprüfen, die Grundrechtsausgestaltung also wie den Grundrechtseingriff behandeln.[107] Sie verneinen den Bedarf an einer Sonderdogmatik für die Grundrechtsausgestaltung, da sich die Figur auch mit dem erprobten Schutzbereich-Eingriff-Schranken-Schema bewältigen lasse.[108] Das für die abwehrrechtliche Dimension entwickelte dreistufige Schema könne auf die mit Hilfe der Grundrechtsausgestaltung zu verwirklichende objektiv-rechtliche Grundrechtsdimension übertragen werden, indem an die Stelle des Eingriffs die Ausgestaltung gesetzt werde, die das komplette Rechtfertigungsprogramm zu durchlaufen habe. Bestehende Besonderheiten der Grundrechtsausgestaltung seien dann auf der Ebene der verfassungsrechtlichen Rechtfertigung zu berücksichtigen. Die Vertreter dieser Ansicht haben praktisch keinen Bedarf an einer sorgfältigen Unterscheidung zwischen Ausgestaltung und Eingriff, gelten doch nach ihrem Verständnis für beide Figuren die gleichen Anforderungen.[109]

Andere befürworten eine durchgängige Sonderdogmatik der Ausgestaltung. Sie nehmen eine besondere grundrechtliche Bindung an, die auch eigenständig zu ermitteln sei.[110] Ausgestaltungen erwüchsen stets aus der objektiv-rechtlichen Grundrechtsdimension und müssten sich deshalb nur an den Vorgaben messen lassen, die an die objektive Grundrechtsseite gestellt werden, während Eingriffe die abwehrrechtliche Grundrechtsfunktion aktivierten und so dem umfassenden Prüfprogramm der Eingriffsabwehr unterlägen.[111] Folglich komme etwa den grundrechtlichen Gesetzesvorbehalten bezüglich der Ausgestaltung keine Bedeutung zu, da die Grundrechtsausgestaltung der objektiv-rechtlichen Dimension ausfließe und die Vorbehalte Ausprägungen der abwehrrechtlichen Dimension seien.[112]

---

106 Cornils, Die Ausgestaltung der Grundrechte, S. 498.

107 Lübbe-Wolff, Die Grundrechte als Eingriffsabwehrrechte, S. 62; Mager, Einrichtungsgarantien, S. 437.

108 Kritisch Bumke, Ausgestaltung von Grundrechten, S. 19.

109 So auch die Einschätzung Gellermanns, Grundrechte im einfachgesetzlichen Gewande, S. 64.

110 Cornils, Die Ausgestaltung der Grundrechte, S. 652 ff.; Degenhart, Grundrechtsausgestaltung und Grundrechtsbeschränkung, in: Merten/Papier (Hrsg.), Handbuch der Grundrechte III, § 61 Rn. 16; Gellermann, Grundrechte im einfachgesetzlichen Gewande, S. 8, 56 ff.; Ruck, AöR 117 (1992), 543 (547).

111 Gellermann, Grundrechte im einfachgesetzlichen Gewande, S. 55.

112 So Bumke, Ausgestaltung von Grundrechten, S. 50; ähnlich bereits Bethge, NJW 1982, 1 (4).

Die Vertreter einer Sonderdogmatik der Grundrechtsausgestaltung stimmen darin überein, dass der ausgestaltende Gesetzgeber über einen weitergehenden Gestaltungsspielraum verfügt, als er dem eingreifenden Gesetzgeber zukommt.[113] Vielfach wird betont, dass der an die gesetzgeberische Tätigkeit angelegte Maßstab zurückgeschraubt sei. Gestützt wird dieses Verständnis zum einen auf ein „Überwiegen" des objektiven Bedeutungsgehalts des jeweiligen Grundrechts[114], der durch das dreistufige abwehrrechtliche Konzept nicht erfasst werde, zum anderen auf die Vorstellung, dass bei Grundrechten mit normgeprägtem Schutzbereich originär keine grundrechtlich geschützte Rechtsposition besteht, sondern eine solche erst mittels der Ausgestaltung geschaffen wird.[115] Über den benannten Grundkonsens hinaus ist die Gruppe der Befürworter einer Sonderdogmatik der Ausgestaltung heterogen zusammengesetzt. Es besteht keine Einigkeit über die genaue Ausprägung der an die Ausgestaltung anzulegenden Maßstäbe.[116]

Einige meinen, der Ausgestaltungsgesetzgeber sei nur an die Zielsetzung der Ausgestaltung gebunden. Sämtliche für den Ausgestaltungsgesetzgeber bindenden Maßstäbe seien „ergebnisbezogen"[117]. Die Ausgestaltung habe der internen Ausgestaltungsaufgabe, dem „verfassungsrechtlichen Funktionalitätsmaßstab" zu entsprechen.[118] Entscheidend sei stets die Frage, ob sich die von der Legislative zur Zielverwirklichung erlassenen Normen als Erfüllung des objektiv-

---

113 Degenhart, Grundrechtsausgestaltung und Grundrechtsbeschränkung, in: Merten/Papier (Hrsg.), Handbuch der Grundrechte III, § 61 Rn. 49; Gellermann, Grundrechte im einfachgesetzlichen Gewande, S. 20; Morgenthaler, Freiheit durch Gesetz, S. 246; Peine, Der Grundrechtseingriff, in: Merten/Papier (Hrsg.), Handbuch der Grundrechte III, § 57 Rn. 58. Zweifelnd Bumke, Der Grundrechtsvorbehalt, S. 107 f.; vgl. auch Badura, Die Verfassung im Ganzen der Rechtsordnung und die Verfassungskonkretisierung durch Gesetz, in: Isensee/Kirchhof (Hrsg.), Handbuch des Staatsrechts VII1, § 163 Rn. 10; differenzierend Cornils, Die Ausgestaltung von Grundrechten, S. 546 f.

114 Vesting, Von der liberalen Grundrechtstheorie zum Grundrechtspluralismus, in: Grabenwarter (Hrsg.), Allgemeinheit der Grundrechte und Vielfalt der Gesellschaft, S. 9 (16); ebenso Gellermann, Grundrechte im einfachgesetzlichen Gewande, S. 74 ff.

115 Ruck, AöR 117 (1992), 543 (548); grundsätzlich anders Cornils, Die Ausgestaltung der Grundrechte, S. 666, der die Vorstellung der durch das einfache Recht konstituierten Freiheit ablehnt.

116 Gellermann, Grundrechte im einfachgesetzlichen Gewande, S. 21.

117 So die Wendung Gellermanns, Grundrechte im einfachgesetzlichen Gewande, S. 79; tendenziell ähnlich offenbar Vesting, Von der liberalen Grundrechtstheorie zum Grundrechtspluralismus, in: Grabenwarter (Hrsg.), Allgemeinheit der Grundrechte und Vielfalt der Gesellschaft, S. 9 (17).

118 Cornils, Die Ausgestaltung von Grundrechten, S. 654; ähnlich Mager, Einrichtungsgarantien, S. 436.

rechtlichen Grundrechtsauftrags darstellen. Für die auch bei der Ausgestaltung durchzuführende[119] Verhältnismäßigkeitsprüfung ergebe sich darauf aufbauend ein unterschiedlicher Bezugspunkt: Es wird nach der Unangemessenheit der ausgestaltenden Regelung im Hinblick auf die Funktion des Grundrechtsträgers im jeweils gewählten Ordnungsmodell gefragt.[120] Die Verhältnismäßigkeitsprüfung wird also durch den Faktor der Funktionalität innerhalb der einfachgesetzlichen Ordnung begrenzt.

Wieder andere behaupten, die Grundrechtsausgestaltung als Gegenbegriff zum Grundrechtseingriff unterläge – wenn man sie denn ernst nähme – gar keiner Bindung.[121] Diese Vorstellung herrscht bei denjenigen vor, die der Figur der Ausgestaltung ablehnend gegenüberstehen.[122] Sie stützen sich auf ein formales Verständnis des auf die abwehrrechtliche Grundrechtsbetrachtung fußenden dreistufigen Prüfungsaufbaus und benutzen das Argument der Bindungslosigkeit des Ausgestaltungsgesetzgebers dazu, die Figur der Grundrechtsausgestaltung generell abzulehnen.

Bei normgeprägten Grundrechten, die ohne einfachgesetzliche Normierungen Hülsen ohne Kern bleiben, lässt sich die generelle Ablehnung der Grundrechtsausgestaltung nicht durchhalten.[123] Vielmehr bedarf es der Anerkennung der Figur im Hinblick auf diese Grundrechte. Gerade weil es die Ausgestaltung bei normgeprägten Schutzbereichen geben muss, darf der Gesetzgeber nicht bindungslos gestellt werden.[124] Die Frage lautet also nicht, „ob" der ausgestaltende Gesetzgeber gebunden ist, sondern allein „wie weit" die Bindung reicht. Angesichts der herausgehobenen Stellung des demokratisch legitimierten Gesetzgebers und der offenen Formulierung der normgeprägten Grundrechte, die nach Ausfüllung durch einfachgesetzliche Normierungen verlangen, ist es angezeigt, dem Gesetzgeber bei der Grundrechtsausgestaltung mit der überwiegenden Ansicht einen weitergehenden Entscheidungsspielraum zuzubilligen. Ansonsten ist der ausgestaltende Gesetzgeber ob der umfassenden Grundrechtsbindung nach Art. 1 III GG nicht anders zu behandeln als die übrigen Staatsorgane. Ausgestaltende Gesetze müssen daher – abgesehen vom weitergehenden Spielraum im Rahmen der Beurteilung der Geeignetheit und der Erforderlichkeit –

---

119 Bumke, Ausgestaltung von Grundrechten, S. 51; Ehlers, VVDStRL 51 (1992), 211 (227 ff.).

120 Ruck, AöR 117 (1992), 543 (549).

121 Jarass, AöR 120 (1995), 346 (368).

122 So auch die Einschätzung Borowskis, Grundrechte als Prinzipien, S. 151.

123 A.A. wohl Hain, JZ 2005, 939.

124 Gleichsinnig Bethge, NJW 1982, 1 (4); Degenhart, Grundrechtsausgestaltung und Grundrechtsbeschränkung, in: Merten/Papier (Hrsg.), Handbuch der Grundrechte III, § 61 Rn. 17; Nierhaus, AöR 116 (1991), 72 (96).

denselben Anforderungen an die verfassungsrechtliche Rechtfertigung genügen wie eingreifende Gesetze.[125] Auf diese Weise ist gewährleistet, dass sich der Gesetzgeber nicht unter Berufung auf die gewählte Handlungsform (ausgestaltendes statt eingreifendes Gesetz) der umfassenden Rechtfertigungsobliegenheit entziehen kann.

Auf der Grundlage des weiten Ausgestaltungsbegriffs[126], in dessen Lichte die Grundrechtsausgestaltung als Oberbegriff für die einschränkende und die nicht einschränkende Tätigkeit des Gesetzgebers firmiert[127], ist eine trennscharfe Abgrenzung von Ausgestaltung und Eingriff entbehrlich, da beide Figuren dem Verbot unterliegen, die Grundrechte in ihrem verfassungsrechtlichen Gehalt zu verletzen.[128]

Andere bestreiten nur bei normgeprägten Grundrechten eine Unterscheidbarkeit von Ausgestaltung und Eingriff. Weil bei solchen einfachgesetzlich konstituierten Grundrechten Freiheitsgewährung und -begrenzung in der Hand des Gesetzgebers untrennbar ineinander übergehen, lasse sich eine Differenzierung des einheitlichen Vorgangs nicht sinnvoll vornehmen.[129] Im Rahmen der sachgeprägten Grundrechte sei ein Kontrast zwischen Eingriffen und Ausgestaltungen hingegen zu bejahen.[130]

Mit der hier vertretenen Auffassung[131] unterscheidet sich die Bindung des Gesetzgebers bei der Grundrechtsausgestaltung von derjenigen beim Grundrechtseingriff nur im Punkt der Weite des gesetzgeberischen Entscheidungsspielraums. Weil aber insoweit eine unterschiedliche Bindung besteht, muss zwischen den Kategorien des Eingriffs und der Ausgestaltung unterschieden werden.

(2) Die Abgrenzungskriterien

Zur nach vorstehenden Erwägungen notwendigen Abgrenzung zwischen Ausgestaltung und Eingriff werden verschiedene Kriterien herangezogen, die jedoch nicht immer überzeugen können.

---

125 So auch Peine, Der Grundrechtseingriff, in: Merten/Papier (Hrsg.), Handbuch der Grundrechte III, § 57 Rn. 59.

126 Siehe oben S. 28.

127 Alexy, Theorie der Grundrechte, S. 302.

128 Häberle, Die Wesensgehaltgarantie des Art. 19 Abs. 2 GG, S. 182.

129 Gellermann, Grundrechte im einfachgesetzlichen Gewande, S. 278 f.; in diesem Sinne wohl auch Kahl, AöR 131 (2006), 579 (603).

130 Gellermann, Grundrechte im einfachgesetzlichen Gewande, S. 54 f.

131 Vgl. oben S. 35.

Das BVerfG verfolgt eine strikte Trennung zwischen Grundrechtsausgestaltung und Grundrechtsbeschränkung. Ihm zufolge können ausgestaltende Regelungen „keinen Grundrechtseingriff enthalten, bedürfen also keiner weiteren verfassungsrechtlichen Rechtfertigung“[132]. Jedoch enttäuscht das BVerfG die ob dieser klaren Aussage geweckten Hoffnungen: es liefert keine eindeutigen Abgrenzungskriterien. Die Grenze der Grundrechtsausgestaltung sei jedenfalls überschritten, wenn eine Regelung nicht mehr dem Ziel der an den Gesetzgeber gerichteten Ausgestaltungsermächtigung diene.[133] Der Gesetzgeber werde seiner Ausgestaltungsfunktion nicht mehr gerecht, wenn er sich nicht an das Ziel der verfassungsrechtlichen Ermächtigung zur Ausgestaltung halte.[134] Diese Anhaltspunkte erlauben lediglich, die äußerste Grenze der Ausgestaltung auszumachen. Eine punktgenaue Unterscheidung der Figuren „Eingriff“ und „Ausgestaltung“ ist nach diesen Maßgaben nicht möglich. Eine Differenzierung, die nur die äußersten Grenzen der Grundrechtsausgestaltung ausweist, mag den Anforderungen derjenigen genügen, die eine Simultaneität von Eingriff und Ausgestaltung annehmen.[135] Will man indes an der Abgrenzung zwischen Ausgestaltung und Eingriff festhalten[136], weil man den Begriff der Ausgestaltung im Sinne eines Exklusivitätsverhältnisses als Gegenbegriff zu dem der Einschränkung verwendet[137], muss ein taugliches Abgrenzungskriterium gesucht werden. Es reicht dann nicht, mit der (nicht abschließenden) Rechtsprechung des BVerfG die äußersten Grenzen der Figur der Ausgestaltung auszuweisen. Die Vorgaben des BVerfG erwecken den Eindruck fließender Übergänge zwischen den beiden Figuren im Sinne eines Intensitätsgefälles, bei dem eine „über die Stränge schlagende“ Ausgestaltung in einen Eingriff überwechselt.[138] Eine als Ausgestaltung

132 BVerfGE 73, 118 (166) – 4. Rundfunkentscheidung.

133 BVerfGE 74, 297 (334) – 4. Rundfunkentscheidung.

134 Diesbezüglich ähnlich Häberle, Die Wesensgehaltgarantie des Art. 19 Abs. 2 GG, S. 182.

135 Dergestalt Cornils, Die Ausgestaltung der Grundrechte, S. 666.

136 Vgl. Ipsen, JZ 1997, 473 (479).

137 So Alexy, Theorie der Grundrechte, S. 302; Engels, RdA 2008, 331 (333); Hoffmann-Riem, Enge oder weite Gewährleistungsgehalte?, in: Bäuerle (Hrsg.), Haben wir wirklich Recht?, S. 53 (58); Morgenthaler, Freiheit durch Gesetz, S. 245; Vesting, Von der liberalen Grundrechtstheorie zum Grundrechtspluralismus, in: Grabenwarter (Hrsg.), Allgemeinheit der Grundrechte und Vielfalt der Gesellschaft, S. 9 (16). Anders Bumke, Ausgestaltung von Grundrechten, S. 48, der Ausgestaltung und Eingriff als voneinander unabhängige Kategorien versteht, die sich nicht ausschließen und der die Ausgestaltung von der Begrenzung (die er nicht als Synonym für den Eingriff versteht) abgrenzt.

138 In diese Richtung gehend Hesse, Grundzüge des Verfassungsrechts, Rn. 306.

qualifizierte Maßnahme kann aber nicht in einen Eingriff umschlagen.[139] Ausgestaltende Normen nehmen ihren Ursprung in einer anderen Grundrechtsdimension als eingreifende Normen. Die unterschiedliche Herkunft der Kategorien darf nicht im Wege der „Umschlagtheorien“ verwischt werden.[140] Dies hat umso mehr zu gelten, als auch sonst die Eingriffsqualität einer Maßnahme unabhängig von ihrer Rechtmäßigkeit bestimmt wird.[141]

Auf der Suche nach Vorgaben, die eine eindeutige Zuweisung zu der einen oder anderen Figur ermöglichen, stößt man auf einen Ansatz *Alexys*[142]. Er grenzt anhand des Kriteriums der „Nichthemmung der Realisierung eines grundrechtlichen Prinzips“ ab. Danach liegt stets eine rechtfertigungsbedürftige Einschränkung (ein Eingriff) und keine Ausgestaltung vor, wenn eine Norm die Realisierung eines grundrechtlichen Prinzips hemmt.[143] Die Hemmung eines grundrechtlichen Prinzips ist indiziert, sobald eine Abwägung zwischen zwei grundrechtlichen Schutzgütern erforderlich ist. Wird eine am Verhältnismäßigkeitsgrundsatz orientierte Abwägung möglich oder notwendig, muss danach ein Eingriff angenommen werden. Auf diese Weise wird auch sichergestellt, dass jede Einschränkung verfassungsrechtlich gerechtfertigt wird.[144] Dieser Ansatz lässt der Figur der Grundrechtsausgestaltung nur wenig Raum, da beinahe bei jeder gesetzlichen Konturierung eines Schutzbereichs eine irgendwie hemmende Wirkung zu Lasten eines grundrechtlichen Prinzips ausgemacht werden kann. Der Anwendungsbereich der Grundrechtsausgestaltung wird von *Alexy* bewusst eng gewählt, weil seiner Ansicht nach mit der Zuordnung zur Ausgestaltung eine verfassungsrechtliche Rechtfertigung der gesetzgeberischen Maßnahme nicht in Frage kommt, da nur Eingriffe rechtfertigungsbedürftig sind. Nimmt man hingegen mit der hier vertretenen Auffassung an, dass auch ausgestaltende Normen der verfassungsrechtlichen Rechtfertigung bedürfen, ist ein derart ausschweifender Ausschluss der Grundrechtsausgestaltung nicht angezeigt.

Einer anderen Meinung zufolge kann eine Grundrechtsausgestaltung angenommen werden, wenn der Gesetzgeber aufgrund einer zur Handlung auffor-

---

139 Bumke, Der Grundrechtsvorbehalt, S. 105 Fn. 390; Gellermann, Grundrechte im einfachgesetzlichen Gewande, S. 371; Ruck, AöR 117 (1992), 543 (550). Anders offenbar Degenhart, Grundrechtsausgestaltung und Grundrechtsbeschränkung, in: Merten/Papier (Hrsg.), Handbuch der Grundrechte III, § 61 Rn. 18.

140 In Bezug auf die Abgrenzung zwischen Inhaltsbestimmung i.S.d. Art. 14 I 2 GG und Enteignung i.S.d. Art. 14 III GG vgl. BVerfGE 58, 300 (320) – Nassauskiesung; siehe dazu Schoch, Jura 1989, 529 (531 f.) m.w.N.

141 Siehe Gellermann, Grundrechte im einfachgesetzlichen Gewande, S. 28.

142 Alexy, Theorie der Grundrechte (1985).

143 Alexy, Theorie der Grundrechte, S. 306.

144 Alexy, Theorie der Grundrechte, S. 307.

dernden grundrechtlichen Schutzpflicht tätig wird. Hingegen sei eine Beschränkung zu bejahen, wenn das Unterlassung gebietende Abwehrrecht tangiert ist.[145] Hier soll die Abgrenzung anhand der betroffenen Grundrechtsdimension vorgenommen werden. Doch vermag diese Ansicht kein trennscharfes Kriterium in problematischen Fällen zu vermitteln, in denen sowohl die abwehrrechtliche als auch die eine Schutzpflicht etablierende objektiv-rechtliche Dimension (häufig allein abhängig von der eingenommenen Perspektive) betroffen sind.

Wieder andere sehen den Grenzverlauf zwischen gesetzgeberischem Eingriff und gesetzgeberischer Ausgestaltung dort, wo der Bereich der Ordnung und Koordinierung verlassen wird und das inhaltliche Diktat individuellen Verhaltens beginnt.[146] Die Vagheit dieser Abgrenzung und damit die Untauglichkeit der Kriterien sind augenfällig.

Auch kann eine Unterscheidung zwischen Ausgestaltung und Eingriff nicht formal anhand des Wortlauts der jeweiligen Schrankenregelung vorgenommen werden. Sowohl für die „Inhalts- und Schrankenbestimmung" des Art. 14 I 2 GG als auch für den „Regelungsvorbehalt" des Art. 12 I 2 GG ist mittlerweile anerkannt, dass sie gerade auch eingreifende Normsetzung ermöglichen.[147] Bei Art. 9 III GG, der als ausgestaltungsbedürftig angesehenen Koalitionsfreiheit, wäre danach mangels Vorbehaltsregelung gar keine Ausgestaltung möglich.[148]

Wenig weiterführend bei der Abgrenzung der Figuren ist eine wertende Unterscheidung danach, ob bei einer generellen Betrachtung des umfassenden gesetzgeberischen Regelungswerks eine grundrechtsfördernde Wirkung überwiegt.[149] Die gewählte Gesamtbetrachtung geht bereits im Ansatz fehl, ist sie doch mit dem grundlegenden individualrechtlichen Ansatz der Grundrechte, der nach der Betroffenheit aus der Sicht des Individuums fragt, nicht vereinbar.[150]

Zunächst scheint auch die Erkenntnis an der Oberfläche zu kratzen, dass es sich bei der Ausgestaltung um eine Normierung des einfachen Gesetzgebers handelt, die den Inhalt des Grundrechts bestimmt, also das Grundrecht für das Individuum erst handhabbar macht, während Eingriffe die Substanz des beste-

145 Bumke, Der Grundrechtsvorbehalt, S. 58; ders., Ausgestaltung von Grundrechten, S. 46.

146 Vgl. Morgenthaler, Freiheit durch Gesetz, S. 246.

147 Zu Art. 14 I 2 GG vgl. nur Papier, in: Maunz/Dürig (Hrsg.), Grundgesetz, Art. 14 Rn. 27; zu Art. 12 I 2 GG siehe nur Scholz, in: Maunz/Dürig (Hrsg.), Grundgesetz, Art. 12 Rn. 313.

148 Gellermann, Grundrechte im einfachgesetzlichen Gewande, S. 86.

149 Dergestalt Jarass, AöR 110 (1985), 363 (392 f.).

150 So Gellermann, Grundrechte im einfachgesetzlichen Gewande, S. 84.

henden Grundrechts beschneiden.[151] Die Unterscheidung gewinnt aber an Schärfe, wenn man richtigerweise die einzelne Norm in den Blick nimmt. Ausgangspunkt dieser Betrachtung muss sein, dass Ausgestaltungs- und Schrankengesetze notwendig unterschiedliche Rechtsgüter schützen.[152] Bezweckt das ausgestaltende Gesetz stets den Schutz des objektiven Gehalts des (auszugestaltenden) Grundrechts, will das eingreifende Schrankengesetz ein von diesem Grundrecht verschiedenes Rechtsgut schützen.[153] Eine ausgestaltende Norm ist nach ihrem objektiven Sinn und Zweck auf eine nähere Bemessung des grundrechtsverbürgten Freiheitspotenzials gerichtet – entsprechend des in der Institutsgarantie verbürgten Regelungsauftrags.[154]

Allerdings eröffnet dieser Ansatz der Grundrechtsausgestaltung ein weites Feld. Auch Gesetze, die objektiv dem Schutz der grundrechtlich verbürgten Freiheitsposition dienen, können eine Freiheit beschränkende Wirkung bezüglich desselben Schutzguts entfalten, indem sie bestimmte Betätigungsbereiche nicht vorsehen, versagen oder von bestimmten Bedingungen abhängig machen.[155] Andererseits kann die Weite in Kauf genommen werden, wenn mit der hier vertretenen Ansicht der ausgestaltende Gesetzgeber nicht von der umfassenden Rechtfertigungslast[156] befreit ist und sich der Anwendungsbereich der Grundrechtsausgestaltung von vornherein auf sog. normgeprägte Grundrechte beschränkt.

151 Unter Bezugnahme auf die Eigentumsfreiheit dergestalt v. Arnauld, Die Freiheitsrechte und ihre Schranken, S. 137.

152 Auch bei diesem Ansatz können Friktionen auftreten, wenn auf verschiedene Grundrechtsträger abgestellt wird. Was für den einen eine Ausgestaltung ist, kann (gerade im Rahmen der Eigentumsfreiheit gem. Art. 14 GG) für den anderen ein Eingriff sein, wenn die Grundrechtsinhaber in unterschiedlichen (zeitlichen oder tatsächlichen) Beziehungen zur geregelten Materie stehen. Beispiel: Ein Gesetz schreibt vor, dass nur noch Kraftfahrzeuge mit Katalysator gefahren werden dürfen. Für den Eigentümer eines Autos ohne Katalysator ist diese Regelung eine Beschränkung, für den künftigen Automobilkäufer eine bloße Ausgestaltung.

153 So Ruck, AöR 117 (1992), 543 (552); Hoffmann-Riem, Enge oder weite Gewährleistungsgehalte?, in: Bäuerle (Hrsg.), Haben wir wirklich Recht?, S. 53 (58). Dagegen die Möglichkeit einer durchgängig zweckorientierten Unterscheidung von Ausgestaltung und Eingriff zumindest im Bereich des Eltern-Kind-Verhältnisses in Abrede stellend Mager, Einrichtungsgarantien, S. 214.

154 Gellermann, Grundrechte im einfachgesetzlichen Gewande, S. 271, 282, 285.

155 Dies räumt Gellermann, Grundrechte im einfachgesetzlichen Gewande, S. 272, ein.

156 Zur Rechtfertigungslast des Staates vgl. Dreier, RW 2010, 11 (22); Ipsen, JZ 1997, 473 (476).

c. Zwischenergebnis

Die Figur der Grundrechtsausgestaltung ist ein Ausfluss aus der objektivrechtlichen Grundrechtsdimension. Der ausgestaltende Gesetzgeber tritt in einer von der klassischen Abwehrsituation verschiedenen Rolle auf. Er ist in der reinen Form der Ausgestaltung Förderer der Grundrechte, nicht deren Widersacher. Die Figur der Grundrechtsausgestaltung sollte jedoch auf Grundrechte beschränkt bleiben, die ihrer Art nach der einfachgesetzlichen Ausgestaltung bedürfen, um für den Grundrechtsinhaber handhabbar zu sein. Das sind die sog. normgeprägten Grundrechte. Bei Grundrechten, die als Ausdruck natürlicher Freiheit aus sich selbst heraus Freiheitsschutz vermitteln, sollte nicht auf die Figur der Ausgestaltung zurückgegriffen werden.

Der ausgestaltende Gesetzgeber verfügt über einen weiter reichenden Entscheidungsspielraum als der eingreifende Gesetzgeber in Hinsicht auf die Auswahl der geeigneten und erforderlichen gesetzgeberischen Reglementierungen. Im Übrigen unterliegt er jedoch den gleichen Rechtfertigungsanforderungen. Er ist nicht von jedweder Bindung an Grundrechte befreit. Die Kategorien Eingriff und Ausgestaltung lassen sich nur schwer trennscharf voneinander abgrenzen. Keinesfalls jedoch schlägt eine nicht mehr zulässige Ausgestaltung in einen Eingriff um. Die Differenzierung gelingt am besten, wenn auf die Zielrichtung und das Schutzgut der einzelnen Norm gesehen wird: Zielt die Norm auf die nähere inhaltliche Ausformung eines grundrechtlichen Schutzbereichs und wird der Schutz eben des auszuformenden Grundrechts intendiert, so handelt es sich um eine einfachgesetzliche Ausgestaltung.

3. Die Schutzbereichsbegrenzung i.w.S.

Die soeben vorgestellte Figur der Grundrechtsausgestaltung und die noch einer gründlichen Untersuchung zuzuführende Figur der Schutzbereichsbegrenzung haben Gemeinsamkeiten. Die Schutzbereichsbegrenzung und die Grundrechtsausgestaltung sind in ihrer Wirkung auf das Rechtfertigungsprogramm staatlichen Handelns verwandt. Nach beiden Konstruktionen schrumpft der Bereich staatlichen Tätigwerdens, der, als Grundrechtseingriff gewertet, jedenfalls der strengen[157] verfassungsrechtlichen Rechtfertigung bedarf[158], immens zusammen, weil die Bestimmung des Schutzbereichs bzw. des Eingriffs anders abläuft als üblich.

---

157 Die Grundrechtsausgestaltung eröffnet dem Gesetzgeber einen weiteren Spielraum bei der Beurteilung der Geeignetheit und der Erforderlichkeit einer Maßnahme.

158 Beispielhaft Poscher, Grundrechte als Abwehrrechte, S. 163; ähnlich Kahl, AöR 131 (2006), 579 (607).

Im Rahmen der Schutzbereichsbegrenzung tritt dies ganz offen zu Tage. Im klassischen dreistufigen Prüfungsschema[159] gedacht, werden die Weichen für die Verneinung des staatlichen Eingriffs auf der ersten Ebene gesetzt. Wird der Schutzbereich eines Grundrechts enger gefasst, führt das dazu, dass zunehmend staatliche Maßnahmen, die außerhalb des geschützten Lebensbereichs wirken, nicht mehr mit dem Diktum des Grundrechtseingriffs versehen werden können[160], der seinerseits den Dreh- und Angelpunkt für das Auslösen der Mechanik der verfassungsrechtlichen Rechtfertigung bildet.[161] Dies gilt für die speziellen Freiheitsrechte wie für die allgemeine Handlungsfreiheit (Art. 2 I GG) gleichermaßen.

Die Grundrechtsausgestaltung erweist sich demgegenüber als subtileres Unterfangen. Durch das Zugestehen weiterer Ausgestaltungsspielräume an den einfachen Gesetzgeber werden Normen, die vormals als Grundrechtseingriffe eingestuft worden wären, als Ausgestaltungsgesetze der Eingriffsebene enthoben. Dem einfachen Gesetzgeber wird ermöglicht, den grundrechtlich verbürgten Schutz nach seinem Dafürhalten zu konkretisieren. Über einfaches, den grundrechtlichen Schutzbereich spezifizierendes Recht wird der Schutzbereich mittelbar beschnitten.

Auf beiden Wegen gelangt man letztendlich zu einer Verengung des grundrechtlichen Gewährleistungsgehalts.[162] Bei der Schutzbereichsbegrenzung erfolgt die Engfassung des grundrechtlichen Schutzbereichs auf unmittelbarem, bei der Grundrechtsausgestaltung über einfache Gesetze auf mittelbarem Wege. Beide Konstruktionen können unter dem Oberbegriff der „Schutzbereichsbegrenzung i.w.S." firmieren.

---

159 Statt vieler Holoubek, Der Grundrechtseingriff – Überlegungen zu einer grundrechtsdogmatischen Figur im Wandel, in: Merten/Papier (Hrsg.), Grundsatzfragen der Grundrechtsdogmatik, S. 17 (18); Merten, Grundrechtlicher Schutzbereich, in: ders./Papier (Hrsg.), Handbuch der Grundrechte III, § 56 Rn. 72.

160 Holoubek, Der Grundrechtseingriff – Überlegungen zu einer grundrechtsdogmatischen Figur im Wandel, in: Merten/Papier (Hrsg.), Grundsatzfragen der Grundrechtsdogmatik, S. 17 (24), meint unter Berufung auf diesen Zusammenhang, dass die Entscheidung über das Vorliegen eines Grundrechtseingriffs der Konkretisierung des grundrechtlichen Schutzbereichs dient.

161 Bethge, Jura 2003, 32.

162 Ähnlich Höfling, in: Muckel (Hrsg.), Kirche und Religion im sozialen Rechtsstaat, S. 329 (336 f.), der allerdings Schutzbereichsbegrenzung und Grundrechtsausgestaltung unter den Oberbegriff der „näheren Konkretisierung grundrechtlicher Schutzbereiche" fasst.

4. Die Abgrenzung von Schutzbereichsbegrenzung und Grundrechtsausgestaltung

Aufgrund der gleichen Wirkung von Schutzbereichsbegrenzung und Grundrechtsausgestaltung auf die Grundrechtsprüfung – die Verhinderung der Einstufung staatlichen Handelns als Eingriff – stellt sich die Frage nach der Unterscheidbarkeit der beiden Konstruktionen. Die Differenzierung ist virulent, da bei der Einordnung als Ausgestaltung mit der hier vertretenen Ansicht die Wahrung der Anforderungen an die verfassungsrechtliche Rechtfertigung überprüft werden kann und muss. Wird hingegen bereits die Einschlägigkeit des grundrechtlichen Schutzbereichs über ein verengtes Schutzbereichsverständnis verneint, kann sich die Frage nach der verfassungsrechtlichen Rechtfertigung denklogisch nicht mehr stellen.[163] Wie Unsicherheiten des Schrifttums bei der dogmatischen Einordnung verfassungsgerichtlicher Rechtsprechung belegen[164], lässt sich die Abgrenzung oft nicht in der gewünschten Eindeutigkeit vornehmen. Je nach eingenommener Perspektive kann man unter Umständen beide Zuordnungen vertreten. Diese Erkenntnis vermag allerdings nicht zu befriedigen. Vielmehr soll ein Abgrenzungskriterium ausgemacht werden.

Zwischen den beiden Kategorien der Schutzbereichsbegrenzung i.w.S. kann danach unterschieden werden, ob sie lediglich „Ergebnis eines Erkenntnisaktes" der Verfassungsgerichtsbarkeit sind oder der Gesetzgeber die Kompetenz besitzt, den Schutzbereich auszugestalten.[165] Der maßgebliche Unterschied zwischen Schutzbereichsbegrenzung und Grundrechtsausgestaltung liegt mithin darin, von wem die den Schutzbereich begrenzende Tendenz ausgeht: im ersteren Fall unmittelbar von der Verfassungsgerichtsbarkeit im Wege der Grundrechtsdeutung, im letzteren Fall vom parlamentarischen Gesetzgeber, dessen inhaltlich umgrenzende Normen vom BVerfG lediglich geprüft und gegebenenfalls für verfassungskonform erachtet werden.

163 Wird der Schutzbereich der allgemeinen Handlungsfreiheit eng ausgelegt und fällt ein Verhalten wegen des engen Begriffsverständnisses nicht mehr in den Schutzbereich des Art. 2 I GG, gilt das Gleiche: Die Stufe der verfassungsrechtlichen Rechtfertigung wird nicht erreicht, da es an einem Schutzbereichseingriff fehlt.

164 Vgl. die Uneinigkeit bzgl. der Einstufung der Glykol-Entscheidung (BVerfGE 105, 252): Zur Grundrechtsausgestaltung tendierend etwa Bumke, Die Verwaltung 37 (2004), 3 (25); Dreier, Die Verwaltung 2003, 105 (135); Murswiek, NVwZ 2003, 1 ff. Für die Zuordnung zur Schutzbereichsbegrenzung Bäcker, Wettbewerbsfreiheit als normgeprägtes Grundrecht, S. 125; P. M. Huber, JZ 2003, 290 ff.; Klement, DÖV 2005, 507 (510).

165 Ähnlich Borowski, Grundrechte als Prinzipien, S. 42.

Die vorliegende Arbeit will sich ausschließlich mit der vom BVerfG ausgehenden Engfassung der grundrechtlichen Schutzbereiche – der Schutzbereichsbegrenzung – befassen.

5. Zur Problematik der Schutzbereichsbegrenzung

Die Auswirkungen der Schutzbereichsbegrenzung ziehen weite Kreise. Ausgehend von einem Lebensbereich, der nicht in den Schutzbereich eines Freiheitsgrundrechts fällt, kann Staatshandeln, das diesen Lebensbereich tangiert, nicht als Grundrechtseingriff gewertet werden und bedarf dementsprechend keiner verfassungsrechtlichen Rechtfertigung.[166] Mit der Schutzbereichsbegrenzung geht folglich die Verkleinerung des Anwendungsbereichs des Vorbehalts des Gesetzes Hand in Hand. Korrespondierend wird die Rechtfertigungslast des Staates[167] auf den Kopf gestellt.[168] Galt ehemals die Prämisse, dass jedes staatliche grundrechtsrelevante Handeln als Eingriff zunächst als unzulässig einzustufen war und erst über die Rechtfertigung rehabilitiert werden konnte[169], wird nunmehr über die Aussonderung desjenigen Staatshandelns aus der Eingriffsebene, das unter die Schutzbereichsbegrenzung rechnet, die Rechtfertigung bereits vorab bescheinigt. Wertende Entscheidungen, die vormals auf der Ebene der verfassungsrechtlichen Rechtfertigung einer Lösung zugeführt wurden, kündigen sich nun bereits auf der Ebene des Schutzbereichs an.[170] Eine Abwägung (Verhältnismäßigkeitsprüfung i.e.S.) gegenläufiger Schutzgüter ist nicht mehr erforderlich. Aufgrund dieser Beobachtungen zeichnet sich ab, dass der als Schutzbereichsbegrenzung bezeichnete Eingriff in die Grundrechtsdogmatik für sie sowohl animierend als auch behindernd zu wirken vermag.

II. Inhalte und Ziele der Abhandlung

Eingedenk der aufgeworfenen Problematik und der in grundrechtsdogmatischen Maßstäben gemessenen Aktualität des Themas setzt sich diese Abhandlung zum

---

166 Statt vieler Bethge, VVDStRL 57 (1998), 7 (10 f.); Peine, Der Grundrechtseingriff, in: Merten/Papier (Hrsg.), Handbuch der Grundrechte III, § 57 Rn. 8 (11).

167 Lindner, Theorie der Grundrechtsdogmatik, S. 216; Volkmann, JZ 2005, 261 (267).

168 Kingreen, NJW 2006, 877 (880).

169 Statt aller Holoubek, Der Grundrechtseingriff – Überlegungen zu einer grundrechtsdogmatischen Figur im Wandel, in: Merten/Papier (Hrsg.), Grundsatzfragen der Grundrechtsdogmatik, S. 17 (18).

170 So v. Arnauld, Die Freiheitsrechte und ihre Schranken, S. 83.

Ziel, die Figur der Schutzbereichsbegrenzung einer systematischen Durchleuchtung zu unterziehen.

Die grundlegenden Begrifflichkeiten wurden bereits vorab geklärt (A.I). Im Anschluss an die Darstellung der Zusammenhänge von Grundrechtstheorie und Grundrechtsdeutung werden in einem ersten Schritt tradierte Grundrechtstheorien vorgestellt, welche die Figur der Schutzbereichsbegrenzung tragen (B.I). Dabei wird die Frage gestellt, ob das Grundgesetz eine Grundrechtstheorie vorgibt, die der Grundrechtsdeutung stets zu Grunde zu legen ist (B.I.7).

Nachfolgend wird, nachdem der Begriff der Grundrechtsdogmatik im Allgemeinen Klärung erfahren hat (B.II.1), ein Überblick über die dogmatische Entwicklung der Rechtsfigur der Schutzbereichsbegrenzung gegeben (B.II.2). Daran anschließend werden die Ursachen für die aktuelle Popularität der Schutzbereichsbegrenzung hinterfragt (B.III).

Vor Beginn einer Auseinandersetzung mit der Schutzbereichsbegrenzung in der Rechtsprechung des Ersten Senats des BVerfG müssen die enge und die weite Tatbestandstheorie als die beiden gegensätzlichen Formate des grundrechtlichen Tatbestandsverständnisses vorgestellt und bewertet werden (B.IV). Dabei wird der Zusammenhang der Tatbestandstheorien mit der „Außen-“ und der „Innentheorie“ der Grundrechte beleuchtet (B.IV.1).

Die bis dahin gewonnenen Erkenntnisse dienen als Fundament für den Schwerpunkt der vorliegenden Arbeit: die Auseinandersetzung mit der Schutzbereichsbegrenzung in der Rechtsprechung des BVerfG, wobei der Fokus auf die Entscheidungen des Ersten Senats gelegt wird (C). Die Rechtsprechung zu den Grundrechten der Kunstfreiheit (C.I), der Versammlungsfreiheit (C.II) und der Berufsfreiheit (C.III), deren Schutzbereiche im Vorhinein jeweils aufbauend auf der bisher von Schrifttum und Rechtsprechung vertretenen Meinung kurz vorgestellt werden, wird anhand einschlägiger Entscheidungen analysiert. Dabei ist eine einheitliche Vorgehensweise angezeigt: Nach einer kurzen Schilderung des Sachverhalts wird der Begründungsweg der höchstrichterlichen Entscheidung nachgezeichnet. Dafürhaltende und kritische Stimmen zur Entscheidung werden aufgeführt. Anschließend wird zur Entscheidung und der Kritik Stellung bezogen.

Basierend auf der Rechtsprechungsanalyse werden Fallgruppen der Schutzbereichsbegrenzung gebildet (C.IV).

Darauf beruhend werden grundrechtsübergreifende Entwicklungslinien herauskristallisiert (D). Hierbei wird eine Auseinandersetzung mit solchen grundrechtstheoretischen Ansätzen erforderlich, welche sich bei der Betrachtung der Rechtsprechung des Ersten Senats als Aufhänger für die Schutzbereichsbegrenzung herausgestellt haben (D.I ff.). In einem letzten Schritt werden die rechtlichen Folgen der Schutzbereichsbegrenzung zusammengestellt (E.I), bevor die

Ergebnisse der Untersuchung zusammengefasst werden (E.II). Im Rahmen dieser Schlussbetrachtungen wird ein Ausblick auf die Entwicklung der Figur der Schutzbereichsbegrenzung in der Rechtsprechung gegeben.

B. Einordnung der Schutzbereichsbegrenzung

I. Zu den die Figur der Schutzbereichsbegrenzung tragenden Grundrechtstheorien

Um den Weg, den die dogmatische Figur „Schutzbereichsbegrenzung" genommen hat, kritisch verfolgen zu können, ist deren grundrechtstheoretische Verortung unabdingbar. Ohne grundrechtstheoretisches Fundament kann über die Erscheinung der Schutzbereichsbegrenzung nicht gesichert diskutiert werden, da alle Grundrechtsdeutung auf normativen Vorverständnissen beruht. Sie wirken richtungweisend für die Grundrechtsinterpretation.[171] Bei der Klärung der Bedeutung verschiedener Grundrechtstheorien für die Schutzbereichsbegrenzung sollen die gängigen Grundrechtstheorien eine kurze Darstellung erfahren[172] und deren Relevanz für die aktuelle Grundrechtsinterpretation unterstrichen werden.

1. Die Verquickung von Grundrechtstheorie und Grundrechtsdeutung

Unter dem Begriff der Grundrechtstheorie versteht man eine systematisch orientierte Auffassung über den allgemeinen Charakter, die normative Zielrichtung und die inhaltliche Reichweite der Grundrechte.[173] Üblicherweise findet sie ihren Bezugspunkt in einer bestimmten Staatsauffassung[174] bzw. Verfassungstheorie. Ihre Aufgabe ist es, die Deutung oder Interpretation der einzelnen Grundrechtsbestimmungen in den Gesamtzusammenhang einer Verfassungstheorie einzubinden. Die Grundrechtstheorie reflektiert die Grundrechtsdogmatik[175] und entwickelt für sie Maßstäbe.[176] Für den zu ermittelnden Grundrechtsinhalt sind die Konsequenzen aus der Bemühung der verschiedenen Grundrechtstheorien nicht bloße Kosmetik. Man kann zu sich diametral unterscheidenden Auslegungsergebnissen gelangen, je nachdem, welches theoretische Modell der Un-

---

171 Ebenso Höfling/Rixen, RdA 2007, 360.

172 Zum Ganzen grundlegend Böckenförde, NJW 1974, 1529 ff.; vgl. auch Alexy, Theorie der Grundrechte, S. 21 ff., 508 ff.; Ossenbühl, NJW 1976, 2100 ff.

173 Böckenförde, NJW 1974, 1529.

174 Vgl. nur Friauf, DVBl. 1971, 674.

175 Zum Begriff der Grundrechtsdogmatik siehe unten S. 59.

176 Bumke, Ausgestaltung von Grundrechten, S. 9.

tersuchung zu Grunde gelegt wird.[177] Der Ausgang der Grundrechtsinterpretation wird durch die herangezogene Grundrechtstheorie vorgezeichnet. Der Grad der Anerkennung der Schutzbereichsbegrenzung hängt mithin maßgeblich vom bemühten theoretischen Gerüst ab. Dementsprechend richtet sich im Folgenden das Augenmerk auf die jeweiligen „interpretationsleitenden“[178] Grundrechtstheorien.

2. Die liberale Grundrechtstheorie

Die liberale Grundrechtstheorie entschlüpft ihrem historischen Ursprung nach dem Verständnis der Grundrechte als Freiheitsrechte des Einzelnen gegenüber dem Staat.[179] Sie sieht die menschliche Freiheit als vorstaatlich gegeben[180], als „Freiheit schlechthin“[181]. Die Grundrechte sind danach keine die Freiheit erst konstituierenden Normen.[182] Sie haben vielmehr abwehrrechtlichen Charakter, sichern den Träger vor staatlichen Freiheitsbeeinträchtigungen und fungieren zugleich als negative Kompetenznormen für die Betätigung der Staatsgewalt.[183] Staat und Gesellschaft sind diesem Verständnis nach streng voneinander zu trennen und zu unterscheiden. Garantiert wird „Freiheit vom Staat“.[184] Die Beschränkung der individuellen Freiheit als vorausgesetzte Regel wird als stets rechtfertigungsbedürftige Ausnahme verstanden.[185]

---

177 Scheuner, VVDStRL 30 (1972), 142 f.; treffend auch Alexy, Theorie der Grundrechte, S. 34: „Wenn keine Klarheit über die Struktur der Grundrechte und der Grundrechtsnormen herrscht, kann Klarheit im grundrechtlichen Begründen nicht erreicht werden.“ Skeptisch Stern, in: ders./Becker (Hrsg.), Grundrechte-Kommentar, Einl. Rn. 31.

178 So Dolderer, Objektive Grundrechtsgehalte, S. 57; gleichsinnig Enders, in: Friauf/Höfling (Hrsg.), Berliner Kommentar, Vor Art. 1 Rn. 42; Sachs, in: ders. (Hrsg.), Grundgesetz, Vor Art. 1 Rn. 63. Die autoritative Kraft der Grundrechtstheorien bei der Grundrechtsinterpretation anzweifelnd Alexy, Theorie der Grundrechte, S. 509.

179 Statt vieler Saladin, Grundrechte im Wandel, S. 293; anders Morgenthaler, Freiheit durch Gesetz, S. 45.

180 Morgenthaler, Freiheit durch Gesetz, S. 41; Ossenbühl, NJW 1976, 2100 (2101); ferner – ungeachtet seiner zeitweiligen Nähe zum Nationalsozialismus – Forsthoff, Der Staat der Industriegesellschaft, S. 79.

181 Böckenförde, NJW 1974, 1529 (1530).

182 Bethge, Der Staat 24 (1985), 372.

183 Ebenso Jarass, AöR 110 (1985), 368. Kritisch zum Begriff „negative Kompetenznorm“ Wernsmann, Verhaltenslenkung in einem rationalen Steuersystem, S. 470 m.w.N.

184 Vgl. Morgenthaler, Freiheit durch Gesetz, S. 41.

185 Enders, in: Friauf/Höfling (Hrsg.), Berliner Kommentar, Vor Art. 1 Rn. 45.

Wegen des Prinzips der absoluten Freiheit wird keine Funktionalität des Freiheitsgebrauchs für das Gemeinwesen gefordert.[186] Eine daran anknüpfende Aussonderung aus dem Schutzbereich eines Grundrechts verbietet sich.[187] Der Freiheitsumfang darf nicht davon abhängig gemacht werden, aus welchen Motiven und in welcher Absicht die Grundrechtsträger von ihren grundrechtlichen Handlungsmöglichkeiten Gebrauch machen.[188] Unmittelbare Konsequenz ist außerdem, dass nicht das (einschränkende) einfache Recht dem Grundrecht Maß und Inhalt verleiht, es also nicht ausgestaltet, sondern umgekehrt ersteres seinen Inhalt nach der grundrechtlichen Freiheitsgewährleistung zu richten hat, die grundsätzlich weit zu verstehen ist. Die Aufgabe des Gesetzgebers ist darauf beschränkt, die Freiheitsausübung des Einzelnen mit der des Anderen kompatibel zu halten. Eine darüber hinausgehende konstitutive Funktion wird ihm nicht beigemessen.[189] Insofern stellt sich jede Betätigung aller drei Gewalten als prinzipiell rechtfertigungsbedürftig dar.

Die als „klassisch“ zu bezeichnende liberale Grundrechtstheorie vermag der Schutzbereichsbegrenzung also keine theoretische Stütze zu verleihen. Sie steht ihr vielmehr völlig entgegen.

3. Die institutionelle Grundrechtstheorie

Im Rahmen der institutionellen Grundrechtstheorie bilden die Grundrechte vorrangig objektive Ordnungsprinzipien für die von ihnen geschützten Lebensbereiche.[190] Ihr abwehrrechtlicher Charakter tritt in den Hintergrund.[191] Die Freiheit selbst wird zu einem Institut erklärt[192], das sich erst in der näheren rechtlichen Ausgestaltung entfaltet und verwirklicht, ihrer also zwingend bedarf.[193] Es wird nicht maßgeblich auf die Freiheit Einzelner, sondern auf die „Freiheit der Vielen“ abgestellt.[194] Den Grundrechtsnormen wird eine Janusköpfigkeit zuge-

---

186 Nochmals Morgenthaler, Freiheit durch Gesetz, S. 44.

187 Siehe dazu – trotz seiner Vergangenheit im Nationalsozialismus – Schmitt, Freiheitsrechte und institutionelle Garantien der Reichsverfassung, S. 167.

188 Böckenförde, NJW 1974, 1529 (1530).

189 Morgenthaler, Freiheit durch Gesetz, S. 42.

190 Ähnlich Ossenbühl, NJW 1976, 2100 (2103).

191 Anders Häberle, Die Wesensgehaltgarantie des Art. 19 Abs. 2 GG, S. 72, der von der Gleichrangigkeit der individualrechtlichen und der institutionellen Seite ausgeht.

192 Steiger, Institutionalisierung der Freiheit, in: Schelsky (Hrsg.), Zur Theorie der Institution, S. 91 (110 ff.); Häberle, Die Wesensgehaltgarantie des Art. 19 Abs. 2 GG, S. 99.

193 Vgl. Häberle, Die Wesensgehaltgarantie des Art. 19 Abs. 2 GG, S. 116; Cornils, Die Ausgestaltung der Grundrechte, S. 503.

194 Dazu Borowski, Grundrechte als Prinzipien, S. 265.

sprochen: neben der individualrechtlichen sei ihnen eine institutionelle Seite inhärent.[195] Der Staat tritt nicht, wie im Rahmen der liberalen Grundrechtstheorie, als „Feind“ vorstaatlicher Freiheit auf, sondern als freundschaftlich gesinnter Garant geordneter Grundrechtssubstanz.[196] Er ist grundrechtlicher Gewährleistungsstaat.[197] Durch die einfachrechtliche Konkretisierung der Grundrechte garantiert der Gesetzgeber grundrechtliche Freiheit.[198] Er stellt Verfahrens- sowie Organisationsvorschriften zur Verfügung und hält grundrechtsnotwendige Rechtsnormen bereit, um grundrechtlicher Freiheit zur tatsächlichen Wirksamkeit zu verhelfen.[199] Die institutionelle Grundrechtstheorie bildet das Fundament der Auslegung der Grundrechte als Bestandteil einer objektiven Wertordnung.[200]

Unter diesem Eindruck ist erstens dem Gesetzgeber ein weites Feld für die normative Ausgestaltung der Grundrechte eröffnet. Die so geartete gesetzgeberische Tätigkeit firmiert nicht grundlegend als freiheitsbeeinträchtigend, sondern als freiheitskonstituierend.[201] Diese neu herausgebildete Kategorie der staatlichen Normsetzung wird von grundrechtsbeschränkenden Gesetzen unterschieden.[202] An die gesetzgeberische Ausgestaltung wird nach der institutionellen Grundrechtstheorie die Schneide der verfassungsrechtlichen Rechtfertigung in ihrer Schärfe nicht angelegt.

Indem nur die in Richtung des institutionell-objektiven Sinns der Freiheitsgewährleistung zielende Betätigung in den Genuss des vollumfänglichen Grundrechtsschutzes kommt, findet zweitens eine Kategorisierung des Freiheitsgebrauchs statt.[203] Damit der Gewährleistungsstaat seiner den Freiheitsgebrauch durch einfachgesetzliche Normierung ordnenden Funktion nachkommen kann, sind drittens die grundrechtlich garantierten Freiheitsbereiche im Rahmen der institutionellen Grundrechtstheorie von Anfang an beschränkt zu verstehen.

Die institutionelle Grundrechtstheorie liefert mit ihren beiden Grundannahmen, der zu regelnden Freiheit, die nur im Kernbereich durch die jeweiligen Grundrechte selbst garantiert ist, sowie der Funktionalität der Freiheitsgewährleistung, der Figur der Schutzbereichsbegrenzung einen theoretischen Stützpfeiler.

---

195 Häberle, Die Wesensgehaltgarantie des Art. 19 Abs. 2 GG, S. 70 f.

196 Dolderer, Objektive Grundrechtsgehalte, S. 61.

197 Vgl. Cornils, Die Ausgestaltung der Grundrechte, S. 503. Zur Lehre vom Gewährleistungsstaat siehe unten S. 194.

198 Häberle, Die Wesensgehaltgarantie des Art. 19 Abs. 2 GG, S. 163.

199 Nierhaus, AöR 116 (1991), 72 (81).

200 Mager, Einrichtungsgarantien, S. 74.

201 Häberle, Die Wesensgehaltgarantie des Art. 19 Abs. 2 GG, S. 187, 194.

202 Nochmals Häberle, Die Wesensgehaltgarantie des Art. 19 Abs. 2 GG, S. 220 f.

203 Dagtoglou, Wesen und Grenzen der Pressefreiheit, S. 11.

4. Die Werttheorie der Grundrechte

Die auf die Integrationslehre *Smends* zurückgehende Werttheorie der Grundrechte, welche als spezielle Ausformung der institutionellen Grundrechtstheorie aufgefasst werden kann, beschreibt die Grundrechte als konstituierende Faktoren der als Integrationsvorgang verstandenen Staatsbildung.[204] Prägendes Moment der Grundrechte ist deren objektiv-rechtlicher Charakter als Wertgrundlage und Wertentscheidung des Gemeinwesens[205], nicht deren subjektiv-rechtlicher Gehalt. Die grundrechtliche Freiheit dient allein der Realisierung der in den Grundrechten ausgedrückten Werte.

Neben den schon im Rahmen der Darstellung der institutionellen Grundrechtstheorie angemerkten Auswirkungen folgt speziell aus der Werttheorie der Grundrechte, dass die Grundrechtsinterpretation vorrangig zum Metier der Geisteswissenschaft deklariert wird.[206] Durch diese Auslagerung aus der Rechtswissenschaft können im modernen Zeitalter rasant wechselnde Wertauffassungen und Werturteile die richterliche Grundrechtsdeutung diktieren.[207] Besonders erheblich erscheint die Relativierung der grundrechtlichen Freiheit durch die vorzunehmende Differenzierung zwischen wertverwirklichendem und wertgefährdendem Freiheitsgebrauch, dem ein unterschiedlicher Schutzumfang angedeihen wird.[208]

Auf dem Gedankenfundament der Werttheorie der Grundrechte kann der Figur der Schutzbereichsbegrenzung ein Grundstein gelegt werden. Gerade die Annahme, dass Freiheitsbetätigungen bewertet und damit abgestuft werden können, leistet einer Verengung der grundrechtlichen Schutzbereiche Vorschub.

5. Die demokratisch-funktionale Grundrechtstheorie

In der demokratisch-funktionalen Grundrechtstheorie dienen Grundrechte als konstituierende Faktoren im freien Prozess der demokratischen Staatsbildung.[209] Entscheidend ist die Grundrechtswahrnehmung in einer auf Fragen des politi-

---

204 Smend, Staatsrechtliche Abhandlungen, S. 189 ff. (264 f.).

205 Vgl. etwa BVerfGE 21, 362 (371 f.) – Sozialversicherungsträger; 23, 127 (134) – Zeugen Jehovas.

206 Daran radikale und zuweilen undifferenzierte Kritik äußernd Forsthoff, Der Staat der Industriegesellschaft, S. 69.

207 So Forsthoff, Der Staat der Industriegesellschaft, S. 67; ähnlich Böckenförde, NJW 1974, 1529 (1534).

208 Schmitt, in: Buve (Hrsg.), Säkularisation und Utopie, Ebracher Studien, S. 37 (57 ff.); Forsthoff, Der Staat der Industriegesellschaft, S. 150.

209 Böckenförde, NJW 1974, 1529 (1534).

schen Gemeinwesens bezogenen und damit nicht allein auf die Sicherung einer staatsisolierten Privatsphäre zielenden Absicht.[210] Der Einzelne bekommt Grundrechte nicht um seiner persönlichen Freiheit willen, sondern zur Realisierung ihrer öffentlichen und politischen Stoßrichtung überantwortet.[211] Ihre „Daseinsberechtigung" schöpfen Grundrechte keineswegs aus einer vorstaatlichen Sphäre, sondern aus der Aufgabe, der Demokratiebildung zu dienen.

Die grundrechtliche Freiheit gibt sich als determiniert und funktionalisiert zu erkennen. Ihre Substanz wird von dem Ziel bestimmt, welchem sie dient.[212] Daraus resultiert ein Vorrangverhältnis von öffentlich motiviertem vor privatem Freiheitsgebrauch.[213] Zugespitzt werden hiernach alle Grundrechte zu „demokratischen Mitwirkungsrechten".[214] Seinen Höhepunkt erreicht der Gedanke der „gelenkten Freiheit" im Umkippen der Grund*rechte* zu Grund*pflichten*, welches dem Grundrechtsträger die Inanspruchnahme seiner Freiheitsrechte nicht mehr zur Disposition stellt.[215] Ein Grundrechtsverzicht ist in der radikalen Ausformung dieser Theorie nicht möglich.

Der Schutzbereichsbegrenzung liefert das Abstufungskriterium des öffentlich motivierten Freiheitsgebrauchs einen theoretischen Anknüpfungspunkt. In den Schutzbereich eines Grundrechts fallen nur diejenigen Verhaltensmodalitäten, die dem Ziel des demokratischen Prozesses dienlich sind. Insgesamt kann sich die Schutzbereichsbegrenzung somit auf die demokratisch-funktionale Grundrechtstheorie stützen.

6. Die sozialstaatliche Grundrechtstheorie

Ausgangspunkt der sozialstaatlichen Grundrechtstheorie ist die nüchterne Erkenntnis, dass die sozialen Voraussetzungen zur Wahrnehmung rechtlicher Freiheitsgewährleistungen für einen großen Teil der Bevölkerung[216] entfallen und so

210 Dreier, Dimensionen der Grundrechte, S. 39.

211 Vgl. BVerwGE 14, 21 (25).

212 Ossenbühl, NJW 1976, 2100 (2103).

213 Dazu kritisch Klein, Der Staat 10 (1971), S. 164 ff.

214 Ladeur, Kritik der Abwägung in der Grundrechtsdogmatik, S. 77.

215 Beispielhaft hierzu Krüger, Allgemeine Staatslehre, S. 538 u. 542; a.A. Dreier, Dimensionen der Grundrechte, S. 39.

216 Im September 2009 lag der Anteil der Hartz IV-Empfänger bei 7,9 % der Einwohner Deutschlands, vgl. http://www.kreise.de/landkreistag/dlt-aktuell/pressetexte/pressetexte-2009/pt-09-09-30a-grafik.jpg [Datum des letzten Abrufs: 8.7.2010].

die Grundrechte zu „Leerformeln“ zu verkommen drohen.[217] Dem zu befürchtenden Auseinanderdriften von rechtlicher und realer Freiheit soll durch die Anerkennung grundrechtlicher Leistungsansprüche gegen den Staat Einhalt geboten werden.[218] Der Staat soll die tatsächlichen Voraussetzungen der Grundrechtsausübung fördern. Den Grundrechten wird neben ihrer abwehrrechtlichen eine soziale Funktion zugemessen. Über diesen Faktor können sie in einen überindividuellen Zusammenhang gestellt werden.[219] Die sozialstaatliche Grundrechtstheorie erhebt im Unterschied zu den vorgenannten Theorien keinen Ausschließlichkeitsanspruch. In Kombination mit den übrigen Grundrechtstheorien rüstet sie diese vielmehr um den sozialen Aspekt auf.[220]

Der Umfang der Freiheitsgewährleistung über grundrechtliche Leistungsansprüche im konkreten Fall gerät in Abhängigkeit von den verfügbaren staatlichen Finanzmitteln und deren Verteilung.[221] Infolgedessen verlieren die Grundrechte ihre Unbedingtheit.[222] Der Umfang effektiven Grundrechtsschutzes kann mit dem banalen Hinweis auf leere Kassen zurückgeschraubt werden. Wechselseitig verwandeln sich politische Entscheidungen über die Haushaltsmittelvergabe in Fragen der Grundrechtsinterpretation, was schlussendlich eine Verschiebung der haushaltspolitischen Kompetenzen vom Parlament weg hin zum BVerfG nach sich zieht. Nicht übersehen werden darf, dass ein Ausbau der sozialen Gewährungen realer Freiheitsverwirklichung tendenziell die Abhängigkeit des Einzelnen vom Staat vorantreibt.[223]

Der Zuerkennung grundrechtlicher Leistungsansprüche macht eine einfachgesetzliche Ausgestaltung der Form und des Verfahrens der Gewährung unabdingbar.[224] Nur ein Minimalgehalt an Leistungsansprüchen kann den Grundrechten unmittelbar entnommen werden. Selbst dieser ist dem Individuum nicht unwiderruflich zugesichert: Mit dem Argument der Nichtfinanzierbarkeit kann der

---

217 In diesem Sinne Dreier, Dimensionen der Grundrechte, S. 54 f.; Forsthoff, Der Staat der Industriegesellschaft, S. 22; Häberle, Die Wesensgehaltgarantie des Art. 19 Abs. 2 GG, S. 15 f.

218 Friauf, DVBl. 1971, 674 (675); Häberle, VVDStRL 30 (1972), 76, Fn. 131; kritisch zum Ganzen Forsthoff, Der Staat der Industriegesellschaft, S. 148.

219 Häberle, Die Wesensgehaltgarantie des Art. 19 Abs. 2 GG, S. 9 (11).

220 Böckenförde, NJW 1974, 1529 (1536).

221 Vgl. BVerfGE 33, 303 (333) – numerus clausus I, wo die Teilhabe an Studienplätzen unter den „Vorbehalt des Möglichen“ gestellt wird. Siehe auch Bethge, Der Staat 24 (1985), 379; Morgenthaler, Freiheit durch Gesetz, S. 51; ähnlich auch Cornils, Die Ausgestaltung der Grundrechte, S. 648.

222 Ähnlich Friauf, DVBl. 1971, 674 (677); Morgenthaler, Freiheit durch Gesetz, S. 51.

223 Morgenthaler, Freiheit durch Gesetz, S. 51.

224 Isensee, Menschenrechte – Staatsordnung – Sittliche Autonomie, in: Schwartländer (Hrsg.), Modernes Freiheitsethos und christlicher Glaube, S. 87.

leistungsrechtliche Schutzbereich eines Freiheitsgrundrechts eingegrenzt werden. Folglich findet die Schutzbereichsbegrenzung in der sozialstaatlichen Grundrechtstheorie einen Nährboden.

7. Die dem Grundgesetz zugrunde liegende Grundrechtstheorie

Mitursächlich für die gegenwärtige Zerrissenheit der Grundrechtsdogmatik ist das Fehlen einer einheitlichen Grundrechtstheorie. Rechtsprechung und Literatur bedienen sich bei der Grundrechtsinterpretation wechselnd unterschiedlicher Theorien. Insbesondere das BVerfG schöpft bislang ohne System aus der bunten Vielfalt der genannten Grundrechtstheorien, um das nach eigenem Verständnis bestmögliche Ergebnis im konkreten Fall zu erzielen.[225] Dies wird nicht offen gesagt – schon weil die Anleitung der Grundrechtsdeutung durch normative Vorverständnisse oftmals nicht ausreichend in das Bewusstsein gerückt wird. Der wechselnde Rückgriff auf unterschiedliche Grundrechtstheorien ist jedoch häufig der Grund für divergierende Auslegungsergebnisse. Es fragt sich mithin, ob die stringente Anwendung einer Grundrechtstheorie schon von Verfassungs wegen gefordert ist oder ob mit der überwiegenden Praxis der Rechtsanwender weiter aus einem Potpourri an Grundrechtstheorien geschöpft werden kann und sollte.

Einer Ansicht zufolge ist es nicht Sache des Verfassungsgebers eine Grundrechtstheorie zu entwickeln oder fortzuschreiben. Die Verfassung selbst gibt dieser Meinung nach keine Grundrechtstheorie vor. Diese Aufgabe soll der Staatsrechtslehre zukommen. In der Konsequenz wird die Existenz der *einen* verfassungsgemäßen Grundrechtstheorie verneint.[226] Vielmehr wird eine entwicklungsoffene mehrdimensionale Grundrechtstheorie postuliert.[227]

Grundsätzlich könnte man die Auffassung teilen, dass der jeweilige Verfassungsinterpret die verschiedenen Grundrechtstheorien nach eigenem Gutdünken bei der Auslegung der Grundrechte zur Anwendung bringen kann, um optimale Ergebnisse zu erzielen. Der Verfassung selbst könnte es angelegen sein, von einer Wahlfreiheit zwischen den Grundrechtstheorien auszugehen, damit der Auslegende zu bestmöglichen Resultaten im Einzelfall gelangt.

---

225 Alexy, Theorie der Grundrechte, S. 30; Morgenthaler, Freiheit durch Gesetz, S. 39 f.

226 Etwa Häberle, Die Wesensgehaltgarantie des Art. 19 Abs. 2 GG, S. 349.

227 Nochmals Häberle, Die Wesensgehaltgarantie des Art. 19 Abs. 2 GG, S. 356 ff.; nachdrücklich Vesting, Von der liberalen Grundrechtstheorie zum Grundrechtspluralismus, in: Grabenwarter (Hrsg.), Allgemeinheit der Grundrechte und Vielfalt der Gesellschaft, S. 9 (20 ff.).

Richtig ist es aber, davon auszugehen, dass die Verfassung eine verfassungsgemäße Grundrechtstheorie vorgibt. Ansonsten wäre das die staatliche Grundordnung aufstellende Grundgesetz eine Hülse ohne Kern, weil es sich selbst keine Vorstellung von dem grundsätzlichen Beziehungsverhältnis Bürger-Staat machte.[228] Dies widerspräche aber dem in der Verfassung verwirklichten Konzept des materiellen Rechtsstaats, der sich nicht auf die Vorgabe formeller Verfahrens- und Ordnungsvorschriften beschränkt, sondern durch die Verbürgung aller Staatsgewalt auf Menschen- und Bürgerrechte und über ausdrückliche Staatsstrukturprinzipien materielle Gehalte vermittelt. Die Berechtigung der so aufgeworfenen Frage nach der verfassungsmäßigen (d.h. von der Verfassung vorgegebenen) Grundrechtstheorie ergibt sich nicht zuletzt aus der Überlegung, dass es unbefriedigend ist, wenn sich die Rechtsprechung bei der Beantwortung grundrechtstheoretischer Fragen fallbezogen und nach den einzelnen Grundrechtsbestimmungen wechselnd der einen oder anderen Theorie bedient.[229] Zieht das BVerfG bei der grundrechtlichen Begriffsauslegung nebeneinander verschiedene Theorien heran[230], setzt es sich dem Vorwurf einer willkürlichen Wertung nach ideologisierten und außerjuristischen Maßstäben aus. Aufgrund des Zusammenhangs zwischen Grundrechtstheorie und Ergebnis der Grundrechtsdeutung werden Entscheidungen unvorhersehbar. Das Verhältnis der herangezogenen Grundwertungen bleibt unklar.[231] In der Folge leidet die Rechtssicherheit. Gerade im Bereich der Grundrechte, die zusammen mit den Staatsstrukturprinzipien die materiellen Kernaussagen der Verfassung treffen, ist jedoch Stabilität erforderlich.[232]

Die zu ergründende verfassungsmäßige Grundrechtstheorie muss die bestehenden wesentlichen Inhalte und ihre Zusammenhänge zwischen Verfassungsideal und Verfassungswirklichkeit darstellen und zugleich ein entwicklungsoffenes System bilden, das neue Inhalte und Strukturen verarbeiten kann.[233] Dies hängt mit den Anforderung zusammen, die an eine „gute“ Verfassung gestellt

---

228 Ähnlich Böckenförde, NJW 1974, 1529 (1537).

229 Morgenthaler, Freiheit durch Gesetz, S. 25, 53.

230 So Böckenförde, NJW 1974, 1529 (1536) m.w.N.

231 Borowski, Grundrechte als Prinzipien, S. 27; Morgenthaler, Freiheit durch Gesetz, S. 53 f.

232 Voßkuhle, JZ 2009, 917 (918). Darin liegt auch der Unterschied zur Auslegung einfachen Rechts, die keine feste Reihenfolge der Auslegungsmethoden kennt. Die Frage nach der Grundrechtstheorie der Verfassung ist der Auslegung einfacher Gesetze nach grammatikalischen, systematischen, historischen und teleologischen Gesichtspunkten vorgelagert und übergeordnet.

233 Borowski, Grundrechte als Prinzipien, S. 26; ähnlich Bethge, Der Staat 24 (1985), 351 (371).

werden: sie muss zugleich offen und stabil sein.[234] Sie muss sich der Indienststellung für die Ziele und Interessen vergänglicher Mehrheiten verweigern[235], darf sich aber nicht dem Bedürfnis nach Anpassung an die Erfordernisse der Zeit verschließen.[236] Staats- und Grundrechtsverständnis sind eng miteinander verknüpft.[237] Das Staatsverständnis spiegelt sich im Grundrechtsverständnis wider. Grundrechtstheorien sind umgekehrt Ausdruck eines bestimmten Staatsverständnisses. Die Grundrechtstheorie kann sich einem im Wandel befindlichen Staatsverständnis nicht verschließen. Ein konsequenter Wandel in der Grundrechtstheorie kann umgekehrt einen Verfassungswandel nach sich ziehen.[238]

Entsprechend der liberalen Konzeption der Verfassung muss die verfassungsmäßige Grundrechtstheorie davon ausgehen, dass Freiheitsrechte nicht „instrumentell“ nur um der Interessen des Staates willen eingeräumt sind.[239] Eine inhaltliche Ausrichtung der Grundrechte auf objektive Ordnungsentwürfe steht in Widerspruch zu einem Freiheitsbegriff, der die Selbstbestimmung des Einzelnen als Kernelement erfasst.[240] Die Wertung der Verfassungsväter ist eindeutig: Grundrechte sind zu allererst Abwehrrechte gegen den Staat, auch wenn er im Gewand des sozialen Staats daherkommt.[241] Dieses grundlegende Konzept eines liberalen Rechtsstaats ist als Antwort auf das Unrechtsregime der NS-Zeit zu verstehen. Nach dieser Auffassung ist Freiheit ein vorstaatliches Gut, das sich nicht bewerten lässt, kein objektiviertes Institut darstellt und nicht als Mittel zur Verfolgung staatlicher Zwecke missbraucht werden darf. Sie wird um ihrer selbst willen gewährleistet.[242]

Jedoch hat die Verfassung selbst das Problem der liberalen Grundrechtstheorie in Reinform erkannt: Die liberale Grundrechtsdeutung ist blind für die sozialen Voraussetzungen des Freiheitsgebrauchs.[243] Deshalb verpflichtet sich das Grundgesetz der Sozialstaatlichkeit (Art. 20 I GG). Daraus ergibt sich die positive Verpflichtung aller Staatsgewalt, grundrechtlich vorgegebene Aktivitäten zu

234 So auch Volkmann, AöR 134 (2009), 157 (181).

235 Vgl. Dreier, RW 2010, 11 (17).

236 Voßkuhle, JZ 2009, 917 (918).

237 Friauf, DVBl. 1971, 674; Häberle, Die Wesensgehaltgarantie des Art. 19 Abs. 2 GG, S. 363; Höfling/Rixen, RdA 2007, 360 (366).

238 So Böckenförde, NJW 1974, 1529 (1537).

239 Wernsmann, Der Staat 44 (2005), 43 (47).

240 Cornils, Die Ausgestaltung der Grundrechte, S. 505.

241 BVerfGE 7, 198 (204) – Lüth; ebenso Rixen, Sozialrecht als öffentliches Wirtschaftsrecht, S. 248.

242 Böckenförde, NJW 1974, 1529 (1537 f.).

243 Böckenförde, NJW 1974, 1529 (1538). Vgl. auch Enders, in: Friauf/Höfling (Hrsg.), Berliner Kommentar, Vor Art. 1 Rn. 48.

entfalten.[244] Dies hat Auswirkungen auf die Grundrechtstheorie.[245] Mit dem Verfassungsverständnis des Grundgesetzes ist ein dem Staat abgewandter Liberalismus, der Freiheit ausschließlich als Negation des Staates begreift und in den Grundrechten vorrangig die Ausgrenzung einer staatsfreien Sphäre des isoliert gedachten Individuums sieht, nicht vereinbar.[246] Der auf bloße Rechtsbewahrung abzielende Liberalstaat lässt keinen Raum für die zugleich Freiheit gewährenden Sicherheiten des Sozialstaats.[247] Die liberale Komponente des Grundrechtsschutzes muss durch die soziale der Grundrechtsermöglichung und Grundrechtsförderung ergänzt werden.[248] Dabei wird die liberale Grundrechtstheorie nicht aufgegeben, sondern in ein sozialstaatliches Konzept eingebunden. Über die Sozialstaatsklausel ist der Staat angehalten, nicht nur im kantianischen Sinne die Freiheit des Einen mit der Freiheit des Anderen in Einklang zu bringen, sondern auch einen Ausgleich zwischen den Realisierungsmöglichkeiten der Freiheit zu schaffen.[249]

Dennoch darf die sozialstaatlich motivierte Sorge um die realen Ausübungschancen grundrechtlicher Freiheit nicht darüber hinwegtäuschen, dass die liberalen Grundrechte des freien Individuums auch unter veränderten realen Kontexten das leitende normative Modell bleiben, an dem sich der Gesetzgeber orientieren muss.[250] So genannte soziale Um- bzw. Abwertung der von den Verfassungsmüttern und -vätern liberal konzipierten Freiheitsgrundrechte durch Verengung der Schutzbereiche verbietet sich deshalb.[251] Die Einbindung des Gedankens der Sozialstaatlichkeit in die Grundrechtstheorie darf nicht zu Lasten des Freiheitsschutzes des Individuums gehen. Auch muss verhindert werden, dass die soziale Motivation staatlichen Handelns zu einem Aufweichen der Bindungsklausel gem. Art. 1 III GG für Gesetze führt.[252] Dem Grunde nach liberal konzipierte Grundrechte erleichtern (sozial)staatliches Handeln nicht, sondern erschweren es. Dies gilt gerade auch für den Fall, dass ein (Sozial)Staat Gutes bewirken will. Grundrechte wirken bewusst als Hemmung politischen Handelns,

244 Gleichsinnig Friauf, DVBl. 1971, 674 (675).

245 Nierhaus, AöR 116 (1991), 72 (78).

246 Bethge, Der Staat 24 (1985), 351 (373).

247 Bethge, Der Staat 24 (1985), 351 (375).

248 In diesem Sinne Friauf, DVBl. 1971, 674 (676).

249 Böckenförde, NJW 1974, 1529 (1538).

250 Anders Vesting, Von der liberalen Grundrechtstheorie zum Grundrechtspluralismus, in: Grabenwarter (Hrsg.), Allgemeinheit der Grundrechte und Vielfalt der Gesellschaft, S. 9 (19).

251 Rixen, Sozialrecht als öffentliches Wirtschaftsrecht, S. 244.

252 Davor warnend Friauf, DVBl. 1971, 674 (677); Nierhaus, AöR 116 (1991), 72 (78).

weil das freiheitsfeindliche Potenzial politisch ungehemmten Tätigwerdens geschichtlich verbürgt ist.[253]

8. Zwischenergebnis

Die Untersuchung ergibt, dass lediglich nach der liberalen Grundrechtstheorie in ihrer reinen Form Schwierigkeiten bestehen, die Erscheinung der Schutzbereichsbegrenzung anzuerkennen und theoretisch zu fundieren. Die übrigen Ideengerüste tragen und unterstützen die Figur der Schutzbereichsbegrenzung sogar.

Indes sind nicht alle aufgeführten Grundrechtstheorien mit den Leitideen des Grundgesetzes kompatibel. Selbiges ist vorrangig liberalstaatlich konzipiert und sieht Freiheit als dem Individuum vorstaatlich zustehendes Gut an. Sämtliche Theorien, die Freiheit als staatliches Konstrukt verstehen, sind mit der von der Verfassung vorgegebenen Grundrechtstheorie nicht vereinbar. Sie sehen die Grundrechte als vorrangig objektiv-rechtliche Garantien an, deren Gebrauch dem Staat oder dem Gemeinwesen dienlich sein muss, um dem Individuum subjektiv-rechtlich effektiven Schutz angedeihen zu lassen. Allein die der sozialstaatlichen Grundrechtstheorie eigene Erkenntnis von den notwendigen sozialen Voraussetzungen des Freiheitsgebrauchs hat über das Sozialstaatsprinzip Eingang in die Verfassung gefunden. Mithin verficht das Grundgesetz nicht die liberale Grundrechtstheorie in Reinform, sondern eine um sozialstaatliche Aspekte ergänzte liberale Grundrechtstheorie.[254] Trotz aller hernach an den Staat über die Grundrechte herangetragenen Verpflichtungen zum Tätigwerden, vor allem zum Erlass der einfachgesetzlichen Vorgaben, die für einen effektiven Grundrechtsgebrauch in der Staatswirklichkeit erforderlich sind, darf die vorrangige liberale Ausrichtung der Grundrechte nicht verdrängt werden: Soziale Aktivität des Staates zu Lasten des Freiheitsgebrauchs des Individuums und damit zu Lasten des subjektiv-rechtlichen Grundrechtsverständnisses ist unzulässig.

253 So Höfling/Rixen, RdA 2007, 360 (366).

254 Anders Stern, Die Auslegung der Grundrechte, in: ders. (Hrsg.), Das Staatsrecht der Bundesrepublik Deutschland III/2, § 95 S. 1680, der die Existenz einer einzigen, wenn auch kombinierten Grundrechtstheorie bestreitet.

II. Überblick über die dogmatische Entwicklung der Schutzbereichsbegrenzung

Um sowohl eine theoretische als auch eine fallbezogene Diskussion über die Figur der Schutzbereichsbegrenzung möglich zu machen, muss die Figur nicht nur grundrechtstheoretisch, sondern auch grundrechtsdogmatisch verortet werden. Dabei empfiehlt es sich, in zwei Schritten vorzugehen: Zunächst wird der Begriff der Grundrechtsdogmatik selbst geklärt und der Schutzbereichsbegrenzung ein Platz in der allgemeinen Grundrechtsdogmatik zugewiesen. Im Anschluss daran wird die Entwicklung der Grundrechtsdogmatik seit der Entstehung des Grundgesetzes nachvollzogen.

1. Zur Grundrechtsdogmatik im Allgemeinen

Die Grundrechtsdogmatik[255] ist ein abstraktes System von Regeln zum Verständnis und zur Handhabe von Grundrechten, das deshalb anerkannt ist, weil es sich bei der Anwendung auf den konkreten Fall bewährt hat.[256] Sie soll die Grundrechtsanwendung rationalisieren, strukturieren und selektieren.[257] Die Praxis bildet Gegenstand und Maßstab der Grundrechtsdogmatik.[258] Zentrale Aufgabe der Grundrechtsdogmatik ist die Erleichterung der Rechtsanwendung, indem einheitliche Entscheidungsmuster herausgearbeitet werden.[259] Wird die Grundrechtsdogmatik der ihr zugedachten Rationalisierungs-, Strukturierungs- und Selektionsfunktion nicht mehr gerecht, muss sie sich überdenken und reformieren.[260] Wegen des veränderlichen Maßstabs der Bewährtheit verharrt die Grundrechtsdogmatik notwendigerweise nicht starr in einem bestimmten Status quo, sondern entwickelt sich fortwährend aus sich selbst heraus weiter. Dadurch

---

255 Grundlegend zur Rechtsdogmatik im Allgemeinen Larenz/Canaris, Methodenlehre der Rechtswissenschaft, S. 45 ff.

256 Ähnlich Bezug auf die Anwendung auf konkrete Lebenssachverhalte nehmend Kahl, AöR 131 (2006), 579 (581); gleichsinnig Jarass, AöR 120 (1995), 345 (346).

257 Alexy, Theorie der Grundrechte, S. 32; Volkmann, JZ 2005, 262; ähnlich Murswiek, Der Staat 45 (2006), 473; Schlink, JZ 2007, 157 (162); vgl. zu dogmatischen Erklärungsmodellen im Allgemeinen Bumke, Der Grundrechtsvorbehalt, S. 30.

258 Bumke, Der Grundrechtsvorbehalt, S. 31.

259 Gellermann, Grundrechte im einfachgesetzlichen Gewande, S. 10.

260 In diesem Sinne auch Bumke, Der Grundrechtsvorbehalt, S. 31; Häberle, VVDStRL 30 (1972), 43 (70).

ist sie imstande, Realität in rechtliche Institute zu übersetzen.[261] Zugleich darf aber nicht jede „tagespolitische Präferenz“ auf die dogmatischen Entwicklungslinien durchschlagen.[262] Insofern besteht auch hier ein Spannungsverhältnis zwischen Offenheit und Stabilität. Darüber hinaus lassen sich mit Hilfe der Grundrechtsdogmatik Widersprüche innerhalb des dogmatischen Geflechts offen legen und nach Möglichkeit beheben. Sie schafft also die Bedingungen für die Konsistenz der Grundrechtsordnung.[263]

Die Grundrechtsdogmatik ist strikt von der Grundrechtstheorie[264] zu unterscheiden.[265] Erstere baut stets auf einem grundrechtstheoretischen Fundament auf. Der Begriff der Grundrechtstheorie umfasst jedoch im Unterschied zur anwendungsorientierten Grundrechtsdogmatik philosophische, politische und rechtsvergleichende Vorfragen und erweist sich so als umfassender.[266] Während Grundrechtstheorie nach der Richtigkeit der Praxis fragt (wertend-reflexiv), befasst sich die Grundrechtsdogmatik allein mit der Frage, wie die Praxis adäquat abgebildet werden kann (beschreibend-rezeptiv).[267]

Die Schutzbereichsdogmatik bildet eine Facette der allgemeinen Dogmatik der Grundrechte.[268] Sie sucht denjenigen Bereich menschlichen Verhaltens zu bezeichnen, der nach der Verfassung von staatlichen Eingriffen prima facie freigehalten werden soll. Innerhalb der Schutzbereichsdogmatik ist die Konstruktion der Schutzbereichsbegrenzung zu verorten.

2. Die Grundrechtsdogmatik im Wandel

1949, zur Geburtsstunde des Grundgesetzes, sah sich die Grundrechtsdogmatik erstmals mit dem in Art. 1 III GG festgeschriebenen Axiom konfrontiert, dass die Grundrechte nicht nur die Exekutive, sondern auch die Judikative und die

261 Hoffmann-Riem, Enge oder weite Gewährleistungsgehalte der Grundrechte ?, in: Bäuerle (Hrsg.), Haben wir wirklich Recht?, S. 53 (55); ähnlich Bumke, Der Grundrechtsvorbehalt, S. 31.

262 Voßkuhle, JZ 2009, 917 (919).

263 So Bumke, Der Grundrechtsvorbehalt, S. 31; ähnlich Voßkuhle, JZ 2009, 917 (918).

264 Zum Begriff vgl. die Ausführungen unter B.I.1.

265 Lübbe-Wolff, Die Grundrechte als Eingriffsabwehrrechte, S. 64; ebenso Bumke, Der Grundrechtsvorbehalt, S. 32.

266 So Jarass, AöR 120 (1995), 345 (346 Fn. 2); Kahl, AöR 131 (2006), 579 (581 Fn. 9); anders Lindner, Theorie der Grundrechtsdogmatik, S. 7, der die Grundrechtstheorie als eine Teilmenge der Grundrechtsdogmatik versteht.

267 Vgl. Bumke, Der Grundrechtsvorbehalt, S. 33.

268 Ipsen, JZ 1997, 473 (474), welcher in Bezug auf die Schutzbereichsdogmatik von der „ zweiten Säule der Grundrechtsdogmatik“ spricht.

Legislative[269] als unmittelbar geltendes Recht binden.[270] Zu Zeiten der Weimarer Reichsverfassung war die Frage nach der Grundrechtsbindung des Gesetzgebers noch Gegenstand eines heftigen Meinungsstreits.[271] Nunmehr verbat sich über die Bindung des Gesetzgebers an die Verfassung gem. Art. 1 III und Art. 20 III GG eine Auslegung der Verfassungsbestimmungen als bloße Programmsätze, wie sie in Weimarer Zeiten noch üblich war.[272] Aus dem Bestreben dieser neu errungenen Regel[273] zur optimalen praktischen Wirksamkeit zu verhelfen[274] und die Abkehr von der Totalität des Naziregimes in der Verfassungswirklichkeit zu verankern[275], war es vom dogmatischen Ansatz her angezeigt, die Schutzbereiche der Grundrechte möglichst weit zu fassen. Diese wegweisende Aufgabe kam in Anbetracht des abstrakt gehaltenen Textbestandes[276] des Grundrechtskatalogs vornehmlich dem BVerfG im Wege der Grundrechtsauslegung zu[277], das dabei dankbar auf die Vorarbeit der zeitgenössischen Rechtswis-

---

269 BVerfGE 1, 14 (52) – Südweststaat; zum Ganzen auch Nierhaus, AöR 116 (1991), 72 ff.

270 Böckenförde, Der Staat 42 (2003), 165 (171); Stern, Geltungs- und Bindungskraft der Grundrechte, in: ders. (Hrsg.), Das Staatsrecht der Bundesrepublik Deutschland III/1, § 72 S. 1194 f.; siehe auch Merten, Grundrechtlicher Schutzbereich, in: ders./Papier (Hrsg.), Handbuch der Grundrechte III, § 56 Rn. 55, der Art. 1 III GG treffend als „Reaktionsnorm auf die Weimarer Verfassung" bezeichnet.

271 Dazu Anschütz, Die Verfassung des Deutschen Reiches vom 11.8.1918, Bem. 5 u. 6 vor Art. 109, S. 510 ff.; Morgenthaler, Freiheit durch Gesetz, S.195 ff.; Poetzsch-Heffter, Handkommentar der Reichsverfassung, S. 392 ff.; Schmitt, Freiheitsrechte und institutionelle Garantien der Reichsverfassung, S. 2 ff.; Thoma, Die juristische Bedeutung der grundrechtlichen Sätze der Deutschen Reichsverfassung im allgemeinen, in: Nipperdey (Hrsg.), Die Grundrechte und Grundpflichten der Reichsverfassung I, S. 4 ff. (33 ff.).

272 Siehe Mager, Einrichtungsgarantien, S. 399; kritisch zur Weimarer Verfassungswirklichkeit Schmitt, Grundrechte und Grundpflichten, in: ders. (Hrsg.), Verfassungsrechtliche Aufsätze, S. 181 (195 Fn. 30), der die Grundrechtsgarantien der Weimarer Reichsverfassung als „dilatorischen Formelkompromiss" bezeichnet.

273 Die Neuheit anzweifelnd Bumke, Der Gesetzesvorbehalt, S. 111.

274 Gleichsinnig Bumke, Der Gesetzesvorbehalt, S. 145.

275 Böckenförde, Der Staat 42 (2003), 165 (171, 188); Dreier, Dimensionen der Grundrechte, S. 33; Hufen, NJW 1999, 1506; Kahl, Der Staat 43 (2004), 167 (187).

276 Bumke, Der Grundrechtsvorbehalt, S. 123; Morgenthaler, Freiheit durch Gesetz, S.35 ff.; Smend, Staatsrechtliche Abhandlungen, S. 266.; vgl. auch Voßkuhle, JZ 2009, 917 (918), demzufolge die „offene Normstruktur" davor bewahren soll, dass der Verfassungstext andauernd im Wege der Grundgesetzänderung an die sich wandelnde Lebenswirklichkeit angepasst werden muss.

277 Für eine Vorreiterstellung des parlamentarischen Gesetzgebers bei der Ausfüllung der abstrakt gefassten Grundrechte Morgenthaler, Freiheit durch Gesetz, S. 35.

senschaft zurückgriff.[278] Auf diese Weise wurden die Schutzbereiche der Grundrechte ausgedehnt[279], was die vom Parlamentarischen Rat beabsichtigte umfassende Grundrechtsgeltung[280] befeuern sollte.

Die dem Grundrecht aus Art. 2 I GG zuerkannte Reichweite diente alsbald als Indikator der dogmatischen Entwicklung.[281] Zwar bemühten sich einige Stimmen längerfristig um ein enges Verständnis des Persönlichkeitsschutzes (sog. Persönlichkeitskerntheorie)[282], doch setzte sich bald die Deutung des Grundrechts als allgemeine Handlungsfreiheit durch[283], was höchstrichterlich im berühmten Elfes-Urteil[284] gutgeheißen wurde. Fortan sollte Art. 2 I GG menschliches Verhalten in einem umfassenden, nicht durch qualitativ wertende Merkmale eingegrenzten Sinn schützen.[285] 1957, im Jahr der Elfes-Entscheidung, war der demokratische Rechtsstaat in den Köpfen der Bevölkerung und der politischen Machthaber lediglich lose verankert, so dass es dem BVerfG angezeigt erschien, auf dem Grundsatz von Freiheit vor staatlicher Intervention zu beharren.[286] Mittels der neuen Deutung des Art. 2 I GG wurde das Rechtsstaatsprinzip versubjektiviert.[287] Parallel zum umfassenden Schutzbereichsverständnis des Art. 2 I GG in seiner ihm zugedachten Funktion als Auffanggrundrecht[288] fand

---

278 Nochmals Hufen, NJW 1999, 1506 (1508); ähnlich Kröger, Grundrechtsentwicklung in Deutschland, S. 97; ausführlich Stern, in: ders./Becker (Hrsg.), Grundrechte-Kommentar, Einl. Rn. 22 f. Eine andere Einschätzung der Rolle der Rechtswissenschaft offenbart Dreier, Dimensionen der Grundrechte, S. 42: „Die Literatur hat sich über weite Strecken mit nacharbeitender Systematisierung begnügt."

279 Murswiek, Der Staat 45 (2006), 473 (474).

280 V. Mangoldt, Schriftlicher Bericht zum Entwurf des Grundgesetzes für die Bundesrepublik Deutschland, in: Parlamentarischer Rat (Anlage zum stenographischen Bericht der 9. Sitzung des Parlamentarischen Rates am 6. Mai 1949), S. 5 f.

281 Gleichsinnig Böckenförde, Der Staat 42 (2003), 165 (171).

282 Hesse, Grundzüge des Verfassungsrechts, Rn. 427 f.; Scheuner, VVDStRL 22 (1965), 1 (39 Fn. 111); W. Schmidt, AöR 91 (1966), 42 (81); vgl. auch Sondervotum Grimm, BVerfGE 80, 137 (164 ff.) – Reiten im Walde.

283 Statt vieler Stern, Die allgemeine Handlungsfreiheit, in: ders. (Hrsg.), Das Staatsrecht der Bundesrepublik Deutschland IV/1, § 104 S. 877 f.

284 BVerfGE 6, 32 – Elfes; seitdem st. Rspr.; siehe BVerfGE 54, 143 (144) – Taubenfütterungsverbot; 80, 137 (152) – Reiten im Walde; 90, 145 (171) – Cannabis; 114, 371 (383 f.).

285 Schwarz, JZ 2003, 126 (127).

286 Hoffmann-Riem, Enge oder weite Gewährleistungsgehalte?, in: Bäuerle (Hrsg.), Haben wir wirklich Recht?, S. 53 (67).

287 BVerfGE 6, 32 (41) – Elfes; Bethge, NJW 1982, 1 (7).

288 Grundlegend Dürig, in: Maunz/ders. (Hrsg.), Grundgesetz (Stand 1958), Art. 2 I Rn. 6 ff.; vgl. auch Pieroth, AöR 115 (1990), 33 ff.

in der Folgezeit die weite Deutung der speziellen Freiheitsgrundrechte Konsens.[289]

Zugleich begann man Mitte der 50er Jahre, den Grundrechten einen objektiv-rechtlichen Gehalt zu entnehmen.[290] Die Lehre von den objektiven Grundrechtsgehalten sprach den Grundrechten Rechtswirkungen zu, die über die subjektiv-rechtliche Abwehrfunktion hinausreichen.[291] Hinter dieser Ausweitung des Grundrechtsschutzes[292] stand die Überlegung, dass der Gebrauch der Grundrechte in einem bedeutenden Maße auch von staatlichen und gesellschaftlichen Vorleistungen abhängt.[293] Über die aus der Gesamtheit der Grundrechte herausgefilterte „objektive Wertordnung"[294] gelang es, die Wirkung der Grundrechte auf Bereiche auszudehnen[295], an die der historische Verfassungsgeber wohl nie gedacht hatte.[296] Die mittelbare Grundrechtsgeltung unter Privaten konnte sich auf diese Weise etablieren[297], weil die Ausstrahlung der Grundrechte auf das einfache Recht über die als Einbruchstellen fungierenden Generalklauseln als unvermeidlich erkannt wurde.[298] Neben der klassischen Abwehrfunktion der

289 Vgl. nur BVerfGE 32, 54 (71) – Betriebsbetretungsrecht; 39, 1 (38); 48, 376 (388) – Schwangerschaftsabbruch I; 51, 97 (110) – Zwangsvollstreckung I; Hoffmann-Riem, Der Staat 43 (2004), 203 (210); Volkmann, JZ 2005, 261 (263).

290 BVerfGE 7, 198 (205 ff.) – Lüth; Dreier, Dimensionen der Grundrechte, S. 21 ff.; Ossenbühl, NJW 1976, 2100 (2101); Vesting, Von der liberalen Grundrechtstheorie zum Grundrechtspluralismus, S.12 f.; ähnlich Martins, DÖV 2007, 456 (461).

291 Jarass, AöR 110 (1985), 363 (380); Gellermann, Grundrechte im einfachgesetzlichen Gewande, S. 33.

292 Friauf, DVBl. 1971, 674.

293 Gellermann, Grundrechte im einfachgesetzlichen Gewande, S. 37; Voßkuhle, JZ 2009, 917 (921).

294 Grundlegend BVerfGE 7, 198 (205) – Lüth.

295 Kröger, Grundrechtsentwicklung in Deutschland, S. 89; Vesting, Von der liberalen Grundrechtstheorie zum Grundrechtspluralismus, in: Grabenwarter (Hrsg.), Allgemeinheit der Grundrechte und Vielfalt der Gesellschaft, S. 9 (12).

296 Hufen, Staatsrecht II, § 2 Rn. 20; vgl. auch Alexy, Theorie der Grundrechte, S. 396 f., mit dem Nachweis, dass das Grundgesetz von seiner Textfassung und seiner Entstehungsgeschichte her primär den Charakter einer an Abwehrrechten orientierten Verfassung hat. Kritisch zur Vorstellung von Grundrechten als objektiven Grundsatznormen Böckenförde, Grundechte als Grundsatznormen, in: ders. (Hrsg.), Staat, Verfassung, Demokratie, S. 159 ff.

296 Volkmann, JZ 2005, 261 (263).

297 Böckenförde, Grundrechte als Grundsatznormen, in: ders. (Hrsg.), Staat, Verfassung, Demokratie, S. 159 (171 f.); Forsthoff, Der Staat der Industriegesellschaft, S. 149, der der Entwicklung ablehnend gegenüber steht.

298 Dreier, Dimensionen der Grundrechte, S. 58; Ossenbühl, NJW 1976, 2100 (2102); Voßkuhle, JZ 2009, 917 (921).

Grundrechte wurde die Dimension der Leistungsfunktion sowie die der Schutzpflichten (wieder)entdeckt.[299] Die Verwandlung vom Eingriffs- zum Leistungsstaat war eingeläutet.[300] Der Staat stellte sich nicht länger als bloßer Feind, sondern als wesentlicher Garant der grundrechtlichen Freiheit dar.[301] Diese Entwicklungen legen Zeugnis über die (Entwicklungs)Offenheit der Grundrechtsdimensionen ab.[302] Die Grundrechte dehnten sich seit den 70er Jahren zunehmend aus.[303]

Der grundrechtsdogmatische Gipfel des weitest möglichen Schutzbereichsverständnisses schien erreicht.[304] Jeder weitere Schritt in diese Richtung drohte Gefahr zu laufen, sich im Nebel zu verlieren. Die Rechtsanwender standen vor der Wahl, die Grundrechtsdogmatik entweder an dieser Stelle stagnieren zu lassen oder eine dogmatische Kehrtwende einzuleiten. Die Entscheidung fiel zugunsten einer enger werdenden Schutzbereichsauslegung[305] aus, die den Anstoß zum Umdenken in der Grundrechtsdogmatik gab. Die Vorzeichen der Schutzbereichsbegrenzung waren gesetzt.

3. Zwischenergebnis

Die Figur der Schutzbereichsbegrenzung stellt einen Teil der Grundrechtsdogmatik dar. Letztere ist ein anwendungsorientiertes System von Regeln zur Handhabe von Grundrechten, das deshalb anerkannt ist, weil es sich in der Praxis bewährt hat. Die Grundrechtsdogmatik muss immer neue Entwicklungen verarbeiten können, um nicht ihrer vornehmlichen Rationalisierungsfunktion bei

---

299 BVerfGE 88, 203 (251 f.) – Schwangerschaftsabbruch II; Gellermann, Grundrechte im einfachgesetzlichen Gewande, S. 42; Hoffmann-Riem, Der Staat 43 (2004), 203 (208); Jarass, in: ders./Pieroth (Hrsg.), Grundgesetz, Vorb. Vor Art. 1 Rn. 3; Klein, NJW 1989, 1633; Kröger, Grundrechtsentwicklung in Deutschland, S. 91; Sodan, in: ders. (Hrsg.), Grundgesetz, Art. 1 Vorb. Rn. 25. Ausführlich zu den grundrechtlichen Schutzpflichten Müller-Terpitz, Der Schutz pränatalen Lebens, S. 84 ff.

300 Volkmann, JZ 2005, 261 (263).

301 In diesem Sinne auch Bumke, Der Grundrechtsvorbehalt, S. 48; ebenso Hoffmann-Riem, Der Staat 43 (2004), 203 (209).

302 Häberle, Die Wesensgehaltgarantie des Art. 19 Abs. 2 GG, S. 345.

303 Vgl. Stern, in: ders./Becker (Hrsg.), Grundrechte-Kommentar, Einl. Rn. 27.

304 Anschaulich Voßkuhle, JZ 2009, 917 (921), der anmerkt, dass dem BVerfG im Zusammenhang mit den staatlichen Leistungspflichten die Gefahr bewusst war, „die Büchse der Pandora“ zu öffnen.

305 Böckenförde, Der Staat 42 (2003), 165 (174 ff.); Bumke, Die Verwaltung 37 (2004), 3 (22 ff.); ders., Ausgestaltung von Grundrechten, S. 5 f.; Enders, in: Friauf/Höfling (Hrsg.), Berliner Kommentar zum Grundgesetz, vor Art. 1 Rn. 98; Hesse, Grundzüge des Verfassungsrechts, Rn. 300 f.; Volkmann, JZ 2005, 261 ff.

der Grundrechtsanwendung verlustig zu gehen. Die Schutzbereichsbegrenzung stellt sich als verständliche (und möglicherweise notwendige) Reaktion auf die vorausgehenden Entwicklungen in der Grundrechtsdogmatik dar, die die Grundrechte zunehmend ihrer klassischen Funktion als Abwehrrechte enthoben und neue Grundrechtsdimensionen erschlossen hatten. Der dergestalt enorm erweiterte Wirkbereich der Grundrechte verlangte nach dogmatischer Bewältigung. Die Einführung der Figur der Schutzbereichsbegrenzung erschien dazu als taugliches Mittel.

III. Zu den Ursachen der Schutzbereichsbegrenzung

An die Betrachtung der dogmatischen Entwicklung schließt sich die Frage nach den konkreten Ursachen der Schutzbereichsbegrenzung an. Wieso befindet sich nach Jahrzehnten kontinuierlicher Schutzbereichserweiterung nun die Verengung der Schutzbereiche im Auftrieb? Dass die Antwort zum Teil mit im Kern nichtjuristischen Kontexten verwoben sein wird, soll vor einer Zusammenschau keineswegs abschrecken. Diese Zusammenhänge verdeutlichen nur wieder den Einfluss der Realität im Staat auf deren theoretische Erfassung im Wege der Grundrechtsdogmatik. Auch darf nicht irritieren, dass nicht ein einzelner Aspekt die Einführung der Figur in die Wege geleitet hat, sondern vielmehr ein Ursachenbündel.

1. Völker- und europarechtliche Einflüsse

Wie jedes andere Rechtsgebiet[306] kann auch das deutsche Verfassungsrecht nicht von europarechtlichen[307] Einflüssen frei gehalten werden.[308] Das Recht der Europäischen Union und das nationale Recht sind miteinander verzahnt und infilt-

306 Man denke nur an die Einflussnahme europäischer Richtlinien auf das deutsche Privatrecht im Kontext des Rechts der Allgemeinen Geschäftsbedingungen, des Reiserechts, des Verbraucherschutzes u.s.w.

307 „Europarecht" wird hier im weiten Sinne verstanden, so dass nicht nur das Recht der Europäischen Union dazu rechnet. Vgl. dazu Schweitzer, Staatsrecht III, Rn. 15.

308 Vgl. insbesondere die Rechtsprechung zum Anwendungsvorrang des Gemeinschaftsrechts, der nach Ansicht des EuGH in jedem Falle (EuGH, Slg. 1964, 1251 [1271] – Costa; Slg. 1970, 1125 [1135] – Internationale Handelsgesellschaft; Slg. 1990, I-2433 [2473] – Factortame), nach Ansicht des BVerfG nur in den Grenzen der sog. SolangeRechtsprechung (BVerfGE 37, 271 [280 ff.] – Solange I; 73, 339 [375 ff.] – Solange II; 89, 155 [174 f.] – Maastricht; 102, 147 [164] – Bananenmarktordnung) gilt.

rieren sich wechselseitig.[309] Dogmatische Tendenzen in der Rechtsprechung des EGMR, des EuGH und des EuG können hierzulande keineswegs unberücksichtigt bleiben.[310] Vielmehr sind die deutschen Gerichte zur Mithilfe angehalten, ein möglichst harmonisches Verständnis von Freiheitsrechten, die einerseits auf der Ebene des Europarechts und andererseits auf der Ebene des Grundgesetzes gewährt werden, herzustellen.[311] Die Fachgerichte müssen etwa die Rechtsprechung des EGMR bei der Interpretation des nationalen Rechts berücksichtigen.[312] Die Rechtsanwender sind insgesamt bemüht, über wechselseitige Rezeptionsprozesse[313] den Grundsatz der Einheit der Rechtsordnung auf der Ebene des supranationalen und des Völkerrechts zu verwirklichen[314], um Widersprüchlichkeiten zu vermeiden und Rechtssicherheit weitest möglich zu garantieren. Zwischen den nationalen Gerichten und den europäischen Gerichten besteht ein Kooperationsverhältnis.[315] Dementsprechend hat das Bundesverfassungsgericht aus dem Grundsatz der Völkerrechtsfreundlichkeit (Präambel, Art. 1 II und Art. 23 bis 26 GG) eine Vermutung für den Willen des Gesetzgebers zu EMRK-konformem Handeln entnommen[316] und jüngst im Urteil zum Vertrag von Lissabon die Europarechtsfreundlichkeit des Grundgesetzes[317] betont.

Insofern überrascht es nicht, dass die Figur der Schutzbereichsbegrenzung ein unionsrechtliches Vorbild findet.[318] Die Dogmatik zu den Grundfreiheiten, die sich vorrangig anhand der Rechtsprechung des EuGH zur Warenverkehrs-

---

309 Hoffmann-Riem, AöR 130 (2005), 5 (13).

310 BVerfGE 111, 307 ff. – EGMR-Entscheidungen; BVerfG, NJW 2005, 2685 – Beitritt politischer Parteien zum Organstreit; NJW 2008, 2978 (2981) – Gebührenerhebung bei Kirchenaustrittserklärungen.

311 Dazu Hoffmann-Riem, AöR 130 (2005), 5 (61 ff.); ders., NJW 2009, 20 (26); Hufen, Staatsrecht II, § 3 Rn. 4; Kahl, AöR 131 (2006), 579 (587), der von einem „gesamteuropäischen" Grundrechtsraum spricht; demgegenüber eher kritisch Franzius, DÖV 2008, 933 (935).

312 Papier, DVBl. 2009, 473 (479).

313 Landau, DVBl. 2008, 1269 (1273).

314 In diesem Sinne Häberle, Europäische Rechtskultur, S. 37; Iglesias, NJW 1999, 1 (3, 8 f.); ähnlich auch schon Bethge, Der Staat 24 (1985), 351 (379), der von der „Internationalisierung der Grundrechte" spricht.

315 So zuletzt Hoffmann-Riem, NJW 2009, 20 (21); Papier, DVBl. 2009, 473 (480).

316 Nochmals Landau, DVBl. 2008, 1269 (1275); andererseits Fastenrath, NJW 2009, 272 ff., mit dem Vorwurf, das BVerfG verweigere willkürlich die Kooperation mit dem EuGH.

317 BVerfGE 123, 267 (347) – Lissabon.

318 Anders Kahl, Der Staat 43 (2004), 167 (196 ff.), der kein europarechtliches Korrelat erkennt und deshalb vor der Abkopplung der deutschen von der europäischen Grundrechtsdogmatik warnt.

freiheit (Art. 34, 35 AEUV[319]) herausbildete, kennt zum einen auf der Basis der sog. „Keck-Rechtsprechung“[320] den Ausschluss „bloßer Verkaufsmodalitäten“ aus dem Schutzbereich des freien Warenverkehrs.[321] Diese Tatbestandsbegrenzung wurde mit dem Argument der Kongruenz der Grundfreiheiten[322] auf andere Garantien entsprechend übertragen.[323]

Nach der grundlegenden „Cassis-Rechtsprechung“[324] dürfen zum anderen Grundfreiheiten durch „zwingende Erfordernisse“ begrenzt oder eingeschränkt werden. Einer (wenn auch bestrittenen) Ansicht zufolge stellen sich die „zwingenden Erfordernisse“ als eine Bereichsausnahme in Form negativer Tatbestandsmerkmale dar.[325] Weiterhin kann auf die geschriebenen Bereichsausnahmen, wie z.B. der Ausschluss hoheitlicher Tätigkeit bei der Arbeitnehmerfreizügigkeit (Art. 45 IV AEUV) oder der Ausschluss von Tätigkeiten in Ausübung öffentlicher Gewalt bei der Niederlassungsfreiheit (Art. 51 AEUV), verwiesen werden, die eine Tendenz in Richtung Schutzbereichsbegrenzung erkennen lassen. Aus dieser Einordnung lassen sich dogmatische Grundannahmen erkennen, die durch die zunehmende Europäisierung der Rechtsanwendung auch Eingang in das bundesverfassungsgerichtliche Grundrechtsverständnis finden.

Bemerkenswert ist weiterhin, dass die allgemeine Handlungsfreiheit im europäischen Recht eine geringe Bedeutung hat. Zwar gewährleistet Art. 8 EMRK jedermann ein Recht auf Achtung seines Privat- und Familienlebens. Daraus ergibt sich jedoch keine dem Art. 2 I GG in vollem Umfang entsprechende Gewährleistung einer allgemeinen Handlungsfreiheit.[326] In die EU-Grundrechte-

---

319 Vormals Art. 28, 29 EGV.

320 EuGH, Slg. 1993, I-6097 ff. – Keck.

321 Epiney, Freiheit des Warenverkehrs, in: Ehlers (Hrsg.), Europäische Grundrechte und Grundfreiheiten, § 8 Rn. 39.

322 EuGH, Slg. 2000, I-4139, Rn. 30 ff. – Angonese; ähnlich Ehlers, Allgemeine Lehren, in: ders. (Hrsg.), Europäische Grundfreiheiten und Grundrechte, § 7 Rn. 19, der den Begriff der „Konvergenz“ favorisiert.

323 Vgl. zur Arbeitnehmerfreizügigkeit EuGH, Slg. 2000, I-493, Rn. 23 ff. – Graf; zur Dienstleistungsfreiheit EuGH, Slg. 1995, I-1141, Rn. 35 ff. – Alpine Investments; zur Freizügigkeit EuGH, Slg. 1995, I-4921, Rn. 89 ff. – Bosman; zur Niederlassungsfreiheit EuGH, Slg. 1995, I-4165, Rn. 37 ff. – Gebhard.

324 EuGH, Slg. 1979, 649 ff. – Cassis de Dijon, seither st. Rspr.

325 So Ahlt/Deisenhofer, Europarecht, S. 172; Jestaedt/Kästle, EWS 1994, 26 (27); Schilling, EuR 1994, 50 (52); kritisch hingegen Jarass, EuR 2000, 705 (719); Lecheler/Gundel, Übungen im Europarecht, S. 107 (109 f.), die darin ungeschriebene Rechtfertigungsgründe sehen.

326 Conzelmann, Modelle für eine Förderung der inländischen Nachwuchssportler zur Stärkung der National-mannschaften, S. 189

Charta wurde sie sogar bewusst nicht aufgenommen.[327] Jene ist mit dem Vertrag von Lissabon als verbindliche[328] Rechtsquelle auf die Ebene des Primärrechts gehoben worden, Art. 6 I EUV.[329] Diese enge europäische Handhabe der allgemeinen Handlungsfreiheit kann wiederum als Indiz für ein generell beschränktes Verständnis vom Schutzbereich der Freiheitsgewährleistungen auf europäischer Ebene dienen.

Es zeichnet sich insofern ab, dass das Europarecht einen Weg zum engen Verständnis des Schutzbereichs weist.

2. Grundrechtsinflation und Grundrechtsmüdigkeit

Wie im Rahmen der dogmatischen Entwicklung der Schutzbereichsbegrenzung geschildert[330], ging dem heutigen engen Verständnis des grundrechtlichen Schutzbereichs eine lange Phase der weiten Deutung voraus. In jedem Lebenssachverhalt wurde danach ein Grundrechtsbezug erkannt, jede Verhaltensweise fiel thematisch unter den Schutzbereich eines Freiheitsgrundrechts. Bald wurde die Befürchtung laut, dass durch den nahezu „inflationären Umgang" mit den Grundrechten selbige (allen voran Art. 2 I GG) „zur kleinen Münze" zu verkommen drohen.[331] Indem „banaler" menschlicher Tätigkeit umfassender Grundrechtsschutz zugesprochen wird, komme es zu einer Entwertung des Schutzes des in den Kernbereich des Freiheitsgrundrechts fallenden Verhaltens. Bildlich gesprochen droht dem Schwert des effektiven Grundrechtsschutzes der Verlust der Schärfe in eminenten Bedrohungslagen, wenn es beim alltäglichen Kartoffelschälen Verwendung findet. Zudem komme das BVerfG mit seinen ohnehin knappen Ressourcen nicht zu Rande und es drohe durch die grundrechtliche Anspruchsinflation eine Überlastung der Verfassungsgerichtsbarkeit.

---

327 Lindner, BayVBl. 2001, 523; Magiera, DÖV 2000, 1017 (1026); Stern, Die allgemeine Handlungsfreiheit, in: ders. (Hrsg.), Das Staatsrecht der Bundesrepublik Deutschland IV/1, § 104 S. 992.

328 Ausgenommen sind Polen und Großbritannien.

329 Vgl. dazu Mayer, JuS 2010, 189 (192).

330 Siehe S. 60 ff.

331 Gleichsinnig schon Sondervotum Grimm, in: BVerfGE 80, 137 (168) – Reiten im Walde; siehe auch Bäcker, Wettbewerbsfreiheit als normgeprägtes Grundrecht, S. 94; Bethge, Der Staat 24 (1985), 351 (352); Bolz, Das Verhältnis von Schutzobjekt und Schranken der Grundrechte, S. 228; ebenso Duttge, NJW 1997, 3353 ff.; Hoffmann-Riem, Enge oder weite Gewährleistungsgehalte?, in: Bäuerle (Hrsg.), Haben wir wirklich Recht?, S. 53 (66 f.); Schneider, NJW 1999, 1497 (1500). Kritisch zur These der Grundrechtsinflation hingegen Borowski, Grundrechte als Prinzipien, S. 247 f.

Gleichzeitig kursierte die Angst, dass es (vergleichbar mit der zu beobachtenden Demokratie- und Wahlmüdigkeit[332]) durch die gängige Handhabe der grundrechtlichen Schutzbereiche zu einer Grundrechtsmüdigkeit in der Bevölkerung kommen könnte.[333] Wem ständig zu Ohren komme, dass er oder sein Nachbar sich beim Grillen auf dem Balkon, beim Fernsehen mit der Parabolantenne oder beim Reiten im Walde auf seine Grundrechte berufen kann, der stumpfe gegenüber deren zentralen und ehrwürdigen Bedeutung für den materiellen Rechtsstaat ab. Einer „Übersättigung" der Bevölkerung an grundrechtlicher Freiheit, die ungebremst fortgesetzt zu Abstoßungsreaktionen führen könne, sei entgegenzuwirken. Vor dem Hintergrund dieser gravierenden Befürchtungen wurde ein Umdenken in der Schutzbereichsdogmatik eingeleitet.

3. Fortentwicklungsbedürfnis der Grundrechtsdogmatik

Eine Grundrechtsdogmatik, die nicht auf veränderte reale Bedingungen reagiert, wird ihrer entscheidenden Funktion nicht mehr gerecht. Zentrales Charakteristikum einer lebendigen Grundrechtsdogmatik ist, wie oben gesehen[334], deren fortwährende Auseinandersetzung mit der Wirklichkeit der Bedingungen des Grundrechtsgebrauchs und den Anforderungen an den Grundrechtsschutz im Gemeinwesen.[335] Sich wandelnde Strukturen innerhalb eines Staates wirken sich also zwangsweise auf die Handhabe der Grundrechte aus. Ebenso eng verflochten sind Grundrechtsverständnis und Staatlichkeitsverständnis.[336]

Der als „klassisch" anerkannte dreistufige Grundrechtsaufbau mit der Einteilung Schutzbereich – Eingriff – verfassungsrechtliche Rechtfertigung ist erkennbar auf die abwehrrechtliche Funktion der Grundrechte mit dem ihr inhärenten Bild vom Staat als Widersacher der Grundrechte zugeschnitten.[337] Dieses

332 Vgl. dazu die Ergebnisse der Studie der Friedrich-Ebert-Stiftung vom 08.07.2008 unter: http://www.fes.de/aktuell/documents2008/Zusammenfassung_Studie_GPI.pdf [Datum des letzten Abrufs: 17.3.2011].

333 Zum Ganzen Lepsius, Jura 2005, 587 (591): „Abstumpfung der Grundrechtsdogmatik"; vgl. auch schon Bethge, Der Staat 24 (1985), 351 (352).

334 Siehe die Ausführungen auf S. 59 f.

335 Jaeger, NZS 2003, 225, der speziell auf die Verfassungsinterpretation Bezug nehmend aufzeigt, dass sich diese daran bewährt, „ob sie in der jeweils aktuellen Konfliktlage angemessene, Freiheitlichkeit und Ordnung bewahrende Prob-lemlösungen ermöglicht." Vgl. auch Volkmann, JZ 2005, 261 (263).

336 Friauf, DVBl. 1971, 674; Martins, DÖV 2007, 456 (461).

337 Statt vieler Holoubek, Der Grundrechtseingriff – Überlegungen zu einer grundrechtsdogmatischen Figur im Wandel, in: Merten/Papier (Hrsg.), Grundsatzfragen der Grund-

primäre Verständnis entsprach nach den Erfahrungen im totalitären Naziregime dem vordringlichen Bedürfnis, den Staat aus dem privaten Lebensbereich der Bürger auszuschließen, ihnen einen staatsfreien Raum zu gewährleisten.[338]

Indes offenbarte sich jene Sichtweise bald als unangemessen eindimensional. Einhergehend mit der Erkenntnis, dass garantierte Freiheit allein den Menschen nicht frei macht, wandelten sich die Anforderungen an den und die Auffassung vom Staat. Der materielle Freiheitsgebrauch des Grundrechtsträgers sollte Absicherung finden. In der Folge drängte die leistungsrechtliche Dimension der Grundrechte[339] an die Oberfläche und begründete das Verständnis vom Staat als Leistungs- und später Gewährleistungsstaat.[340] In dieser Dimension steht die Grundrechtsverpflichtung des Staates unter dem „Vorbehalt des Möglichen“[341]. Die Ausdehnung der Schutzbereiche auf neue Grundrechtsdimensionen verursacht Abstriche an der Intensität ihrer Schutzwirkung. Der Grundrechtsschutz wird relativiert.[342] Die Grenze der Grundrechtsverpflichtung ist unumstößlich. Sie liegt in der Erschöpfbarkeit der Finanzmittel.[343]

Solcherlei veränderte reale Bedingungen verlangen danach, in die Grundrechtsdogmatik aufgenommen und von ihr bewältigt zu werden.[344] Grundrechte dürfen nicht „im Bedeutungsgehalt einer historischen Momentaufnahme“[345] eingefroren werden. Dies liefe ihrer Bedeutungsoffenheit zuwider. Die sich mit der Grundrechtsanwendung beschäftigende Grundrechtsdogmatik muss sich den realen Bedingungen anpassen, da sie ansonsten die Verfassung zum „bloßen Geschichtsbuch“[346] verkommen lässt. Die einfachste Lösung bestünde darin, das bewährte dogmatische Schema der Abwehrrechte im klassischen Sinne auf die objektiv-rechtlichen Grundrechtsfunktionen zu übertragen und dabei auf die Be-

---

rechtsdogmatik, S. 17 (18); Schlink, EuGRZ 1984, S. 457 ff.; dagegen a.A. Dreier, Dimensionen der Grundrechte, S. 27 (29 f.).

338 Ähnlich Forsthoff, Der Staat der Industriegesellschaft, S. 78; Kröger, Grundrechtsentwicklung in Deutschland, S. 83.

339 Grundlegend dazu BVerfGE 33, 303 – numerus clausus I; sowie BVerwGE 1, 159; 5, 27. Dazu Ossenbühl, NJW 1976, 2100 (2104 f.).

340 Vgl. etwa Martens, VVDStRL 30 (1972), 8 (21).

341 BVerfGE 33, 303 (333) – numerus clausus I.

342 Friauf, DVBl. 1971, 674 (677).

343 In diesem Sinne Häberle, VVDStRL 30 (1972), 43 (139 Ls. 39); ähnlich Jarass, 1995, 345 (350).

344 Die Fähigkeit der Dogmatik, alle Grundrechtsverständnisse und -funktionen systematisch aufzunehmen, wohl generell anzweifelnd Lübbe-Wolff, Die Grundrechte als Eingriffsabwehrrechte, S. 14.

345 Bethge, Der Staat 24 (1985), 351 (354).

346 Nochmals Bethge, Der Staat 24 (1985), 351 (354).

sonderheiten der leistungsrechtlichen Dimension einzugehen.[347] Dem klassischen Grundrechtsaufbau wurde jedoch abgesprochen, dieser Herausforderung ohne Modifikationen gewachsen zu sein.[348]

Die Figur der Schutzbereichsbegrenzung ist nun ein Versuch, der neuen Anforderungen an die Grundrechtsdogmatik Herr zu werden, indem objektivrechtliche Aspekte zur Einschränkung grundrechtlicher Schutzbereiche herangezogen werden, um auf diese Weise zu einem verschlankten Bereich zu gelangen, aus dem potentielle Leistungs- oder Teilhabeansprüche abgeleitet werden können.

4. Betonung der historischen Auslegungsmethode zur Ermittlung des Gewährleistungsgehalts

Schon immer wurde über die klassischen aus vier Elementen (grammatikalische, historische, systematische und teleologische Auslegung[349]) bestehenden Auslegungskanones von *Friedrich Carl von Savigny*[350] diskutiert.[351] Man wollte zwischen richtig und falsch unterscheiden[352] bzw. zumindest zu einer gültigen Rangfolge[353] unter den Methoden[354] gelangen.[355] Die Auslegungsmethoden im

347 Dergestalt Jarass, AöR 120 (1995), 345 (358 ff.).

348 So Hoffmann-Riem, Enge oder weite Gewährleistungsgehalte?, in: Bäuerle (Hrsg.), Haben wir wirklich Recht?, S. 53 (61); Borowski, Grundrechte als Prinzipien, S. 25.

349 Zum Begriff der Auslegung vgl. Larenz/Canaris, Methodenlehre der Rechtswissenschaft, S. 133, die darunter „ein vermittelndes Tun, durch das sich der Auslegende den Sinn eines Textes, der ihm problematisch geworden ist, zum Verständnis bringt“, verstehen.

350 V. Savigny, System des heutigen römischen Rechts I, S. 213; Savignys Lehre aus heutiger Sicht würdigend U. Huber, JZ 2003, 1 ff.

351 Stern, Die Auslegung der Grundrechte, in: ders. (Hrsg.), Das Staatsrecht der Bundesrepublik Deutschland III/2, § 95 S. 1657.

352 Canaris, Methodenlehre der Rechtswissenschaft, S. 181.

353 Eine Rangfolge annehmend Alexy, Theorie der juristischen Argumentation, S. 302 ff.; Koch/Rüssmann, Juristische Begründungslehre, S. 176 ff.

354 Sich im Zusammenhang mit den Kriterien der Auslegung gegen den Begriff der „Methode“ verwehrend Larenz/Canaris, Methodenlehre der Rechtswissenschaft, S. 163.

355 Kudlich, JA 2004, 74 (81) m.w.N.; das Scheitern derartiger Versuche bedauernd Sachs, in: ders. (Hrsg.), Grundgesetz, Einführung Rn. 39.

Allgemeinen wurden spezifiziert und um neue ergänzt.[356] Insbesondere entwickelten sich für abgeschlossene Rechtsgebiete eigene Kriterien.[357]

Speziell für die Verfassungsauslegung[358] stellte sich die Frage nach der vorzugswürdigen, der vom Grundgesetz selbst gewollten Methode.[359] Lange herrschte in der bundesverfassungsgerichtlichen Rechtsprechung die Überzeugung von der Gleichwertigkeit der Elemente des Auslegungskanons vor.[360] Konsens bestand auch früh über den Grundsatz, derjenigen Auslegung den Vorzug zu geben, die die Wirkkraft einer Grundrechtsnorm am stärksten entfaltet.[361] Verbal abgewertet wurde zuweilen unter der Prämisse der „objektiven Auslegungsmethode"[362], die keine Ausforschung subjektiver Beweggründe des Gesetzgebers erlaubt, allein die Entstehungsgeschichte als Auslegungskriterium.[363]

---

356 Diese Entwicklung kritisierend Forsthoff, Die Umbildung des Verfassungsgesetzes, in: Dreier/Schwegmann (Hrsg.), Probleme der Verfassungsinterpretation, S. 54.

357 Vgl. z.B. die sog. wirtschaftliche Betrachtungsweise im Steuerrecht als besondere teleologische Auslegungsmethode. Dazu Pahlke, in: ders./Koenig (Hrsg.), Abgabenordnung, § 4 Rn. 107 f.

358 Grundlegende Zusammenschau in Dreier/Schwegmann (Hrsg.), Probleme der Verfassungsinterpretation. Vgl. in diesem Zusammenhang auch die in den Vereinigten Staaten bei der Verfassungsauslegung geführte Diskussion zwischen Anhängern des „Originalism" und der Theorie der „Living Constitution". Siehe dazu Calabresi (Hrsg.), Originalism: The Quarter-Century of Debate.

359 Kritisch zum Ganzen Kahl, Der Staat 43 (2004), 167 (191); Rüthers, JZ 2008, 446 (448 f.). In der Literatur überwiegt eine gleichberechtigte Anwendung der klassischen Auslegungskanones, vgl. zusammenfassend Starck, Die Verfassungsauslegung, in: Isensee/ Kirchhof (Hrsg.), Handbuch des Staatsrechts VII1, § 164 Rn. 18 ff.

360 Siehe nur BVerfGE 1, 299 (312) – Wohnungsbauförderung; 88, 145 (167) – Rangordnung der Masseschulden und Massekosten; 93, 37 (81) – Mitbestimmungsgesetz Schleswig-Holstein.

361 BVerfGE 39, 1 (38) – Schwangerschaftsabbruch I. Kritisch dazu Merten, Grundrechtlicher Schutzbereich, in: ders./Papier (Hrsg.), Handbuch der Grundrechte III, § 56 Rn. 56 f.

362 Vgl. Larenz/Canaris, Methodenlehre der Rechtswissenschaft, S. 137 ff., der nach einer anschaulichen Gegenüberstellung der „subjektiven" und „objektiven" Theorie der Auslegung eine vermittelnde Position einnimmt. Siehe auch Stern, in: ders./Becker (Hrsg.), Grundrechte-Kommentar, Einl. Rn. 89; Sachs, in: ders. (Hrsg.), Grundgesetz, Einführung Rn. 37.

363 BVerfGE 6, 389 (431) – Homosexuelle; 41, 291 (309) – Strukturförderung; 45, 187 (227) – Lebenslange Freiheitsstrafe; 62, 1 (45) – Bundestagsauflösung I; 111, 54 (91) – Rechenschaftsbericht; vgl. in diesem Zusammenhang auch Heun, AöR 116 (1991), 185 (196); Rüthers, NJW 2009, 1461 (1462).

Indes kann mittlerweile beobachtet werden, dass die historische Auslegungsmethode zunehmend an (Über)Gewicht gewinnt.[364] Bei der Bestimmung des Schutzbereichs der Freiheitsgrundrechte wird immer häufiger vorrangig die Entstehungsgeschichte betrachtet und gefragt, was der historische Verfassungsgeber wohl zu schützen beabsichtigt hatte. Nun konnte der Parlamentarische Rat 1949 trotz aller bewiesenen Weitsicht kaum absehen, welchen neuen Gefahrenlagen die einzelnen Freiheitsgrundrechte über ein halbes Jahrhundert zu begegnen im Stande sein mussten. Auch ahnte er nichts von den Entwicklungen, die Staatstheorie und Staatswirklichkeit würden durchmachen müssen.[365] Er selbst war „nur" im Stande, die Grundrechtstatbestände unter dem Eindruck der von ihm gemachten Erfahrungen zu formulieren und zu überprüfen, ob sie den Grundrechtsträger vor den nach seinem Verständnis abzuwehrenden Bedrohungen schützen konnten. Die Frage, was der historische Verfassungsgeber unter Begriffen wie „Kunst", „Ehe", „Versammlung" oder „Eigentum" verstand, wird also in den allermeisten Fällen zu einem engeren Verständnis vom originären Gewährleistungsgehalt führen, so dass nach dem heutigen Begriffsverständnis vom Wortlaut unproblematisch erfasste Verhaltensweisen außen vor bleiben.[366]

Jede neue, beispielgebende Auslegung einer Norm durch ein Gericht, insbesondere durch das Bundesverfassungsgericht, verändert die tatsächliche Anwendung der Norm (die Normpraxis).[367] Stützt sich das BVerfG überwiegend auf die historische Deutung eines Grundrechts, die zumeist ein engeres Begriffsverständnis hervorbringt, werden grundrechtliche Tatbestände restriktiver ausgelegt. Die vorrangige Heranziehung der historischen Auslegungsmethode bedingt mithin in aller Regel eine Begrenzung des grundrechtlichen Schutzbereichs.[368]

5. Verantwortungskonzeption

Nicht zuletzt kann ein Zusammenhang zwischen der Schutzbereichsbegrenzung und der sog. grundrechtlichen Verantwortungsdogmatik[369] gesehen werden.

---

364 Rüthers, NJW 2009, 1461 f.; weiterhin kritisch Mager, Einrichtungsgarantien, S. 429.

365 Die Zeitgebundenheit der Gesetzesauslegung beleuchtend Larenz/Canaris, Methodenlehre der Rechtswissenschaft, S. 135 f.

366 Gleichsinnig Larenz/Canaris, Methodenlehre der Rechtswissenschaft, S. 145 (150); beschwichtigend Murswiek, Der Staat 45 (2006), 473 (479), der (selbst ein Befürworter der stärkeren Berücksichtigung der Entstehungsgeschichte) meint, nur „tendenziell, aber nicht notwendig" sei eine engere Fassung der einzelnen Grundrechte die Folge.

367 So Larenz/Canaris, Methodenlehre der Rechtswissenschaft, S. 134 f.

368 Ähnlich Zuck, JZ 2008, 287 (291 f.).

369 In diesem Sinne schon Leisner, Grundrechte und Privatrecht, S. 144; die Thematik umfassend darstellend Klement, Verantwortung, S. 472 ff.

Freiheit verleiht nicht nur Handlungsbefugnisse, sondern knüpft hohe Erwartungen an das individuelle Verantwortungsbewusstsein.[370] „Eigenverantwortung“, „Bürgerverantwortung“ und „Selbstverantwortlichkeiten“ lassen sich nicht allein im Sinne einer vernunftorientierten Entscheidungsfreiheit deuten, sondern weisen zugleich auf eine Bindung des Grundrechtsträgers in Bezug auf das Gemeinwesen hin.[371] Im Rahmen der Verantwortungsdogmatik wird ein Verhalten denn auch nur dann als in den Schutzbereich eines Freiheitsgrundrechts gehörig betrachtet, wenn es verantwortungsbewusst im Sinne von gemeinwohlorientiert ist.[372] Mit der Freiheitsgarantie verknüpft ist die Erwartung verantwortungsbewussten Handelns.[373] Wird der Verantwortungsbegriff dergestalt zur Schutzbereichsbestimmung herangezogen, trägt er über die ihm eigene Wertbezogenheit ein soziales, gemeinwohlorientiertes Element in die Grundrechtsdogmatik hinein.[374] Der durch das Abwehrrecht zu sichernden Freiheit wird ein Pflichtmoment zugeordnet.[375] Die Freiheitsausübung soll zugleich dem Wohl der Allgemeinheit dienen.[376] Freiheit in diesem Sinne ist Freiheit in Verantwortung für andere.[377] Der gedankliche Ursprung dieser Konzeption ist in der Werttheorie der Grundrechte[378] zu sehen.

Im Rahmen dieses Verantwortungskonzeptes wird der Begriff der Freiheit im Sinne der Möglichkeit zu verantwortlichem oder zumindest nicht unverantwortlichem[379] Handeln verstanden.[380] Dies gilt gleichsam für die „monistische

---

370 Morgenthaler, Freiheit durch Gesetz, S. 20.

371 Klement, Verantwortung, S. 315; vgl. zur Veranschaulichung die (einfachgesetzliche) Verantwortungsklausel im Hochschulgesetz des Bundeslandes Hessen, die für den Bereich der Hochschulforschung die Verpflichtung aufstellt, die gesellschaftlichen Folgen wissenschaftlicher Erkenntnis mit zu bedenken (§ 1 III HessHochSchG); ähnlich § 4 I BremHochSchG, § 4 VI SachsAnhHochSchG.

372 Vgl. Volkmann, AöR 134 (2009), 157 (172), der das Gemeinwohl als einen „grundlegenden Zielwert der allgemeinen Rechtsidee“ bezeichnet.

373 Morgenthaler, Freiheit durch Gesetz, S. 21.

374 Klement, Verantwortung, S. 473; Morgenthaler, Freiheit durch Gesetz, S. 163 f.; ablehnend gegenüber der Verantwortungskonzeption zur Wissenschaftsfreiheit Losch/Radau, NVwZ 2003, 390 (392 ff.).

375 Ähnlich Poscher, Grundrechte als Abwehrrechte, S. 113 f., der in diesem Zusammenhang von „positiver Freiheit“ spricht. Vgl. auch Ladeur, Kritik der Abwägung in der Grundrechtsdogmatik, S. 43 f.

376 Die Koppelung des Freiheitsgebrauchs an das Gemeinwohl wird bei der Eigentumsgarantie sogar ausdrücklich benannt, Art. 14 II 2 GG.

377 Morgenthaler, Freiheit durch Gesetz, S. 164.

378 Siehe dazu oben S. 51.

379 Vgl. Darstellung und Kritik bei Wehr, Rechtspflichten im Verfassungsstaat, S. 193 ff.

380 Klement, Verantwortung, S. 496.

Verantwortungskonzeption“, die den Begriff des verantwortlichen Verhaltens nach der Beziehung des Verhaltens zu dem Wert bestimmt, dem das einzelne Grundrecht in seiner objektiv-rechtlichen Dimension dienen soll, wie für die „pluralistische Verantwortungskonzeption“, die verantwortliches Handeln mit Gemeinwohlorientiertheit übersetzt, indem sie umfassend die Wirkungen des Verhaltens auf (andere) verfassungsrechtliche Schutzgüter einbezieht.[381] Auf diese Weise wird der Grundrechtsschutz „präformiert“.[382] Dies führt zum einen dazu, dass der Kreis der prima facie grundrechtlich geschützten Verhaltensweisen enger gezogen wird. Zum anderen wird eine mittelbare Steuerungswirkung beim Grundrechtsträger hervorgerufen. Sein Verhalten wird sich in Erwartung des dann als garantiert verstandenen Grundrechtsschutzes am Appell zur verantwortlichen Grundrechtsinanspruchnahme orientieren. Er wird anders handeln, als er es getan hätte, wenn er seiner Entscheidung autonome Maßstäbe zugrunde gelegt hätte.[383] Folge der Verantwortungskonzeption ist weiterhin, dass die Verantwortung für das Scheitern grundrechtlicher Positionen nicht dem Staat, sondern den Trägern grundrechtlicher Abwehrpositionen zugerechnet werden kann.[384] Versagt der grundrechtliche Schutz, liegt die Schuld bei dem Grundrechtsträger, der von seiner Freiheit nicht verantwortungsvoll Gebrauch macht, und nicht bei dem eingreifenden Staat. Nicht zuletzt werden durch die Verpflichtung auf die Einbeziehung fremder Interessen in die eigene Entscheidung des Grundrechtsträgers mögliche Erneuerungsprozesse aufgehalten, die durch „egoistische“ Entscheidungen einzelner Grundrechtsträger frei von staatlicher Anleitung früher in Gang gesetzt worden wären.[385]

Über den Begriff der Verantwortung wird der Tatbestand des Abwehrrechts durch immanente Grenzen verengt, was im Ergebnis auf eine Verkleinerung der grundrechtlichen Schutzbereiche, also eine Schutzbereichsbegrenzung hinausläuft.

6. Zwischenergebnis

In den dargestellten Aspekten finden sich die Ursachen für das Aufleben der Schutzbereichsbegrenzung in der Rechtsprechung des BVerfG und in Teilen der Literatur. Die Verflechtung des nationalen Rechts mit dem europäischen, das Kooperationsverhältnis von EuGH und BVerfG sowie die Völkerrechtsfreund-

381 Näher dazu Klement, Verantwortung, S. 497 ff., 500 ff.

382 Lübbe-Wolff, Die Grundrechte als Eingriffsabwehrrechte, S. 87 ff.

383 So weiter Klement, Verantwortung, S. 496.

384 In diesem Sinne Ladeur, Kritik der Abwägung in der Grundrechtsdogmatik, S. 47.

385 Dergestalt Ladeur, Kritik der Abwägung in der Grundrechtsdogmatik, S. 43 f.

lichkeit des Grundgesetzes begünstigen die Verbreitung von Strömungen im deutschen Recht, die in der Begrenzung grundrechtlicher Schutzbereiche münden. Die Angst vor den Auswirkungen inflationären Grundrechtsgebrauchs auf den Stellenwert und die Wirkkraft der Grundrechte im Staat lassen einen über die Verengung der Schutzbereiche gezügelten Umgang mit grundrechtlichen Schutzbereichen notwendig erscheinen. Der Figur „Schutzbereichsbegrenzung" wird zugetraut, der objektiv-rechtlichen Grundrechtsdimension dogmatisch besser gerecht zu werden. Der klassische dreistufige Prüfungsaufbau wird als auf die abwehrrechtliche Situation zugeschnitten[386] und der Fortentwicklung bedürftig verstanden, um die sich aus der Dimensionserweiterung ergebenden Herausforderungen in einer geschlossenen Grundrechtsdogmatik verarbeiten zu können. Die vornehmliche Heranziehung der historischen Auslegungsmethode begünstigt ein engeres Verständnis grundrechtlicher Schutzbereiche, da die Schöpfer der Verfassung nicht alle sich im Laufe der Jahrzehnte neu stellenden Gefahren für die grundrechtlich geschützten Güter vorhersehen konnten und somit im Zweifel ein engeres Begriffsverständnis an den Tag legten, als es nach dem Wortlaut des Grundrechts mit dem heutigen Wissen um grundrechtliche Gefährdungslagen möglich ist. Schließlich gereicht die Verantwortungskonzeption der Schutzbereichsbegrenzung zur Stütze. Über die Forderung nach verantwortungsvollem Freiheitsgebrauch wird ein Wertungselement eingeführt, das zwischen gemeinwohlförderlichem und gemeinwohlschädlichem Verhalten des Individuums differenzieren lässt und so einem verengten Schutzbereichsverständnis einen Anknüpfungspunkt bietet.

IV. Zu den Tatbestandstheorien im Schrifttum

Noch bevor die Heranziehung der Figur der Schutzbereichsbegrenzung in der Rechtsprechung des BVerfG analysiert wird, soll losgelöst von konkreten Sachverhalten und der Frage der gerechten und konsequenten Entscheidung im Einzelfall an dieser Stelle hinterfragt werden, welche dogmatischen Strömungen in der Literatur in Bezug auf die Bestimmung des grundrechtlichen Schutzbereichs vorherrschen. Dazu wird der Blick auf die sog. Tatbestandstheorien gelegt werden. Die Begriffe des Tatbestands und des Schutzbereichs sind hier insofern als übereinstimmend zu verstehen, als sie Gegenstücke zum Begriff der Schranke bilden. Sie beziehen sich auf das, was durch Grundrechtsnormen vorab, d.h. oh-

386 Vgl. Holoubek, Der Grundrechtseingriff – Überlegungen zu einer grundrechtsdogmatischen Figur im Wandel, in: Merten/Papier (Hrsg.), Grundsatzfragen der Grundrechtsdogmatik, S. 17 (18).

ne Berücksichtigung von Schranken, gewährt wird.[387] Demzufolge kann auch von Schutzbereichstheorien gesprochen werden.

Die Tatbestandstheorien gliedern sich grundlegend in die engen und die weiten Tatbestandstheorien auf. Kennzeichnend für die engen Tatbestandtheorien in ihren verschiedenen Spielarten ist die von vornherein enge Bestimmung des Grundrechtstatbestands, so dass Einschränkungen auf der Schrankenebene nur noch in geringem Maße erforderlich sind. Dagegen dehnen die weiten Tatbestandstheorien den Vorab-Schutz weiter aus, wodurch tendenziell in höherem Maße Einschränkungen auf der Schrankenebene notwendig werden. Der Streit um enge oder weite Tatbestandstheorien betrifft mithin die wesentliche Frage der Reichweite des prima facie-Schutzes.[388]

1. Die „Innen-“ und die „Außentheorie“ der Grundrechte

Damit zwischen den engen und den weiten Tatbestandstheorien unterschieden werden kann, muss zunächst der grundsätzliche Aufbau der Grundrechtsnormen geklärt werden. Aus der Auffassung über die grundlegende Konzeption der Grundrechte lassen sich Rückschlüsse auf deren Umsetzung auf der jeweiligen Ebene innerhalb der Grundrechtsprüfung ziehen. Die engen wie auch die weiten Tatbestandstheorien erschließen sich nur vor dem Hintergrund der beiden grundlegenden theoretisch möglichen Konstruktionsmodelle für (Grund)Rechtsnormen[389]: des innen- bzw. des außentheoretischen Aufbaus (sog. Innen- bzw. Außentheorie).[390]

a. Die Innentheorie

Die Innentheorie verneint den Dualismus von Recht und dessen Schranke.[391] Eine Unterscheidung zwischen prima facie- und definitivem Recht ist sinnlos, weil das Recht mit einem von vornherein bestimmten („definitiven“) Inhalt besteht.[392] Nach der Innentheorie kann eine Rechtsposition nicht beschränkt wer-

387 Alexy, Theorie der Grundrechte, S. 273; Schwabe, Probleme der Grundrechtsdogmatik, S. 152. Stern, in: ders./Becker (Hrsg.), Grundrechte-Kommentar, Einl. Rn. 85.

388 So v. Arnauld, Die Freiheitsrechte und ihre Schranken, S. 67; Borowski, Grundrechte als Prinzipien, S. 252; Cornils, Die Ausgestaltung der Grundrechte, S. 42, der den Bezug zur Unterscheidung der sog. Innen- und Außentheorie herstellt.

389 Borowski, Grundrechte als Prinzipien, S. 34.

390 Bolz, Das Verhältnis von Schutzobjekt und Schranken der Grundrechte, S. 96.

391 Dafürhaltend etwa Häberle, Die Wesensgehaltgarantie des Art. 19 Abs. 2 GG, S. 120.

392 Alexy, Theorie der Grundrechte, S. 250 f.; Borowski, Grundrechte als Prinzipien, S. 37; Couzinet, JuS 2009, 603 (606).

den, da der endgültige Inhalt des Rechts von vornherein feststeht und daher eine Verminderung eines zuvor weit gefassten Rechts nicht denkbar ist.[393] Aufgabe der Rechtsanwendung ist diesem Verständnis zufolge, den scheinbaren Rechtsinhalt daraufhin zu überprüfen, ob er auch den wahren Rechtsinhalt darstellt (Ermittlung der „immanenten Grenze“).[394]

Die Innentheorie ist germanistischen Ursprungs. Sie knüpft an *Otto von Gierkes* Aussage an, wonach jedes Recht eine ihm immanente Schranke habe.[395] Ihre Blütezeit erlebte die Innentheorie im Nationalsozialismus.[396]

b. Die Außentheorie

Nach der Außentheorie verfügen Rechte über eine mehrstufige Konstruktion.[397] Sie unterscheidet zwischen dem Recht an sich (dem prima facie-Recht), das uneingeschränkt ist, und dem, was von diesem „Recht nach Hinzufügung der Schranke übrig bleibt“[398], dem von außen eingeschränkten Recht (effektiver Garantiebereich).[399] Der effektive Garantiebereich stellt sich mithin als Differenz zwischen prima facie-Recht (erste Stufe) und von außen an das Recht herangetragener Schranke (zweite Stufe) dar. Die Schrankenziehung ist notwendig, weil prima facie-Rechte zwar ideell schrankenlos vorstellbar sind, in der realen Welt aber miteinander kollidieren und daher im Falle der Kollision untereinander zurücktreten müssen.[400]

c. Zwischenergebnis

Die Grundrechte als Abwehrrechte sind ihrer Struktur nach außentheoretisch aufgebaut.[401] Dies zeigt sich im allgemein gebräuchlichen Schutzbereich-Eingriff-Schranken-Schema, das die normative Struktur der Grundrechte adäquat abbildet.[402] Auf der ersten Stufe, dem Schutzbereichseingriff, wird ein Schutzgut konstruiert und über den Eingriffsbegriff festgelegt, wann dieses be-

---

393 Borowski, Grundrechte als Prinzipien, S. 37.
394 Borowski, Grundrechte als Prinzipien, S. 38.
395 V. Gierke, Deutsches Privatrecht II, S. 358.
396 Borowski, Grundrechte als Prinzipien, S. 58 ff.
397 Couzinet, JuS 2009, 603 (606).
398 Alexy, Theorie der Grundrechte, S. 250.
399 Bolz, Das Verhältnis von Schutzobjekt und Schranken der Grundrechte, S. 96; Borowski, Grundrechte als Prinzipien, S. 35.
400 Borowski, Grundrechte als Prinzipien, S. 36.
401 Vgl. Lindner, Theorie der Grundrechtsdogmatik. S. 212 ff.
402 Couzinet, JuS 2009, 603 (606).

einträchtigt und damit das prima facie-Recht aktiviert ist.[403] Auf der zweiten Stufe, der Schrankenebene, wird das überschießende prima facie-Recht auf seinen definitiven Inhalt gebracht.[404] Dabei bedient sich die Verfassung sog. verfassungsunmittelbarer Schranken (Art. 9, 13 GG), einfacher (etwa Art. 8 GG) bzw. qualifizierter (bspw. Art. 5 II GG) Gesetzesvorbehalte sowie verfassungsimmanenter Schranken (bei vorbehaltlos gewährleisteten Grundrechten).

Mit der von der Außentheorie verfolgten Gegenüberstellung von prima facie-Recht des einen und des anderen zum Zwecke des Ausgleichs der kollidierenden Interessen wird eine rationale Begründungsstruktur erreicht.[405] Die in Abwägung gestellten Prämissen werden offen gelegt, was die Begründung berechenbar und nachvollziehbar macht.[406] Das mit der Innentheorie verbundene Einschrittverfahren gewährleistet diese Begründungsrationalität nicht.[407]

Weiterhin kann nur auf dem Fundament der Außentheorie die staatliche Rechtfertigungslast für ein die Grundrechte beschränkendes Verhalten beruhen. Wenn im Rahmen der außentheoretischen Konzeption festgestellt wurde, dass ein prima facie-Recht besteht, muss der Staat eine wirksame Beschränkung darlegen. Der Innentheorie ist eine derartige Argumentationslast fremd.[408]

Die Einwände, die Anhänger der Innentheorie gegen die Außentheorie vorbringen, überzeugen nicht. Nur weil prima facie ein unbegrenztes Recht angenommen wird, heißt das nicht, dass „es in der Realität eine ungezügelte Freiheit des Einzelnen gebe, geben könne oder gar müsse“[409] oder dass die Außentheorie Interessen, die auf Begehung von Totschlags-, Körperverletzungs- oder Vermögensdelikten gerichtet sind, umfassend schütze und damit dem Menschenbild des Grundgesetzes widerspräche[410]. Auf der zweiten Stufe des außentheoretischen Denkmodells wird das eingangs unbegrenzt angenommene Recht „in die Schranken“ verwiesen. Das außentheoretische Grundrechtsverständnis ist ein Rechtfertigungsmodell, das darauf angelegt ist, menschliches Verhalten erst einmal in die grundrechtliche Schutzsystematik aufzunehmen, um es dann innerhalb derselben umfassend begründet ausschießen zu können.[411]

---

403 Alexy, Theorie der Grundrechte, S. 272 ff.; Couzinet, JuS 2009, 603 (606).

404 Couzinet, JuS 2009, 603 (606).

405 Couzinet, JuS 2009, 603 (607); gleichsinnig Cornils, Die Ausgestaltung der Grundrechte, S. 509.

406 Borowski, Grundrechte als Prinzipien, S. 252.

407 Borowski, Grundrechte als Prinzipien, S. 53 f.

408 Borowski, Grundrechte als Prinzipien, S. 54.

409 Lindner, Theorie der Grundrechtsdogmatik, S. 214.

410 Lindner, Theorie der Grundrechtsdogmatik, S. 215.

411 Vgl. v. Arnauld, Die Freiheitsrechte und ihre Schranken, S. 18.

Nach der Klärung des grundsätzlich außentheoretischen Aufbaus der Grundrechte, der unter den vorgenannten Erwägungen einem innentheoretischen Grundrechtsverständnis vorzuziehen ist, kann der Zusammenhang mit den engen und den weiten Tatbestandstheorien hergestellt werden.

Die weiten Tatbestandstheorien verfolgen das Konzept eines vorab weit zu verstehenden grundrechtlichen Schutzbereichs. Erst auf der Ebene der Grundrechtsschranken wird über den definitiven Grundrechtsschutz entschieden. Die weiten Tatbestandstheorien setzen folglich den außentheoretischen Grundrechtsaufbau vollständig um. Die engen Tatbestandstheorien hingegen vermischen das außen- und das innentheoretische Konzept. Sie erkennen die (im Verfassungstext durch geschriebene Gesetzesvorbehalte vorgegebene) Notwendigkeit nachgeschalteter Grundrechtsschranken an, was dem außentheoretischen Denkmodell entspricht. Zugleich bringen sie mit ihrer engen Auffassung vom grundrechtlichen Tatbestand zum Ausdruck, dass sie das Grundrecht aus sich heraus (immanent) begrenzt sehen, was mit der Innentheorie übereinstimmt.[412]

Im Anschluss soll eine Entscheidung zwischen den engen Tatbestandstheorien, die sich auf eine Mischform von innen- und außentheoretischem Aufbau stützen, und den weiten Tatbestandstheorien, die das außentheoretische Modell stringent durchhalten, vorgenommen werden.

2. Die engen Tatbestandstheorien

Vertreter der engen Tatbestandstheorien[413] wollen bestimmte Verhaltensweisen bereits von vornherein aus dem Schutzbereich eines Freiheitsrechts ausnehmen. Dazu greifen sie auf sog. „immanente Schranken“ zurück (daher auch der Begriff „Immanenzlehre“[414]). Diese unterscheiden sich von herkömmlichen Schrankenregelungen in zweifacher Hinsicht: Zum einen handelt es sich bei den immanenten Schranken um ungeschriebene Schranken, für die es im Text des jeweiligen Grundrechtsartikels keinen Anhaltspunkt gibt. Zum anderen bilden

---

412 Ähnlich Borowski, Grundrechte als Prinzipien, S. 44, der bei der Zulassung äußerer Schranken in der Kombination mit immanenten Schranken auf der Schutzbereichsebene von einer „Außentheorie in Form der engen Tatbestandstheorie“ spricht. Er ordnet also die enge und die weite Tatbestandstheorie grundsätzlich dem außentheoretischen Modell zu.

413 Etwa Isensee, Grundrechtsvoraussetzungen und Verfassungserwartungen an die Grundrechtsausübung, in: ders./Kirchhof (Hrsg.), Handbuch des Staatsrechts V, § 115 Rn. 114; Starck, in: v. Mangoldt/Klein/ders. (Hrsg.), Grundgesetz I5, Art. 2 I Rn. 13.

414 Vgl. dazu van Nieuwland, Darstellung und Kritik der immanenten Grundrechtsschranken, S. 7 ff.

die immanenten Schranken an sich gar keine Schranken im herkömmlichen Sinne, sondern Grenzen der grundrechtlichen Schutzbereiche.[415] Aufgrund der Geltung der immanenten Schranken wird schon die Zugehörigkeit bestimmter Verhaltensweisen zum Schutzbereich des betreffenden Grundrechts in Abrede gestellt.[416] Eine Abwägung mit einem gegenläufigen Verfassungsgut ist dann nicht mehr möglich. Enge Schutzbereichstheorien fordern damit ein restriktives Verständnis der grundrechtlichen Schutzgüter.

Zur Begründung der so gearteten Ermittlung des Schutzbereichs werden verschiedene Kriterien herangezogen.

a. Allgemeine Begrenzung durch die Schrankentrias des Art. 2 I GG

Vor allem *Friedrich Klein*[417] und *Günther Dürig*[418] haben sich als Befürworter des Ansatzes profiliert, die Schrankentrias des Art. 2 I GG als immanente Begrenzung aller Grundrechte heranzuziehen.

Die unmittelbare Übertragung der Schrankenregelung (sog. Schrankenleihe) verbietet sich jedoch schon im Hinblick auf die differenzierte Ausgestaltung der Schrankenregelungen der speziellen Freiheitsrechte im Grundgesetz.[419] Nicht nur für die Schutzbereiche, sondern auch für die Schrankenregelungen gilt zwischen den besonderen Freiheitsrechten und Art. 2 I GG ein Spezialitätsverhältnis.[420]

Auch einer nur mittelbaren Übertragung stehen gravierende Bedenken entgegen. Wenn Art. 2 I GG als „objektiv-rechtliche Auslegungsregel zur Interpretation des Sinngehalts anderer Grundrechte“[421] verstanden wird, droht gleichfalls eine Verwässerung der ausdifferenzierten Schrankenregelungen der einzelnen

---

415 Treffend van Nieuwland, Darstellung und Kritik der immanenten Grundrechtsschranken, S. 10.

416 Vgl. v. Arnauld, Die Freiheitsrechte und ihre Schranken, S. 67.

417 Klein, in: v. Mangoldt/Klein (Hrsg.), Grundgesetz I2, Vorb. B XV (S. 120 ff.) und Art. 2 Anm. III 5 b (S. 167 ff.).

418 Dürig, in: Maunz/Dürig (Hrsg.), Grundgesetz (Stand: 1958), Art. 2 I Rn. 69 ff.

419 Statt vieler Kriele, JA 1984, 629 (635 f.); Müller, Positivität der Grundrechte, S. 11 f.; van Nieuwland, Darstellung und Kritik der immanenten Grundrechtsschranken, S. 24 ff. Vgl. im Gegensatz dazu das Konzept der einheitlichen Schrankenregelung für alle Grundrechte in der EU-GRCharta, Art. 52 EU-GRCharta.

420 Vgl. BVerfGE 6, 32 (37) – Elfes; 9, 338 (343) – Hebammenaltersgesetz; 13, 290 (296) – Ehegatten-Arbeitsverhältnisse; sowie van Nieuwland, Darstellung und Kritik der immanenten Grundrechtsschranken, S. 23 f.

421 Dürig, in: Maunz/Dürig (Hrsg.), Grundgesetz (Stand: 1958), Art. 2 I Rn. 71 f.

Freiheitsgrundrechte.[422] Der Versuch, aus dem subsidiären Grundrecht des Art. 2 I GG für spezielle Freiheitsgrundrechte im Wege eines argumentum a minore ad maius weiterreichende Beschränkungsmöglichkeiten zu erzielen, ist als geradezu widersinnig zu verwerfen.[423]

b. Tatbestandsbegrenzung aufgrund allgemeiner Gesetze

Andere Vertreter der engen Schutzbereichstheorie, allen voran *Wolfgang Rüfner*[424], nehmen das vom Schutzbereich aus, was von allgemeinen Gesetzen erfasst wird.[425] In den Schutzbereich eines Freiheitsrechts soll nur fallen, was nicht von vornherein durch allgemeine Gesetze dem grundrechtlichen Schutz entzogen wurde.[426]

Das erste Problem dieses Ansatzes besteht in der Frage, was genau unter „allgemeinen Gesetzen" zu verstehen ist.[427] Die Definition des Begriffs ist jedoch von virulenter Bedeutung.[428] Während einige eine materiale Deutung verfolgen und diejenigen Gesetze als allgemeine verstehen, die von der Verfassung gegenüber dem betreffenden Grundrecht als gleich- oder höherwertig ausgewiesen sind[429], was eine Abwägung auf der Tatbestandsebene erforderlich macht, verstehen andere den Begriff formal, so dass darunter Gesetze rechnen, die zu der Ausübung des jeweils einschlägigen Grundrechts keinen Bezug haben.[430]

Letztere Ansicht betont, dass sie im Unterschied zum materialen Ansatz eine vorgezogene Abwägung auf Schutzbereichsebene gerade nicht erfordere. Es sei lediglich notwendig, den Schutzbereich des Grundrechts richtig abzugrenzen. Ein Gesetz, das nicht in den Schutzbereich eines bestimmten Grundrechts eingreift, sei für dieses Grundrecht danach ein allgemeines, und wenn es für ein bestimmtes Grundrecht allgemein sei, dann greife es nicht in den Schutzbereich

---

422 Ähnlich van Nieuwland, Darstellung und Kritik der immanenten Grundrechtsschranken, S. 37.

423 So auch v. Arnauld, Die Freiheitsrechte und ihre Schranken, S. 70; van Nieuwland, Darstellung und Kritik der immanenten Grundrechtsschranken, S. 37.

424 Rüfner, in: Starck (Hrsg.), Festgabe BVerfG 25 Jahre, S. 453 ff.

425 Alexy, Theorie der Grundrechte, S. 286.

426 In diesem Sinne Häberle, Die Wesensgehaltgarantie des Art. 19 Abs. 2 GG, S. 32; Scheuner, DÖV 1971, 505 (510 f.); Selmer, DÖV 1972, 551 (558).

427 Die ungenügende Beschreibung monierend Schwabe, Probleme der Grundrechtsdogmatik, S. 170; ähnlich van Nieuwland, Darstellung und Kritik der immanenten Grundrechtsschranken, S. 66.

428 Ebenso v. Arnauld, Die Freiheitsrechte und ihre Schranken, S. 72.

429 Häberle, Die Wesensgehaltgarantie des Art. 19 Abs. 2 GG, S. 32 ff.

430 Rüfner, in: Starck (Hrsg.), Festgabe BVerfG 25 Jahre, S. 453 (458).

dieses Grundrechts ein.[431] Ein taugliches Kriterium zur demzufolge notwendigen trennscharfen Beschreibung der Reichweite des grundrechtlichen Schutzbereichs wird jedoch nicht geliefert.[432] Dass sich im Rahmen dieser Argumentation die Katze in den Schwanz beißt, ist offensichtlich.

Auch unabhängig davon, wie der Begriff der allgemeinen Gesetze im Einzelnen zu verstehen ist, unterliegt die Tatbestandsbegrenzung aufgrund allgemeiner Gesetze dem Einwand, dass sie die speziellen Gesetzesvorbehalte überflüssig erscheinen lässt, wenn die Begrenzung der Freiheitsrechte bereits auf Schutzbereichsebene vorgenommen wird.[433] Gerade in Anbetracht der wörtlichen Nennung der allgemeinen Gesetze als qualifiziertem Gesetzesvorbehalt in Art. 5 II GG kann dem Verfassungsgeber kaum ernsthaft unterstellt werden, er habe die allgemeingültige Regel der Begrenzung durch die allgemeinen Gesetze an dieser Stelle nur aus Versehen explizit genannt.[434] Vielmehr erweist sich der umgekehrte Schluss als zwingend: wenn einem Grundrecht speziell der Vorbehalt der allgemeinen Gesetze zugeordnet wird, soll dieser für die übrigen Freiheitsrechte gerade nicht gelten. Hiergegen lässt sich auch nicht anführen, dass das Grundgesetz in seiner Terminologie und Regelungstechnik nicht so exakt ist wie andere Rechtstexte, so dass identische Begriffe mit unterschiedlichem Inhalt verwendet werden (z.B. „verfassungsmäßige Ordnung“ in Art. 2 I, 9 II und Art. 20 III GG). Die Schranke der „allgemeinen Gesetze“ wird ausschließlich in Art. 5 II GG als Schranke der in Art. 5 I GG aufgeführten Grundrechte genannt. Eine „Schrankenleihe“ verbietet sich also schon aus systematischen Erwägungen.

c. Beschränkung auf spezifische Modalitäten der Freiheitsbetätigung

Nach der Theorie der sachlichen Reichweite *Friedrich Müllers*[435] gehören zum Schutzbereich eines Grundrechts nur spezifische Modalitäten der Grundrechtsausübung.[436] Ob eine Handlungsform für das jeweilige Grundrecht spezifisch ist

431 Vgl. Alexy, Theorie der Grundrechte, S. 288.

432 Gleichsinnig Alexy, Theorie der Grundrechte, S. 289; v. Arnauld, Die Freiheitsrechte und ihre Schranken, S. 73.

433 So auch Sachs, JuS 1995, 984 (986); Schwabe, Probleme der Grundrechtsdogmatik, S. 171.

434 In diese Sinne argumentierend jedoch Scheuner, DÖV 1971, 505 (510 f.).

435 Friedrich Müller, Die Positivität der Grundrechte, S. 64 ff.

436 Friedrich Müller, Die Positivität der Grundrechte, S. 56 (73 ff.). Im Rahmen der Berufsfreiheit (Art. 12 I GG) wird, der Theorie der sachlichen Reichweite auf Schutzbereichsebene vergleichbar, ein Eingriff nur bejaht, wenn die staatliche Maßnahme eine „berufsregelnde Tendenz“ hat. Dadurch dass sowohl „subjektiv berufsregelnde“ als auch „ob-

oder nicht, soll anhand des Kriteriums des „strukturell Notwendigen, des Wesentlichen“ entschieden werden.[437] Lässt sich eine gleichwertige Alternative für die gewählte Form der Grundrechtsausübung ermitteln, stellt sich letztere nicht als strukturell notwendig und mithin nicht als spezifische Modalität der Freiheitsbetätigung dar (Kriterium der Austauschbarkeit).[438]

Dieser Auffassung kann zunächst entgegengehalten werden, dass das gewählte Kriterium der Spezifität ebenso wie das der Austauschbarkeit zur Abgrenzung der Reichweite des Schutzbereichs ungeeignet ist.[439] Beinahe jedwede bestimmte Form der Grundrechtsbetätigung lässt sich durch eine andere ersetzen.[440] So kann ein Anhänger des christlichen Glaubens, der sein Gebet ursprünglich auf der Straßenkreuzung abhalten will, alternativ auf die Fußgängerzone, alternativ auf die Kirche, alternativ auf sein Zuhause verwiesen werden. Es mutet jedoch seltsam an, die Betätigung seines Glaubens auf der Straßenkreuzung, nur weil er diese im ersten Fall in einer Weise vornimmt, die die Sicherheit und Leichtigkeit des Straßenverkehrs gefährdet, vom Schutzbereich des Art. 4 I GG von vornherein auszunehmen. Vielmehr leuchtet es ein, diese als Grund für eine Beschränkung auf der Schrankenebene nach differenzierter Abwägung anzuführen.

Gleichzeitig wäre mit der Begrenzung der Freiheit auf die Entscheidung über das „Ob“ der Grundrechtsausübung, da das „Wie“ regelmäßig austauschbar ist, dem Grundrechtsberechtigten eine wesentliche grundrechtliche Position genommen.[441] Gerade in der Art und Weise der Freiheitsbetätigung liegt oft deren Individualität und Ausdrucksstärke, die die Wahrnehmung der grundrechtlichen Position erst lohnend macht. Für eine Demonstration ist es beispielsweise von überragender Wichtigkeit, ob sie durch die belebte Innenstadt ziehen darf oder auf eine Wiese am äußersten Stadtrand verwiesen wird.[442] Die Gefährlichkeit der Theorie der sachlichen Reichweite offenbart sich in der Möglichkeit, die

---

jektiv berufsregelnde“ Tendenzen zur Bejahung der Eingriffsqualität führen, ist die eingrenzende Wirkung des Kriteriums allerdings gering und deshalb unkritisch zu sehen.

437 Friedrich Müller, Die Positivität der Grundrechte, S. 99.

438 Nochmals Friedrich Müller, Die Positivität der Grundrechte, S. 101.

439 Gleichsinnig Alexy, Theorie der Grundrechte, S. 284.

440 Ebenso van Nieuwland, Darstellung und Kritik der immanenten Grundrechtsschranken, S. 87.

441 Die Befürchtungen teilend Alexy, Theorie der Grundrechte, S. 285; v. Arnauld, Die Freiheitsrechte und ihre Schranken, S. 75; van Nieuwland, Darstellung und Kritik der immanenten Grundrechtsschranken, S. 87.

442 Vgl. dazu auch BVerfG, NJW 2007, 2167 (2168 f.) – Heiligendamm.

Freiheitsgrundrechte auf einen äußerst schmalen Anwendungsbereich zu reduzieren.[443]

3. Die weiten Tatbestandstheorien

Im Gegensatz zu den engen Tatbestandstheorien lassen die weiten Tatbestandtheorien alles, was thematisch vom Schutz des jeweiligen grundrechtlichen Prinzips erfasst wird, in den Schutzbereich fallen.[444] Fundament der weiten Tatbestandtheorien ist der Gedanke, dass Freiheit etwas genuin Unbegrenztes, eine vorstaatliche Größe im Sinne der liberalen Grundrechtstheorie ist[445]. Entsprechend der Außentheorie[446] ist der grundrechtlichen Freiheit keine Beschränkung auf Tatbestandsebene immanent. Vielmehr wird die Begrenzung von außen als Schranke an das Grundrecht herangetragen, wobei eine Reduzierung des Freiheitsrechts dem Staat die Rechtfertigungslast auferlegt.[447] Vorrangige Bedeutung bei der Ermittlung der Zugehörigkeit eines Verhaltens zu einem Grundrecht kommt dem Wortlaut zu, der grundsätzlich weit zu interpretieren ist.[448] Hand in Hand mit der weiten Auslegung des grundrechtlichen Schutzbereichs geht ein weiter Eingriffsbegriff einher.

Jedoch ist auch die weite Schutzbereichstheorie zahlreichen Einwänden ausgesetzt, deren Stichhaltigkeit im Folgenden überprüft wird.[449]

a. Zum Vorwurf der Unredlichkeit

Den weiten Tatbestandstheorien wird unterstellt, sie seien unredlich, weil sie auf Schutzbereichsebene großzügig Freiheit gewährten, nur um sie dann auf der Schrankenebene wieder zu entziehen. Der Verfassungsstaat dürfe mit den

---

443 In diesem Sinne v. Arnauld, Die Freiheitsrechte und ihre Schranken, S. 76; van Nieuwland, Darstellung und Kritik der immanenten Grundrechtsschranken, S. 86.

444 So etwa Alexy, Theorie der Grundrechte, S. 291; v. Arnauld, Die Freiheitsrechte und ihre Schranken, S. 87; gleichsinnig Hoffmann-Riem, Enge oder weite Gewährleistungsgehalte?, in: Bäuerle (Hrsg.), Haben wir wirklich Recht?, S. 53 (54); Höfling, Offene Grundrechtsinterpretation, S. 175 ff. (185 ff.); Hufen, NJW 1999, 1504 (1508); Lübbe-Wolff, Die Grundrechte als Eingriffsabwehrrechte, S. 87.

445 Siehe oben S. 48.

446 Vgl. oben S. 79.

447 Ebenso Rixen, Sozialrecht als öffentliches Wirtschaftsrecht, S. 231.

448 Dazu v. Arnauld, Die Freiheitsrechte und ihre Schranken, S. 84.

449 Grundlegend und ausführlich Borowski, Grundrechte als Prinzipien, S. 254 ff.

Grundrechten keine Verheißungen verbinden, die er nicht einzulösen gedenke.[450]

Zuzugeben ist diesem Einwand, dass eine weite Tatbestandtheorie mehr über Schranken ausschließen muss als eine enge. Andererseits muss klargestellt werden, dass derjenige, der sich allein aufgrund eines prima facie-Rechts Hoffnungen auf ein definitives Recht macht, sich zu Unrecht Hoffnungen macht. Ein prima facie-Recht gibt stets nur einen Anspruch auf ein zutreffendes Abwägungsergebnis.[451]

Weiterhin ist zu fragen, ob im Ausschluss auf Schrankenebene nicht ein Vorteil zu erblicken ist gegenüber dem Vorgehen der engen Tatbestandstheorien, die gezwungen sind, Handlungen, die nach dem Wortlaut der Grundrechtsnorm unter den Tatbestand fallen, hiervon auszuschließen. Auf der Ebene der Grundrechtsschranken fällt eine Handlung erst nach einer umfassenden Abwägung aus dem Schutz heraus. Dem an dieser Stelle zu befürchtenden Einwand, dass auch auf der Schutzbereichsebene ausführlich abgewogen werden könne, ist entgegenzuhalten, dass eine Abwägung erst möglich ist, wenn ein Eingriff in ein grundrechtliches Schutzgut bejaht wurde und somit die in der Abwägung zum Ausgleich zu bringenden Interessen ermittelt werden können. Diese grundlegenden Voraussetzungen einer sachgerechten Abwägung sind bei einer Wertungsentscheidung auf Schutzbereichsebene gerade nicht gegeben.

Zur Beantwortung normativer Fragen erscheint das Konzept der Abwägung mit dem ihm eigenen Wechselspiel von Grund und Gegengrund mangels tauglicher Alternativen als vorzugswürdig.[452] Wird ein Verhalten hingegen auf der Tatbestandsebene aus dem grundrechtlichen Schutz herausgenommen, geschieht dies ungerechtfertigt im Widerspruch zum Wortlaut der Grundrechtsnorm.[453] Das führt zu Rechtsunsicherheit.[454] Vor diesem Hintergrund wird klar, dass es

---

450 Isensee, Wer definiert die Freiheitsrechte?, S. 31.; zustimmend Bolz, Das Verhältnis von Schutzobjekt und Schranken der Grundrechte, S. 236 (256 f.); Merten, Immanente Grenzen und verfassungsunmittelbare Schranken, in: ders./Papier (Hrsg.), Handbuch der Grundrechte III, § 60 Rn. 26.

451 Borowski, Grundrechte als Prinzipien, S. 254.

452 Borowski, Grundrechte als Prinzipien, S. 264.

453 Alexy, Theorie der Grundrechte, S. 293. Der grammatikalischen Methode bei der Grundrechtsauslegung generell kritisch gegenüberstehend H. Huber, Über die Konkretisierung der Grundrechte, in: Saladin/Wildhaber (Hrsg.), Der Staat als Aufgabe, S. 191 (198).

454 Gleichsinnig Borowski, Grundrechte als Prinzipien, S. 257.

eher unredlich ist, mit der engen Tatbestandstheorie ohne Rechtfertigung durch Abwägung vorab grundrechtlichen Schutz zu verwehren.[455]

b. Zum Vorwurf der fehlenden Legitimation

Den weiten Tatbestandstheorien wird weiterhin vorgeworfen, dass sie mit ihrem Konzept des weiten prima facie-Schutzes auch ein Grundrecht auf Handlungen wie Töten, Stehlen und Hehlen anerkennen. Das könne doch nicht sein. Das sei rechtsmissbräuchlich [456] und geradezu grotesk. [457] Lieber sollten solche unfriedlichen, (gemein)schädlichen und strafbewehrten Verhaltensweisen von vornherein aus dem Schutzbereich ausgeschlossen werden.[458]

Problematisch an diesem Ansatz ist bereits, wer wo die Grenze zieht zwischen unfriedlichem/gemeinschädlichem/missbräuchlichem Verhalten und solchem, dessen grundrechtlicher Schutz wünschenswert ist.[459] In der Regel dürften nicht derart offenkundige Extremfälle wie etwa Tötungen unter dem Deckmantel der Religionsausübung zur Entscheidung stehen. Zudem übergeht die obige Kritik an einem weiten Tatbestandsverständnis eine grundlegende Differenzierung: Es besteht zwar generell ein prima facie-Recht auf beliebige Handlungen. Eine definitive Gewährleistung eines Grundrechts auf Töten, Stehlen oder Hehlen ist hingegen auch mit einer weiten Tatbestandstheorie zu verneinen. Über das tatsächliche Eingreifen von Grundrechtsschutz wird erst auf der Ebene der verfassungsrechtlichen Rechtfertigung entschieden. Mit der Einordnung als Grundrechtsfall auf der Schutzbereichsebene bleibt die Möglichkeit offen, dass eine eingehende grundrechtliche Prüfung im Sinne eines aktuellen Grundrechtsfalls erfolgt. Stehen jedoch offensichtlich anerkannte Prinzipien entgegen, wird aus dem zunächst angenommenen potentiellen Grundrechtsfall wegen Evidenz kein aktueller Grundrechtsfall.[460] Die Prüfung der verfassungsrechtlichen Rechtfertigung kann dementsprechend kurz gehalten werden.

---

455 Höfling, Offene Grundrechtsinterpretation, S. 181; Borowski, Grundrechte als Prinzipien, S. 254.

456 Gallwas, Der Missbrauch von Grundrechten, S. 32 f.

457 Starck, JuS 1981, 237 (245 f.); zustimmend Ipsen, JZ 1997, 473 (480).

458 Zu den thematisch einschlägigen Begriffen der „Friedlichkeit“, der „Unschädlichkeit“ und des „Nichtstörungsgedankens" Höfling, Offene Grundrechtsinterpretation, S. 176 m.w.N.

459 Ähnlich van Nieuwland, Darstellung und Kritik der immanenten Grundrechtsschranken, S. 73.

460 Vgl. grundlegend Alexy, Theorie der Grundrechte, S. 297; Borowski, Grundrechte als Prinzipien, S. 255 f.

c. Zum Vorwurf der Zunahme von Grundrechtskollisionen

Ernst zu nehmen ist der Vorwurf, die weiten Tatbestandstheorien führten zu einer Häufung grundrechtlicher Kollisions- und Konkurrenzfälle. Dass durch die weite Deutung der grundrechtlichen Schutzbereiche unterschiedliche Grundrechtspositionen vermehrt in Überschneidung treten bzw. miteinander in Konflikt geraten, ist nicht von der Hand zu weisen.[461] Allerdings muss die Frage erlaubt sein, warum dies negativ zu bewerten ist.

Zum einen entspricht die Ausdehnung der grundrechtlichen Bezüge einzig dem Grundsatz, alle in einem Fall einschlägigen Gesichtspunkte zu berücksichtigen, was kaum als abträglich bezeichnet werden kann. Zum anderen erfordert eine jede Auflösung von Kollisionsfällen, egal ob man sie auf Ebene des Tatbestands oder erst auf Schrankenebene bewältigt wissen will, eine Wertung der sich gegenüber stehenden Interessen. Da sich das Wertungserfordernis gerade auch im Rahmen der engen Tatbestandstheorien stellt, diese aber das Wertungsergebnis nicht durch eine ausführliche Abwägung zu rechtfertigen vermögen, ist eine weite Tatbestandstheorie bei der sachgerechten Behandlung von Grundrechtskollisionsfällen überlegen.[462]

d. Zum Vorwurf der Kompetenzverschiebung

Die Gegner der weiten Tatbestandtheorien argumentieren des Weiteren, sie führten zu einem nicht zu billigenden Zuwachs an verfassungsgerichtlicher Kompetenz[463], was entweder die Befugnisse des Gesetzgebers oder der Fachgerichte beschneide.[464]

Jedoch ist schon zweifelhaft, ob sie überhaupt zu einer Zunahme von Verfassungsbeschwerden führt. Die grundrechtsdogmatische Einordnung eines Sachverhalts in den Schutzbereich eines Grundrechts sagt noch nichts über den definitiven Schutz und damit den Erfolg der Klage aus. Dies ist auch dem Beschwerdeführer von vornherein bewusst. Sollte er dennoch einseitig auf die Zuordnung zum Schutzbereich vertrauen, kann die Verfassungsbeschwerde, wenn kein Fall des § 13a II BVerfGG vorliegt, abgelehnt werden (§ 93a I, § 93b BVerfGG). Gesetzt den Fall, die Verfassungsbeschwerde wird angenom-

---

461 Dies ebenfalls einräumend Alexy, Theorie der Grundrechte, S. 298; v. Arnauld, Die Freiheitsrechte und ihre Schranken, S. 86; Borowski, Grundrechte als Prinzipien, S. 256.

462 Siehe Borowski, Grundrechte als Prinzipien, S. 256 f.

463 Ähnlich Forsthoff, Der Staat der Industriegesellschaft, S. 144, der jedoch den Kompetenzzuwachs der Verfassungsgerichtsbarkeit vordringlich auf deren emanzipierte Stellung im Verfassungsgefüge zurückführt.

464 Starck, JuS 1981, 237 (246).

men, ist die in die Kompetenzen des Gesetzgebers bzw. der Fachgerichte übergreifende Entscheidung des BVerfG notwendig und gerade deshalb von der Verfassung vorgesehen.[465] Um des materiellen grundrechtlichen Schutzes willen ist in diesem Fall ein Eingriff in Entscheidungen des Gesetzgebers und der Fachgerichte vom Grundgesetz selbst gewollt.[466]

4. Zwischenergebnis

Neben den vorstehend angeführten Argumenten ist gegen die engen Tatbestandstheorien einzuwenden, dass sie schon auf Tatbestandsebene den Freiheitsschutz der Beeinflussung durch Richterhand zugänglich machen.[467] Um eine vorschnelle Ausblendung grundrechtlich geschützter Freiheiten zu vermeiden, darf der sachliche Schutzbereich eines Grundrechts nicht von den Grundrechtsschranken her definiert werden.[468] Die Schranken sind vielmehr umfassend auf einer separaten Ebene (der Ebene der verfassungsrechtlichen Rechtfertigung) zu würdigen. Andernfalls würde der Gesetzgeber ungerechtfertigt von seiner Begründungslast für staatliche Eingriffe befreit.[469] Die Theorien der immanenten Grundrechtsschranken tragen zur Beschneidung grundrechtlicher Freiheitsverbürgungen bei, indem sie Ausübungsschranken errichten, die einerseits über das grundrechtliche Schrankensystem weit hinausgehen, das bestehende andererseits durch ihre Undifferenziertheit zu nivellieren drohen.[470]

Die gegen die weiten Tatbestandstheorien erhobenen Einwände wurden entkräftet. Das von den weiten Tatbestandstheorien verfolgte Konzept des weiten Schutzbereichs und der späteren Herausfilterung auf Schrankenebene nach umfassender Abwägung ist dogmatisch vorzugswürdig. Es befördert eine funktionelle und rational begründete Rechtsanwendung und entspricht den intuitiven Erwartungen des Grundrechtsträgers, vermittelt mithin Rechtssicherheit. Deswegen wird im Folgenden die Rechtsprechung des Bundesverfassungsgerichts auf der Grundlage der weiten Tatbestandstheorien kritisch betrachtet.

---

465 So auch Forsthoff, Der Staat der Industriegesellschaft, S. 134.

466 Alexy, Theorie der Grundrechte, S. 299; gleichsinnig Borowski, Grundrechte als Prinzipien, S. 257.

467 Insoweit ebenso Schwarz, JZ 2000, 126 (127).

468 Vgl. BVerfGE 85, 386 (397) – Fangschaltungen.

469 Dreier, in: ders. (Hrsg.), Grundgesetz I, Vorb. Rn. 122.

470 Siehe van Nieuwland, Darstellung und Kritik der immanenten Grundrechtsschranken, S. 149.

C. Die Schutzbereichsbegrenzung in der Rechtsprechung des BVerfG

Auf der Grundlage der theoretischen und dogmatischen Aufarbeitung der Schutzbereichsbegrenzung kann nun zu der Untersuchung der Rechtsfigur im konkreten Grundrechtsfall übergegangen werden. Dazu wird (mit einer Ausnahme[471]) die Rechtsprechung des Ersten Senats des BVerfG zu ausgewählten Freiheitsgrundrechten herangezogen. Herauszuarbeiten sind neben den tatsächlichen Auswirkungen der Engerfassung des Schutzbereichs auf den Grundrechtsschutz die Mechanismen, mittels derer die Figur in die Urteile und Beschlüsse des Ersten Senats des Bundesverfassungsgerichts eingefügt wird. Die gesammelten Beobachtungen werden anschließend dazu genutzt, Fallgruppen der Schutzbereichsbegrenzung herauszuarbeiten.

Damit die Analyse der Rechtsprechung des Ersten Senats im Hinblick auf die Schutzbereichsbegrenzung Aussagekraft gewinnt, zugleich aber nicht ausufernd gerät, werden drei Freiheitsgrundrechte als Untersuchungsgegenstand ausgewählt: Die Kunstfreiheit (Art. 5 III GG), die Versammlungsfreiheit (Art. 8 GG) und die Berufsfreiheit (Art. 12 I GG). Diese Grundrechte erscheinen besonders ertragreich für die Untersuchung der Schutzbereichsbegrenzung. Nicht ausgeschlossen sollen jedoch Verweise auf oder Bezugnahmen zur Rechtsprechung zu anderen Grundrechten sein.

I. Die Kunstfreiheit (Art. 5 III GG)

Die Kunstfreiheit als rein sachgeprägtes Grundrecht[472] (im Unterschied zu sog. normgeprägten Grundrechten[473] wie z.B. Art. 9, 14 und 16 GG, deren Schutz über einfaches Recht vermittelt wird[474]) wendet sich, geleitet von den Erfahrungen unter der Naziherrschaft[475], vornehmlich gegen das staatliche „Kunstrichtertum“ und die Proklamation von „Staatskunst“.[476] Der Künstler soll in seiner schöpferischen Gestaltungskraft von staatlicher Bevormundung voll-

471 Dazu sogleich S. 96 ff.

472 Nierhaus, AöR 116 (1991), 72 (86).

473 Allgemein zu der Unterscheidung zwischen sachgeprägten und rechtsgeprägten Grundrechten vgl. Pieroth/Schlink, Grundrechte, Rn. 225, 231.

474 Vgl. dazu bereits oben S. 25.

475 Statt vieler Würkner, Das Bundesverfassungsgericht und die Freiheit der Kunst, S. 34 ff.; vgl. auch BVerfGE 119, 1 (21) – Esra.

476 Pernice, in: Dreier (Hrsg.), Grundgesetz I, Art. 5 III (Kunst) Rn. 13.

kommen frei sein.[477] Der gesamte Lebensbereich des künstlerischen Schaffens wird durch die Kunstfreiheit der staatlichen Einflussnahme entzogen, indem nicht nur der Werkbereich, sondern auch der Wirkbereich der Kunst geschützt ist.[478] Zugleich enthält Art. 5 III 1 GG in seiner Dimension als objektive Wertentscheidung[479] die staatliche Aufgabe des Schutzes und der Pflege der Kunst.[480] Der hohe Stellenwert der Kunstfreiheit in unserem Verfassungsstaat wird durch deren vorbehaltlose Gewährleistung unterstrichen.[481] Sie unterliegt nur verfassungsimmanenten Schranken, d.h. die Rechtfertigung eines Eingriffs in die Kunstfreiheit kann allein durch kollidierendes Verfassungsrecht erfolgen.[482]

1. Generelles zur Bestimmung des Schutzbereichs

Im allgemeinen Sprachgebrauch wird Kunst als etwas Undefinierbares angesehen. Im Verfassungsrecht ist die Bestimmung des Schutzbereichs der Kunstfreiheit denn auch geleitet von dem Dilemma, dass im Sinne der Freiheitsgewährleistung des Art. 5 III 1 Alt. 1 GG Kunst einerseits nicht generell eingrenzend definiert werden kann[483], andererseits eine Definition unabdingbar ist; denn was man nicht erfassen kann, kann auch nicht wirksam geschützt werden.[484] Aus Art. 5 III 1 Alt. 1 GG ein generelles Definitionsverbot[485] herauszulesen, käme

---

477 Jarass, in: ders./Pieroth (Hrsg.), Grundgesetz, Art. 5 Rn. 105.

478 BVerfGE 30, 173 (189) – Mephisto; vgl. auch BVerfGE 36, 321 (331) – Schallplatten; 67, 213 (224) – Anachronistischer Zug; 81, 278 (292) – Bundesflagge; 119, 1 (22) – Esra.

479 BVerfGE 30, 173 (188) – Mephisto.

480 BVerfGE 36, 321 (331) – Schallplatten; 81, 108 (116) – Streichung § 4 IV EStG; vgl. auch Starck, in: v. Mangoldt/Klein/Starck (Hrsg.), Grundgesetz I5, Art. 5 III Rn. 292; Antoni, in: Hömig (Hrsg.), Grundgesetz, Art. 5 Rn. 31.

481 Gleichsinnig Häberle, AöR 110 (1985), 577 (584).

482 Hufen, Staatsrecht II, § 9 Rn. 30; vgl. dazu auch BVerfGE 30, 173 (193) – Mephisto; 47, 327 (368 ff.) – Hessisches Universitätsgesetz; 57, 70 (99) – Universitäre Krankenversorgung; 67, 213 (228) – Anachronistischer Zug; 81, 278 (292) – Bundesflagge; 83, 130 (139) – Josephine Mutzenbacher; 119, 1 (23) – Esra.

483 Statt aller Pieroth/Schlink, Grundrechte, Rn. 659.

484 Gleichsinnig Isensee, Wer definiert die Freiheitsrechte?, S. 35 f., der daher für eine Definitionspflicht eintritt. Weiter Würkner, Das Bundesverfassungsgericht und die Freiheit der Kunst, S. 5 (123); Kempen, in: Epping/Hillgruber, Grundgesetz, Stand: 15.1.2011, Art. 5 III Rn. 157; ausführlich Nierhaus, AöR 116 (1991), 72 (87 ff.). Vgl. auch BVerfGE 75, 369 (377) – Strauß-Karikatur.

485 So aber Hoffmann, NJW 1985, 237 (238); dagegen Bethge, in: Sachs (Hrsg.), Grundgesetz, Art. 5 Rn. 190; zum „Definitionsverbot" als Argumentationsmuster allgemein Isensee, Wer definiert die Freiheitsrechte?, S. 17 ff.

mithin faktisch einer Versagung grundrechtlichen Schutzes gleich. Da dies unmöglich gewollt sein kann, haben sich im Bemühen um rechtlich handhabbare Konturierung in der Rechtsprechung des BVerfG im Wesentlichen drei unterschiedliche Kunstbegriffe herausgebildet.

Nach dem ursprünglich vom BVerfG geprägten sog. materialen Kunstbegriff wird Kunst umschrieben als „die freie schöpferische Gestaltung, in der Eindrücke, Erfahrungen, Erlebnisse des Künstlers durch das Medium einer bestimmten Formensprache zu unmittelbarer Anschauung gebracht werden".[486]

Wegen der bedeutungsüberladenen und unpräzisen Beschreibung der Kunst nach diesem materialen Ansatz bildete sich in der Folgezeit der sog. formale Kunstbegriff heraus, der häufig ergänzend[487] zum materialen Kunstbegriff herangezogen wird. Hiernach ist eine künstlerische Betätigung anzunehmen, wenn das Kunstwerk einem bestimmten Werktyp zugeordnet werden kann (Bildhauerei, Dichtung, Musik u.s.w.).[488] Problematisch an diesem Verständnis von Kunst ist, dass neue, avantgardistische Kunstformen nicht fassbar sind[489] und damit aus rein formalen Gründen ungeschützt blieben.

Im Bestreben, erkannte Mängel der ersten beiden Ansätze auszugleichen, gilt nach dem sog. offenen Kunstbegriff ein Werk als Kunst, das einer über reine Alltagsaussagen hinausgehenden Interpretation zugänglich ist, aus welcher „sich eine praktisch unerschöpfliche, vielstufige Informationsvermittlung ergibt".[490]

Als Indiz, nicht als zwingendes Kriterium, wird des Weiteren die sog. Drittanerkennung[491] bemüht. Danach ist als Kunst anzusehen, was der Künstler selbst oder was Dritte für Kunst halten.[492]

Das Bundesverfassungsgericht hat sich unter Einfluss des Schrifttums für eine kombinierte Anwendung sämtlicher Gesichtspunkte entschieden.[493]

Insgesamt lässt die bisherige Bestimmung des Schutzbereichs von Art. 5 III 1 Alt. 1 GG durch das BVerfG erkennen, dass sie dem Grunde nach der weiten Tatbestandstheorie verpflichtet ist, indem sie ein weites Begriffsver-

486 BVerfGE 30, 173 (188 f.) – Mephisto.
487 Dazu Henschel, NJW 1990, 1937 (1938 f.).
488 BVerfGE 67, 213 (227) – Anachronistischer Zug.
489 Kritisch ebenso Henschel, NJW 1990, 1937 (1939).
490 BVerfGE 67, 213 (227) – Anachronistischer Zug.
491 Dazu Häberle, AöR 110 (1985), 577 (599); Kempen, in: Epping/Hillgruber (Hrsg.), Grundgesetz, Stand: 15.1.2011, Art. 5 III Rn. 164.
492 Statt vieler Pernice, in: Dreier (Hrsg.), Grundgesetz I, Art. 5 III (Kunst) Rn. 23.
493 BVerfGE 67, 213 (225 f.) – Anachronistischer Zug; ablehnend Würkner, Das Bundesverfassungsgericht und die Freiheit der Kunst, S. 74; dafürhaltend Pieroth/Schlink, Grundrechte, Rn. 661.

ständnis von Kunst zu Grunde legt und keine Aussonderung vorab auf der Ebene des Schutzbereichs vornimmt.

2. Der Fall „Naegeli“[494]

Entgegen der Ankündigung, nur Entscheidungen des Ersten Senats des Bundesverfassungsgerichts zum Gegenstand der Untersuchung zu machen, soll als erster, früher Anknüpfungspunkt der berühmte Fall[495] des „Sprayers von Zürich“ dienen. Die Beschlussfassung erfolgte hierbei im Vorprüfungsausschuss des Zweiten Senats des Bundesverfassungsgerichts. Die Zuständigkeit des Zweiten Senats zur Befassung mit diesem Grundrechtsfall resultierte aus dessen Sachzusammenhang mit dem Auslieferungsrecht.[496]

a. Der Sachverhalt

Der Beschwerdeführer Naegeli, unter dem Namen der „Sprayer von Zürich“ bekannt, war durch Urteil des Obergerichts Zürich in Abwesenheit (Naegeli verweilte in Deutschland) zu einer Freiheitsstrafe ohne Bewährung und zu einer Schadensersatzzahlung verurteilt worden. Das Gericht hatte ihn für schuldig befunden, in über 100 Fällen in fremdem Eigentum stehende Bauwerke in Zürich und anderen Schweizer Orten mit Graffiti besprüht zu haben. Im Rahmen eines sich anschließenden Auslieferungsverfahrens an die Schweiz war zu prüfen, ob das Verhalten des Beschwerdeführers sowohl in der Schweiz als auch in Deutschland strafbar sei. Einer Annahme der Strafbarkeit hätte das Recht des Sprayers auf Kunstfreiheit entgegenstehen können. Das OLG Schleswig erklärte die Auslieferung des Beschwerdeführers allerdings für zulässig. Dagegen richtete sich die von Naegeli erhobene Verfassungsbeschwerde, die mangels hinreichender Erfolgssaussicht nicht zur Entscheidung angenommen wurde.

b. Der Begründungsweg

Das Ergebnis der Entscheidung an sich mag nicht verwundern. Interessant daran ist hingegen der Begründungsweg. Eine Verletzung der Kunstfreiheit des Art. 5 III 1 Alt. 1 GG wird nämlich deswegen verneint, weil sich die Reichweite dieser Gewährleistung von vornherein nicht auf die eigenmächtige Inanspruch-

494 BVerfG, NJW 1984, 1293 ff. – Naegeli.

495 Hufen, JuS 1991, 687 (688).

496 Böckenförde, Der Staat 42 (2003), 165 (176).

nahme oder Beeinträchtigung fremden Eigentums zum Zwecke der künstlerischen Entfaltung erstrecke.[497]

Der übliche (so auch nicht vom OLG Schleswig beschrittene[498]) Begründungsweg wäre gewesen, zunächst den Schutzbereich der Kunstfreiheit als eröffnet zu sehen. In den Urteilen aufgrund der Straftatbestände der Sachbeschädigung auf schweizerischer und deutscher Seite war nach hergebrachter Dogmatik klar ein Eingriff in den Schutzbereich der Kunstfreiheit zu erkennen. Der Aspekt der Beschädigung fremden Eigentums wäre als verfassungsimmanente Schranke zu begreifen gewesen, die auf Schrankenebene zu einer umfassenden Abwägung im Sinne der praktischen Konkordanz[499] hätte führen müssen.

Das BVerfG hingegen sucht die Lösung nicht über eine Abwägung auf Schrankenebene, sondern verneint von vornherein die Einschlägigkeit des Schutzbereichs des Art. 5 III 1 Alt. 1 GG, wobei die Ausführungen zur Freiheit der Kunst „sehr knapp“[500] gehalten sind. Ganz im Sinne der engen Tatbestandstheorie wird unter Berufung auf den „Nichtstörungsgedanken“ die Eigentumsbeeinträchtigung prima facie aus dem Schutzbereich des schrankenlos gewährleisteten Grundrechts ausgenommen. Das Gericht nimmt also eine wertungsmäßige Verengung des Schutzbereichs vor.[501]

c. Die Auswirkungen auf den konkreten Fall

Das führt im konkreten Fall dazu, dass die Prüfung der Verletzung des Naegeli in seiner Kunstfreiheit schon auf Ebene des Schutzbereichs abgebrochen wird. Zu einer Abwägung zwischen den verletzten Interessen der Gebäudeeigentümer und der Kunstfreiheit wird gar nicht vorgedrungen.[502] Einzig im Rahmen der Verneinung der Einschlägigkeit des Schutzbereichs wird ausgeführt, dass das Eigentumsgrundrecht überdies gleichfalls eine Verbürgung von Freiheit enthalte; nach den vom Grundgesetz getroffenen Wertungen stehe es nicht prinzipiell hinter der Freiheit der Kunst zurück.[503] Wer dies als einleitende Worte für eine auf die Ebene des Schutzbereichs vorgezogene Verhältnismäßigkeitsprüfung versteht, wird enttäuscht. Weitere Ausführungen folgen nicht.

---

497 BVerfG, NJW 1984, 1293 (1294) – Naegeli.

498 Hierzu kritisch Würkner, Das Bundesverfassungsgericht und die Freiheit der Kunst, S. 155, der insofern von einer „dogmatischen Fehlleistung“ spricht.

499 Zum Begriff vgl. grundlegend Hesse, Grundzüge des Verfassungsrechts, Rn. 317 ff.; siehe ferner Jarass, AöR 110 (1985), 363 (384).

500 So Hoffmann, NJW 1985, 237.

501 Couzinet, JuS 2009, 603 (607).

502 Anders Borowski, Grundrechte als Prinzipien, S. 285 f.

503 BVerfG, NJW 1984, 1293 (1294) – Naegeli.

d. Die befürwortenden Stimmen

Die Reaktionen des Schrifttums auf diesen Beschluss des BVerfG fielen und fallen noch immer geteilt aus. Die Befürworter[504] loben am Vorgehen des Gerichts, dass sich so nicht zunächst eine rechtlich unbegrenzte Freiheit künstlerischer Entfaltung in jeder Hinsicht ergebe, die erst über immanente Schranken wieder an die allgemeine Rechtsordnung rückgebunden werden müsse. Durch die strikte Unterscheidung zwischen Sachbereich und normativem Gewährleistungsgehalt erhalte das Grundrecht eine fassbare Kontur.[505] Es ließe sich kein Vorteil aus der üblichen Konstruktion (Bejahung des Schutzbereichs und Bemühung des Eigentumsgrundrechts Dritter als verfassungsimmanente Schranke) ziehen; vielmehr berge ein solches Grundrechtsverständnis die Gefahr, dass „Freiheitsrechte zum bloßen Lippenbekenntnis“[506] würden. Grundrechtskollisionen würden durch diese Konstruktion vermieden.[507] Es sei auch deshalb konsequent, die Beeinträchtigung fremden Eigentums als nicht in den Schutzbereich der Kunstfreiheit fallend anzusehen, weil die Eigentumsbeeinträchtigung keine „kunstspezifische“ Tätigkeit sei.[508] Zudem sei ein Schutzbereichsverständnis, das fremdschädigendes Verhalten von vornherein aus dem Schutzbereich eines Grundrechts ausschließe, ideengeschichtlich vom Sinn und Zweck der Grundrechte getragen, die nicht „Rechtsbruch im Namen hehrer Ziele protegieren“ wollen.[509] Insofern handele es sich um eine folgerichtige und keineswegs um eine ausbrechende Entscheidung.[510]

---

504 Böckenförde, Der Staat 42 (2003), 165 (176); Henschel, NJW 1990, 1937 (1942); Hoffmann, NJW 1985, 237 (238 f., 245); Isensee, AfP 1993, 619 (625 f.); v. Kielmannsegg, JuS 2009, 19 (23); Kriele, JA 1984, S. 629 ff.; Murswiek, Der Staat 45 (2006), 473 (497 f.); Pieroth/Schlink, Grundrechte, Rn. 665.

505 So Böckenförde, Der Staat 42 (2003), 165 (176).

506 Papier, Aktuelle grundrechtsdogmatische Entwicklungen in der Rechtsprechung des Bundesverfassungsgerichts. Schutzbereich – Eingriff – Gesetzesvorbehalt, in: Merten/Papier (Hrsg.), Grundsatzfragen der Grundrechtsdogmatik, S. 81 (93).

507 V. Kielmannsegg, JuS 2009, 19 (23).

508 In diesem Sinne Hoffmann, NJW 1985, 237 (238). Für eine Nutzbarmachung des „Nichtstörungsgedankens“ bei der Bestimmung grundrechtlicher Schutzbereiche im Allgemeinen Möllers, NJW 2005, 1973 (1978).

509 Dergestalt Enders, in: Friauf/Höfling (Hrsg.), Berliner Kommentar, Vor Art. 1 Rn. 98.

510 Ebenso Merten, Immanente Grenzen und verfassungsunmittelbare Schranken, in: ders./Papier (Hrsg.), Handbuch der Grundrechte III, § 60 Rn. 44.

e. Die kritischen Stimmen

Die Kritiker[511] der Entscheidung des BVerfG halten entgegen, es sei dogmatisch fragwürdig, die herkömmlich als immanente Schranke der Kunstfreiheit verstandene Eigentumsbeeinträchtigung bereits auf der Schutzbereichsebene heranzuziehen.[512] Auch im Hinblick auf die Verflechtung der Kunst mit einem Kulturbildungsprozess im Verfassungsstaat sei der Kunstbegriff weit zu fassen, da zu früh gezogene Grenzen den natürlichen Prozess der „kulturellen Rezeption“ behindern könnten.[513] Die Ebene des Schutzbereichs eigne sich nicht für die notwendige umfassende Abwägung der Schutzgüter. Sachgerechtere und differenziertere Begründungen ließen sich über die Auseinandersetzung mit den betroffenen Schutzgütern auf der Ebene der verfassungsrechtlichen Rechtfertigung erzielen.[514] Gerade auch die gefürchteten Kollisionslagen von Grundrechten bedürften zu ihrer adäquaten Auflösung der durchdringenden Befassung im Rahmen der Abwägung.[515] Es könne Fallkonstellationen[516] geben, in denen jedenfalls nicht von vornherein auszuschließen ist, dass die Interessen eines Künstlers, der eigenmächtig fremdes Eigentum in Anspruch genommen hat, die Interessen des Eigentümers überwiegen.[517] Die von der Bestimmung des Schutzbereichs verschiedene Untersuchung, ob in Bezug auf ein bestimmtes Kunstgut (hier: das Graffito auf fremdem Eigentum) der Gewährleistungsbereich der Kunstfreiheit einschlägig ist, versuche allein, den Abwägungsprozess zu vermeiden.[518]

---

511 V. Arnauld, Freiheit der Kunst, in: Isensee/Kirchhof (Hrsg.), Handbuch des Staatsrechts VII3, § 167 Rn. 44; Kahl, AöR 131 (2006), 579 (608); Mahrenholz, in: Benda/Maihofer/Vogel (Hrsg.), Handbuch des Verfassungsrechts, § 26 Rn. 72 f.; Pernice, in: Dreier (Hrsg.), Grundgesetz I, Art. 5 III (Kunst) Rn. 40 f.; Würkner, Das Bundesverfassungsgericht und die Freiheit der Kunst, S. 156; Zöbeley, NJW 1985, 254 (257 Fn. 47).

512 Gleichsinnig Dreier, in: ders. (Hrsg.), Grundgesetz I, Vorb. Rn. 120; Würkner, NJW 1988, 317 (318 Fn. 12); Zöbeley, NJW 1985, 254 (257 Fn. 47).

513 Vgl. Häberle, AöR 110 (1985), 577 (604).

514 Couzinet, JuS 2009, 603 (607).

515 Dergestalt v. Arnauld, Freiheit der Kunst, in: Isensee/Kirchhof (Hrsg.), Handbuch des Staatsrechts VII3, § 167 Rn. 44.

516 Siehe nur das Beispiel Borowskis, Grundrechte als Prinzipien, S. 286: Bei einem bedeutenden Kunstwerk stellt sich heraus, dass es auf gestohlener Leinwand gemalt wurde. Soll der Künstler deswegen vorab jeden Schutz durch Art. 5 III 1 GG verlieren?

517 Borowski, Grundrechte als Prinzipien, S. 286 f.

518 Mahrenholz, in: Benda/Maihofer/Vogel (Hrsg.), Handbuch des Verfassungsrechts, § 26 Rn. 73 (Fn. 95).

f. Stellungnahme

Die kritischen Stimmen überzeugen. Die Zuordnung eines Verhaltens in den spezifischen Bereich der Freiheitsgarantie ist pauschal ohne wertende Elemente nicht möglich.[519] Wird sie dennoch vorgenommen, erzeugt sie Abgrenzungsschwierigkeiten und damit Rechtsunsicherheit. Eine erforderliche Wertung ist jedoch auf der Ebene der verfassungsrechtlichen Rechtfertigung besser verortet. [520] Nur um einer fassbaren Kontur willen lässt sich die rigide Herausstreichung von Verhaltensweisen aus dem Schutzbereich der Kunstfreiheit nicht rechtfertigen. Denkt man den im Beschluss verhafteten Gedanken zu Ende, dass die bürgerlich-rechtliche Eigentumsordnung von vornherein als immanente Grenze der Kunstfreiheit anzusehen ist, so wird offenbar, dass danach doch die „allgemeinen Gesetze“ i.S.d. Art. 5 II GG die Kunstfreiheit begrenzen sollen. Dies anzunehmen ist nicht nur aus verfassungssystematischen Gründen nicht haltbar.[521] Letzte Konsequenz daraus wäre eine Bestimmung des Inhalts des Grundrechts auf Kunstfreiheit durch das einfache Gesetz[522], was aus grundrechtsdogmatischer Sicht für das sachgeprägte Grundrecht nicht hinzunehmen ist.

3. Der Fall „Xavier Naidoo“[523]

Nachdem der Erste Senat des BVerfG die vom Vorprüfungsausschuss des Zweiten Senats eingeschlagene Linie der Begrenzung der Kunstfreiheit auf Schutzbereichsebene nicht weiter verfolgte[524], kann erst die Verfassungsbeschwerde um den Sänger Xavier Naidoo als weiteres Beispiel für eine Schutzbereichsbegrenzung im Rahmen des Grundrechts aus Art. 5 III GG dienen.

519 Dies einräumend Holoubek, Der Grundrechtseingriff – Überlegungen zu einer grundrechtsdogmatischen Figur im Wandel, in: Merten/Papier (Hrsg.), Grundsatzfragen der Grundrechtsdogmatik, S. 17 (26).

520 Ähnlich Würkner, Das Bundesverfassungsgericht und die Freiheit der Kunst, S. 157.

521 Grundlegend BVerfGE 30, 171 (192 f.) – Mephisto.

522 V. Arnauld, Freiheit der Kunst, in: Isensee/Kirchhof (Hrsg.), Handbuch des Staatsrechts VII3, § 167 Rn. 44; Würkner, Das Bundesverfassungsgericht und die Freiheit der Kunst, S. 156.

523 BVerfG, NJW 2006, 596 ff. – Xavier Naidoo.

524 Als Einzelbeleg mag der Fall „Deutschland muss sterben“ (BVerfG, NJW 2001, 596 ff.) dienen, in der das BVerfG die Frage unfriedlicher Kunst systemkonform nicht auf der Ebene der Schutzbereichseröffnung, sondern auf der Ebene der verfassungsrechtlichen Rechtfertigung verortet.

a. Der Sachverhalt

Die Beschwerdeführerin, das Tonträgerunternehmen 3P, schloss mit dem Beklagten des Ausgangsverfahrens, Xavier Naidoo, 1998 einen Künstlervertrag ab, dessen Wirksamkeit, Inhalt und Verpflichtungsgehalt Gegenstand des Ausgangsverfahrens waren. Der Vertrag enthielt einseitig für das Unternehmen vorteilhafte Klauseln. So konnte es dem Sänger bei Misserfolg kurzfristig kündigen; bei Erfolg beim Publikum hingegen räumte es sich weit reichende Optionen auf Vertragsverlängerung durch einseitige Erklärung ein. Gleichzeitig standen die Vergütungsregelungen in keinem Verhältnis zum geforderten Produktionsumfang. Ebenso kam dem Tonträgerunternehmen bezüglich der Auswahl der zu veröffentlichenden Titel, der Produktionsdetails und der Form der Veröffentlichung Letztentscheidungsbefugnis zu.

In der Folgezeit erwiesen sich die entstandenen Tonträgeraufnahmen als außerordentlich erfolgreich, so dass 3P zweimal von der Vertragsverlängerungsoption Gebrauch machte, ohne zu einer Vertragsanpassung bereit zu sein. Xavier Naidoo sprach daraufhin mehrfach die Kündigung des Künstlervertrags aus wichtigem Grund aus, was das Tonträgerunternehmen zum Anlass nahm, Klage auf Auskunft über die Verwertung diverser Tonträger des Sängers zu erheben und Schadensersatz wegen der Verletzung des Künstlervertrags zu begehren.

Sowohl das Landgericht als auch das Oberlandesgericht wiesen die Klage wegen Sittenwidrigkeit und damit Gesamtnichtigkeit des Künstlervertrages gem. § 138 I BGB ab. Der BGH wies die Nichtzulassungsbeschwerde durch Beschluss als unbegründet zurück. Mit ihrer Verfassungsbeschwerde gegen die drei zivilgerichtlichen Entscheidungen rügte die Beschwerdeführerin neben der Verletzung von Art. 2 I GG eine Verletzung in Art. 5 III 1 Alt. 1 GG (jeweils i.V.m. Art. 19 III GG). Die Verfassungsbeschwerde wurde wegen mangelnder Erfolgsaussicht nicht zur Entscheidung angenommen.

b. Der Begründungsweg

Um die Verletzung des Tonträgerunternehmens in seinem Recht auf Kunstfreiheit aus Art. 5 III 1 Alt. 1 i.V.m. Art. 19 III GG begründet verneinen zu können, erläutert das BVerfG zunächst ganz im Sinne des Mephisto-Beschlusses[525], dass die Kunstfreiheitsgarantie in gleicher Weise den Werk- wie den Wirkbereich des künstlerischen Schaffens schütze. Auch die Darbietung und Verbreitung des Kunstwerks durch die Medien i.S.v. Kommunikationsmitteln, die eine unentbehrliche Mittlerfunktion zwischen Künstler und Publikum ausübten, seien grundsätzlich vom Schutz umfasst. Insoweit es zur Herstellung der Beziehungen

525 BVerfGE 30, 173 (189) – Mephisto.

zwischen Künstler und Publikum der publizistischen Medien bedürfe, seien auch die Personen durch die Kunstfreiheitsgarantie geschützt, die eine solche vermittelnde Tätigkeit ausüben.[526]

Allerdings falle im vorliegenden Fall die konkrete Handlung, wegen derer die Beschwerdeführerin sich auf die Kunstfreiheit beruft, nicht in den Schutzbereich des Grundrechts. Die Beschwerdeführerin begehre den Schutz der Kunstfreiheit lediglich für den Abschluss eines Künstlervertrags, bei dem ihr der Künstler als Vertragspartner gegenübersteht und durch den die Vermarktung der Kunstwerke geregelt werden soll. Die Vermittlung des Kunstwerkes habe jedoch gegenüber dem künstlerischen Schaffen dienende Funktion, aufgrund derer eine Inanspruchnahme des Grundrechts durch den Mittler dann ausgeschlossen sei, wenn dieser damit rein kommerzielle Interessen gegenüber dem Künstler durchzusetzen beabsichtigt.[527]

Das BVerfG geht mithin davon aus, dass die wirtschaftliche Verwertung eines Kunstwerks von vornherein nicht in den Schutzbereich der Kunstfreiheit fällt, sobald sie sich gegen den Künstler bzw. das künstlerische Schaffen richtet. Statt, wie von der Beschwerdeführerin vorgetragen, in einer auf den Ausgleich widerstreitender Grundrechte gerichteten Abwägung die von 3P in Anspruch genommene Kunstfreiheit des Wirkbereichs derjenigen des Künstlers für den Werkbereich gegenüberzustellen, wird die Prüfung wiederum bereits auf Schutzbereichsebene abgebrochen, ohne eine detaillierte Abwägung vorzunehmen und die Grundrechtspositionen einem möglichst schonenden Ausgleich zuzuführen. Der Schutzbereich der Kunstfreiheit wird in Bezug auf den Wirkbereich auf kunstspezifische (im Sinne von dem künstlerischen Schaffen dienende) Verhaltensweisen des Mittlers beschränkt.[528]

c. Die Auswirkungen auf den konkreten Fall

Im konkreten Fall wird die Beschwerdeführerin nach Verneinung der Einschlägigkeit der Kunstfreiheit dogmatisch konsequent auf das Auffanggrundrecht[529] aus Art. 2 I GG im Hinblick auf die hiervon geschützte Privatautonomie verwiesen.[530] Das Grundrecht auf allgemeine Handlungsfreiheit unterliegt je-

526 BVerfG, NJW 2006, 596 (597) – Xavier Naidoo.

527 BVerfG, NJW 2006, 596 (597) – Xavier Naidoo.

528 Anders dennoch Rusteberg, Der grundrechtliche Gewährleistungsgehalt, S. 137 f., der in der Vorgehensweise nur eine „Abgrenzung unterschiedlicher Gewährleistungsbereiche im Rahmen einer systematischen Auslegung“ erkennt.

529 Etwa Kahl, JuS 2008, 499.

530 BVerfG, NJW 2006, 596 (598) – Xavier Naidoo.

doch im Gegensatz zur schrankenlos gewährleisteten[531] Kunstfreiheit einem einfachen Gesetzesvorbehalt.[532] Folglich ist zur verfassungsrechtlichen Rechtfertigung des Eingriffs grundsätzlich keine Bemühung kollidierenden Verfassungsrechts vonnöten. Die Anforderungen an die verfassungsrechtliche Rechtfertigung sind im Vergleich zu denjenigen der Kunstfreiheit heruntergeschraubt und damit leichter zu erfüllen. Als Schranke der Privatautonomie des Tonträgerunternehmens wurde § 138 BGB herangezogen.[533] Im Rahmen der Verhältnismäßigkeitsprüfung i.e.S. brachte das Gericht dann die Privatautonomie der Beschwerdeführerin mit der Kunstfreiheit des Sängers nach dem Prinzip der praktischen Konkordanz zum Ausgleich.[534] Insgesamt konnte das BVerfG keine Verletzung des Tonträgerunternehmens in seiner durch Art. 2 I GG geschützten Privatautonomie feststellen.

d. Die kritischen Stimmen

Erstaunlicherweise wurde der Entscheidung im Schrifttum wenig Aufmerksamkeit zuteil. Das kann zum einen daran liegen, dass sie durchweg als richtig sowie argumentativ überzeugend empfunden wurde und wird.[535] Der Grund für die fehlende Resonanz kann aber auch darin zu suchen sein, dass ihr neuartiger grundrechtsdogmatischer Gehalt verkannt wurde: die Anwendung der Figur der Schutzbereichsbegrenzung.

Gegen die Entscheidung lässt sich anführen, dass durch das Herausnehmen des Verhaltens des Tonträgerunternehmens auf Schutzbereichsebene wiederum die Prüfung der Grundrechtsverletzung auf einer Stufe abgebrochen wird, die eine ausführliche Abwägung der widerstreitenden Interessen nicht vorsieht. Aufgrund einer pauschalen Zuordnung wird die wirtschaftliche Verwertung als nicht dem Schutz der Kunstfreiheit unterfallend abgestempelt. Dies steht im Widerspruch zum hergebrachten Grundrechtsverständnis, demzufolge die Weite des Schutzbereichs der Kunstfreiheit und die Vorbehaltlosigkeit der Freiheitsgewährleistung dazu zwingt, dass die Lösung von Rechtsgüterkonflikten auf der Schrankenebene gesucht werden muss.[536]

---

531 BVerfGE 30, 173 (191) – Mephisto.

532 Ganz herrschende Meinung, vgl. Pieroth/Schlink, Grundrechte, Rn. 408.

533 BVerfG, NJW 2006, 596 (598) – Xavier Naidoo.

534 BVerfG, NJW 2006, 596 (598) – Xavier Naidoo.

535 Darauf mag bspw. die Erwähnung in bloß einem Halbsatz bei Pieroth/Schlink, Grundrechte, Rn. 664, hindeuten.

536 Losch/Radau, NVwZ 2003, 390 (392); Würkner, Das BVerfG und die Freiheit der Kunst, S. 72, 117 (175 f.).

In der Folge ist die Beschwerdeführerin auf Art. 12 I GG oder das Auffanggrundrecht des Art. 2 I GG verwiesen. Dadurch ist sie zwar nicht schutzlos gestellt. Wegen des weiten Regelungs- bzw. Gesetzesvorbehalts führt dies allerdings zu einer Erleichterung der verfassungsrechtlichen Rechtfertigung des Eingriffs. Das BVerfG versteht den Wirkbereich als dienend, um die generelle Nachrangigkeit des Schutzes des Wirkbereichs gegenüber dem Werkbereich begründen zu können. Dieser Deutung haftet der Charakter der Funktonalisierung und Determinierung grundrechtlichen Schutzes an. Sie ist als Schöpfung der Verfassungsrechtsprechung generell zu hinterfragen.

e. Die befürwortenden Stimmen

Zugute zu halten ist der Entscheidung hingegen, dass es sich als die logische Konsequenz der dienenden Funktion des Wirkbereichs ergibt, die Durchsetzung von im Widerspruch zur Dispositionsfreiheit des Künstlers stehenden Interessen nicht in den Schutzbereich der Kunstfreiheit fallen zu lassen.[537] Es entspricht nur dem generellen Vorrang des Werkbereichs des Künstlers gegenüber dem Wirkbereich des Produzenten/Publizisten/etc., dass bei Nichterfüllung der dienenden Funktion dem Verhalten von vornherein kein Schutz nach Art. 5 III 1 Alt. 1 GG zukommt. Die Deutung des Tätigwerdens im Wirkbereich als dienende Funktion stellt sich nicht als dezisionistisch festgelegtes Axiom der Rechtsprechung dar, sondern ergibt sich aus folgender Überlegung: Der Urtyp des Künstlers vereinigt noch durchweg die Betätigung im Werk- und Wirkbereich in seiner Person. Er erschafft ein Werk und ist in der Folge bestrebt, dies einem interessierten oder kaufwilligen Publikum zugänglich zu machen. Der Wirkbereich ist stets dazu notwendig, das Kunstwerk an die Öffentlichkeit zu vermitteln. Das ist seine einzige Funktion. Der Künstler wird sich beim selbständigen Tätigwerden im Wirkbereich nicht zu seinen eigenen im Werkbereich der Kunst manifestierten Interessen gegenläufig verhalten, sondern *seine* Kunst in *seinem* Sinne übermitteln. Wird nun im Zeitalter der Massenmedien das Tätigwerden im Wirkbereich aus rein praktischen Gründen auf eine andere Person übertragen, kann es sich nicht anders verhalten. Die Mittlerfunktion des Dritten im Wirkbereich ist dann nur insoweit geschützt, als sie nicht den Interessen und der in das Kunstwerk transponierten Persönlichkeit[538] des Künstlers entgegenläuft.[539] Um schutzwür-

---

537 So Hufen, JuS 2006, 648 (649); ähnlich Jarass, in: ders./Pieroth (Hrsg.), Grundgesetz, Art. 5 Rn. 107 f.

538 Dazu Häberle, AöR 110 (1985), 577 (597 f.).

539 Fechner, in: Stern/Becker (Hrsg.), Grundrechte-Kommentar, Art. 5 Rn. 215, geht sogar soweit, dem Kunstmittler, der nicht selbst der Kunstschaffende ist, die Berufung auf die Kunstfreiheit generell zu versagen und verweist ihn auf Art. 12 I GG.

dig zu sein, muss sie dem Schöpferischen im Werkbereich dienen. Ausgehend von der Prämisse der generellen Nachrangigkeit des Wirkbereichs gegenüber dem Werkbereich erscheint auch die pauschalierte Vorwegnahme des Ergebnisses einer umfassenden Abwägung bereits auf Schutzbereichsebene, ohne eine Abwägung tatsächlich vorzunehmen, gerechtfertigt. Wenn und weil keine Konstellation denkbar ist, in welcher der Wirkbereich, der nicht dem künstlerischen Schaffen dient, dem Werkbereich des Künstlers vorgeht, ist es bloße Förmelei, an einer umfassenden Abwägung auf der Ebene der verfassungsrechtlichen Rechtfertigung festzuhalten.

f. Stellungnahme

Vorzugswürdig erscheint es jedoch, eine vermittelnde Position einzunehmen. Es muss danach differenziert werden, ob der im Wirkbereich tätige Dritte kommerzielle Interessen gegen den Künstler durchsetzen will, indem er sich auf seine Kunstfreiheit beruft, oder ob er zwar nicht mit den Interessen des Künstlers übereinstimmende, aber im Sinne der Kunstfreiheit stehende Interessen verfolgen möchte. Im ersteren Fall ist es sinnvoll, eine Abgrenzung auf Schutzbereichsebene vorzunehmen. Im letzteren Fall muss hingegen die Eröffnung des Schutzbereichs bejaht und auf der Ebene der verfassungsrechtlichen Rechtfertigung eine umfassende Abwägung, die der praktischen Konkordanz verpflichtet ist, vorgenommen werden. Zur Veranschaulichung mag folgender Fall dienen:

> Der Autor A, der bereits erfolgreich einige Bücher mit Hilfe des Verlages V veröffentlicht hat, stellt einen neuen Roman fertig. Er selbst ist mit dem Ergebnis seiner Arbeit jedoch alles andere als zufrieden, hält das Werk für Schund und will auf keinen Fall, dass der Roman publiziert wird. Der Verleger des Verlages V, der A schon immer betreut hat, bekommt das Buch zufällig in die Hände und erkennt sofort dessen literarisches Potenzial. Allein deswegen will er den Roman veröffentlichen. Fraglich ist, ob sich der Verlag V auf seine Kunstfreiheit im Wirkbereich berufen kann.

Mit der unter e. geschilderten Ansicht wäre schon die Einschlägigkeit des Schutzbereichs der Kunstfreiheit zu verneinen. Aufgrund der aus der dienenden Funktion des Wirkbereichs grundsätzlich abgeleiteten Vorrangstellung des Werkbereichs ergibt sich danach, dass das Tätigwerden des Verlegers, das sich gegenläufig zu den Interessen des Künstlers im Werkbereich verhält, nicht in den Schutz des Art. 5 III 1 Alt. 1 GG fällt. Es besteht jedoch ein entscheidender Unterschied zum Fall „Xavier Naidoo“: Der Verleger möchte nicht aus rein kommerziellen Interessen den Roman entgegen dem Willen des Künstlers publizieren, sondern im Sinne der Kunstfreiheit in der Sache. Diese andersgerichtete Motivation bildet den tauglichen Anknüpfungspunkt für eine differenzierte Behandlung. Den im Wirkbereich allein der Kunst Verpflichteten kann der Vorwurf nicht treffen, dass er der dienenden Funktion nicht nachkomme. Wie bereits erläutert, liegt die dienende Funktion in der Vermittlung von Kunst an das Publikum. Nichts Anderes hat der Verleger hier vor.

Dem kann entgegengehalten werden, dass die Kunstfreiheit, wie jedes andere Freiheitsrecht auch, keinen Selbstzweck verkörpert, sondern stets auf ein Individuum bezogen ist und von ihm seinen konkreten Gehalt erfährt. Das für den Werkbereich maßgebliche Individuum ist unbestritten der Künstler, der sich hier auf seine negative Kunstfreiheit beruft (die Freiheit, sich gegen die Veröffentlichung seines Werkes zu entscheiden). Für den Wirkbereich kann als Bezugssubjekt hingegen auch der im Interesse der Kunst an sich Tätige dienen. Um dies zu unterstreichen, sei weiterhin angeführt, dass der Kunstfreiheit auch eine objektive Komponente[540] entnommen wird und es im Sinne des Leitprinzips der Kulturstaatlichkeit[541] liegt, wenn Kunst um der Kunst willen an die Öffentlichkeit vermittelt wird.

Sich der Konstruktion allgemein mit dem Argument entgegenstellen zu wollen, dass schon allein aus urheberrechtlichen Gesichtspunkten der Verleger die Veröffentlichung nicht vornehmen dürfe, ist nicht zielführend. Zum einen läuft eine solche Argumentation darauf hinaus, das Grundrecht der Kunstfreiheit durch das einfache (Urheber)Recht zu definieren bzw. es einem allgemeinen Gesetzesvorbehalt, der sogar auf Schutzbereichsebene wirkt, zu unterwerfen. Zum anderen sind gegenläufige Rechtspositionen Dritter klassische Erwägungen, die in eine detaillierte Abwägung auf der Ebene der verfassungsrechtlichen Rechtfertigung einzustellen sind. Mit anderen Worten stellt der Zusammenhang mit urheberrechtlichen Aspekten vielmehr ein Argument für die differenzierende Ansicht dar.

Aus einem weiteren Gesichtspunkt ergibt sich die Vorzugswürdigkeit einer differenzierenden Behandlung: dem kommerzielle Interessen Verfolgenden steht bei Ablehnung der Einschlägigkeit des Schutzbereichs des Art. 5 III 1 Alt. 1 GG die Berufung auf Art. 12 I GG offen, während der idealistisch Handelnde allein auf Art. 2 I GG verwiesen ist. Denjenigen, der eigentlich im Sinne der Kunst als Institution handelt, direkt auf das Auffanggrundrecht aus Art. 2 I GG zu verweisen und ihm so ein Weniger an grundrechtlichem Schutz angedeihen zu lassen, als dem rein an der wirtschaftlichen Verwertung Interessierten, wäre ein irritierendes Ergebnis.

Mag bei Mittlern im Wirkbereich, die sich auf rein kommerzielle Interessen berufen, die These zutreffen, dass keine Sachverhaltskonstellation denkbar ist,

540 So Bethge, in: Sachs (Hrsg.), Grundgesetz, Art. 5 Rn. 199a.

541 BVerfGE 36, 321 (331) – Schallplatten; 81, 108 (116) – Streichung § 4 IV EStG.

bei der die Kunstfreiheit des Künstlers von der Betätigung des Mittlers im Werkbereich überwogen wird, verbietet sich diese Annahme allein schon im Hinblick auf den oben gebildeten Sachverhalt. Wenn auch die Sachverhaltskonstellation als idealtypisch oder lebensfremd kritisiert werden kann, so ist doch ein derartiger Lebenssachverhalt grundsätzlich denkbar. Um diesen einer angemessenen Behandlung zuführen zu können, ist die Verfolgung eines differenzierenden Konzepts angezeigt. Noch klarer tritt die Vorzugswürdigkeit des differenzierten Vorgehens hervor, wenn man gemischte Motivationen des Mittlers annimmt (Durchsetzung kommerzieller Interessen *und* Förderung der Kunst), deren Gewichtung nicht eindeutig ermittelt werden kann.

Im Falle der Wahrnehmung des Wirkbereichs entgegen dem Interesse des Künstlers, aber im Sinne der Kunst, sollte daher auf jeden Fall die Einschlägigkeit des Schutzbereichs bejaht werden, um im Rahmen der verfassungsrechtlichen Rechtfertigung eine differenzierte Abwägung aller Umstände des Einzelfalls vornehmen zu können.

4. Der Fall „Esra“[542]

Die Entscheidung des BVerfG zum Verbot des Romans „Esra“ von Maxim Biller wurde in der literarischen und juristischen Fachwelt wie auch in der Öffentlichkeit breit und emotional aufgeladen diskutiert. Der nicht ganz offen liegende Bezug zur Thematik der Schutzbereichsbegrenzung soll im Anschluss an die Darstellung des Sachverhalts, des Begründungswegs und der im Schrifttum laut gewordenen Stimmen herausgestellt werden.[543]

a. Der Sachverhalt

Die Verfassungsbeschwerde des Verlages Kiepenheuer und Witsch richtete sich gegen die Urteile des LG München I, des OLG München und des BGH. Sie untersagten jeweils, den Roman „Esra“ von Maxim Biller zu veröffentlichen, auszuliefern und zu verbreiten, weil dieser gegen das allgemeine Persönlichkeitsrecht von zwei Frauen, der Klägerinnen der Ausgangsverfahren, verstoße. Bei diesen Frauen handelt es sich um die realen Urbilder für Esra (Klägerin zu 1.) und Lale (Klägerin zu 2.). Maxim Biller räumte ein, beim Schreiben von seiner Liebesbeziehung zur Klägerin zu 1. inspiriert worden zu sein. Dies geht auch aus einer an diese gerichteten Buchwidmung hervor.

542 BVerfGE 119, 1 – Esra.

543 Siehe unten S. 114.

In dem Werk schildert der Autor die zum Teil mit intimen Details dargestellte Liebesgeschichte zwischen der Schauspielerin Esra und dem Ich-Erzähler, dem Schriftsteller Adam. Ihre Liebesbeziehung scheitert an zahlreichen Hindernissen: An Esras Familie, insbesondere ihrer herrschsüchtigen Mutter, Esras schwer kranker Tochter aus der ersten, gescheiterten Ehe, dem Vater ihrer Tochter sowie an Esras passivem schicksalsergebenen Charakter. Zwischen den Romanfiguren und den beiden Frauen bestehen deutliche Ähnlichkeiten. In der ursprünglichen Fassung ließen sie sich über einige biographische Eckdaten relativ leicht ihren Vorbildern zuordnen (z.B. bei Esra: Trägerin des Bundesfilmpreises 1989, Heirat im Alter von 17 Jahren, intime Beziehung zu einem Schriftsteller; bei Lale: Alternativer Nobelpreis 2000, Besitzerin eines Hotels in der Türkei). Zudem stimmten Wohn- und Handlungsorte weitgehend mit der Wirklichkeit überein. Auch die Verbreitung einer zweiten Fassung des Werkes, in welchem die Bezeichnung der an die Romanfiguren Esra und Lale verliehenen Preise und die jeweiligen Gründe hierfür geändert wurden, ließ eine Identifizierung ohne weiteres zu.

Die Romanfigur Esra wird als eine vom Willen der Mutter abhängige und unselbständige Frau geschildert. Eine deutlich negative Färbung als eine depressive, psychisch kranke Alkoholikerin, die ihre Tochter und ihre Familie tyrannisiert, erfährt die Figur der Lale. An mehreren Stellen im Roman werden sexuelle Handlungen zwischen Esra und dem Ich-Erzähler beschrieben. In einem Nachwort im Buch heißt es: „Sämtliche Figuren dieses Romans sind frei erfunden. Alle Ähnlichkeiten mit Lebenden und Verstorbenen sind deshalb rein zufällig und nicht beabsichtigt".

Mit seiner Urteilsverfassungsbeschwerde rügte der Verlag eine Verletzung seiner Kunstfreiheit. Das BVerfG entschied, dass die zivilgerichtlichen Urteile, soweit sie auch der Mutter (Klägerin zu 2.) einen Unterlassungsanspruch zugebilligt hatten, den Verlag tatsächlich in seinem Grundrecht aus Art. 5 III 1 GG verletzen. Soweit allerdings Billers Ex-Freundin ein Unterlassungsanspruch zugebilligt wurde, konnte das BVerfG keine Grundrechtsverletzung erkennen. Die Verfassungsbeschwerde hatte also nur teilweise Erfolg. Insgesamt wurde das Gesamtverbot des Romans aufrechterhalten.

b. Der Begründungsweg

Anders als im Fall „Mephisto"[544] sieht sich das BVerfG nicht auf die Überprüfung beschränkt, ob die zivilgerichtliche Entscheidung auf einer grundsätzlich unrichtigen Anschauung der Bedeutung der beteiligten Grundrechte beruht. Es

544 BVerfGE 30, 173 (197) – Mephisto.

überprüft vielmehr selbst die verfassungsrechtliche Vereinbarkeit des Buchverbots auf Grundlage der konkreten Umstände des Sachverhalts. Dies wird mit dem mit einem Buchverbot verbundenen besonders starken Eingriff in die Kunstfreiheit begründet.[545] Zur Eröffnung des Schutzbereichs wird lediglich betont, dass eine abschließende Definition der Kunst nicht möglich sei. Anschließend wird der Roman als unproblematisch unter den sog. offenen Kunstbegriff fallend bezeichnet.[546] Der Verleger könne sich aufgrund seiner Betätigung im Wirkbereich auf seine Kunstfreiheit berufen. Jedoch erfolgt schon hier ein erster Hinweis auf den vom BVerfG gesehenen Zusammenhang zwischen Kunst und Fiktionalisierung.[547]

Durch das Romanverbot wird nach Ansicht des BVerfG in das Grundrecht aus Art. 5 III 1 Alt. 1 GG eingegriffen.

Auf der Ebene der verfassungsrechtlichen Rechtfertigung stellt das BVerfG zunächst klar, dass zur Einschränkung der vorbehaltlos gewährleisteten Kunstfreiheit allein verfassungsimmanente Schranken in Betracht kommen. Eine solche stelle das in Art. 2 I i.V.m. Art. 1 I GG verbürgte allgemeine Persönlichkeitsrecht der Klägerinnen des Ausgangsverfahrens dar.[548]

Im Folgenden wird zunächst die Frage der Betroffenheit der beiden Frauen in ihrem allgemeinen Persönlichkeitsrecht geklärt. Als Voraussetzung dafür benennt das Gericht die Erkennbarkeit der Vorbilder der Romanfiguren. Im Gegensatz zur Mephisto-Entscheidung, wo das BVerfG noch darauf abstellte, dass ein nicht unbedeutender Leserkreis in der Romanfigur Höfgen den verstorbenen Schauspieler Gründgens wieder erkenne[549], was zu einer Beschränkung des Schutzes des Persönlichkeitsrechts auf Prominente geführt hatte, greifen die die Mehrheitsentscheidung tragenden Richter nun weiter: Sie erklären die Erkennbarkeit durch einen mehr oder minder großen Bekanntenkreis für maßgeblich.[550] Gleichzeitig rudert das Gericht wieder zurück, indem es verlangt, dass sich die Identifizierung für den vertrauten Leser aufdrängen müsse, was eine hohe Kumulation von Identifizierungsmerkmalen voraussetze.[551] Eine solche Erkennbarkeit bejaht das Gericht noch für beide Klägerinnen der Ausgangsverfahren, auch nachdem die verliehenen Preise in der letzten Fassung des Romans umbenannt wurden.

545 BVerfGE 119, 1 (22) – Esra.
546 BVerfGE 119, 1 (20 f.) – Esra.
547 BVerfGE 119, 1 (21) – Esra.
548 BVerfGE 119, 1 (23 f.) – Esra.
549 BVerfGE 30, 173 (198) – Mephisto.
550 BVerfGE 119, 1 (25) – Esra.
551 BVerfGE 119, 1 (26) – Esra.

In der Erkennbarkeit alleine liege jedoch noch keine Verletzung des Persönlichkeitsrechts. Allerdings seien die Klägerinnen auch nicht so geringfügig im Sinne eines Bagatellvorbehalts betroffen, dass ihr Persönlichkeitsrecht von vornherein hinter der Kunstfreiheit zurücktreten müsse. Deshalb wird nachfolgend erörtert, ob die aus der Betroffenheit der Klägerinnen resultierende Beeinträchtigung derart schwer wiegt, dass in ihrer Ansehung die Kunstfreiheit zurückzutreten hat.[552] Als abstrakten Abwägungsmaßstab proklamiert das BVerfG hierbei eine kunstspezifische Betrachtung. Die künstlerische Darstellung könne nicht am Maßstab der Welt der Realität, sondern nur an einem kunstspezifischen, ästhetischen Maßstab gemessen werden.[553] Dabei sei in Entsprechung zum Fall „Mephisto" zu beachten, inwiefern das „Abbild" gegenüber dem „Urbild" durch die künstlerische Gestaltung des Stoffs so verselbstständigt erscheint, dass das Individuelle, Persönlich-Intime zu Gunsten des Allgemeinen, Zeichenhaften der Figur objektiviert ist.[554] Die kunstspezifische Betrachtung wird so an die Verfremdung bzw. Fiktionalisierung rückgekoppelt. Denn mit zunehmender Ablösung vom Urbild nehme der Grad an kunstspezifischer Betrachtung zu. Außerdem stellt das BVerfG eine Vermutung für die Fiktionalität eines Romans auf. Die Notwendigkeit dieser Ausgangsvermutung ergebe sich aus der Gewährleistung der Kunstfreiheit selbst, die verlange, den Leser eines literarischen Werks für mündig zu halten, zwischen der Schilderung tatsächlicher Gegebenheiten und einer fiktiven Erzählung zu differenzieren. Diese Vermutung sei jedoch widerleglich und greife nur ein, wenn die einschlägige Literatur für den Leser erkennbar keinen Faktizitätsanspruch erhebt.[555]

Zur Anleitung der Abwägung zwischen Kunstfreiheit und allgemeinem Persönlichkeitsrecht im konkreten Einzelfall bemüht das BVerfG eine „Je-desto-Formel": Je stärker Abbild und Urbild übereinstimmen, desto schwerer soll die Beeinträchtigung des Persönlichkeitsrechts wiegen. Je mehr die künstlerische Darstellung die besonders geschützten Dimensionen des Persönlichkeitsrechts berührt, desto stärker müsse die Fiktionalisierung sein, um eine Persönlichkeitsrechtsverletzung auszuschließen[556]. Durch diese doppelte „Je-desto-Formel" wird die in der Mephisto-Entscheidung herausgearbeitete Formel von „Urbild" und „Abbild" weiterentwickelt.

552 BVerfGE 119, 1 (27) – Esra.

553 So schon Stein in seinem Sondervotum zur Mephisto-Entscheidung, BVerfGE 30, 173 (204).

554 BVerfGE 119, 1 (28) – Esra.

555 BVerfGE 119, 1 (28) – Esra.

556 BVerfGE 119, 1 (30) – Esra.

c. Die Auswirkungen auf den konkreten Fall

Im konkreten Fall führt die Anwendung der genannten Maßstäbe dazu, dass das BVerfG eine Verletzung des Verlages in seinem Grundrecht aus Art. 5 III 1 Alt. 1 GG bejaht, soweit die Zivilgerichte der Mutter der Ex-Freundin Billers einen Unterlassungsanspruch gewährt hatten. Eine Verletzung der Kunstfreiheit wird jedoch im Hinblick auf die zivilgerichtlichen Urteile verneint, die der Ex-Freundin selbst einen Unterlassungsanspruch zugesprochen hatten. Dieses Ergebnis resultiert daraus, dass nur hinsichtlich der hinter Esra stehenden Frau eine Verletzung des allgemeinen Persönlichkeitsrechts bejaht wird. Im Hinblick auf die Mutter kam das Gericht zu dem Ergebnis, dass ihre Darstellung als „depressive, psychisch kranke Alkoholikerin“ aufgrund der Vermutung der Fiktionalität und der notwendigen kunstspezifischen Betrachtung zulässig sei. Die negative Zeichnung alleine genüge nicht zu einer Bejahung einer schweren Persönlichkeitsrechtsverletzung. Insbesondere sei die Grenze der Schmähkritik nicht erreicht, da der Autor die Geschichte der Mutter ganz überwiegend nicht aus eigenem Erleben erzählt und in der Art der Darstellung dem Leser nicht den Eindruck vermittelt, die Realität wiederzugeben.[557] Der gegen die Vermutung der Fiktionalität offen stehende Gegenbeweis sei nicht erbracht worden.

Bei der ehemaligen Lebensgefährtin Billers erblickte das Gericht in der genauen Schilderung intimster Details und sexueller Handlungen einen den Menschenwürdekern betreffenden schweren Eingriff in das Persönlichkeitsrecht. Dem Leser werde nicht nahe gelegt, die Geschehnisse als Fiktion zu verstehen, insbesondere weil sie als eigenes Erleben des Ich-Erzählers geschildert werden. Auf dem Gebiet der Intimsphäre sei es weder dem Autor noch der Klägerin zumutbar, einen Wahrheitsbeweis zu erbringen. Die Betroffene müsse nicht hinnehmen, dass sich die Leser die durch den Roman nahe gelegte Frage stellen, ob sich die Darstellungen tatsächlich so zugetragen haben. Eine gleichermaßen schwere Persönlichkeitsrechtsverletzung entnimmt das Gericht der Schilderung der lebensbedrohlichen Krankheit der Tochter der Klägerin, die das ebenfalls geschützte Mutter-Kind-Verhältnis betrifft.[558] Wegen der so ermittelten schweren Persönlichkeitsrechtsverletzung der Ex-Freundin lässt das BVerfG die Kunstfreiheit des Verlegers zurücktreten und stellt mithin keine diesbezügliche Grundrechtsverletzung fest.

557 BVerfGE 119, 1 (31 ff.) – Esra.

558 BVerfGE 119, 1 (33 ff.) – Esra.

d. Die befürwortenden Stimmen

Die Befürworter der Entscheidung loben insbesondere die vom BVerfG für die Kunstgattung des Romans aufgestellte abstrakte Regelvermutung für dessen Fiktionalität. Diese in der Mephisto-Entscheidung noch nicht festgeschriebene Prämisse wird gemeinhin als Schritt in Richtung Stärkung der Kunstfreiheit gedeutet.[559] Positiv unterstrichen wird weiterhin die Ausübung einer kunstspezifischen Betrachtungsweise bei Konflikten eines Kunstwerks mit dem allgemeinen Persönlichkeitsrecht Einzelner.[560] Als überzeugend gehandelt wird außerdem die Einschränkung, die das BVerfG beim Erkennbarkeitsbegriff vornimmt: Eine rechtlich relevante Erkennbarkeit ist nicht anzunehmen, wenn sich die Vorbilder der Romanfiguren erst mit Hilfe von intensiven Recherchen entschlüsseln lassen.[561] Durch die „Je-desto-Formel“ werde die Abwägung zwischen Kunstfreiheit und Persönlichkeitsrecht sinnvoll angeleitet und präzisiert.[562] Die in der Formel zum Tragen kommende Abhängigkeit der „Schutzvorkehrungen“ von der drohenden Rechtsgutsverletzung sei in der Rechtsordnung kein Fremdkörper und mit der Esra-Entscheidung systemkonform auf die Grundrechte übertragen worden.[563] Außerdem könnten durch die Anwendung der „Je-desto-Formel“ delikate Grundrechtskollisionen vermieden werden.[564] Der Vorwurf der Tabuisierung des Sexuellen[565] durch das BVerfG treffe nicht, da dem Künstler die Wahl zwischen verschiedenen Möglichkeiten verbleibe, eine Verletzung der Intimsphäre realer Vorbilder durch künstlerische Gestaltung auszuschließen.[566] Ergreife er diese Möglichkeiten nicht, sei es wegen der Nähe zum Menschenwürdekern zwingend, von einem Vorrang des Persönlichkeitsrechts gegenüber der Kunstfreiheit auszugehen, wenn in die Intimsphäre der dargestellten Person eingegriffen werde.[567] Zudem wird der Entscheidung dafürgehalten, dass ihr Ergebnis, dem Persönlichkeitsschutz den Vorrang vor der Kunstfreiheit zu gewäh-

559 Vgl. statt vieler Hahn, ZUM 2008, 97 (101); insoweit zustimmend auch noch die Kritiker der Entscheidung, vgl. Sondervotum Hoffmann-Riem, BVerfGE 119, 1 (48) – Esra; Lenski, NVwZ 281 (282); Neumeyer, AfP 2007, 509 (512).

560 Dazu Obergfell, ZUM 2007, 910 (914).

561 Hahn, ZUM 2008, 97 (100); Obergfell, ZUM 2007, 910 (913).

562 Vgl. Schröder, DVBl. 2008, 146 (148).

563 So Schröder, DVBl. 2008, 146 (149).

564 Nochmals Schröder, DVBl. 2008, 146 (150).

565 Vgl. dazu Sondervotum Hohmann-Dennhardt/Gaier, BVerfGE 119, 1 (41) – Esra.

566 In diesem Sinne Grimm, ZRP 2008, 29; Schröder, DVBl. 2008, 146 (149).

567 V. Becker, ZUM 2008, 265 (270); Hahn, ZUM 2008, 97 (100).

ren, im Einklang mit der Tendenz des EGMR[568] steht, dem Persönlichkeitsrecht eine exponierte Stellung einzuräumen.[569]

e. Die kritischen Stimmen

Die Kritiker hingegen monieren, dass die in ihrer abstrakten Darstellung kunstfreundlich anmutenden Maßstäbe der kunstspezifischen Betrachtungsweise und der Fiktionalitätsvermutung bei der Anwendung auf den konkreten Fall kunstfeindlich wirken.[570] Die Regelvermutung für die Fiktionalität der Kunst werde zu der Formel umgekehrt, dass ein Werk umso mehr (überhaupt) als Kunst anzusehen ist, je stärker es die zugrunde liegenden realen Vorbilder verfremdet und fiktionalisiert.[571] Bei der Beurteilung der Fiktionalisierung ziehe das Gericht drei in keiner Hinsicht überzeugende Kriterien heran: Erzählperspektive, Detailliertheit und Übereinstimmung mit der Wirklichkeit.[572] Die Auswahl der Erzählperspektive könne nicht den Ausschlag dafür geben, ob ein Werk aus der Sicht des Rezipienten einen Faktizitätsanspruch erhebt oder nicht[573], zumal das BVerfG den logisch zwingenden Nachweis schuldig bleibt, dass das direkt geschilderte Erleben eines Ich-Erzählers vom Leser eher für wirklichkeitsgetreu gehalten wird als andere Darstellungsformen.[574] Unzureichend für die Behauptung einer fehlenden Fiktionalisierung sei es des Weiteren, darauf abzustellen, dass Sexszenen detailliert und realistisch beschrieben sind.[575] Bloß weil etwas glaubhaft und detailliert geschildert ist, müsse es nicht den Anspruch einer wirklichkeitsgetreuen Wiedergabe erheben. Soweit das BVerfG die Übereinstimmung mit der Wirklichkeit als Kriterium der Fiktionalisierung bemüht, wird ihm die Redundanz seiner Argumentation vorgeworfen. Aus der Tatsache, dass in dem Werk beschriebene Ereignisse eine Entsprechung in der Realität haben, lasse sich nicht schließen, dass der Leser sie auch als wirklichkeitsgetreu ver-

---

568 Siehe dazu EGMR, NJW 2004, 2647 ff. – Caroline von Hannover.

569 Vgl. Schröder, DVBl. 2008, 146 (150).

570 Ebenso Gostomzyk, NJW 2008, 737 (739); Hufen, JuS 2008, 363 (365 f.); Lenski, NVwZ 2008, 281 (282 f.).

571 Sondervotum Hohmann-Dennhardt/Gaier, BVerfGE 199, 1 (38 f.) – Esra; siehe auch Lenski, NVwZ 2008, 281 (282); Neumeyer, AfP 2007, 509 (512).

572 Neumeyer, AfP 2007, 509 (512); Vosgerau, Der Staat 48 (2009), 107 (113 f.).

573 Sondervotum Hoffmann-Riem, BVerfGE 119, 1 (53) – Esra; Sondervotum Hohmann-Dennhardt/Gaier, BVerfGE 119, 1 (42 f.) – Esra; ebenso Neumeyer, AfP 2007, 509 (512); Vosgerau, Der Staat 48 (2009), 107 (114).

574 Gleichsinnig Neumeyer, AfP 2007, 509 (512).

575 Sondervotum Hoffmann-Riem, BVerfGE 119, 1 (51 f.) – Esra; Neumeyer, AfP 2007, 509 (512).

steht.[576] Indem das Gericht den Grad der Fiktionalisierung rein nach formalen Kriterien bemisst, richte es sich dogmatisch rückwärts dem formalen Kunstbegriff entgegen.[577] Angeprangert wird weiterhin, dass das BVerfG die Fiktionalitätsvermutung für den wesentlichen Bereich der Darstellung intimer Details wieder zurücknimmt.[578] Wenn die Klägerin es nach Ansicht des BVerfG nicht hinnehmen muss, dass sich der Leser die Frage stellt, ob sich die dort berichteten intimen Details auch in der Realität zugetragen haben, gelte eine „unwiderlegliche Vermutung des Realen“[579], sobald der Autor eine identifizierbare Person aus dem eigenem Intimleben kennt. Damit führe die bloße Identifizierbarkeit dazu, dass die Möglichkeit der künstlerischen Darstellung gerade in dem Bereich der Gefühle und Intimitäten, der die Kunst oft gerade auszeichnet, beschränkt wird.[580] Indessen sei die Annahme, der Leser frage sich insbesondere bei der Schilderung von Intimitäten, ob diese sich tatsächlich so zugetragen haben, schon vom Ansatz verfehlt, weil den meisten Lesern eine solche Frage nicht sinnvoll erscheine, da sich das „Spiel mit den Wirklichkeiten“ immer nach der Seite der Fiktion auflöse.[581]

f. Stellungnahme

Die Kritik an der Esra-Entscheidung überzeugt. Zusätzlich zu den vorgebrachten Argumenten ist die Entscheidung wegen der darin vorgenommenen „*faktischen Schutzbereichsbegrenzung*“ abzulehnen. Der Bezug des Falles „Esra“ zur Figur der Schutzbereichsbegrenzung i.e.S. wird erst nach einer genauen Betrachtung der Methodik deutlich. Eine wichtige Rolle spielt dabei der immer wieder herausgestellte Zusammenhang zwischen Kunst und Fiktionalisierung/Verfremdung. An insgesamt vier Stellen zeichnet das Gericht in seiner Urteilsbegründung diese Beziehung nach: in einem knappen Hinweis bei der Schutzbereichsbestimmung[582], im Rahmen der Frage der Betroffenheit im allgemeinen Persönlichkeitsrecht bei der Erkennbarkeit[583], bei der Anlegung der

576 So Ladeur, AfP 2008, 30 (31); Neumeyer, AfP 2007, 509 (513).

577 Gleichsinnig Lenski, NVwZ 2008, 281 (282).

578 Vgl. Gostomzyk, NJW2008, 737 (739); Neumeyer, AfP 2007, 509 (513); ebenso Sondervotum Hoffmann-Riem, BVerfGE 119, 1 (50) – Esra.

579 Sondervotum Hoffmann-Riem, BVerfGE 119, 1 (52) – Esra; Ladeur, AfP 2008, 30 (32).

580 Dazu eindringlich Neumeyer, AfP 2007, 509 (513), der darin sogar eine Berührung des Kernbereichs der Kunst erblickt; ebenso Gostomzyk, NJW 2008, 737 (739); vgl. auch Sondervotum Hohmann-Dennhardt/Gaier, BVerfGE 119, 1 (38 ff.) – Esra.

581 Ebenso Ladeur, AfP 2008, 30 (31).

582 BVerfGE 119, 1 (21) – Esra.

583 BVerfGE 119, 1 (24 f.) – Esra.

kunstspezifischen Betrachtung als Abwägungsmaßstab[584] und in der die konkrete Abwägung anleitenden „Je-desto-Formel“.[585] Die Funktionsweise dieser Verbindung wird durch die gehäufte Heranziehung verschleiert. Tatsächlich wirkt sie nämlich wie eine Schutzbereichsbegrenzung. Sie führt zu einer Verkleinerung der Reichweite der Kunstfreiheit prima facie.[586] Insofern soll hier von einer *„faktischen Schutzbereichsbegrenzung“* gesprochen werden. Die vom BVerfG gewählte dogmatisch fragwürdige[587] Einordnung auf der Schrankenebene vermag dies nicht zu verdecken. Zwar gibt die Konstruktion vor, auf der Tatbestandsebene Kunst umfassend zu schützen und erst auf der Abwägungsebene zu einer Begrenzung des Schutzes im Wege der einzelfallbezogenen Abwägung im Sinne der praktischen Konkordanz zu gelangen. Tatsächlich offenbart sich indes, dass der Schutz des Künstlerischen letztlich auf das Fiktionale begrenzt wird und diese Verengung des Kunstbegriffs schon auf der Ebene der Schutzbereichsbestimmung angelegt ist.[588]

Mit dem knappen Hinweis auf die Unmöglichkeit, Kunst abschließend zu definieren, und der Flucht in die oberflächliche Subsumtion unter den sog. offenen Kunstbegriff wird die Ebene des Schutzbereichs vorschnell verlassen. Angelangt bei der verfassungsrechtlichen Rechtfertigung folgen dann aber Ausführungen, die zur Frage der Schutzbereichseröffnung gehören[589] und genauer besehen zu nichts anderem als einer Tatbestandsbegrenzung führen.[590]

Wegen des Zusammenhangs zwischen der kunstspezifischen Betrachtungsweise und des Grades der Fiktionalisierung kommt es nach den Maßstäben des BVerfG bei Werken, die es dem Leser nicht nahe legen, Erzähltes als Fiktion zu verstehen, dazu, dass die kunstspezifische Betrachtungsweise von vornherein nicht greift. Kriterien dafür, ob der Autor seinen Lesern die Fiktionalität des Textes nahe legt, sollen dabei Erzählperspektive, Detailliertheit/realistische Beschreibung und die Übereinstimmung mit der Wirklichkeit sein.[591] Angesichts

584 BVerfGE 119, 1 (27) – Esra.

585 BVerfGE 119, 1 (30) – Esra.

586 Dies verkennend Hufen, JuS 2008, 363 (364).

587 So stellt auch der Richter Hoffmann-Riem, ein bekennender Befürworter der Figur der Schutzbereichsbegrenzung, in seinem Sondervotum unterschwellig darauf ab, dass die Frage nach der fehlenden Fiktionalität von Teilen des Romans eine solche des Schutzbereichs gewesen wäre, vgl. Sondervotum Hoffmann-Riem, BVerfGE 119, 1 (51, 56) – Esra.

588 Ebenso Lenski, NVwZ 2008, 281 (282).

589 Vgl. Lenski, NVwZ 2008, 281 (282).

590 Allgemein zur Frage der Unterscheidbarkeit zwischen Tatbestands- und Rechtfertigungsebene bei Konflikten der Kunstfreiheit mit dem allgemeinen Persönlichkeitsrecht v. Becker, ZUM 2008, 265 (267).

591 Neumeyer, AfP 2007, 509 (512).

dieser rein formalen Ansatzpunkte wird deutlich, dass sich das BVerfG entgegen seinen knappen Erwägungen auf Schutzbereichsebene am engen formalen Kunstbegriff orientiert, anstatt seine Kriterien aus dem offenen Kunstbegriff zu schöpfen.[592] Nur was formal der Gattung des Romans im Gegensatz zum Sachbuch entspricht, kommt in den Genuss der kunstspezifischen Betrachtungsweise.

Der Grad der Fiktionalisierung entscheidet weiterhin darüber, ob die Vermutung der Fiktionalität Geltung beanspruchen kann. Dieser Modus entpuppt sich als geradezu zirkulär.[593] Die Vermutung soll nur greifen, wenn der Roman sich möglichst weit von der Wirklichkeit abstrahiert.[594] Bei den problematischen Werken mit Bezug zu realen Personen und Gegebenheiten, die gerade mit Fiktion und Wirklichkeit spielen, die nach den formalen Maßstäben des BVerfG mal stärker zur einen, mal mehr zur anderen Richtung ausschlagen, kommt die Vermutung der Fiktionalität nicht zur Anwendung. Die Fiktionalitätsvermutung verpufft also gerade in den Fällen, derethalben sie eigentlich eingeführt wurde.[595]

In Bezug auf die Darstellung von Sexualität verkehrt sich die Vermutung der Fiktionalität sogar in ihr Gegenteil, wenn eine reale Person als Vorbild für die geschilderte Romanfigur erkennbar ist.[596] Auf diesem Feld ist nach Ansicht des Gerichts der Wahrheitsbeweis nämlich weder dem Autor noch der betroffenen Person zuzumuten. Insbesondere könne vom realen Vorbild in diesem Bereich nicht verlangt werden, dass es die sich für den Leser stellende Frage nach dem Wahrheitsbezug hinnimmt. Um den Schutz der Intimsphäre mit dem ihr eigenen Bezug zum Menschenwürdekern zu gewährleisten, wird im Ergebnis die Darstellung von Sexualität bei Bezügen zu realen Personen unmöglich gemacht.[597] Dabei bleibt außer Acht, dass bei konsequenter kunstspezifischer Betrachtung nicht von vornherein davon hätte ausgegangen werden dürfen, dass im Roman bei dieser Thematik die Realität abgebildet werden sollte.[598] Ebenso wenig hätte dem Autor prima facie die Verantwortung für das aufgebürdet werden dürfen, was seine Erzählung im Kopf des Lesers auszulösen vermag.[599]

---

592 Dazu Lenski, NVwZ 2008, 281 (282).

593 Den Vorwurf der Zirkularität gleichsam erhebend Neumeyer, AfP 2007, 509 (513); Vosgerau, Der Staat 48 (2009), 107 (112 f.).

594 Gleichsinnig Neumeyer, AfP 2007, 509 (511); Lenski, NVwZ 2008, 281 (282).

595 Ähnlich Gostomzyk, NJW 2008, 737 (739).

596 Sondervotum Hoffmann-Riem, BVerfGE 119, 1 (50) – Esra; Ladeur, AfP 2008, 30 (32).

597 Ebenso Neumeyer, AfP 2007, 509 (513).

598 Vgl. dazu Sondervotum Hoffmann-Riem, BVerfGE 119, 1 (50 f.) – Esra; Neumeyer, AfP 2007, 509 (512).

599 So Lenski, NVwZ 2008, 281 (282).

Mit der „Je-desto-Formel“ werden Fragen der Abwägung pauschalen Ergebnissen zugeführt.[600] Bei der Beschreibung von Intimszenen mit Vorbildern aus der Wirklichkeit fällt die Abwägung nach den Ausführungen des Gerichts stets zum Nachteil der Kunstfreiheit aus.[601] Sind Abwägungsergebnisse jedoch derart vorgefertigt, ist es sinnlos, sie weiterhin als Ausgeburt einer einzelfallbezogenen Abwägung auf der Ebene der verfassungsrechtlichen Rechtfertigung zu deklarieren. Vielmehr stellt das Herausfallen der Schilderung von intimen Details real existierender Personen aus dem Schutzbereich eine *faktische Schutzbereichsbegrenzung* dar.

Dieses Vorgehen führt insgesamt dazu, dass der Kunstfreiheit im Konflikt mit dem allgemeinen Persönlichkeitsrecht keine ausreichende Würdigung zukommt und die Frage nach der Einschlägigkeit derselben auf das Maß der Fiktionalisierung verkürzt wird.[602] Wollte man an der von der Rechtsprechung vorgenommenen Verkürzung festhalten, sollte man dies zumindest dogmatisch konsequent auf der Ebene des Schutzbereichs der Kunstfreiheit tun.[603]

Vorzugswürdig in Anbetracht des vorbehaltlos garantierten Freiheitsrechts ist es jedoch, eine Eingrenzung anhand des Kriteriums der Fiktionalisierung in seiner derzeitigen (formalen) Gestaltung durch das BVerfG erst gar nicht vorzunehmen. Ihm fehlt dafür schlichtweg die Eignung, gleichgültig auf welcher Ebene der Grundrechtsprüfung. Vielmehr ist nach der Eröffnung des Schutzbereichs bei eingehender Subsumtion unter den offenen Kunstbegriff auf der Ebene der verfassungsrechtlichen Rechtfertigung eine umfassende Abwägung vorzunehmen, die nicht von pauschalierten Maßstäben vorbestimmt ist[604], sondern auf die Umstände des Einzelfalls eingeht und damit den widerstreitenden Grundrechtspositionen zur optimalen Wirksamkeit verhilft.

---

600 In diesem Sinne Ladeur, AfP 2008, 30 (32).

601 Sondervotum Hoffmann-Riem, BVerfGE 119, 1 (57 f.) – Esra.

602 Ebenso Sondervotum Hoffmann-Riem, BVerfGE 119, 1 (56) – Esra; Lenski, NVwZ 2008, 281 (282). Vgl. zur der Menschenwürde gegenüber der Kunstfreiheit automatisch eingeräumten Vorrangstellung, BVerfGE 75, 369 (380) – Strauß-Karikaturen. In diesem Zusammenhang wird die pauschalierte Wertung besonders deutlich, da eine Abwägung der kollidierenden Interessen ausdrücklich nicht vorgenommen wird. Siehe zu dieser Entscheidung – unter dem Gesichtspunkt der Meinungsfreiheit gem. Art. 5 I 1 GG – Grimm, NJW 1995, 1697 (1703).

603 In diesem Sinne Lenski, NVwZ 2008, 281 (282 f.).

604 So auch Gostomzyk, NJW 2008, 737 (739); Ladeur, AfP 2008, 30 (32).

5. Zwischenergebnis

Den aufgeführten Fällen ist gemeinsam, dass das Grundrecht der Kunstfreiheit in Konflikt mit den Grundrechten Dritter tritt. Die Eigentumsfreiheit, die Kunstfreiheit eines anderen bzw. das allgemeine Persönlichkeitsrecht kollidieren mit der Kunstfreiheit. Diese Kollision wird über die Figur der Schutzbereichsbegrenzung aufgelöst, indem einem Verhalten, dass mit den Grundrechten anderer Personen in Konflikt steht, die Zugehörigkeit zum grundrechtlichen Schutzbereich der Kunstfreiheit von vornherein verwehrt wird. Dies geschieht mal mehr (vgl. den ausdrücklichen Ausschluss im Fall Naegeli), mal weniger offen (vgl. die verdeckte Begrenzung des Schutzbereichs im Fall Esra).

Die Auflösung von Grundrechtskollisionen erfolgt klassischerweise auf der Ebene der verfassungsrechtlichen Rechtfertigung und macht eine Abwägung erforderlich. Auch wenn der Grundrechtskonflikt auf der Ebene des Schutzbereichs behoben werden soll, geht dies nicht ohne eine Wertung der gegeneinander stehenden Grundrechtsgüter. Für eine solche Wertung ist die Ebene des Schutzbereichs jedoch weitaus weniger geeignet, als die Ebene der verfassungsrechtlichen Rechtfertigung. Deshalb ist die Vornahme einer Schutzbereichsbegrenzung zum Zwecke der Auflösung von Grundrechtskollisionen abzulehnen.

II. Die Versammlungsfreiheit (Art. 8 GG)

Versammlungen wirken als Medium zur Verstärkung der individuellen Meinungsfreiheit in den öffentlichen Bereich hinein.[605] Durch die Versammlung als kollektives Handeln wird der Meinung der Individuen größere Aufmerksamkeit zuteil, was deren Durchsetzungsfähigkeit erhöht.[606] Versammlungsfreiheit ist danach die kollektive Fortsetzung individueller Freiheit. Insofern begründet Art. 8 GG ein Abwehrrecht, das nicht zuletzt anders denkende Minderheiten schützt.[607]

Neben dem Charakter des Grundrechts aus Art. 8 GG als Individualrecht im liberalen Sinne ist ein politischer Bezug nicht zu verleugnen, zumal sich die Versammlungsfreiheit dogmengeschichtlich eng mit der Petitionsfreiheit verknüpft weiß.[608] Das Bürgerrecht des Art. 8 GG, sich ohne Anmeldung oder Erlaubnis friedlich und ohne Waffen zu versammeln, gehört, nach einer berühmten

605 Gusy, in: v. Mangoldt/Klein/Starck (Hrsg.), Grundgesetz I5, Art. 8 Rn. 11.

606 Gusy, in: v. Mangoldt/Klein/Starck (Hrsg.), Grundgesetz I5, Art. 8 Rn. 9.

607 BVerfGE 69, 315 (343) – Brokdorf.

608 Dazu Gusy, in: v. Mangoldt/Klein/Starck (Hrsg.), Grundgesetz I5, Art. 8 Rn. 2 ff.; Höfling, in: Sachs (Hrsg.), Grundgesetz, Art. 8 Rn. 1 ff.

Wendung des BVerfG, zu den „unentbehrlichen Funktionselementen eines demokratischen Gemeinwesens“.[609] Durch Versammlungen gelingt es, Stimmungen im Volk gebündelt zu artikulieren und diese den gewählten Vertretern wie der Öffentlichkeit im Ganzen zu vermitteln. Versammlungen entfalten kompensierende, kontrollierende und korrigierende Wirkungen im institutionellen Demokratiegefüge.[610] Auf diesem Wege rücken Staat und Gesellschaft in der demokratischen Republik zusammen.[611] Es wird offenbar, dass (neben der Meinungsfreiheit) auch die Versammlungsfreiheit für die demokratische Staatsform schlechterdings konstituierend ist und so im Verfassungsgefüge einen hohen Stellenwert einnimmt.

Trotzdem muss Versuchen entgegengetreten werden, die der gesamten Schutzbereichsdogmatik des Art. 8 GG ein demokratisch-funktionales Gepräge geben wollen.[612] Ein solches Ansinnen steht im Widerspruch zur vorrangigen abwehrrechtlichen Konzeption des Grundrechts.

1. Generelles zur Bestimmung des Schutzbereichs

Das Grundrecht der Versammlungsfreiheit in Art. 8 I GG schützt die Versammlungsbeteiligten im Zusammenhang mit dem Zustandebringen und der Durchführung der Versammlung wie auch die mit der Versammlung verbundenen Betätigungen, soweit sie sich im Rahmen der verfassungsunmittelbaren Grenzen der Friedlichkeit[613] und Waffenlosigkeit bewegen.[614] Von den Eindrücken staatlich organisierter Massenaufmärsche geläutert, garantiert der historische Verfassungsgeber auch die negative Versammlungsfreiheit, also das Recht, an einer Versammlung nicht teilzunehmen.[615]

Dreh- und Angelpunkt der Schutzbereichsbestimmung des Freiheitsrechts ist der Begriff der Versammlung, der vom Grundgesetz keine Definition erfährt. Einigkeit besteht bei der Begriffsbestimmung insoweit, als mehrere Personen zur Verfolgung eines gemeinsamen Zweckes an einem Ort tatsächlich (eine bloß

609 BVerfGE 69, 315 (344) – Brokdorf.

610 Höfling, in: Sachs (Hrsg.), Grundgesetz, Art. 8 Rn. 4.

611 Gusy, in: v. Mangoldt/Klein/Starck, Grundgesetz I5, Art. 8 Rn. 11.

612 Höfling, in: Sachs (Hrsg.), Grundgesetz, Art. 8 Rn. 5.

613 BVerfGE 73, 206 (248) – Sitzblockaden I; 104, 92 (105 f.) – Sitzblockaden III.

614 Dietel/Gintzel/Kniesel, Versammlungsgesetz, § 1 Rn. 3; Schulze-Fielitz, in: Dreier (Hrsg.), Grundgesetz I, Art. 8 Rn. 30 (40 ff.).

615 Dietel/Gintzel/Kniesel, Versammlungsgesetz, § 1 Rn. 3; Höfling, in: Sachs (Hrsg.), Grundgesetz, Art. 8 Rn. 25; Schulze-Fielitz, in: Dreier (Hrsg.), Grundgesetz I, Art. 8 Rn. 39.

virtuelle Präsenz auf Internetplattformen reicht nicht aus[616]) zusammenkommen müssen.[617] Umstritten ist jedoch, wie der gemeinsame Zweck des Zusammentreffens geartet sein muss. Die Anhänger eines weiten Versammlungsbegriffs[618] lassen beliebige Zwecke genügen, da sie die Garantie der Persönlichkeitsentfaltung des Individuums in Gruppenform als Kern des Grundrechts begreifen. Diejenigen, die einen erweiterten Versammlungsbegriff verfechten[619], verlangen, dass der Zweck in der gemeinsamen Meinungsbildung und -äußerung liegen muss, lassen aber die Erörterung jedweder Angelegenheiten genügen. Die Vertreter eines engen Versammlungsbegriffs[620] hingegen legen den Schwerpunkt auf die gemeinsame Meinungsbildung bzw. -äußerung und erkennen nur Zwecke, die öffentliche Angelegenheiten betreffen, an. Das BVerfG tendierte noch im Brokdorf-Beschluss[621] zum weiten Versammlungsbegriff, wenn es ausführte: „Art. 8 GG schützt Versammlungen und Aufzüge (…) als Ausdruck gemeinschaftlicher, auf Kommunikation angelegter Entfaltung. (…) Dieser Schutz ist nicht auf Veranstaltungen beschränkt, auf denen argumentiert und gestritten wird, sondern umfasst vielfältige Formen gemeinsamen Verhaltens bis hin zu nicht verbalen Ausdrucksformen."

2. Die Fälle „Fuckparade"/„Love Parade"[622]

Im Sommer 2001 distanzierte sich das BVerfG abrupt von dem weiten Versammlungsbegriff. In seinem Kammerbeschluss zur „Fuckparade" und zur „Love Parade" liebäugelte es erstmals mit einem engen Verständnis. Der Entscheidung lagen folgende Sachverhalte zu Grunde:

---

616 Kraujuttis, Versammlungsfreiheit zwischen liberaler Tradition und Funktionalisierung, S. 103; Sachs, Die Freiheit der Versammlung und der Vereinigung, in: Stern (Hrsg.), Das Staatsrecht der Bundesrepublik Deutschland IV/1, § 107 S. 1198; Schulze-Fielitz, in: Dreier (Hrsg.), Grundgesetz I, Art. 8 Rn. 31; Seidel, DÖV 2002, 283 (285).

617 Dietel/Gintzel/Kniesel, Versammlungsgesetz, § 1 Rn. 5; Höfling, in: Sachs (Hrsg.), Grundgesetz, Art. 8 Rn. 10.

618 Etwa Geck, DVBl. 1980, 797 (798 ff.); Gusy, in: v. Mangoldt/Klein/Starck (Hrsg.), Grundgesetz I, Art. 8 Rn. 18; Höfling, in: Sachs (Hrsg.), Grundgesetz, Art. 8 Rn. 13; Pieroth/Schlink, Grundrechte, Rn. 753 f.; Schulze-Fielitz, in: Dreier (Hrsg.), Grundgesetz I, Art. 8 Rn. 24 ff.

619 So Frowein, NJW 1985, 2376; Hesse, Grundzüge des Verfassungsrechts, Rn. 405.

620 Bergmann, in: Hömig (Hrsg.), Grundgesetz, Art. 8 Rn. 4; Enders, Jura 2003, 35; Hoffmann-Riem, in: Denninger u.a. (Hrsg.), Alternativkommentar, Art. 8 Rn. 15; Jarass, in: ders./Pieroth (Hrsg.), Grundgesetz, Art. 8 Rn. 3; Laubinger/Repkewitz, VerwArch 92 (2001), 585 ff. m.w.N.; Seidel, DÖV 2002, 283 (284).

621 BVerfGE 69, 315 (343) – Brokdorf.

622 BVerfG, NJW 2001, 2459 ff. – „Fuckparade"/„Love Parade".

a. Der Sachverhalt

Der Antragsteller zu 1. meldete im März 2001 beim Berliner Polizeipräsidenten schriftlich für den 14.7.2001 die „Fuckparade“, eine seit 1997 etablierte Gegenveranstaltung zur „Love Parade“, an. Es sollte zwischen 14 und 24 Uhr ein Sternmarsch zum Berliner Alexanderplatz stattfinden, auf dem die Abschlussveranstaltung geplant war. Etwa 10 000 Teilnehmer sollten von knapp 50 Wagen mit Techno-Musik begleitet werden. Redebeiträge waren nicht vorgesehen, dafür aber die Verteilung von ca. 20 000 Handzetteln, welche sich kritisch mit der Berliner Kulturpolitik und der kommerziellen „Love Parade“ befassten. Im Mai 2001 teilte der Polizeipräsident durch für sofort vollziehbar erklärten Bescheid dem Antragsteller zu 1. mit, dass die „Fuckparade“ keine öffentliche Versammlung i.S.d. Versammlungsgesetzes sei. Das VG Berlin stellte mit Beschluss im Juni 2001 die aufschiebende Wirkung des vom Antragsteller zu 1. dagegen eingelegten Widerspruchs wieder her. Diese Entscheidung wurde vom OVG Berlin abgeändert und der Eilantrag zurückgewiesen.

Der Antragsteller zu 2. meldete im Oktober 2000 beim Berliner Polizeipräsidenten die seit 1989 alljährlich stattfindende „Love Parade“ schriftlich als Versammlung für den 21.7.2001 an. Im Mai 2001 teilte der Polizeipräsident dem Antragsteller zu 2. mit, dass die Anmeldung der Veranstaltung als Versammlung nicht entgegengenommen werde. Die „Love Parade“ stelle eine reine Musikveranstaltung dar und weise nicht den für eine Versammlung maßgeblichen verbindenden öffentlichen Zweck der Meinungsbildung und –äußerung auf. Gegen den für sofort vollziehbar erklärten Bescheid gerichtete Anträge auf Eilrechtsschutz wies das VG Berlin zurück. Ebenso lehnte das OVG Berlin den Antrag auf Zulassung zur Beschwerde Anfang Juli 2001 ab.

Die jeweils gegen die Entscheidungen des OVG gestellten Eilanträge auf Erlass einer einstweiligen Anordnung nach § 32 BVerfGG hatten keinen Erfolg.

b. Der Begründungsweg

Im Rahmen der nach § 32 BVerfGG durchzuführenden Folgenabwägung kommt das BVerfG zu dem Ergebnis, dass in beiden Fällen die gegen den Erlass der einstweiligen Anordnung sprechenden Gründe überwiegen. Es sieht jeweils die Ausführungen des OVG zum Versammlungsbegriff und der Verneinung der Versammlungseigenschaft als zutreffend an. Insbesondere sei es nicht zu beanstanden, den Begriff der Versammlung i.S.d. Versammlungsgesetzes in Anlehnung an den verfassungsrechtlichen Versammlungsbegriff zu deuten. Demnach seien Versammlungen i.S.d. Art. 8 GG „örtliche Zusammenkünfte mehrerer Personen zwecks gemeinschaftlicher Erörterung und Kundgebung mit dem Ziel der

Teilhabe an der öffentlichen Meinungsbildung".[623] Für die Eröffnung des Schutzbereichs reiche es nicht aus, dass die Teilnehmer bei ihrem gemeinschaftlichen Verhalten durch irgendeinen Zweck miteinander verbunden seien. Folglich rechneten Volksfeste und Vergnügungsveranstaltungen ebenso wenig unter ihn wie Veranstaltungen, die der bloßen Zurschaustellung eines Lebensgefühls dienen oder die als eine auf Spaß und Unterhaltung ausgerichtete öffentliche Massenparty gedacht sind. Für diese Wertung sei es unerheblich, ob der auf solchen Veranstaltungen vorherrschende Musiktyp ein Lebensgefühl von sog. Subkulturen ausdrücke oder den Musikgeschmack der breiten Masse treffe.[624] Selbst unter dem Gesichtspunkt, dass mit der „Fuckparade" und der „Love Parade" Kundgabezwecke verbunden werden, sei die Einstufung als Nicht-Versammlungen nicht zu beanstanden. Zwar fielen Veranstaltungen auch dann in den Schutzbereich der Versammlungsfreiheit, wenn sie ihre kommunikativen Zwecke nonverbal unter Einsatz von Musik und Tanz verwirklichten.[625] Dies sei jedoch nur zu bejahen, wenn jene Mittel zur kommunikativen Entfaltung mit dem Ziel eingesetzt werden, auf die öffentliche Meinungsbildung einzuwirken. Außerdem müsse der Zweck der öffentlichen Meinungskundgabe Hauptzweck der Veranstaltung nach ihrem Gesamtgepräge sein und dürfe nicht nur bei ihrer Gelegenheit erfolgen.[626] Bei der „Love Parade" und der „Fuckparade" handele es sich nach diesen Maßstäben um Massenspektakel oder Volksbelustigungen, da ihr jeweiliger Schwerpunkt auf dem Gebiet der Unterhaltung liege und die Meinungskundgabe nur beiläufiger Nebenakt sei.[627] Da das BVerfG schon auf diesem Wege dazu kam, den Schutzbereich des Art. 8 GG für nicht eröffnet zu erklären, musste es sich nicht mehr der ebenfalls höchst umstrittenen Frage annehmen[628], ob Zusammenkünfte, die kommerziellen Zwecken dienen, aus dem Versammlungsbegriff generell herausfallen.

Das BVerfG bewerkstelligt den Ausschluss der „Fuckparade" und der „Love Parade" aus dem Schutzbereich der Versammlungsfreiheit i.S.d. Art. 8 GG, indem es nicht mehr die Verfolgung jedweden Zwecks genügen lässt, sondern eine „Erörterung und Kundgebung mit dem Ziel der Teilhabe an der öffentlichen Meinungsbildung" fordert. Es schließt sich mithin dem engen Versammlungs-

623 BVerfG, NJW 2001, 2459 (2460) – „Fuckparade"/„Love Parade".
624 BVerfG, NJW 2001, 2459 (2460) –„Fuckparade"/„Love Parade".
625 Insoweit noch übereinstimmend mit BVerfGE 69, 315 (343) – Brokdorf.
626 BVerfG, NJW 2001, 2459 (2460 f.) – „Fuckparade"/„Love Parade".
627 BVerfG, NJW 2001, 2459 (2461) – „Fuckparade"/„Love Parade".
628 Dagegen etwa Kraujuttis, Versammlungsfreiheit zwischen liberaler Tradition und Funktionalisierung, S. 206; Wiefelspütz, NJW 2002, 274 (275); dafürhaltend Deutelmoser, NVwZ 1999, 240 (242 f.); Tschentscher, NVwZ 2001, 1243 (1245).

begriff an.[629] Gestützt wird dieses Vorgehen auf eine demokratisch-funktionale Grundrechtsdeutung[630], wenn das BVerfG ausführt[631]: „Das Grundrecht der Versammlungsfreiheit erhält seine besondere verfassungsrechtliche Bedeutung in der freiheitlichen demokratischen Ordnung des Grundgesetzes wegen des Bezugs auf den Prozess der öffentlichen Meinungsbildung.“ Damit wird der liberale Ansatz der Versammlung als Mittel zur Persönlichkeitsentfaltung im Kollektiv zugunsten eines funktionalisierten Grundrechtsverständnisses außen vor gelassen. Die so geartete Bestimmung des verfassungsrechtlichen Versammlungsbegriffs führt zu einer Schutzbereichsbegrenzung.

Um den Bruch mit vorhergehenden Judikaten[632] zu überspielen, spricht das BVerfG davon, dass Versammlungen aufgrund bereits in Gesetzesform gegossener Privilegierungen im einfachen Recht gegenüber dem allgemeinen Straßen- und Polizeirecht ausreichender Schutz zukomme. Deshalb sei es unnötig, das Begriffsverständnis weiter auszudehnen, als zur Schutzgewährung nach Art. 8 I GG nötig.[633] Die wegen des engeren Begriffsverständnisses aus dem Schutzbereich des Art. 8 I GG herausfallenden Betätigungen würden auf der Stufe des einfachen Rechts hinreichend geschützt. Hierdurch wird der Gedanke nahe gelegt, dass Grundrechte lediglich ein Mindestmaß an Freiheit verbürgen sollen, wenn und soweit ihr Schutzbereich hinreichend durch einfaches Gesetzesrecht ausgestaltet ist.

In Anknüpfung an den Brokdorf-Beschluss räumt das Gericht anschließend ein, dass auch solche Versammlungen dem Schutzbereich des Art. 8 GG zuzurechnen sind, die ihre kommunikativen Zwecke unter Einsatz von Musik und Tanz verwirklichen. Die Verwirklichung kommunikativer Zwecke sei allerdings nur zu bejahen, wenn Musik und Tanz zur kommunikativen Entfaltung mit dem Ziel eingesetzt werden, auf die öffentliche Meinungsbildung einzuwirken. Erneut kommt es also zu einer Rückbindung an eine öffentliche Zwecksetzung. Des Weiteren fordert das BVerfG, dass nach dem Gesamtgepräge die Meinungskundgabe das Schwergewicht der Veranstaltung bildet. Bei der Beurteilung, ob eine Veranstaltung ihrem Gesamtgepräge nach eine Versammlung ist oder ob der Spaß-, Tanz- oder Unterhaltungszweck im Vordergrund steht, ist

---

629 Dazu auch Kraujuttis, Versammlungsfreiheit zwischen liberaler Tradition und Funktionalisierung, S. 71 (97 f.); Wiefelspütz, NJW 2002, 274.

630 Wiefelspütz, NJW 2002, 274 (275).

631 BVerfG, NJW 2001, 2459 (2460) – „Fuckparade“/„Love Parade“.

632 Gleichsinnig Kraujuttis, Versammlungsfreiheit zwischen liberaler Tradition und Funktionalisierung, S. 97; Wiefelspütz, NJW 2002, 274 (275). Keinen Bruch erkennt demgegenüber Merten, Grundrechtlicher Schutzbereich, in: ders./Papier (Hrsg.), Handbuch der Grundrechte III, § 56 Rn. 79.

633 BVerfG, NJW 2001, 2459 (2460) – „Fuckparade“/„Love Parade“.

laut Gericht zwar das Selbstbestimmungsrecht der Beteiligten über den Gegenstand öffentlicher Meinungsbildung und über die Form der kommunikativen Einwirkung zu berücksichtigen. Die rechtliche Bewertung des Verhaltens stehe jedoch letztlich den Gerichten zu. Mit anderen Worten bildet das Selbstverständnis der Teilnehmer und Veranstalter, ganz im Unterschied zur Rechtsprechungspraxis bei dem Grundrecht der Religions- und Weltanschauungsfreiheit gem. Art. 4 I, II GG[634], nur ein schwaches Indiz. Die entscheidende rechtliche Würdigung obliegt allein und vollumfänglich den dazu berufenen Gerichten.

c. Die Auswirkungen auf den konkreten Fall

In den konkreten Eilentscheidungen führte die Verengung des Versammlungsbegriffs dazu, dass sowohl die Beteiligten der „Love Parade“ als auch der „Fuckparade“ nicht vom Grundrecht des Art. 8 I GG geschützt waren. Schon ihre Zugehörigkeit zum grundrechtlichen Schutzbereich wurde unter der Verwendung eines engen Versammlungsbegriffs verneint. Mithin stellten nach der Entscheidung des BVerfG die Bescheide des Polizeipräsidenten in Berlin, in denen die Anerkennung der Veranstaltungen als Versammlung verweigert wurde, keine Eingriffe in eine grundrechtliche Gewährleistung dar und bedurften keiner verfassungsrechtlichen Rechtfertigung. Dies bedeutet ein Minus an Grundrechtsschutz für die Antragsteller. Veranstalter und Teilnehmer konnten sich in der Folge nur auf die allgemeine Handlungsfreiheit und die Meinungsfreiheit hinsichtlich einzelner Teilaspekte berufen. Eine vollständige Erörterung unter diesen Aspekten erfolgte in der Eilentscheidung indes nicht.[635] Jedenfalls blieb Versammlung als Gesamtgefüge der Grundrechtsschutz verwehrt.

Um die Veranstaltungen wie geplant abhalten zu können, mussten Sondernutzungserlaubnisse beantragt werden. Während die „Love Parade“ dementsprechend aufgrund einer Sondernutzungserlaubnis mit Musikwagen stattfand, sattelten die Veranstalter der „Fuckparade“ kurzfristig um: Sie warteten ohne Musikwagen, dafür aber mit Spruchbändern, Megafonen, Sprechchören und einer Abschlusskundgebung auf und konnten sich so noch einmal als eine Versammlung im „klassischen Format“ anmelden.[636]

Anders als im Falle, dass die „Love Parade“ als Versammlung eingestuft worden und in der Konsequenz „erlaubnisfrei“ gestellt worden wäre, mussten also verwaltungsrechtliche Genehmigungen eingeholt werden und standen Dritten (etwa Anwohnern) weitergehende Rechtschutzmöglichkeiten gegen die Ver-

634 Vgl. nur BVerfGE 24, 236 (247 f.) – (Aktion) Rumpelkammer, st. Rspr.

635 BVerfG, NJW 2001, 2459 (2461) – „Fuckparade“/„Love Parade“.

636 Tschentscher, NVwZ 2001, 1243.

anstaltungen offen.[637] Die hauptsächlich gefürchtete Auswirkung der Nichtanerkennung als Versammlung[638] war, dass die Veranstalter die nicht zu gering ausfallenden Straßenreinigungskosten selbst zu tragen hatten[639] und die (ohnehin hoch verschuldete) Stadt Berlin von der Übernahme dieser Kosten verschont blieb.

d. Die befürwortenden Stimmen

In der Literatur wird der Kammerbeschluss kontrovers diskutiert. Die befürwortenden Stimmen loben die klare Umgrenzung, die mit dem engen Versammlungsbegriff erzielt werde.[640] Zur trennscharfen Abgrenzung von Versammlungen zu bloßen Ansammlungen bzw. Volksbelustigungen sei die Bestimmung des gemeinsamen Zweckes in der öffentlichen Meinungsbildung und -äußerung ein unverzichtbares Element. Zudem werde richtigerweise verlangt, dass der Kundgabezweck nicht bloßer Nebenzweck der Veranstaltung sein dürfe.[641] Bei „Massenpartys“ wie der „Love Parade“ stehe der gewerbliche Zweck eindeutig im Vordergrund.[642]

Bei einem weiten Begriffsverständnis drohe das Grundrecht inhaltlich sachfremd überfrachtet und in der Folge banalisiert zu werden.[643] Durch die Bemühung der Versammlungsfreiheit für Veranstaltungen, die nicht auf die öffentliche Meinungsbildung gerichtet sind, werde der Schutz politischer Versammlungen entwertet.

---

637 Deutelmoser, NVwZ 1999, 240 (243); Tschentscher, NVwZ 2001, 1243 (1245).

638 Der Zusammenhang zwischen Versammlungsqualität und der Auferlegung der Straßenreinigungskosten ist äußerst umstritten, vgl. Kraujuttis, Versammlungsfreiheit zwischen liberaler Tradition und Funktionalisierung, S. 254 Fn. 1062 m.w.N. Den Schluss als zu pauschal kritisierend etwa Deutelmoser, NVwZ 1999, 240 (242). Generell darf nicht übersehen werden, dass auch der Veranstalter einer Versammlung zur Übernahme der Kosten verpflichtet werden kann, Laubinger/Repkewitz, VerwArch 92 (2001), 585 (612); vgl. auch BVerwGE 80, 158 (159); 164 (168). Wie hier jedoch Papier, Aktuelle grundrechtsdogmatische Entwicklungen in der Rechtsprechung des Bundesverfassungsgerichts. Schutzbereich – Eingriff – Gesetzesvorbehalt, in: Merten/Papier (Hrsg.), Grundsatzfragen der Grundrechtsdogmatik, S. 81 (94).

639 Dazu Depenheuer, in: Maunz/Dürig (Hrsg.), Grundgesetz, Art. 8 Rz. 54; Hoffmann-Riem, Enge oder weite Gewährleistungsgehalte?, in: Bäuerle (Hrsg.), Haben wir wirklich Recht?, S. 53 (66); Tschentscher, NVwZ 2001, 1243; Wiefelspütz, NJW 2002, 274.

640 Laubinger/Repkewitz, VerwArch 92 (2001), 585 (593); Seidel, DÖV 2002, 283 (285).

641 Sodan, in: ders. (Hrsg.), Grundgesetz, Art. 8 Rn. 4.

642 Geis, in: Friauf/Höfling, Berliner Kommentar, Art. 8 Rn. 25.

643 Laubinger/Repkewitz, VerwArch 92 (2001), 585 (622).

Es sei außerdem ein Fehler, von einem weiten Schutzbereichsverständnis auf ein Mehr an Freiheit zu schließen.[644] Ein weit verstandener Schutzbereich ziehe eine Ausweitung der Schranken nach sich. Dieser Mechanismus sei schon bei der allgemeinen Handlungsfreiheit aus Art. 2 I GG zu beobachten gewesen. Ein Mehr an Grundrechtsschutz lasse sich im Ergebnis damit nicht erzielen.

Weiterhin sei zu beachten, dass eine Veranstaltung, die nicht unter den Begriff der Versammlung i.S.d. Art. 8 GG rechnet, dadurch nicht grundrechtlich „vogelfrei“ werde. Vielmehr genieße die Zusammenkunft selbst je nach Thematik den Schutz der Art. 4 GG und Art. 140 GG, Art. 9 III GG, Art. 12 GG sowie jedenfalls des Art. 2 I GG. Die auf der Veranstaltung geäußerten Ansichten seien von Art. 5 I GG geschützt.[645]

Zudem sei eine konsequente Handhabe des weiten Versammlungsbegriffs in der Praxis nicht durchführbar[646]: selbst eine Wandergruppe, die von dem weiten Begriffsverständnis umfasst wird, müsste danach dem Anmeldungserfordernis des einfachen Versammlungsrechts[647] Genüge tun. Eine Wandergruppe, ein Kaffeekränzchen oder eine Hochzeitsgesellschaft als Versammlung zu bezeichnen, widerstrebe zudem dem Sprachgefühl.[648] Historisch betrachtet spreche für den Zweck der öffentlichen Meinungsbildung die enge Verflechtung mit der Petitionsfreiheit[649] sowie die Tatsache, dass sich der Kampf um die Versammlungsfreiheit vornehmlich an politischen Zusammenkünften entzündet hat.

Aufgrund der engen Verflechtung der Versammlungsfreiheit mit der Meinungsfreiheit im demokratisch-funktionalen Sinne sei es systematisch notwendig, den gemeinsamen Zweck auf die öffentliche Meinungskundgabe auszurichten.[650]

Die Privilegierung einer Zusammenkunft durch Art. 8 GG rechtfertige sich auch ihrem Telos nach allein daraus, dass die gemeinschaftliche kommunikative Entfaltung erhebliche Bedeutung für die öffentliche Meinungsbildung als Grundelement einer freiheitlichen Demokratie habe.[651] Es müsse ernsthaft be-

---

644 Hoffmann-Riem, in: Denninger u.a. (Hrsg.), Alternativkommentar, Art. 8 Rn. 14.

645 Hoffmann-Riem, in: Denninger u.a. (Hrsg.), Alternativkommentar, Art. 8 Rn. 16; Laubinger/Repkewitz, VerwArch 92 (2001), 585 (610).

646 Laubinger/Repkewitz, VerwArch 92 (2001), 585 (622); tendenziell ähnlich Hoffmann-Riem, Der Staat 43 (2004), 203 (213).

647 Vgl. etwa Art. 13 BayVersG; § 12 VersammlG LSA; § 14 SächsVersG; § 14 VersG des Bundes.

648 Laubinger/Repkewitz, VerwArch 92 (2001), 585 (621).

649 Laubinger/Repkewitz, VerwArch 92 (2001), 585 (621).

650 Hoffmann-Riem, NVwZ 2002, 257 (259); Sodan, in: ders. (Hrsg.), Grundgesetz, Art. 8 Rn. 3.

651 Hoffmann-Riem, NVwZ 2002, 257 (259).

zweifelt werden, ob dem Normzweck der Versammlungsfreiheit hinreichend Rechnung getragen werde, wenn Veranstaltungen, die sich als öffentliche Massenpartys darstellten, dem Schutz des Art. 8 GG unterfielen. Die Teilnahme an derartigen Veranstaltungen sei über die allgemeine Handlungsfreiheit ausreichend geschützt.[652] Nur wegen des Bezugs auf die Funktionsfähigkeit der Demokratie hätten Versammlungen gegenüber sonstigen, nach Art. 2 I GG geschützten Zusammenkünften eine herausgehobene Stellung inne. Bei Verzicht auf eine Spezifizierung des Versammlungsbegriffs gebe es keinen Grund für eine Privilegierung.[653] Dies lasse sich auch anhand der Tatsache belegen, dass die Versammlungsfreiheit nur Deutschen gewährleistet wird. Setzte man den Charakter des Deutschengrundrechts mit der Funktion der Versammlungsfreiheit in Beziehung, werde erkenntlich, dass das Grundrecht deshalb den deutschen Staatsbürgern vorbehalten sei, weil es dem demokratischen Willensbildungsprozess im Gemeinwesen dienen solle. Deshalb müsse der Zweck der Versammlung in der öffentlichen Meinungsbildung liegen.[654]

e. Die kritischen Stimmen

Überwiegend wird der Entscheidung jedoch Kritik entgegengebracht. Mit dem Abstellen auf den Zweck der öffentlichen Meinungsbildung werde der Versammlungsbegriff gerade nicht klarer konturiert und trennscharf abgegrenzt.[655] Vielmehr sei es häufig nicht möglich, Öffentliches von Nicht-Öffentlichem zu unterscheiden, da die Grenzen oftmals verschwömmen.[656] In Anbetracht der mit der Zweckbestimmung verbundenen Abgrenzungsschwierigkeiten halten einige es sogar für vorzugswürdig, vollständig auf das Kriterium zu verzichten und den Willen zur Gemeinsamkeit als wesentliches Element der Abgrenzung einzuset-

---

652 Papier, Aktuelle grundrechtsdogmatische Entwicklungen in der Rechtsprechung des Bundesverfassungsgerichts. Schutzbereich – Eingriff – Gesetzesvorbehalt, in: Merten/Papier (Hrsg.), Grundsatzfragen der Grundrechtsdogmatik, S. 81 (94).

653 Hoffmann-Riem, in: Denninger u.a. (Hrsg.), Alternativkommentar, Art. 8 Rn. 14; ders., Enge oder weite Gewährleistungsgehalte?, in: Bäuerle (Hrsg.), Haben wir wirklich Recht?, S. 53 (66); Laubinger/Repkewitz, VerwArch 92 (2001), 585 (625).

654 Laubinger/Repkewitz, VerwArch 92 (2001), 585 (625); vgl. Wernsmann, Der Staat 44 (2005), 43 (47 f.).

655 Deutelmoser, NVwZ 1999, 240 (241); Kraujuttis, Versammlungsfreiheit zwischen liberaler Tradition und Funktionalisierung, S. 167 (256); Möllers, NJW 2005, 1973 (1974).

656 Schneider, in: Epping/Hillgruber, Grundgesetz, Stand: 1.2.2010, Art. 8 Rn. 9.1. Dies zugebend Rusteberg, Der grundrechtliche Gewährleistungsgehalt, S. 188 f., der sich dahingehend widerspricht, als er die Kontroverse um die Einordnung von Massenpartys als „Scheindiskussion" bezeichnet, sich im Anschluss aber differenziert mit der Problematik auseinandersetzt.

zen.[657] Dabei sei der gemeinsame Wille nicht mit einem bestimmten Versammlungszweck gleichzusetzen.[658]

Des Weiteren bestehe die Gefahr einer Banalisierung nicht. Wer dies behaupte, verkenne, dass die Keimzelle der öffentlichen Meinungsbildung regelmäßig in privaten Zusammenkünften liege, dass sich gesellschaftliche Strömungen aus der Privatheit heraus entwickeln.[659]

Außerdem gehe der generelle Ausschluss von Veranstaltungen mit unterhaltendem Charakter aus dem Schutzbereich des Art. 8 GG fehl, da kein Rückschluss vom Unterhaltungswert auf den Versammlungszweck möglich sei.[660] Weiterhin wiesen sowohl die „Love Parade" als auch die „Fuckparade" nach den vom BVerfG im Brokdorf-Beschluss[661] entwickelten (und nicht aufgegebenen) Kriterien eindeutig Elemente der kollektiven Meinungskundgabe auf (Abschlusskundgebung, Veranstaltungsmotto, das gemeinsame Hören von Musik und der Tanz dazu, bei der „Fuckparade" das Verteilen von Handzetteln). Insbesondere bestehe das von den Verfassungsrichtern behauptete Ausschlussverhältnis zwischen einer Meinungskundgabe und der Verwirklichung der Lebensart nicht.[662] Selbst wenn die Unterstellung zuträfe, die unterhaltenden Veranstaltungen verfolgten gänzlich unpolitische Zwecke, könne daraus kein zwingender Schluss gegen den Versammlungscharakter gewonnen werden, denn es stehe nicht außer Frage, ob nicht auch die Negation des Politischen einen politischen Kern in sich trage.[663]

Vielmehr drohe die Versteinerung der Versammlungsfreiheit[664], wenn neue Demonstrationsformen aufgrund eines engen Versammlungsbegriffs nicht in den grundrechtlichen Schutz aufgenommen werden können und somit jüngeren Generationen die Möglichkeit genommen werde, sich über für sie typische Ausdrucksformen mitzuteilen.[665]

---

657 Herzog, in: Maunz/Dürig (Hrsg.), Grundgesetz, Stand: Oktober 1999, Art. 8 Rn. 50 f.; Wiefelspütz, NJW 2002, 274 (275); Sachs, in: ders. (Hrsg.), Grundgesetz, Art. 8 Rz. 10.

658 Wiefelspütz, NJW 2002, 274 (275).

659 Kraujuttis, Versammlungsfreiheit zwischen liberaler Tradition und Funktionalisierung, S. 122; ähnlich Kloepfer, Versammlungsfreiheit, in: Isensee/Kirchhof (Hrsg.), Handbuch des Staatsrechts VII3, § 164 Rn. 30.

660 Tschentscher, NVwZ 2001, 1243 (1245).

661 BVerfGE 69, 315 (343) – Brokdorf.

662 Deutelmoser, NVwZ 1999, 240 (242).

663 Kraujuttis, Versammlungsfreiheit zwischen liberaler Tradition und Funktionalisierung, S. 123.

664 Tschentscher, NVwZ 2001, 1243 (1246).

665 Kloepfer, Versammlungsfreiheit, in: Isensee/Kirchhof (Hrsg.), Handbuch des Staatsrechts VII3, § 164 Rn. 28.

Eine Engführung des Versammlungsbegriffs sei auch nicht nach dem Wortlaut, der Entstehungsgeschichte[666] oder der Systematik angezeigt.[667] Der Begriff der Versammlung impliziere nach dem allgemeinen Begriffsverständnis gerade keine Beschränkung auf Demonstrationen. Historisch betrachtet sei die Versammlungsfreiheit von Anbeginn ambivalent verstanden worden.[668] Die Hinausstreichung des individualfreiheitlichen Elements, dem der funktionale Bezug zur demokratischen Grundordnung fehlt, lasse sich unter Berufung auf die Historie dementsprechend nicht rechtfertigen.[669]

Das systematische Argument, unter Rückbeziehung auf die Meinungsfreiheit den Schutzbereich auf die Verfolgung öffentlicher Zwecke zu beschränken, überzeuge schon deshalb nicht, weil es in Bezug auf Art. 5 I GG allgemein anerkannt sei, dass dessen Schutz sowohl private als auch öffentliche Stellungnahmen umfasse, ohne eine Wertung der Inhalte vorzunehmen.[670]

f. Stellungnahme

Den Gegnern der Entscheidung ist zuzustimmen. Als problembehaftet erweist sich der enge Versammlungsbegriff bereits dadurch, dass es selten möglich ist, öffentliche von nicht öffentlichen Zwecken zu unterscheiden.[671] Wird an einen derart schwer fassbaren und oft schillernden Begriff die Entscheidung darüber angeknüpft, ob bestimmte Verhaltensweisen grundrechtlichen Schutz nach Art. 8 GG beanspruchen können oder nicht, dann ist dies im Hinblick auf das rechtsstaatliche Bestimmtheitsgebot und die Rechtssicherheit zumindest bedenklich. Dezisionistisch zu lösende Abgrenzungs- und Abwägungsfragen wären vorprogrammiert.[672]

Der von den Befürwortern der Entscheidung erhobene Vorwurf der fehlenden Praxistauglichkeit gegen den weiten Versammlungsbegriff aufgrund des

666 Ausführlich Sachs, Die Freiheit der Versammlung und der Vereinigung, in: Stern (Hrsg.), Das Staatsrecht der Bundesrepublik Deutschland IV/1, § 107 S. 1199 ff.

667 Depenheuer, in: Maunz/Dürig (Hrsg.), Grundgesetz, Art. 8 Rn. 50; Deutelmoser, NVwZ 1999, 240 (241); Schulze-Fielitz, in: Dreier (Hrsg.), Grundgesetz I, Art. 8 Rn. 27; Wiefelspütz, NJW 2002, 274 (275).

668 Anschaulich Blanke, in: Stern/Becker (Hrsg.), Grundrechte-Kommentar, Art. 8. Rn. 25; Deutelmoser, NVwZ 1999, 240 (241) m.w.N.

669 Pieroth/Schlink, Grundrechte, Rn. 752.

670 Blanke, in: Stern/Becker (Hrsg.), Grundrechte-Kommentar, Art. 8 Rn. 26; Depenheuer, in: Maunz/Dürig (Hrsg.), Grundgesetz, Art. 8 Rn. 52; Deutelmoser, NVwZ 1999, 240 (241).

671 Deutelmoser, NVwZ 1999, 240 (241); Kraujuttis, Versammlungsfreiheit zwischen liberaler Tradition und Funktionalisierung, S. 167 (256); Möllers, NJW 2005, 1973 (1974).

672 Depenheuer, in: Maunz/Dürig (Hrsg.), Grundgesetz, Art. 8 Rn. 52.

Anmeldungserfordernisses trägt nicht. Die angeführten Beispiele für mögliche Zusammenkünfte, die nach dem weiten Versammlungsbegriff angeblich angemeldet werden müssten, verfangen nicht. Wandergruppen, Kaffeekränzchen und Hochzeitsgesellschaften stellen keine öffentlichen Versammlungen dar. Bei nichtöffentlichen Versammlungen wird eine Anmeldung aber gerade nicht verlangt. Eine notwendige Erleichterung für die Verwaltungspraxis wird durch die Verwendung des engen Versammlungsbegriffs mithin gerade nicht geschaffen.

Das BVerfG selbst wiederholt in der Entscheidung, dass auch nonverbale Ausdrucksformen zum Schutzbereich des Art. 8 GG gehören.[673] Vor diesem Hintergrund ist es dann besonders verwunderlich, dass es die Ausdrucksformen der Musik und des Tanzes der Veranstaltungen nicht anerkennt.[674] Allein durch die physische Präsenz der Teilnehmer kommt es zur gemeinsamen körperlichen Präsentation von Überzeugungen, zu einer nonverbalen Stellungnahme.[675] Deshalb hätten die „Fuckparade" und die „Love Parade" als Versammlungen qualifiziert werden müssen.

Zwar kann die geschichtliche Entwicklung durchaus zur argumentativen Untermalung des engen Versammlungsbegriffs herangezogen werden. Doch ist auch bei der historischen Deutung die Ambivalenz des Versammlungsbegriffs im Blick zu halten.[676] Zudem ist zu beachten, dass die historische Grundrechtsauslegung nur insoweit Schlüsse auf das heutige Grundrechtsverständnis zulässt, als sich die Verfassungswirklichkeit, welche die Deutung prägt, nicht grundlegend verändert hat.[677] Vormals waren Versammlungen die einzigen Mittel zur wirksamen politischen Einflussnahme auf den uneingeschränkt herrschenden Monarchen. Daraus ergab sich zumeist eine politische Ausrichtung der Versammlungsinhalte. Heute können die Bürger in der repräsentativen Demokratie über Wahlen auf die Staatsgewalt Einfluss nehmen[678], sich über Internetforen

673 BVerfGE 69, 315 (343) – Brokdorf.

674 Ähnlich Tschentscher, NVwZ 2001, 1243 (1244); die Widersinnigkeit in Relation zum Brokdorf-Beschluss ebenso betonend Sachs, Die Freiheit der Versammlung und der Vereinigung, in: Stern (Hrsg.), Das Staatsrecht der Bundesrepublik Deutschland IV/1, § 107 S. 1206.

675 Kraujuttis, Versammlungsfreiheit zwischen liberaler Tradition und Funktionalisierung, S. 109.

676 Deutelmoser, NVwZ 1999, 240 (241); Pieroth/Schlink, Grundrechte, Rn. 752.

677 Gleichsinnig Bethge, Der Staat 24 (1985), 351 (354); Friauf, DVBl. 1971, 674.

678 Anders aber BVerfG, NJW 2001, 2459 (2460) – „Fuckparade"/„Love Parade": „Namentlich in Demokratien mit parlamentarischem Repräsentativsystem und geringen plebiszitären Mitwirkungsrechten hat die Freiheit kollektiver Meinungskundgabe die Bedeutung eines grundlegenden Funktionselements." Ähnlich Frowein, NJW 1985, 2376. Dabei wird allerdings verkannt, dass die Einrichtung direkt-demokratischer Betei-

austauschen oder Petitionen einreichen, so dass Versammlungen nicht zwangsweise der Meinungsbildung in öffentlichen Angelegenheiten und der Durchsetzung politischer Belange dienen müssen.

Das Kriterium der öffentlichen Meinungsbildung wird im Beschluss zur „Love Parade“ und zur „Fuckparade“ zur Differenzierung zwischen schutzwürdiger von sonstiger Kommunikation benutzt. Eine Zweckbewertung, die auf eine Relativierung der Grundrechtsgewährleistung hinausläuft[679], sollte indes nicht stattfinden. Der Staat ist zu derlei „Erziehungs- und Politisierungsmaßnahmen“ nicht berufen, gerade wenn dadurch eine staatlich gelenkte Vorformung des politischen Willens erfolgen soll. Grundrechtliche Betätigung soll im Gegenteil nach dem liberalen Verständnis freiheitliche und ungelenkte Betätigung sein.

Das Verlangen nach einer auf öffentliche Meinungsbildung gerichteten Zwecksetzung wird damit begründet, dass die Versammlungsfreiheit ein unentbehrliches Funktionselement im demokratischen Gemeinwesen darstelle. Zwar wird seit der Lüth-Entscheidung[680] kontinuierlich das demokratisch-funktionale Argument zur Bestimmung des Schutzbereichs von Freiheitsgrundrechten herangezogen. Die Entscheidung bricht dennoch mit der früheren Rechtsprechung. Denn nunmehr macht das BVerfG das demokratisch-funktionale Argument zur Engführung des Schutzbereichs nutzbar und nicht mehr zur Verstärkung des Grundrechtsschutzes.[681] Diese verfassungsgerichtliche Politisierung der Dogmatik des Versammlungsrechts stellt eine Regression der Grundrechtsidee dar.[682] Einer Funktionalisierung des Versammlungsbegriffs zu Lasten des individualrechtlichen Schutzes ist daher eine Absage zu erteilen.[683]

Wenn das BVerfG ausführt, dass Versammlungen aufgrund bereits in Gesetzesform gegossener Privilegierungen im einfachen Recht gegenüber dem allgemeinen Straßen- und Polizeirecht ausreichender Schutz zukomme und es deshalb unnötig sei, das Begriffsverständnis weiter auszudehnen, als zur Schutzge-

---

ligungsmöglichkeiten die Einengung der Reichweite politischer Kommunikationsfreiheiten nicht kompensieren kann, vgl. Möllers, NJW 2005, 1973 (1974 f.).

679 Vgl. Kraujuttis, Versammlungsfreiheit zwischen liberaler Tradition und Funktionalisierung, S. 169.

680 BVerfGE 7, 198 (208 ff.) – Lüth.

681 Depenheuer, in: Maunz/Dürig (Hrsg.), Grundgesetz, Art. 8 Rn. 50; Möllers, NJW 2005, 1973 (1974).

682 Depenheuer, in: Maunz/Dürig (Hrsg.), Grundgesetz, Art. 8 Rn. 51; Kloepfer, Versammlungsfreiheit, in: Isensee/Kirchhof (Hrsg.), Handbuch des Staatsrechts VII3, § 164 Rn. 14; Sachs, Die Freiheit der Versammlung und der Vereinigung, in: Stern (Hrsg.), Das Staatsrecht der Bundesrepublik Deutschland IV/1, § 107 S. 1209.

683 Vgl. Kloepfer, Versammlungsfreiheit, in: Isensee/Kirchhof (Hrsg.), Handbuch des Staatsrechts VII3, § 164 Rn. 11.

währung nach Art. 8 I GG nötig[684], wohnt dieser Wendung der dem liberalen Grundrechtsverständnis zuwiderlaufende Gedanke inne, dass Grundrechte lediglich ein Mindestmaß an Freiheit verbürgen sollen, anstatt im Ansatz von einem vollumfänglichen Grundrechtsschutz auszugehen. Außerdem wird die Weite des Schutzbereichs durch einfachgesetzliche Gestaltungen (mit)bestimmt, was mit dem Prinzip des Vorrangs der Verfassung schwer vereinbar ist.[685] Obwohl entsprechend der allgemeinen Dogmatik das Verfassungsrecht das einfache Recht prägt[686], verfolgt das Judikat die gegenläufige Tendenz. Kritisch hinterfragt wird also nicht die Erweiterung des Freiheitsschutzes durch das einfache Gesetzesrecht, sondern die Konsequenz, die daraus gezogen wird: Die Verengung des grundrechtlichen Schutzbereichs unter Berufung auf existenten einfachrechtlichen Schutz.

Näher besehen werden die Versammlungsgesetze zur Unterfütterung des engen Versammlungsbegriffs herangezogen, was im Ergebnis zu einer Bevorzugung der politischen Versammlungen gegenüber sonstigen Zusammenkünften führt. Dabei wird jedoch verkannt, dass sich die Versammlungsgesetze nur deswegen auf Zusammenkünfte zur öffentlichen Meinungsäußerung beziehen, weil sich politische Versammlungen in der Vergangenheit als besonders grundrechtssensibel und regelungsbedürftig erwiesen haben. Ihr eingeschränkter Regelungsrahmen zielt jedoch nicht auf eine Privilegierung der thematisierten Versammlungstypen.[687]

Andersherum ist es gerade wegen der Verknüpfung von Verfassungsrecht mit einfachem Recht über den Versammlungsbegriff angezeigt und vorzugswürdig, ein weites Begriffsverständnis zu Grunde zu legen. Durch die Möglichkeit der Erteilung von Auflagen im einfachen Recht kann auf die Situation im Einzelfall individuell eingegangen werden, was effektiver und schonender als eine Engfassung des Schutzbereichs wirkt und so dem Grundsatz der Verhältnismäßigkeit (genauer dem Grundsatz der Erforderlichkeit) entspricht.

684 BVerfG, NJW 2001, 2459 (2460) – „Fuckparade"/„Love Parade".

685 Depenheuer, in: Maunz/Dürig (Hrsg.), Grundgesetz, Art. 8 Rn. 52; Möllers, NJW 2005, 1973 (1974).

686 Zur Ausnahme der sog. Grundrechtsausgestaltung siehe S. 21 ff.

687 Kraujuttis, Versammlungsfreiheit zwischen liberaler Tradition und Funktionalisierung, S. 256.

3. Die sog. Dritte Blockadeentscheidung[688]

Das enge Verständnis des Begriffs „Versammlung“ wird in der sog. Dritten Blockadeentscheidung bestätigt und liegt seitdem der Rechtsprechung des BVerfG zugrunde.

a. Der Sachverhalt

Das BVerfG hatte über die strafgerichtlichen Verurteilungen der Teilnehmer an zwei verschiedenen Blockadeaktionen wegen Nötigung zu befinden. Im ersten Verfahren hatte sich am 23.6.1986 morgens eine Gruppe von etwa 30 Personen, unter ihnen die Beschwerdeführerinnen zu 1. und 2., mittels Ketten und Vorhängeschlössern an die Torpfosten des Haupttors der im Bau befindlichen Wiederaufbereitungsanlage in Wackersdorf festgemacht. Im Wege „gewaltfreien Widerstandes“ wollten sie die Bauarbeiten an der Wiederaufbereitungsanlage symbolisch einstellen, auf die Gefahren der Atomenergie aufmerksam machen und ihren Widerstand gegen das Bauvorhaben zum Ausdruck bringen. Vor Beginn der Aktion wurden Flugblätter verteilt, die das Ansinnen erläuterten. Durch die ca. drei Stunden andauernde Blockadeaktion wurden zahlreiche Beschäftigte und Zulieferer in Privatfahrzeugen und Lkw zum Anhalten und Warten innerhalb und außerhalb des Geländes veranlasst. In der Folge wurden die Beschwerdeführerinnen zu 1. und 2. vor dem Amtsgericht wegen Nötigung verwarnt. Nach einer für die Beschwerdeführerin zu 2. erfolgreichen Berufung hielt das Bayerische Oberste Landesgericht die ursprünglichen Verurteilungen in der Revision aufrecht.

Im zweiten Verfahren hatten sich am 9.11.1990 etwa 600 Sinti und Roma unter Anführung des Präsidenten des Roma-Nationalkongresses (Beschwerdeführer zu 3.) mit Pkw, Wohnmobilen und Bussen auf der Bundesautobahn (BAB) 5 in Richtung Basel etwa 500 m vor dem Grenzübergang Weil am Rhein postiert. Fahrstreifen und Seitenstreifen wurden so verstellt, dass der nachfolgende Verkehr an der Durchfahrt gehindert wurde. Autobahn und Grenzübergang waren über 24 h unpassierbar. Andere Verkehrsteilnehmer mussten auf Nebenstrecken ausweichen und waren nicht unerheblichen Stauungen und Zeitverzögerungen ausgesetzt. Ziel der Aktion war es, ein Gespräch mit dem Hohen Flüchtlingskommissar der Vereinten Nationen zu erreichen. Das Amtsgericht verurteilte den Beschwerdeführer wegen Nötigung zu einer Geldstrafe. Dieses Urteil wurde vom Oberlandesgericht als Revisionsinstanz bestätigt.

---

688 BVerfGE 104, 92 ff. – Dritte Blockadeentscheidung.

Das BVerfG hielt die zu einem gemeinsamen Verfahren zusammengefassten Verfassungsbeschwerden der Beschwerdeführer/innen zu 1., 2. und 3. für unbegründet.

b. Der Begründungsweg

Den Hauptteil der Entscheidung bilden die hier weniger interessierenden Erörterungen zum Gewaltbegriff i.S.v. § 240 I StGB. Bemerkenswert ist aber, mit welcher Begründung das Gericht eine Verletzung des Grundrechts des Beschwerdeführers zu 3. in Art. 8 I GG ablehnt. Einleitend führt es aus, dass Art. 8 GG die Freiheit der Versammlung als Ausdruck gemeinschaftlicher, auf Kommunikation angelegter Entfaltung schütze. Der besondere Schutz der Versammlungsfreiheit rechtfertige sich aus ihrer Bedeutung für den Prozess öffentlicher Meinungsbildung in der freiheitlichen demokratischen Ordnung des Grundgesetzes. Deshalb reiche es für die Eröffnung des Schutzbereichs nicht aus, dass die Teilnehmer bei ihrer gemeinschaftlichen kommunikativen Entfaltung durch einen beliebigen Zweck verbunden sind. Vielmehr verlangt das BVerfG, dass die Zusammenkunft auf die Teilhabe an der öffentlichen Meinungsbildung gerichtet ist. In der Konsequenz definiert es Versammlungen i.S.d. Art. 8 GG als örtliche Zusammenkünfte mehrerer Personen zur gemeinschaftlichen, auf die Teilhabe an der öffentlichen Meinungsbildung gerichteten Erörterung oder Kundgebung.[689]

Anknüpfend an dieses Begriffsverständnis kommt das BVerfG sodann zu einer unterschiedlichen Beurteilung der beiden Blockadeaktionen. Während es den Teilnehmern der Wackersdorfer Versammlung bescheinigt, dass sie sich zum öffentlichen Protest mit dem Ziel der Einwirkung auf die öffentliche Meinungsbildung zusammengekettet hatten[690], wird den Teilnehmern der Autobahnblockade der Schutz des Art. 8 GG verwehrt. Das BVerfG bestreitet, dass sie schwerpunktmäßig den Zweck der Kundgebung einer Meinung oder der Erregung öffentlicher Aufmerksamkeit für ein kommunikatives Anliegen verfolgt hatten.[691] Vielmehr habe die Erzwingung des Gesprächs mit dem Hohen Flüchtlingskommissar im Vordergrund der Blockadeaktion gestanden. Art. 8 GG schütze aber gerade nicht die zwangsweise oder sonst wie selbsthilfeähnliche Durchsetzung eigener Forderungen.[692] Somit hält das Gericht bei der Autobahnblockade bereits den Schutzbereich des Art. 8 GG für nicht eröffnet.

689 BVerfGE 104, 92 (104) – Dritte Blockadeentscheidung.
690 BVerfGE 104, 92 (104) – Dritte Blockadeentscheidung.
691 BVerfGE 104, 92 (105) – Dritte Blockadeentscheidung.
692 BVerfGE 104, 92 (105) – Dritte Blockadeentscheidung.

Wie aus der Entscheidung zur „Fuckparade“ und zur „Love Parade“ bekannt, bemüht das BVerfG den engen Versammlungsbegriff, um den Schutzbereich der Versammlungsfreiheit zu begrenzen. Gerechtfertigt wird dieses restriktive Begriffsverständnis mit einer funktionalen Betrachtungsweise. Die Versammlungsfreiheit wird nicht um ihrer selbst oder des Grundrechtsträgers Willen gewährt, sondern wegen ihrer Bedeutung für den Prozess öffentlicher Meinungsbildung in der freiheitlichen demokratischen Ordnung des Grundgesetzes. Erfüllt eine Zusammenkunft nicht die an den Versammlungszweck gestellten Anforderungen, ist sie also nicht überwiegend auf die öffentliche Meinungsbildung gerichtet, fällt sie aus dem Schutzbereich der Versammlungsfreiheit heraus.

c. Stellungnahme

Gegen die Begrenzung des Schutzbereichs von Art. 8 GG auf Zusammenkünfte zum Zwecke der öffentlichen Meinungsbildung lassen sich die vorstehend zur „Fuckparade“/„Love Parade“ ausgeführten Einwände anbringen. Zudem liefert das BVerfG selbst ein Argument gegen die Auslese von schutzwürdigen Zwecken, wenn es in der Entscheidung an späterer Stelle[693] ausführt: „Es ist den Gerichten insofern verwehrt, das kommunikative Anliegen inhaltlich zu bewerten und sein Gewicht in der Abwägung je nachdem zu bestimmen, ob sie die Stellungnahme als nützlich und wertvoll einschätzen und ob das verfolgte Ziel nach gerichtlicher Beurteilung zu billigen ist oder nicht. Eine solche Bewertung verbietet sich, weil der Staat gegenüber der Grundrechtsbetätigung der Bürger auch im Interesse der Offenheit kommunikativer Prozesse inhaltsneutral bleiben muss.“ Das BVerfG selbst hält sich mit der Heranziehung des engen Versammlungsbegriffs nicht an diese Vorgaben.

4. Zwischenergebnis

Den vorgestellten Entscheidungen zur Versammlungsfreiheit ist gemeinsam, dass sie den Schutzbereich des Grundrechts gestützt auf funktionale Erwägungen eng fassen. Das BVerfG bemüht eine demokratisch-funktionale Grundrechtsdeutung, um den Begriff der Versammlung i.S.d. Art. 8 GG zu bestimmen. Indem allein der Zweck der Teilhabe an der öffentlichen Meinungsbildung als vom Schutz des Art. 8 GG umfasst gesehen wird, finden Versammlungszwecke, die nicht der vom Staat gewünschten Demokratiebildung dienen, keine Berücksichtigung. Neben einer für den Staat förderlichen Auslegung wird dadurch zu-

---

693 BVerfGE 104, 92 (110) – Dritte Blockadeentscheidung.

gleich eine Bewertung des individuellen Freiheitsgebrauchs möglich. Über die Einführung eines Wertungselements kann zwischen hoch- und minderwertiger Betätigung grundrechtlicher Freiheit unterschieden und entsprechend unterschiedlicher Schutz gewährt werden. In der Folge wird der Freiheitsgebrauch lenkbar.

Das der Verfassung zu Grunde liegende liberale Grundrechts- und Freiheitsverständnis versagt sich jedoch der Deutung des Schutzbereichs des Grundrechts aus Art. 8 GG in der Weise, dass die Grundrechtsausübung dem Staat möglichst weitgehend dienen soll. Grundrechte sollen vorrangig dem selbstbestimmten Individuum Schutz vermitteln. Eine Freiheit „um zu" ist ihnen fremd. Gleichsam will die grundrechtlich garantierte Versammlungsfreiheit keine Einteilung in schutzwürdiges und weniger schutzwürdiges Verhalten vornehmen. Eine derartige Bewertung steht ihrem sprachlich weit gefassten Schutzbereich entgegen. Wo Grenzen zu setzen sind, bestimmt die Verfassung ausdrücklich: unfriedliche und bewaffnete Versammlungen werden ausdrücklich von vornherein grundrechtlich schutzlos gestellt. Darüber hinaus soll der Staat nicht einmal mittelbar über die Gewährung eines unterschiedlichen Schutzumfangs auf die Inanspruchnahme grundrechtlicher Freiheit Einfluss nehmen. Aus diesen Gründen verbietet sich das vom BVerfG gewählte Konzept der Schutzbereichsbegrenzung aufgrund demokratisch-funktionaler Erwägungen.

III. Die Berufsfreiheit (Art. 12 I GG)

Das Grundrecht auf Berufsfreiheit ist neben der Eigentumsgarantie des Art. 14 GG das Hauptfreiheitsrecht des Wirtschaftslebens.[694] Zugleich nimmt es die Rolle der zentralen Grundnorm des Berufsverfassungsrechts ein.[695] Darüber hinaus ist dessen hervorgehobene Bedeutung als subjektives Abwehrrecht nicht zu vergessen, steht doch die Freiheitsgarantie in engem Zusammenhang mit dem Recht auf freie Entfaltung der Persönlichkeit (Art. 2 I GG).[696]

Trotz des Wortlauts des Art. 12 I GG, der entsprechend der ursprünglichen Vorstellung des Verfassungsgebers[697] nahe legt, dass die Wahl des Berufs, des Arbeitsplatzes und der Ausbildungsstätte (Satz 1) sowie die Berufsausübung

694 So Scholz, in: Maunz/Dürig (Hrsg.), Grundgesetz, Art. 12 Rn. 4.

695 Nochmals Scholz, in: Maunz/Dürig (Hrsg.), Grundgesetz, Art. 12 Rn. 6.

696 BVerfGE 50, 290 (362) – Mitbestimmung; ebenso Morgenthaler, Freiheit durch Gesetz, S. 290; Scholz, in: Maunz/Dürig (Hrsg.), Grundgesetz, Art. 12 Rn. 9 (20); Wieland, in: Dreier (Hrsg.), Grundgesetz I, Art. 12 Rn. 48 f.

697 Scholz, in: Maunz/Dürig (Hrsg.), Grundgesetz, Art. 12 Rn. 1; Wieland, in: Dreier (Hrsg.), Grundgesetz I, Art. 12 Rn. 17.

(Satz 2) separat geschützt sind, hat das BVerfG schon früh in der Gewährleistung ein einheitliches Grundrecht der Berufsfreiheit erkannt.[698] Berufswahl und Berufsausübung lassen sich nämlich ohnehin nicht zeitlich sauber unterscheiden[699]: Mit der Berufswahl beginnt die Berufsausübung und die Berufsausübung ist die ständige Bestätigung der Berufswahl.[700] Daher ist mit der Berufswahl die Berufsausübung gewährleistet und der Regelungsvorbehalt des Satzes 2 bezieht sich sowohl auf die Berufsausübungs- als auch auf die Berufswahlfreiheit (einheitliche Grundrechtsgewährleistung und einheitlicher Schrankenvorbehalt[701]). Diesen einheitlichen Regelungsvorbehalt versteht das BVerfG als herkömmlichen einfachen Gesetzesvorbehalt.[702] Allerdings stellt es für Eingriffe in die Berufswahl höhere Anforderungen an die verfassungsrechtliche Rechtfertigung als für Eingriffe in die Berufsausübung (sog. Dreistufentheorie des BVerfG[703]).

Besieht man Art. 12 I GG im Lichte der unterschiedlichen Grundrechtsdimensionen[704], wird offenbar, dass er nicht nur die klassische abwehrrechtliche Dimension enthält. Vielmehr entfaltet das Freiheitsgrundrecht in Verbindung mit Gleichheitssatz und Sozialstaatsprinzip auch Wirkung als Teilhaberecht an den in staatlicher Verantwortung betriebenen Ausbildungseinrichtungen (teilhaberechtliche Dimension).[705] Schließlich bildet Art. 12 I GG eine wertentscheidende Grundsatznorm (objektiv-rechtliche Dimension)[706], welche die einfachgesetzliche Ordnung des Wirtschaftslebens anleitet und dem Gesetzgeber positive Schutzpflichten auferlegt[707], ohne sich auf eine bestimmte Wirtschaftsverfassung festzulegen.[708]

---

698 BVerfGE 7, 377 (401 f.) – Apothekenurteil, seither st. Rspr., vgl. nur BVerfGE 115, 276 (300) – Sportwetten.

699 Scholz, in: Maunz/Dürig (Hrsg.), Grundgesetz, Art. 12 Rn. 25.

700 Mann, in: Sachs (Hrsg.), Grundgesetz, Art. 12 Rn. 14.; Pieroth/Schlink, Grundrechte, Rn. 877; teils kritisch Wieland, in: Dreier (Hrsg.), Grundgesetz I, Art. 12 Rn. 62.

701 Statt vieler Scholz, in: Maunz/Dürig (Hrsg.), Grundgesetz, Art. 12 Rn. 26.

702 Vgl. BVerfGE 54, 224 (234) – Kassenärztliches Abrechnungsverfahren; 54, 237 (246) – Sozietätsverbot; zustimmend v. Arnauld, Die Freiheitsrechte und ihre Schranken, S. 138; gegen die Erstreckung des Regelungsvorbehalts auch auf die Berufswahl Brüning, JZ 2009, 29 (31).

703 BVerfGE 7, 377 – Apothekenurteil.

704 Zu den Grundrechtsdimensionen allgemein vgl. Dreier, Dimensionen der Grundrechte, S. 1 (27 ff.).

705 BVerfGE 33, 303 (330 f.) – numerus clausus I.

706 BVerfGE 7, 377 (404) – Apothekenurteil.

707 Gleichsinnig Mann, in: Sachs (Hrsg.), Grundgesetz, Art. 12 Rn. 21; Scholz, in: Maunz/Dürig (Hrsg.), Grundgesetz, Art. 12 Rn. 5.

708 Das Grundgesetz ist, wie das BVerfG betont, „wirtschaftspolitisch neutral“ (BVerfGE 50, 290 [336 ff.] – Mitbestimmung); siehe statt vieler Bäcker, Wettbewerbsfreiheit

1. Generelles zur Bestimmung des Schutzbereichs

Der Schutzbereich des einheitlichen Grundrechts auf Berufsfreiheit[709] wird von den Begriffen Beruf, Ausbildungsstätte und Arbeitsplatz her bestimmt. Dabei ist der zentrale Berufsbegriff weit zu verstehen[710] als jede nicht schlechthin gemeinschädliche Tätigkeit, die auf eine gewisse Dauer angelegt ist und der Schaffung und Erhaltung einer Lebensgrundlage dient.[711] Geschützt sind nicht nur traditionell fixierte Berufsbilder (Metzger, Bäcker, Schuster, Dachdecker...), sondern auch vom Einzelnen frei gewählte, untypische Betätigungen.[712] Hierbei wird die zeitliche Komponente („auf eine gewisse Dauer angelegt") nicht eng verstanden.[713] Vielmehr sollen nur Tätigkeiten ausgeschlossen werden, die sich in einem einmaligen Erwerbsakt erschöpfen.[714] Anstelle des Attributs „nicht schlechthin gemeinschädlich"[715] wird vielerorts eine „erlaubte" Beschäftigung gefordert.[716] Dies ist aber insoweit problematisch und daher in Anbetracht bestehender Alternativen abzulehnen, als dass durch diese Wendung der Berufsbegriff zur Disposition des einfachen Gesetzgebers gestellt würde.[717] Dieser könnte sonst durch ein bloßes Verbot einen Beruf aus dem Schutzbereich des Art. 12 I GG ausschließen.[718] Geschützt sind sowohl die positive Berufsfreiheit,

---

als normgeprägtes Grundrecht, S. 106 ff.; Jarass, in: ders./Pieroth (Hrsg.), Grundgesetz, Art. 12 Rn. 2; a.A. Morgenthaler, Freiheit durch Gesetz, S. 298 ff., der die wirtschaftspolitische Neutralität verneint und lediglich eine „wirtschaftspolitische Gestaltungsoffenheit" zu bejahen vermag.

709 Ruffert, in: Epping/Hillgruber (Hrsg.), Grundgesetz, Stand: 15.1.2011, Art. 12 Rn. 16.

710 Vgl. nur Frenz, JA 2009, 252; Scholz, in: Maunz/Dürig (Hrsg.), Grundgesetz, Art. 12 Rn. 19.

711 BVerfGE 7, 377 (397 ff.) – Apothekenurteil; 97, 228 (252 f.) – Kurzberichterstattung.

712 Pieroth/Schlink, Grundrechte, Rn. 879; Scholz, in: Maunz/Dürig (Hrsg.), Grundgesetz, Art. 12 Rn. 28; Wieland, in: Dreier (Hrsg.), Grundgesetz I, Art. 12 Rn. 49.

713 Siehe Pieroth/Schlink, Grundrechte, Rn. 881; Scholz, in: Maunz/Dürig (Hrsg.), Grundgesetz, Art. 12 Rn. 30 f.

714 BVerfGE 97, 228 (253) – Kurzberichterstattung.

715 Bereits gegen dieses Kriterium Jarass, in: ders./Pieroth (Hrsg.), Grundgesetz, Art. 12 Rn. 9.

716 So z.B. BVerfGE 14, 19 (22) – Ladenschlussgesetz; Morgenthaler, Freiheit durch Gesetz, S. 290; anders jedoch etwa BVerfGE 115, 276 (300f.) – Sportwetten.

717 Ebenso kritisch Brüning, JZ 2009, 29; Manssen, in: v. Mangoldt/Klein/Starck (Hrsg.), Grundgesetz I5, Art. 12 I Rn. 42; Wieland, in: Dreier (Hrsg.), Grundgesetz I, Art. 12 Rn. 57; milder, aber die Gefahr ebenfalls betonend Frenz, JA 2009, 252.

718 Vgl. dazu grundlegend BVerwGE 22, 286 (288). Neu und anders in diesem Zusammenhang BVerfGE 102, 197 (214 f.) – Spielbankengesetz Baden-Württemberg, wonach bei „an sich unerwünschten Tätigkeiten" wie dem privaten Betrieb einer Spielbank die Anforderungen der Dreistufentheorie für die Rechtfertigung von objektiven Berufswahlre-

also die Freiheit, einen bestimmten Beruf zu ergreifen, als auch die negative Freiheit zum Verzicht auf einen Beruf oder zur Berufsbeendigung.[719] Ein „Recht auf Arbeit" im Sinne eines Leistungsrechts des Bürgers und einer simultanen Leistungspflicht des Staates vermag das Grundrecht aus Art. 12 I GG nicht zu vermitteln.[720]

Die Begriffe Arbeitplatz und Ausbildungsstätte werden weitgehend einheitlich definiert. Unter Arbeitsplatz ist die Stelle zu verstehen, an der ein Beruf ausgeübt wird, wobei gelöst von einschränkendem räumlichem Denken das gesamte Umfeld der beruflichen Arbeit gemeint ist.[721] Als Ausbildungsstätte ist jede Einrichtung zu bezeichnen, die Kenntnisse und Fähigkeiten für einen oder mehrere Berufe vermittelt und damit über das Angebot allgemeiner Bildung hinausgeht.[722]

2. Der Fall „Glykol"[723]

Im Jahre 2002 durchlief das weite Verständnis des Ersten Senats des BVerfG vom Schutzbereich des Grundrechts auf Berufsfreiheit die Feuerprobe. Anlass dazu gab der sog. „Glykolskandal".

a. Der Sachverhalt

Als im Frühjahr 1985 bekannt wurde, dass in Deutschland und Österreich mit dem Frostschutzmittel Diethylenglykol versetzte Weine vertrieben wurden, kam es zu einer (nach Maßgabe der Analysekapazitäten) umfassenden Untersuchung. Der „Glykolskandal" fand Eingang in zahlreiche Presseberichte, wurde im Deutschen Bundestag erörtert und sorgte für große Beunruhigung in der Bevölkerung. In der Folgezeit ging der Konsum deutscher und österreichischer Weine so massiv zurück, dass eine Existenzgefährdung der in der Weinwirtschaft tätigen Unternehmen zu befürchten war. Darauf reagierte das Bundesministerium für Jugend, Familie und Gesundheit Ende Juli 1985 mit der Herausgabe einer Liste der glykolhaltigen Weine. Die Liste enthielt die exakte Bezeichnung der positiv

---

gelungen zurückzuschrauben sind. Kritisch dazu Sodan, NJW 2003, 257 (260), der in Anwendung der Formel von der „an sich unerwünschten" Tätigkeit auf die Rechtsprechung zum Grundrecht der Berufsfreiheit einen „Rückschritt in der Freiheitsgewährung" sieht.

719 Statt aller Scholz, in: Maunz/Dürig (Hrsg.), Grundgesetz, Art. 12 Rn. 7 f.

720 Siehe etwa Morgenthaler, Freiheit durch Gesetz, S. 290.

721 Wieland, in: Dreier (Hrsg.), Grundgesetz I, Art. 12 Rn. 60.

722 Frenz, JA 2009, 252.

723 BVerfGE 105, 252 ff. – Glykol.

getesteten Weine, die Namen der Abfüller und den Hinweis, dass andere Weine dieser Abfüller nicht betroffen sein mussten.

Die Beschwerdeführerin zu 1., eine Weinkellerei, die auch österreichische Weine abfüllte und vertrieb, erhob gegen die Bundesrepublik Deutschland Klage auf Unterlassung der Nennung der von ihr abgefüllten Weine in der Liste, hilfsweise Klage auf Unterlassung der Anführung ihres Namens als Abfüllerin. Das VG Köln wies die Klage ab. Die Berufung zum OVG Münster blieb ebenfalls ohne Erfolg. Die Revision wurde vom BVerwG zurückgewiesen.

Auch die Beschwerdeführerin zu 2. wurde in der Liste als Abfüllerin genannt. Sie klagte vor dem VG auf Unterlassung der Nennung ihrer Produkte, hilfsweise auf Feststellung der Rechtswidrigkeit der Veröffentlichung, blieb aber, auch in den folgenden Instanzen, erfolglos.

Die zur gemeinsamen Entscheidung verbundenen Verfassungsbeschwerden wurden als unbegründet zurückgewiesen.

b. Der Begründungsweg

Nach Ansicht des BVerfG verletzen die angegriffenen gerichtlichen Entscheidungen die Beschwerdeführerinnen nicht in ihren Grundrechten aus Art. 12 I 1 und Art. 2 I GG[724]. Zur Begründung setzt sich das Gericht zunächst mit dem Schutzbereich des Art. 12 I GG auseinander und definiert „Beruf" als „jede Tätigkeit, die auf Dauer berechnet ist und der Schaffung und Erhaltung der Lebensgrundlage dient".[725] Danach wird der Zusammenhang der grundrechtlichen Gewährleistung zur bestehenden Wirtschaftsordnung hergestellt. Darauf bezogen betreffe Art. 12 I GG das berufsbezogene Verhalten einzelner Personen oder Unternehmen. Jedoch schütze das Grundrecht nicht vor der Verbreitung zutreffender und sachlich gehaltener Informationen am Markt, die für das wettbewerbliche Verhalten der Marktteilnehmer von Bedeutung sein können, selbst wenn die Inhalte sich auf einzelne Wettbewerbspositionen nachteilig auswirken. Zu diesem Schluss leitet der Gedanke, dass die unternehmerische Berufstätigkeit am Markt nach den Grundsätzen des Wettbewerbs erfolge und daher die Reichweite des Freiheitsschutzes durch die rechtlichen Regeln mitbestimmt werde, die den Wettbewerb ermöglichen und begrenzen.[726] Weder umfasse das Grundrecht einen Anspruch auf Erfolg im Wettbewerb und auf Sicherung künftiger Erwerbsmöglichkeiten, noch verbürge es ein ausschließliches Recht auf uneingeschränkte unternehmerische Selbstdarstellung am Markt. Deshalb beeinträchtigten marktbezogene Informationen des Staates den grundrechtlichen Gewährleis-

724 BVerfGE 105, 252 (264) – Glykol.
725 BVerfGE 105, 252 (265) – Glykol.
726 BVerfGE 105, 252 (265) – Glykol.

tungsbereich der betroffenen Wettbewerber nicht, sofern der Einfluss auf wettbewerbserhebliche Faktoren ohne Verzerrung der Marktverhältnisse nach Maßgabe der rechtlichen Vorgaben für staatliches Informationshandeln erfolge.[727] Allein entscheidend für diese Beurteilung seien die Einhaltung der Zuständigkeitsordnung sowie die Beachtung der Anforderungen an die Richtigkeit und Sachlichkeit von Informationen.[728]

Daran anschließend erwägt das BVerfG in einem ersten Schritt, dass in der Zuweisung der Aufgabe der Staatsleitung an die Regierung auch eine Ermächtigung zum Informationshandeln liege. Zwar sei herkömmlich die regierungsamtliche Öffentlichkeitsarbeit insbesondere auf die Darstellung von Maßnahmen und Vorhaben der Regierung und die Werbung um Unterstützung bezogen. Jedoch gehe Informationshandeln unter heutigen Bedingungen vielfach darüber hinaus, erfasse gerade auch die Verbreitung solcher Informationen, welche die Bürger zur eigenverantwortlichen Mitwirkung an der Problembewältigung befähigen. Über eine solche Informationstätigkeit könne auf Krisen schnell und sachgerecht reagiert (Kriterium der Effektivität[729]) und den Bürgern zur Orientierung verholfen werden.[730] Die Organzuständigkeit der Bundesregierung im Hinblick auf die Staatsleitung ergebe sich aus Art. 65 GG. Die Verbandskompetenz werde dem Bund im Grundgesetz stillschweigend immer dort zugewiesen, wo der Bundesregierung eine gesamtstaatliche Verantwortung der Staatsleitung zukomme, die mit Hilfe von Informationen erfüllt werden kann.[731] Insoweit seien die Länder von der Wahrnehmung der regierungsamtlichen Öffentlichkeitsarbeit verdrängt.

In einem weiteren Schritt nimmt das BVerfG die zweite Vorgabe für die staatliche Informationstätigkeit auf. Soweit die Informationen inhaltlich zutreffend und unter Beachtung des Gebots der Sachlichkeit sowie mit angemessener Zurückhaltung formuliert seien, schütze Art. 12 I GG nicht vor deren Verbreitung durch den Staat.[732] Das Gebot der inhaltlichen Richtigkeit und das Sachlichkeitsgebot dienten der Förderung der Transparenz und der Funktionsfähigkeit des Marktes.

Bei der Subsumtion des Falles unter diese abstrakten Vorgaben bejaht das Gericht die Organkompetenz des Bundesministers für Jugend, Familie und Gesundheit nach Art. 65 S. 2 GG. Auch die Verbandskompetenz des Bundes zum Regierungshandeln wird mit der Erwägung angenommen, dass der Informati-

727 BVerfGE 105, 252 (268) – Glykol.
728 BVerfGE 105, 252 (268) – Glykol.
729 BVerfGE 105, 252 (274) – Glykol.
730 BVerfGE 105, 252 (274) – Glykol.
731 BVerfGE 105, 252 (270 f.) – Glykol.
732 BVerfGE 105, 252 (272) – Glykol.

onsbedarf durch ein Handeln nur der Landesregierungen nicht mit dem gleichen Erfolg hätte befriedigt werden können. Da auch die in der Liste enthaltenen Angaben unstreitig zutreffend und wertneutral formuliert waren, konnte die Beachtung der Gebote der Richtigkeit und Sachlichkeit bescheinigt werden. Nach alledem beeinträchtigte die Veröffentlichung der Liste die Beschwerdeführerinnen nach Ansicht des BVerfG nicht in ihrem Grundrecht aus Art. 12 I GG.[733]

Art. 2 I GG wiederum scheide als Maßstab aus, weil die mit den Verfassungsbeschwerden aufgeworfenen Fragen von der sachlich spezielleren Grundrechtsnorm des Art. 12 I GG erfasst würden.[734]

Die nähere Betrachtung des Begründungswegs beleuchtet die Methodik des Urteils. Das BVerfG befindet, dass der Schutz vor der Verbreitung zutreffender und sachlich gehaltener Informationen am Markt nicht vom Gewährleistungsgehalt des Grundrechts aus Art. 12 I GG erfasst ist. Trotz der thematischen Einschlägigkeit der Tätigkeit als Weinabfüller wird über die in die Prüfung eingeschobene Frage nach dem Gewährleistungsinhalt die Eröffnung des Schutzbereichs abgelehnt.[735] Das Gericht fasst mit der Zwischenschaltung des Gewährleistungsgehalts den Schutzbereich des Grundrechts eng, nimmt mit anderen Worten eine Schutzbereichsbegrenzung vor.[736] Diese Vorgehensweise wird auf einfachgesetzliche Wettbewerbsregeln gestützt, welche „die Reichweite des Freiheitsschutzes (...) mitbestimmen".[737] Der Schutzumfang des Grundrechts wird also durch das einfache Recht bestimmt. Als den Schutzbereich des Art. 12 I GG begrenzende einfachgesetzliche Regeln kommen nach Meinung der Verfassungsrichter solche Bestimmungen in Betracht, die den Wettbewerb ermöglichen und begrenzen, d.h. die Funktionsfähigkeit des Wettbewerbs sicherstellen sollen.[738] Der freie Wettbewerb wird zum Institut erhoben und die

733 BVerfGE 105, 252 (276) – Glykol.

734 BVerfGE 105, 252 (279) – Glykol.

735 Papier, Aktuelle grundrechtsdogmatische Entwicklungen in der Rechtsprechung des Bundesverfassungsgerichts. Schutzbereich – Eingriff – Gesetzesvorbehalt, in: Merten/Papier (Hrsg.), Grundsatzfragen der Grundrechtsdogmatik, S. 81 (84).

736 Die methodische Einordnung der Glykol-Entscheidung ist umstritten. Einige Stimmen sehen im Umgang des BVerfG mit den marktbezogenen Informationen eine Form der Grundrechtsausgestaltung und verorten die Problematik auf der Eingriffsebene. So Bumke, Die Verwaltung 37 (2004), 3 (25); Dreier, Die Verwaltung 2003, 105 (135); Murswiek, NVwZ 2003, 1 ff. Wie hier jedoch Bäcker, Wettbewerbsfreiheit als normgeprägtes Grundrecht, S. 125; P. M. Huber, JZ 2003, 290 ff.; Klement, DÖV 2005, 507 (510); Ruffert, in: Epping/Hillgruber (Hrsg.), Grundgesetz, Stand: 15.1.2011, Art. 12 Rn. 48 ff.

737 BVerfGE 105, 252 (265) – Glykol; vgl. dazu v. Coelln, JA 2003, 116 (117).

738 BVerfGE 105, 252 (265) – Glykol; ähnlich Bumke, Die Verwaltung 37 (2004), 3 (23), der darin den Nachweis erbracht sieht, dass „eine marktwirtschaftliche Wirtschaftsord-

Freiheitsgarantie auf dieses Institut zugeschnitten. Kurz gesagt unterwirft das BVerfG die Reichweite des Freiheitsschutzes einem einfachgesetzlichen Funktionsvorbehalt. [739] Dieses Schutzbereichsverständnis ist in der institutionellen Grundrechtstheorie[740] verwurzelt.

Obschon das Gericht gestützt auf diese Annahmen die Eröffnung des Schutzbereichs verneint, schreitet es im Folgenden zu einer abgespeckten Prüfung der verfassungsrechtlichen Rechtfertigung der Maßnahme des Bundesministers für Jugend, Familie und Gesundheit. Das ist wegen der darin liegenden methodischen Inkonsequenz[741] bemerkenswert. Richtiggehend unkonventionell wird das BVerfG in seinen Ausführungen zur Befugnis zum staatlichen Informationshandeln, wenn es entgegen der üblichen Methodik vom Bestehen einer Aufgabenzuweisung zur Staatsleitung auf eine Ermächtigung zum Informationshandeln schließt. Augenfällig ist schließlich, dass sich das Gericht, obwohl es den Schutzbereich des Art. 12 I GG für nicht eröffnet hält, einer Überprüfung der Maßnahme anhand des Auffanggrundrechts gem. Art. 2 I GG mit dem Argument verweigert, dass die allgemeine Handlungsfreiheit thematisch verbraucht sei.[742] Diese Verdrängung im Wege der Spezialität steht im Widerspruch zur vorangegangenen Schutzbereichsbegrenzung.

c. Die Auswirkungen auf den konkreten Fall

Im konkreten Fall führte die Entscheidung des BVerfG dazu, dass in der Veröffentlichung der Liste mit glykolhaltigen Weinen keine Verletzung der Beschwerdeführerinnen in ihrem Grundrecht aus Art. 12 I GG erkannt wurde, da schon die Eröffnung des Schutzbereichs des Grundrechts auf wirtschaftliche Betätigungsfreiheit verneint wurde. Auch eine Berufung auf Art. 2 I GG war ihnen durch das BVerfG versagt worden. Mithin kam ihnen faktisch kein Grundrechtsschutz zu. Die Beschwerdeführerinnen mussten ihre Nennung in der Liste hinnehmen.

---

nung auf eine rechtliche Ausgestaltung angewiesen ist". Vgl. auch Degenhart, Grundrechtsausgestaltung und Grundrechtsbeschränkung, in: Merten/Papier (Hrsg.), Handbuch der Grundrechte III, § 61 Rn. 31.

739 Vgl. Hoffmann-Riem, Der Staat 43 (2004), 203 (217 f.).

740 Zur institutionellen Grundrechtstheorie vgl. S. 49.

741 Dies räumt selbst Hoffmann-Riem, Der Staat 43 (2004), 203 (218 f.) ein, der ansonsten die Entscheidung (hat er sie doch als Richter des Ersten Senats des BVerfG mitgetragen) in jeder Hinsicht befürwortet.

742 BVerfGE 105, 252 (279) – Glykol.

d. Die befürwortenden Stimmen

Die zustimmenden Literaturstimmen sehen darin, dass auf Schutzbereichsebene Wertungen erforderlich werden, keine Vermengung der Prüfungsstufen liege.[743]

Weiter wird argumentiert, dass die Verfassung von der Regierungskompetenz zur Staatsleitung stillschweigend ausgehe, was in einer Reihe von Normen beispielhaft zum Ausdruck komme (Art. 62 ff. GG). Das Grundgesetz habe sich für eine gewaltengegliederte, funktionenteilige Demokratie entschieden, nicht für einen Gewaltenmonismus in Form eines allumfassenden Parlamentsvorbehalts. Dementsprechend unterlägen Akte der obersten Staatsleitung der Regierung nicht automatisch dem strikten Parlamentsvorbehalt.[744] Insbesondere spreche für die Organkompetenz der Bundesregierung zu informalem Staatshandeln kraft oberster Staatsleitung auch deren Fähigkeit und Bereitschaft zu jederzeitigem Tätigwerden[745], also der Gesichtspunkt der Effizienz.

Derjenige, der sich als Anbieter oder Nachfrager auf dem Markt betätigt, müsse sich dessen Funktionsbedingungen unterwerfen.[746] Er genieße bei der Realisierung der marktvermittelten Erwerbschancen (nur) in diesem Rahmen Grundrechtsschutz, also unter Beachtung der Funktionsbedingungen. Die Freiheitsausübung am Markt ziele auf die Freiheitsverwirklichung entsprechend dem Ordnungsmodell „Markt“.[747] Die Begrenzung und Ausgestaltung des Ordnungsmechanismus „Markt“ durch einfache Gesetze sei für eine funktionstüchtige privatrechtliche Güterordnung zwingend. Die wirtschaftliche Handlungsfreiheit könne sich nur in jenen vom Wettbewerbsrecht geschaffenen Gestaltungsräumen entfalten. Allein in diesem Rahmen komme ein abwehrrechtlich fundierter Freiheitsschutz in Betracht.[748] Die einfachgesetzliche Ausformung des Grundrechts sei mithin „Bedingung und Grenze des Grundrechtsschutzes“ zugleich.[749] Das BVerfG differenziere richtigerweise zwischen natürlicher Freiheit und Freiheit im Sozialen, wenn es die Frage aufwerfe, auf welcher grundrechtsdogmatischen Grundlage die unternehmerische Freiheit im sozialen Raum

---

743 Bäcker, Wettbewerbsfreiheit als normgeprägtes Grundrecht, S. 143; Hoffmann-Riem, Der Staat 43 (2004), 203 (208 ff.).

744 So Bethge, Jura 2003, 327 (330), der der Entscheidung abgesehen vom Aspekt der Organkompetenz kritisch gegenübersteht.

745 Nochmals Bethge, Jura 2003, 327 (330).

746 Jarass, in: ders./Pieroth (Hrsg.), Grundgesetz, Art. 12 Rn. 20.

747 Hoffmann-Riem, Der Staat 43 (2004), 203 (217); ders., Enge oder weite Gewährleistungsgehalte?, in: Bäuerle (Hrsg.), Haben wir wirklich Recht?, S. 53 (72).

748 So Bäcker, Wettbewerbsfreiheit als normgeprägtes Grundrecht, S. 127; Bumke, Die Verwaltung 37 (2004), 3 (24).

749 Bäcker, Wettbewerbsfreiheit als normgeprägtes Grundrecht, S. 148.

Schutz erlangen kann.[750] Ein Freiheitsrecht schütze nämlich unproblematisch die natürliche Freiheit des Grundrechtsträgers, während unterschiedliche Vorgaben bezüglich des Schutzes des sozialen Zusammenhangs gelten, in dem sich grundrechtliche Freiheit entfalte. Bei der Berufsfreiheit sei dies der Bezug zu der einfachrechtlich konstituierten Wettbewerbsordnung.[751]

Schließlich gewähre die Grundrechtsnorm keinen Schutz vor den Folgen der Informiertheit von anderen Marktteilnehmern, einerlei worauf sie beruht und wer die Information verbreitet. Die daraus folgende „Beeinträchtigung" der Erwerbschancen des Grundrechtsträgers sei grundrechtlich irrelevant. Staatliches Informationshandeln, das sie bewirkt, könne das Grundrecht von vornherein nicht verletzen[752], zumal die Eröffnung marktbezogener Informationen durch den Staat der Gewährleistung einer funktionsfähigen Wettbewerbsordnung diene und so seiner Rolle als Gewährleitungsstaat entspräche.[753]

e. Die kritischen Stimmen

Von den Gegnern der Entscheidung wird dem BVerfG vorgeworfen, dass es die Grenzen zwischen Schutzbereich, Eingriff und verfassungsrechtlicher Rechtfertigung verwässere.[754] Der konsentierten abwehrrechtlichen Grundrechtsprüfung drohe so die Ablösung durch ein „strukturloses Präformationsmodell".[755] Einziges Ziel der Konstruktion scheine die Erleichterung der verfassungsrechtlichen Rechtfertigung zu sein, die mit dem Aufgeben von tragenden Rechtfertigungskriterien wie der gesetzlichen Ermächtigungsgrundlage erreicht werde.[756]

Diejenigen, die die Problematik nicht auf der Schutzbereichsebene, sondern auf der Eingriffsebene verortet sehen, bemängeln, dass nicht recht klar werde, wieso die von der (laut BVerfG) *zuständigen* Stelle vorgenommene sachliche Warnung *keinen* mittelbar-faktischen Eingriff darstellt. So lasse sich dem Glykol-Beschluss entnehmen, dass Warnungen durch eine *unzuständige* Stelle bzw.

---

750 Dergestalt Bäcker, Wettbewerbsfreiheit als normgeprägtes Grundrecht, S. 126.

751 Nochmals Bäcker, Wettbewerbsfreiheit als normgeprägtes Grundrecht, S. 133.

752 Vgl. Hoffmann-Riem, Der Staat 43 (2004), 203 (218); Jarass, in: ders./Pieroth (Hrsg.), Grundgesetz, Art. 12 Rn. 19.

753 Bumke, Die Verwaltung 37 (2004), 3 (25).

754 Gleichsinnig Bethge, Jura 2003, 327 (332 f.); v. Coelln, JA 2003, 116 (118); Frenz, JA 2009, 252 (254); Höfling, in: Muckel (Hrsg.), Kirche und Religion im sozialen Rechtsstaat, S. 329 (333); P. M. Huber, JZ 2003, 290 (293 f.); Möllers, NJW 2005, 1973 (1977); Rixen, Sozialrecht als öffentliches Wirtschaftsrecht, S. 236; Ruffert, in: Epping/ Hillgruber (Hrsg.), Grundgesetz, Stand: 15.1.2011, Art. 12 Rn. 50.

755 Cremer, DÖV 2003, 921 (928 f.); näher dazu Lübbe-Wolff, Die Grundrechte als Eingriffsabwehrrechte, S. 14 ff.

756 Murswiek, NVwZ 2003, 1 (3).

falsche oder unsachliche Warnungen *ohne weiteres als faktische Grundrechtseingriffe* behandelt würden.[757] Es sei wenig hilfreich, wenn das BVerfG, statt auch beim Handeln der zuständigen Stelle von einem mittelbar-faktischen Eingriff auszugehen, von einer „mittelbar-faktischen Beeinträchtigung mit und ohne eingriffsgleicher Wirkung" spricht.[758] Dies führe lediglich zu einem eingriffsbezogenen Sonderregime und ziehe eine Komplexitätszunahme der Grundrechtsdogmatik nach sich. An der wesentlichen Aufgabe von Dogmatik werde so sehenden Auges vorbeigegangen. Eine Reduzierung der Komplexität der Grundrechtsmaterie durch Systematisierung und Filtrierung der anwendungsbezogenen Gemeinsamkeiten sei durch die Einführung der Kategorie „mittelbar-faktische Beeinträchtigung" nicht zu erwarten.[759]

Ungereimt sei in diesem Zusammenhang insbesondere, dass rechtmäßige Informationstätigkeit grundrechtlich irrelevant sein soll, die rechtswidrige jedoch nicht.[760] Wenn bei Verstoß gegen die Rechtmäßigkeitsanforderungen staatlicher Informationstätigkeit eine Grundrechtsverletzung angenommen wird, Grundrechtseingriff und Grundrechtsverletzung also zusammenfallen, sei dies schwer mit den allgemeinen grundrechtsdogmatischen Strukturen vereinbar. Gewöhnlich entscheide sich an der Rechtswidrigkeit staatlichen Handelns die Frage der verfassungsrechtlichen Rechtfertigung eines Eingriffs und nicht die Qualifizierung des Staatshandelns als Eingriff.[761]

In den Augen derer, die von einer Schutzbereichsbegrenzung ausgehen, ist vor allem widersprüchlich, dass, obwohl nach Ansicht des BVerfG die Warnung den Schutzbereich der Berufsfreiheit nicht berührt, die Frage nach der Ermächtigungsgrundlage gestellt wird. Sei aber der Schutzbereich nicht berührt, könnten genau genommen weder eine rechtfertigungsbedürftige Grundrechtsbeeinträchtigung noch ein rechtfertigungsbedürftiger Grundrechtseingriff gegeben sein. Die Frage nach der Ermächtigungsgrundlage, die üblicherweise auf der Stufe der verfassungsrechtlichen Rechtfertigung behandelt wird, hätte also bei dogmatischer Stringenz nicht gestellt werden dürfen.[762]

---

757 Siehe v. Coelln, JA 2003, 116 (118).

758 BVerfGE 105, 252 (273) – Glykol.

759 Dazu Kahl, AöR 131 (2006), 579 (600); zur Entlastungsfunktion des Eingriffsbegriffs siehe auch Bethge, Jura 2003, 327 (332).

760 Nachdrücklich P. M. Huber, JZ 2003, 290 (293).

761 P. M. Huber, JZ 2003, 290 (294); Murswiek, NVwZ 2003, 1 (4); ebenso Bethge, Jura 2003, 327 (333); vgl. auch Dietlein, Berufs-, Arbeitsplatz- und Ausbildungsfreiheit, in: Stern (Hrsg.), Das Staatsrecht der Bundesrepublik Deutschland IV/1, § 111 S. 1858 f.

762 Klement, DÖV 2005, 507 (509), der dieses Vorgehen treffend als „Restriktion der Restriktion des Schutzbereiches" bezeichnet.

Davon unabhängig ließen sich der Eingriffscharakter und die Rechtfertigungsbedürftigkeit der *staatlichen* Warnung nicht mit dem Argument leugnen, *Privaten* seien solche Einwirkungen nicht verboten.[763] Anders als im Verhältnis zwischen Bürgern untereinander schütze Art. 12 I GG im bipolaren Rechtsverhältnis Staat-Bürger durchaus die Wettbewerbsstellung des Einzelnen vor staatlicher Intervention. In diesem Bereich gewährleiste sie grundsätzlich das Recht, sich frei von staatlicher Ingerenz im Wettbewerb durchsetzen zu können. Staatliche Interventionen seien insoweit durchaus der staatlichen Rechtfertigungslast unterliegende Beeinträchtigungen grundrechtlich geschützter Interessen und dem Schutzbereich des Art. 12 I GG keineswegs von vornherein entzogen.[764]

Auch wird die Unterstellung der Berufsfreiheit unter den Vorbehalt der gesamtgesellschaftlichen Funktionsfähigkeit des Markts angeprangert. Die Annahme eines Funktionsvorbehalts innerhalb der Schutzbereichsprüfung sei insbesondere unter dem Gesichtspunkt problematisch, dass die Funktionsfähigkeit des Marktes laut BVerfG von staatlicher Seite zu garantieren sei. Wenn der Staat die Grenzen des Schutzbereichs über die Funktionsbedingungen des Marktes festlegen kann, werde die Berufsfreiheit in ein normgeprägtes Grundrecht verwandelt.[765] Diese Handhabe unterschlage, dass zwar das objektive Bestehen des Marktes durchaus ein Ausdruck von gesamtgesellschaftlicher Freiheit ist, aber strikt von individueller Freiheit zu unterscheiden bleibe. Mit der Einstellung von Funktionsvorbehalten werde die Prüfung des Schutzbereichs der individuellen, abwehrrechtlichen Perspektive entzogen und in einen gesamtstaatlichen Kontext verlegt, ohne dass ein solches Vorgehen angezeigt wäre.[766]

Nach bewährten dogmatischen Grundsätzen seien Schutzbereiche im Zweifel entsprechend ihrem Wortlaut weit auszulegen.[767] Dies habe auch für das Grundrecht auf Berufsfreiheit zu gelten. Eine voreilige Beschränkung des Schutzbereichs der Berufsfreiheit durch einfachgesetzliche Regelungen führe zu einer Relativierung des Grundrechtsschutzes. Eine Grundrechtsgeltung nach Maßgabe des einfachen Gesetzes wäre die Folge. Insbesondere die Bestimmung des grundrechtlichen Schutzes nach Maßgabe von Kriterien wie „Staatsleitung" und „Sachlichkeit" öffne einem effizienzorientierten legislatorischen Dezisionismus Tür und Tor.[768]

---

763 Murswiek, NVwZ 2003, 1 (4).

764 Frenz, JA 2009, 252 (255); P. M. Huber, JZ 2003, 290 (292); dagegen Bäcker, Wettbewerbsfreiheit als normgeprägtes Grundrecht, S. 144.

765 Dazu Frenz, JA 2009, 252 (254); Möllers, NJW 2005, 1973 (1975); Ruffert, in: Epping/Hillgruber (Hrsg.), Grundgesetz, Stand: 15.1.2011, Art. 12 Rn. 50.

766 So Möllers, NJW 2005, 1973 (1976 f.).

767 Nochmals Möllers, NJW 2005, 1973 (1976).

768 P. M. Huber, JZ 2003, 290 (293).

Der vom BVerfG propagierte Verzicht auf eine Eingriffsermächtigung sei nicht mit dem Vorbehalt des Gesetzes vereinbar. Die These, dass sich staatliche Informationstätigkeit wegen der Vielgestaltigkeit und Veränderlichkeit der in Betracht kommenden Lebensverhältnisse einer Normierung sogar entzöge[769], überzeuge nicht.[770] Eine Normierung sei unter der gängigen Verwendung unbestimmter Rechtsbegriffe durchaus möglich gewesen[771], zumal der Gesetzgeber nicht die unvorhersehbaren Folgen[772], sondern nur das staatliche Verhalten normieren müsse.[773]

Der anschließende Versuch, dem Verfassungstext doch noch eine Ermächtigung zur Informationstätigkeit zu entwinden, sei als gescheitert zu verbuchen. Es finde sich kein Anhaltspunkt für eine Befugnis der Bundesregierung, durch eine nach außen gerichtete Informationstätigkeit auch in die Grundrechte der Bürger eingreifen zu dürfen.[774] Weiterhin überzeuge die pauschale Zuordnung jeglicher Informationstätigkeit zum Bereich der Staatsleitung nicht. Sie stelle vielmehr einen Unterfall der Verwaltungstätigkeit dar.[775] Überhaupt seien verfassungsunmittelbare Aufgabenzuweisungen kein ausreichendes Surrogat für die nach dem Grundsatz des Vorbehalts des Gesetzes erforderliche Eingriffsermächtigung. Der vom Gericht vollzogene Schluss von einer Aufgabe auf eine Befugnis sei generell unzulässig.[776] Selbst wenn man in der Warnung der Verbraucher auch die Erfüllung einer grundrechtlichen Schutzpflicht erblicke, bedürfe deren

769 Diesen Aspekt führt das BVerfG in der am selben Tag ergangenen Osho-Entscheidung (BVerfGE 105, 279 [304]) an, in der es über eine Warnung der Bundesregierung vor einer Jugendsekte zu entscheiden hatte. Jedoch liegt dieselbe argumentative Herleitung offenbar unausgesprochen der Glykol-Entscheidung zu Grunde. Allgemein zustimmend etwa Hoffmann-Riem, AöR 130 (2005), 5 (30 f., 34); Lindner, DÖV 2004, 765 (733).

770 Vgl. P. M. Huber, JZ 2003, 290 (294); Klement, DÖV 2005, 507 (512 ff.).

771 Gleichsinnig P. M. Huber, JZ 2003, 290 (294 f.).

772 Anders Papier, Aktuelle grundrechtsdogmatische Entwicklungen in der Rechtsprechung des Bundesverfassungsgerichts. Schutzbereich – Eingriff – Gesetzesvorbehalt, in: Merten/Papier (Hrsg.), Grundsatzfragen der Grundrechtsdogmatik, S. 81 (98 f.).

773 Ebenso Klement, DÖV 2005, 507 (512).

774 Anschaulich P. M. Huber, JZ 2003, 290 (295).

775 P. M. Huber, JZ 2003, 290 (295 f.); ähnlich Bethge, Jura 2003, 327 (331); Murswiek, NVwZ 2003, 1 (7).

776 Dies betonend Bethge, Jura 2003, 327 (332); ders., Mittelbare Grundrechtsbeeinträchtigungen, in: Merten/Papier (Hrsg.), Handbuch der Grundrechte III, § 58 Rn. 63; v. Coelln, JA 2003, 116 (118); P. M. Huber, JZ 2003, 290 (295), der von einer „juristischen Todsünde" spricht.

Erfüllung durch den Staat entsprechend dem Parlamentsvorbehalt einer Mediatisierung durch den Gesetzgeber.[777]

Zudem sei nicht ersichtlich, weshalb nur die Bundesregierung und nicht die Regierungen der einzelnen Länder in der Lage gewesen sein sollte, entsprechende Krisen zu bewältigen.[778] Die vom BVerfG allumfassend konzipierte Kompetenz der Bundesregierung für die Staatsleitung drohe die grundgesetzliche Kompetenzverteilung zwischen Bund und Ländern im Informationsbereich aus den Angeln zu heben.[779]

f. Stellungnahme

Den Kritikern der Entscheidung ist beizupflichten. Zwar entspricht die Grundaussage des BVerfG im Glykol-Fall sowohl dem richtigen Rechtsempfinden als auch (was nicht immer zwangsläufig Hand in Hand geht) dem allgemeinen Menschenverstand: Wer mag schon bestreiten, dass der Staat Warnungen vor gesundheitsgefährdenden Produkten aussprechen können soll? Dies entspricht allein seiner grundrechtlichen Schutzpflicht.[780] Kritikwürdig, weil dogmatisch fehlgeleitet, ist hingegen der vom BVerfG bemühte Begründungsweg.[781]

Die Abkehr von der grundrechtsdogmatischen Regel, dass Schutzbereiche im Zweifel weit auszulegen sind[782], überzeugt in dreierlei Hinsicht nicht:

Zum Ersten verstößt eine Schutzbereichsbegrenzung, die sich auf einfachgesetzliche Ausformungen eines Grundrechts stützt, gegen den Vorrang der Ver-

---

777 So Bethge, Jura 2003, 327 (328, 332). Zum Erfordernis der einfachgesetzlichen Mediatisierung der grundrechtlichen Schutzpflicht allgemein E. Klein, NJW 1989, 1633 (1638); Müller-Terpitz, Der Schutz pränatalen Lebens, S. 85.

778 Dazu P. M. Huber, JZ 2003, 290 (296); gleichsinnig Bethge, Mittelbare Grundrechtsbeeinträchtigungen, in: Merten/Papier (Hrsg.), Handbuch der Grundrechte III, § 58 Rn. 113.

779 Murswiek, NVwZ 2003, 1 (7); zustimmend Dietlein, Berufs-, Arbeitsplatz- und Ausbildungsfreiheit, in: Stern (Hrsg.), Das Staatsrecht der Bundesrepublik Deutschland IV/1, § 111 S. 1852.

780 Siehe Dietlein, Berufs-, Arbeitsplatz- und Ausbildungsfreiheit, in: Stern (Hrsg.), Das Staatsrecht der Bundesrepublik Deutschland IV/1, § 111 S. 1851.

781 So auch P. M. Huber, JZ 2003, 290 (297); ähnlich Vosgerau, AöR 133 (2008), 346 (370 f.).

782 Vgl. zu der sog. weiten Tatbestandstheorie S. 86 ff. A.A. Dreier, in: ders. (Hrsg.), Grundgesetz I, Vorb. Rn. 121, der die Existenz einer „Regelvermutung zugunsten einer offenen Grundrechtsinterpretation“ verneint. Die Existenz eines Grundsatzes „in dubio pro libertate“ verneinen ebenso Merten, Grundrechtlicher Schutzbereich, in: ders./Papier (Hrsg.), Handbuch der Grundrechte III, § 56 Rn. 53; Stern, in: ders./Becker (Hrsg.), Grundrechte-Kommentar, Einl. Rn. 92.

fassung.[783] Wird das einfache Recht zum die Grenzen des grundrechtlichen Schutzbereichs prägenden Moment erhoben, ist von der Vorrangstellung der Verfassung nicht viel übrig. Vielmehr kommt es zu einer Grundrechtsgeltung nach Maßgabe des Gesetzes. Insbesondere ist dies auch nicht mit der in Art. 1 III GG normierten und durch die Ewigkeitsgarantie (Art. 79 III GG) verstärkten Grundrechtsbindung der Legislative[784] zu vereinbaren. Wer, wie die gesetzgebende Gewalt, Grundrechtsadressat ist, kann nicht zugleich mit der Schutzbereichsbegrenzung dienenden einfachgesetzlichen Normierungen seine eigene Grundrechtsbindung reduzieren.

Zum Zweiten kann nicht die Erhaltung der Funktionsfähigkeit des Marktes als Begründung für ein verengtes Schutzbereichsverständnis dienen. Die Funktionalisierung des Grundrechtsgebrauchs, die mit einer Unterordnung des Freiheitsschutzes unter die Funktionsbedingungen des Marktes einhergeht, führt zu einer Entkopplung des Freiheitsschutzes vom Individuum.[785] Grundrechte dienen aber nach der traditionellen liberalen Grundrechtstheorie der Sicherung der individuellen Freiheit. Sie sollen den Grundrechtsträger vor staatlichen Übergriffen schützen (Grundrechte als Abwehrrechte) und nicht der staatlichen Gemeinschaft etwa zur Verwirklichung eines funktionsfähigen Marktes gereichen. Grundrechtliche Gewährleistungen bestehen um der Individuen, nicht um des Staates willen. Die in der Entscheidung beschrittenen Wege, entsprechend der institutionellen Grundrechtstheorie den Grundrechtsgebrauch unter die Bedingung der Förderlichkeit für über die individuelle Freiheitsentfaltung hinausgehende Ziele zu instrumentalisieren, sind daher im Ansatz verfehlt.

Zum Dritten hemmt eine Engfassung des Begriffsverständnisses eine umfassende Auseinandersetzung mit den Umständen des Einzelfalls, wie sie nur auf der Ebene der verfassungsrechtlichen Rechtfertigung im Rahmen der Verhältnismäßigkeitsprüfung vorgenommen werden kann. Vorgefertigte Entscheidungen über die Schutzwürdigkeit menschlichen Verhaltens auf der Schutzbereichsebene wirken auf den Freiheitsschutz unflexibel und willkürlich.[786] Das Heranziehen etwaiger abwägungsrelevanter Momente bei der Bestimmung des Schutzbereichs lässt die bewährten Grenzen zwischen Schutzbereichs-, Eingriffs- und Rechtfertigungsebene verschwimmen, ohne einen ein solches Vorge-

---

783 Statt vieler Sachs, in: ders. (Hrsg.), Grundgesetz, Art. 20 Rn. 95 ff.; Schulze-Fielitz, in: Dreier (Hrsg.), Grundgesetz II, Art. 20 (R) Rn. 81 ff.

784 Dreier, in: ders. (Hrsg.), Grundgesetz I, Art. 1 III Rn. 54 ff.; Höfling, in: Sachs (Hrsg.), Grundgesetz, Art. 1 Rn. 91 ff.

785 Gleichsinnig Rixen, Sozialrecht als öffentliches Wirtschaftsrecht, S. 236.

786 Insoweit ähnlich Dreier, in: ders. (Hrsg.), Grundgesetz I, Vorb. Rn. 120 m.w.N. Vgl. auch Rossen, Grundrechte als Regeln und Prinzipien, in: Grabenwarter (Hrsg.), Allgemeinheit der Grundrechte und Vielfalt der Gesellschaft, S. 41 (59).

hen rechtfertigenden Vorteil in der Grundrechtsprüfung zu erbringen. Dem Grundsatz des umfassenden Freiheitsschutzes kann nur wirksam Rechnung getragen werden, wenn der Schutzbereich des Grundrechts tendenziell weit gefasst wird[787] und Einschränkungen erst nach einer umfassenden Abwägung auf der Rechtfertigungsebene möglich sind.

Dogmatisch nicht haltbar ist weiterhin die Konsequenz, die das Gericht aus der Ablehnung der Einschlägigkeit des Schutzbereichs zieht. Anstatt, nachdem die Einschlägigkeit des Schutzbereichs des Art. 12 I GG verneint wurde, diese Grundrechtsprüfung abzuschließen und mit der allgemeinen Handlungsfreiheit (Art. 2 I GG) fortzufahren, werden innerhalb der Prüfung der Berufsfreiheit Ausführungen zum Vorliegen einer tauglichen Befugnisnorm zur Informationstätigkeit gemacht, die mit ihrem Schluss von der Aufgabe der Staatsleitung auf die Befugnis zur staatlichen Informationstätigkeit dogmatisch verfehlt sind. Offenbar hat sich das BVerfG nur derart bemüht, den Schutz vor staatlicher Informationstätigkeit nicht unter Art. 12 I GG zu rechnen, weil ihm bewusst war, dass eine Befugnisnorm, die dem Grundsatz des Vorbehalts des Gesetzes genügt, nicht existiert. Kann nun mangels Schutzbereichseröffnung die Listenveröffentlichung nicht als staatlicher Eingriff gewertet werden, lassen sich die Anforderungen an die Prüfung der verfassungsrechtlichen Rechtfertigung zurückschrauben, müsste diese, genau genommen, doch nicht einmal vorgenommen werden. Mit der Vorstellung von vorstaatlicher Freiheit und dem hergebrachten liberalen Grundrechtsverständnis ist dies nicht vereinbar. Danach ist der Bürger aus sich heraus frei und über seine Grundrechte umfassend vor die Freiheit beeinträchtigenden staatlichen Maßnahmen geschützt. Plakativ gesagt, darf der Bürger von Grund auf alles tun und lassen. Wird sein Verhalten dennoch von staatlicher Stelle begrenzt, dann muss sich der Staat dafür rechtfertigen. Dies entspricht der generellen Verteilung der Rechtfertigungslast zwischen Staat und Bürger in einem materiellen Rechtsstaat.[788] Diese wird nun aber zuungunsten des Bürgers verschoben, wenn das BVerfG durch die Figur der Schutzbereichsbegrenzung (also das Herausnehmen der Verbreitung von marktrelevanten Informationen durch den Staat aus dem Schutzbereich der Berufsfreiheit) den Eintritt auf die Eingriffsebene umgeht[789], die der Dreh- und Angelpunkt für eine

787 Ebenso Sachs, in: ders. (Hrsg.), Grundgesetz, Vor Art. 1 Rn. 77a m.w.N.; Brüning, JZ 2009, 29 (31); in diesem Punkt anders Dreier, in: ders. (Hrsg.), Grundgesetz I, Vorb. Rn. 121.

788 Gleichsinnig Brüning, JZ 2009, 29; Dreier, in: ders. (Hrsg.), Grundgesetz I, Vorb. Rn. 120; Sodan, NJW 2003, 257.

789 Dreier, in: ders. (Hrsg.), Grundgesetz I, Vorb. Rn. 122.

umfassende Prüfung der verfassungsrechtlichen Rechtfertigung ist.[790] Im Ergebnis können die Anforderungen an die Rechtfertigung der staatlichen Maßnahme minimiert werden, wovon das BVerfG auch offensichtlich Gebrauch macht, wenn es von der ungeschriebenen Aufgabe zur Staatsleitung auf eine Befugnis der Bundesregierung zur Informationstätigkeit schließt und von einer umfassenden Prüfung der Verhältnismäßigkeit absieht.

Entschieden abzulehnen ist die in der Glykol-Entscheidung vollzogene Kombination von Schutzbereichsbegrenzung im Rahmen der Berufsfreiheit und gleichzeitiger Ablehnung der Einschlägigkeit des Auffanggrundrechts der allgemeinen Handlungsfreiheit.[791] Die Inkonsequenz, die darin liegt, einerseits die Betroffenheit des Schutzbereichs der Berufsfreiheit durch staatliche Warnungen zu verneinen, andererseits die Überprüfung anhand von Art. 2 I GG mit der Begründung abzulehnen, dieser sei thematisch verbraucht, wurde bereits beleuchtet. Es bleibt jedoch nicht bei rein logischer Zweifelhaftigkeit: Das Resultat einer solchen Handhabe ist die Kreation von Lücken im Grundrechtsschutz.[792] Solche sind allgemein nach dem umfassenden Schutzkonzept des Grundrechtskatalogs und im Besonderen nach dem herrschenden Verständnis von Art. 2 I GG als allgemeiner Handlungsfreiheit[793] nicht vorgesehen.

Wie kommt nun das BVerfG zu derart halsbrecherischen dogmatischen Ungereimtheiten, die auch nicht als einmaliger „Ausrutscher" gewertet werden können, bemühte doch das BVerfG im Fall „Osho", der am selben Tag entschieden wurde, den gleichen Begründungsweg[794]? Hier war wohl gewissermaßen der Wunsch der Vater des Gedankens. Aus der Überzeugung heraus, dass es um des effektiven Schutzes der Bevölkerung willen notwendig ist, dass der Staat Warnungen vor unter dem begründeten Verdacht der Gesundheitsschädlichkeit stehenden Produkten aussprechen darf, wurde die aufgezeigte Konstruktion gewählt.[795] Bei der „normalen" Behandlung der Listenveröffentlichung als mittelbar-faktischen Eingriff in den Schutzbereich des Art. 12 I GG, der einer umfassenden verfassungsrechtlichen Rechtfertigung unterliegt und deshalb auch dem

790 Ähnlich Lindner, DÖV 2004, 765.

791 Anders aber Hoffmann-Riem, Der Staat 43 (2004), 203 (214).

792 So auch Murswiek, Der Staat 45 (2006), 473 (486).

793 St. Rspr. seit BVerfGE 6, 32 (36) – Elfes.

794 BVerfGE 105, 279 ff. – Osho; vgl. auch den die Senatsentscheidungen „Glykol" und „Osho" bestätigenden Kammerbeschluss zur Scientology-Sekte, BVerfG, NJW 2002, 3458 ff.

795 Gleichsinnig Murswiek, Der Staat 45 (2006), 473 (494): „Die subjektive Überzeugung von der Vernünftigkeit des Ergebnisses ersetzt dabei die juristische Abarbeitung der verfassungsrechtlichen Rechtfertigungskriterien."

Vorbehalt des Gesetzes genügen muss, also einer Ermächtigungsgrundlage bedarf, wäre die Rechtfertigung eben an diesem Punkt gescheitert. Mangels einfachgesetzlicher Ermächtigungsgrundlage hätte die Bundesregierung die Warnung nicht aussprechen dürfen. Das Gericht befand sich einem Dilemma: Es anerkannte die Warnung der Bevölkerung als wichtig, sah aber zugleich, dass keine taugliche Ermächtigungsgrundlage dafür im Raume stand.

Wie eingangs der Stellungnahme erwähnt: Die Grundaussage der Glykol-Entscheidung ist richtig. Die Bundesregierung muss vor gesundheitsgefährdenden Produkten warnen können.[796] Allein bedarf sie dazu einer dem Vorbehalt des Gesetzes genügenden Ermächtigungsgrundlage. Eine solche kann nicht vom BVerfG aus der Verfassung rechtsschöpfend gewonnen werden, sondern muss entsprechend der Wesentlichkeitstheorie[797] der Feder des Parlaments entstammen. Eine derartige einfachgesetzliche Ermächtigung zum staatlichen Informationshandeln ist unter der Verwendung unbestimmter Rechtsbegriffe auch normierbar[798] und daher zu fordern. Da eine solche Ermächtigungsgrundlage zum Zeitpunkt der Warnung nicht vorhanden war, hätte das BVerfG richtigerweise eine Verletzung der Beschwerdeführerinnen in ihrem Grundrecht auf Berufsfreiheit bejahen müssen.

3. Die sog. Festbetragsentscheidung[799]

Ein halbes Jahr nachdem das BVerfG über den Glykol-Fall zu entscheiden hatte, bestätigte es in der sog. Festbetragsentscheidung die von ihm eingeführte Begrenzung des Schutzbereichs der Berufsfreiheit.

a. Der Sachverhalt

Ein Pharmaunternehmen, ein Hörgeräteakustiker, einige Optiker und eine in der gesetzlichen Krankenversicherung Versicherte hatten in drei separaten Verfahren erfolglos den Rechtsweg der Sozialgerichtsbarkeit bis zum BSG beschritten.

---

796 Siehe nur Vosgerau, Der Staat 48 (2009), 107 (125).

797 BVerfGE 49, 89 (126 f.) – Kalkar I; 53, 30 (56) – Mülheim-Kärlich; 61, 260 (274) – Hochschulgesetz NRW; 88, 103 (116) – Streikeinsatz von Beamten.

798 Zu dieser Einschätzung kommt auch Volkmann, JZ 2005, 261 (269). Gleichsinnig Holoubek, Der Grundrechtseingriff – Überlegungen zu einer grundrechtsdogmatischen Figur im Wandel, in: Merten/Papier (Hrsg.), Grundsatzfragen der Grundrechtsdogmatik, S. 17 (30); P.M. Huber, JZ 2003, 290 (294); a.A. Bethge, Mittelbare Grundrechtsbeeinträchtigungen, in: Merten/Papier (Hrsg.), Handbuch der Grundrechte III, § 58 Rn. 115.

799 BVerfGE 106, 275 ff. – Festbetragsentscheidung.

Sie hatten sich gegen die Rechtmäßigkeit der Festsetzung der Festbeträge für Arzneimittel, Hörhilfen bzw. Sehhilfen gewendet. Mit den Festbeträgen wird in der gesetzlichen Krankenversicherung der erstattungsfähige Höchstbetrag für ein Arznei-, Heil- oder Hilfsmittel festgesetzt. Verordnet ein Arzt zu Lasten der gesetzlichen Krankenversicherung ein kostspieligeres Mittel, so sind die den Festbetrag übersteigenden Kosten vom Versicherten selbst zu tragen. Die Krankenkassenverbände sind nach §§ 35 und 36 SGB V dazu ermächtigt, die Festbeträge festzulegen. Das BSG setzte die drei Verfahren jeweils aus und holte zulässigerweise im Wege der konkreten Normenkontrolle die Entscheidung des BVerfG ein, weil es von der Verfassungswidrigkeit der §§ 35 und 36 SGB V insbesondere im Hinblick auf Art. 12, 20 und 80 GG überzeugt war. Das BVerfG fasste die Richtervorlagen zur gemeinsamen Entscheidung zusammen. Es befand, dass die den Krankenkassenverbänden in §§ 35 und 36 SGB V eingeräumte Ermächtigung, Festbeträge festzusetzen, mit dem Grundgesetz vereinbar ist.

b. Der Begründungsweg

In seiner Prüfung unterscheidet das BVerfG zwischen der Grundrechtsverletzung der Ärzte und gesetzlich Krankenversicherten auf der einen sowie der Arzneimittelhersteller, Hörgeräteakustiker und Optiker auf der anderen Seite. In Bezug auf Ärzte und Versicherte bejaht das Gericht (ganz der traditionellen Grundrechtsprüfung verpflichtet) einen Eingriff in ihre Berufsfreiheit bzw. in ihre allgemeine Handlungsfreiheit, weist aber im Anschluss die verfassungsrechtliche Rechtfertigung des Eingriffs schulmäßig nach.[800]

Anders verfährt es bei der Frage der Verletzung der Arzneimittelhersteller, Hörgeräteakustiker und Optiker in ihrem Grundrecht auf Berufsfreiheit gem. Art. 12 I GG. Hierbei stellt es gleich zu Beginn fest, dass die Berufsfreiheit der Pharmaunternehmen sowie der Hörgeräteakustiker und der Optiker „nicht berührt“ werde.[801] Zwar umfasse das Grundrecht auch die Freiheit, das Entgelt für berufliche Leistungen selbst festzusetzen bzw. auszuhandeln. Ebenso umschließe Art. 12 I GG in der bestehenden Wirtschaftsordnung das berufsbezogene Verhalten der Unternehmen am Markt. Der Schutz des berufsspezifischen Auftretens der Unternehmen am Markt werde durch die rechtlichen Regeln mitbestimmt, die den Wettbewerb ermöglichen und begrenzen. Die Wettbewerber hätten aber „keinen grundrechtlichen Anspruch darauf, dass die Wettbewerbsbedingungen für sie gleich bleiben“. Vielmehr unterlägen die Wettbewerbspositionen dem Risiko laufender Veränderungen je nach Marktverhältnissen. Dement-

800 BVerfGE 106, 275 (304 ff.) – Festbetragsentscheidung.
801 BVerfGE 106, 275 (298) – Festbetragsentscheidung.

sprechend berühre die Regelung der Höchstpreise für die Übernahme der Arznei- und Hilfsmittelkosten durch die Krankenkassen den Schutzbereich des Art. 12 I GG nicht, auch wenn davon Marktchancen betroffen werden.[802]

Weiter argumentiert das BVerfG, dass den §§ 35 und 36 SGB V über die faktisch mittelbaren Folgen für Hersteller und Leistungserbringer hinaus keine berufsregelnde Tendenz zukäme. Die Auswirkungen auf deren Berufsausübung seien bloßer Reflex der auf das System der gesetzlichen Krankenversicherung bezogenen Regelung. Dies gelte vor allem deshalb, weil die Krankenkassenverbände durch §§ 35 und 36 SGB V nicht zu wirtschaftslenkenden Maßnahmen ermächtigt würden, denen ihrerseits eine berufsregelnde Tendenz zukäme. Zwar lasse sich dem Wortlaut des § 35 V 2 SGB V[803] entnehmen, dass der Preiswettbewerb wirksam sein soll. Die Arzneimittelhersteller sollten sich veranlasst sehen, ihre Preise zu senken. Jene Orientierung an Bedingungen des Preiswettbewerbs sei der vom Gesetzgeber vorgesehene Weg, um den Gesetzesadressaten die Beachtung des ihnen rechtlich vorgegebenen Grundsatzes der Wirtschaftlichkeit zu ermöglichen.[804] Mithin sei die Erstreckung des Preiswettbewerbs auf den Arzneimittelmarkt der gesetzlichen Krankenversicherung „eine vom gesetzgeberischen Willen umschlossene Folgewirkung der Festbeträge, nicht aber ein eigenständiges Ziel des Gesetzes“[805]. Der Gesetzgeber habe auf diese Weise lediglich verdeutlicht, dass der von ihm erwartete Preiswettbewerb ein Mittel der Umsetzung des Wirtschaftlichkeitsgebots ist.

Im Folgenden betont das BVerfG, dass die Berufsfreiheit der Anbieter auch nicht durch die Veröffentlichung der Festbeträge berührt werde. Die Funktionsfähigkeit des Wettbewerbs setze gerade ein hohes Maß an Informationen über marktrelevante Faktoren voraus. Wenn auf mangelnde Transparenz zurückzuführende Nachteile auf dem Markt durch Informationen abgebaut werden, könne dies zwar mittelbar zu faktischen Nachteilen für die Anbieter der Leistungen führen. Das Gericht räumt in diesem Zusammenhang ein, dass diese es in der Folge schwer haben, sich gegen Anbieter durchzusetzen, die sich infolge der Veröffentlichung der Festbeträge als preisgünstiger erwiesen haben. Es erkennt darin aber keine Beeinträchtigung grundrechtlich geschützter Positionen. Es gebe nämlich keinen aus Art. 12 I GG folgenden Anspruch auf Beibehaltung von

802 BVerfGE 106, 275 (299) – Festbetragsentscheidung.

803 § 35 V 2 SGB V lautet: „Sie (die Festbeträge) haben Wirtschaftlichkeitsreserven auszuschöpfen, sollen einen wirksamen Preiswettbewerb auslösen und haben sich deshalb an möglichst preisgünstigen Versorgungsmöglichkeiten auszurichten; soweit wie möglich ist eine für die Therapie hinreichende Arzneimittelauswahl sicherzustellen.“

804 BVerfGE 106, 275 (300) – Festbetragsentscheidung.

805 BVerfGE 106, 275 (302) – Festbetragsentscheidung.

Rahmenbedingungen, die infolge fehlender Transparenz Verkaufserfolge im Wettbewerb ermöglichen.[806]

Die vom BVerfG durchgeführte Prüfung der Grundrechtsverletzung der Arzneimittelhersteller, Hörgeräteakustiker und Optiker ist hinsichtlich ihrer Methodik näher in Augenschein zu nehmen. Indem das Gericht die Reichweite des Freiheitsschutzes des Art. 12 I GG für das berufsbezogene Verhalten der Unternehmen am Markt den rechtlichen Regeln unterwirft, die den Wettbewerb ermöglichen und begrenzen, wiederholt und bestätigt es die vom Glykol-Fall bekannte Schutzbereichsbestimmung nach Maßgabe des einfachen Rechts.[807] Die freiheitliche Betätigung wird unter den Vorbehalt einer funktionstüchtigen Wirtschaftsordnung gestellt. Als durch Art. 12 I GG letztlich gesichert weist das Gericht die Teilhabe am Wettbewerb in dem vom einfachen Gesetz vorgegebenen Rahmen aus. Wenn anschließend betont wird, dass die am Wettbewerb Partizipierenden keinen grundrechtlichen Anspruch darauf haben, dass die Wettbewerbsbedingungen für sie gleich bleiben, dass ihre Wettbewerbspositionen und ihr Umsatz vielmehr dem Risiko laufender Veränderungen je nach Marktverhältnissen unterliegen, dann will das BVerfG zu der Überzeugung hinleiten, dass sich mit der Festsetzung von Festbeträgen ein eben solches marktimmanentes Risiko verwirklicht, vor dem das Grundrecht auf Berufsfreiheit von vornherein keinen Schutz gewährt. Folglich verengt das BVerfG wiederum den Schutzbereich des Grundrechts, nimmt also eine Schutzbereichsbegrenzung vor.

Mit der sich anschließenden Aussage, dass der Schutzbereich des Art. 12 I GG deshalb „nicht berührt" sei, weil den §§ 35 und 36 SGB V keine „berufsregelnde Tendenz" zukäme, verknüpft das BVerfG die Einschlägigkeit des Schutzbereichs mit dem Vorliegen eines Eingriffs.[808] Die Kategorie der berufsregelnden Tendenz wird im Rahmen von Art. 12 I GG nach bisheriger Dogmatik und bis dato ständiger Rechtsprechung des BVerfG zur Qualifizierung einer staatlichen Maßnahme als Eingriff herangezogen.[809] Dass das

806 BVerfGE 106, 275 (304) – Festbetragsentscheidung.

807 Ähnlich die Einordnung von Papier, Aktuelle grundrechtsdogmatische Entwicklungen in der Rechtsprechung des Bundesverfassungsgerichts. Schutzbereich – Eingriff – Gesetzesvorbehalt, in: Merten/Papier (Hrsg.), Grundsatzfragen der Grundrechtsdogmatik, S. 81 (88).

808 Vgl. Fassbender, NJW 2004, 816, mit dem Befund, dass sich „bei Art. 12 I GG die Frage der Schutzbereichseröff nung von der Frage, ob ein Eingriff vorliegt, nicht immer sinnvoll trennen" lasse. Ebenso Bäcker, Wettbewerbsfreiheit als normgeprägtes Grundrecht, S. 129.

809 Dementsprechend etwa BVerfGE 47, 1 (21) – Hausgehilfin; BVerfG, GRUR 2001, 266 – Boykott von Importarzneimitteln; BVerfGE 97, 228 (254 f.) – Kurzberichterstattung; BVerfG, NVwZ 2009, 1486 (1487) – „Zollflugplatz".

BVerfG hier jedoch die „Berührung" des Schutzbereichs nicht als Synonym für einen Eingriff in den Schutzbereich verwendet, sondern mit dieser Wendung die Eröffnung des Schutzbereichs abschlägig bescheidet[810], wird aus dem Vergleich mit der Wortwahl ersichtlich, die es vorangehend für die Prüfung der Grundrechtsverletzung der Kassenärzte und Kassenpatienten trifft. Hier spricht das Gericht nämlich von der „Einwirkung" auf die Berufausübung der Ärzte und von der „Veränderung" der Leistungsansprüche der Versicherten, die diese zwar in ihren Grundrechten „betreffen", aber nicht „verletzen".[811] Soweit bezüglich der Arzneimittelhersteller, Hörgeräteakustiker und Optiker die „Berührung" der Berufsfreiheit verneint wird, ist damit offensichtlich gemeint, dass bereits der Schutzbereich als nicht einschlägig erkannt wird. Mithin wird unter Heranziehung der „berufsregelnden Tendenz" die Nichteinschlägigkeit des Schutzbereichs mit der fehlenden Eingriffsqualität der Festbetragsregelung begründet.

Augenfällig ist weiterhin, auf welche Weise das BVerfG dann die berufsregelnde Tendenz konkret verneint. Es will strikt zwischen „dem vom Gesetzgeber vorgesehenen Weg"[812] bzw. der „vom gesetzgeberischen Willen umschlossenen Folgewirkung"[813] und einem „eigenständigen Ziel des Gesetzes" unterschieden wissen. Dem Gericht zufolge wäre eine berufsregelnde Tendenz der §§ 35 und 36 SGB V erst zu bejahen gewesen, wenn der Gesetzgeber die Erstreckung des Preiswettbewerbs auf den Arzneimittelmarkt der gesetzlichen Krankenversicherung als eigenständiges Ziel verfolgt hätte. Dass § 35 V 2 SGB V schon seinem Wortlaut nach die Wirksamkeit des Preiswettbewerbs fordert und darauf abzielt, die Arzneimittelhersteller von hochpreisigen Medikamenten zu Preissenkungen zu veranlassen[814], soll zu keiner anderen Bewertung führen. So kann ein mittelbar-faktischer Eingriff verneint werden, was nach der Konstruktion des BVerfG auch die Nichteinschlägigkeit des Schutzbereichs des Art. 12 I GG impliziert.

Schließlich wird die Berührung des Grundrechts der Berufsfreiheit durch die Veröffentlichung der Festbeträge abgelehnt, indem die Informiertheit der Marktteilnehmer als Grundbedingung der Funktionsfähigkeit des Wettbewerbs herausgestellt wird. Wegen dieses Funktionsvorbehalts sei in der Veröffentlichung der Festbeträge durch den Staat, die dem Abbau von Undurchsichtigkeit diene, keine Berührung mit grundrechtlich geschützten Positionen zu erkennen. Vielmehr wird abschließend noch einmal hervorgehoben, dass Art. 12 I GG keinen

810 So auch Rixen, Sozialrecht als öffentliches Wirtschaftsrecht, S. 239.

811 BVerfGE 106, 275 (299) – Festbetragsentscheidung.

812 BVerfGE 106, 275 (300) – Festbetragsentscheidung.

813 BVerfGE 106, 275 (302) – Festbetragsentscheidung.

814 BVerfGE 106, 275 (300) – Festbetragsentscheidung.

Schutz vor der Veränderung von Rahmenbedingungen gewähre, die aufgrund von Intransparenz Verkaufserfolge im Wettbewerb ermöglicht hatten (kein Anspruch auf Erhalt des status quo).[815]

c. Die Auswirkungen auf den konkreten Fall

Für das Normenkontrollverfahren hatte dieses Vorgehen zur Folge, dass bei der Überprüfung der Grundrechtsverletzung der Pharmaunternehmen, Hörgeräteakustiker und Optiker mangels Einschlägigkeit des Schutzbereichs nicht auf die verfassungsrechtliche Rechtfertigung der §§ 35 und 36 SGB V eingegangen werden musste. Da ein Eingriff in die Berufsfreiheit der Ärzte bzw. in die allgemeine Handlungsfreiheit der Versicherten hingegen bejaht wurde, konnte in diesem Rahmen umfassend überprüft werden, ob sich die entscheidungserheblichen Vorschriften verfassungsrechtlich rechtfertigen ließen. Insofern zog die Verkürzung des Schutzbereichs nicht derart weite Kreise, dass der Staat der Rechtfertigungslast für §§ 35 und 36 SGB V enthoben wurde. Der individuelle Grundrechtsschutz der übrigen Kläger des Ausgangsverfahrens war durch die Ablehnung der Eröffnung des Schutzbereichs der Berufsfreiheit jedoch allemal beschnitten worden.

d. Die befürwortenden Stimmen

Von den zustimmenden Stimmen in der Literatur wird betont, dass die vom BVerfG in Anknüpfung an den Glykol-Fall durchgeführte Unterscheidung zwischen wettbewerblicher Teilnahmefreiheit und Erfolgschance überzeuge.[816] Innerhalb der rechtlichen Regeln, die den Wettbewerb ermöglichen und begrenzen, sichere Art. 12 I GG zwar die Teilnahme am Wettbewerb. Dagegen sei es zutreffend, dass die Marktchancen der Hersteller nicht grundrechtsgeschützt seien, da Art. 12 I GG von vornherein keinen Anspruch auf Erfolg im Wettbewerb oder auf Sicherung künftiger Erwerbsmöglichkeiten gewährleiste.[817] Die Festsetzung von Festbeträgen berühre nicht die grundrechtlich geschützte Teilnahmefreiheit, sondern lediglich die Erfolgschance der Durchsetzung der selbst kal-

815 BVerfGE 106, 275 (304) – Festbetragsentscheidung.

816 Lindner, DÖV 2004, 765 (769).

817 Jaeger, NZS 2003, 225 (234); Lindner, DÖV 2004, 765 (769); ähnlich Bäcker, Wettbewerbsfreiheit als normgeprägtes Grundrecht, S. 98, der die individualrechtliche Perspektive für die Wettbewerbsfreiheit, die er von der Freiheit zu wirtschaftlichem Verhalten unterscheidet, als nicht einschlägig erachtet. Ihm zufolge sei Wettbewerbsfreiheit nicht einfach Freiheit zu wirtschaftlichem Handeln, sondern zu wirtschaftlichem Handeln im Rahmen einer bestimmten Ordnung.

kulierten Preise. Dieses Durchsetzungsinteresse sei als solches jedoch kein freiheitsrechtlich geschütztes Interesse.[818]

Das BVerfG verstehe den Schutz der Wettbewerbsfreiheit als Schutz der Integrität einer einfachrechtlich errichteten Wirtschaftsordnung. Eine staatliche Maßnahme, die Ordnungsvorgaben dieser Wirtschaftsordnung lediglich umsetzt, könne auch dann nicht als Grundrechtseingriff angesehen werden, wenn sie den Einzelnen belastet.[819]

Der Schutzbereich von Art. 12 I GG werde nicht deshalb berührt, weil Normen faktisch mittelbare Folgen für die Hersteller haben. Einem solchen „Reflex" hafte keine berufsregelnde Tendenz an.[820] Zu befürworten sei weiterhin, dass der Gesetzgeber mit den §§ 35 und 36 SGB V und den damit verbundenen Listenveröffentlichungen für mehr Transparenz gesorgt und damit wirtschaftliches Verhalten der beteiligten Akteure überhaupt ermöglicht habe.[821]

e. Die kritischen Stimmen

Als bedenklich bewerten die Kritiker die Festbetragsentscheidung dahingehend, dass das BVerfG wettbewerbsrelevantes Staatshandeln grundsätzlich in größerem Maße als gewohnt aus dem Anwendungsbereich von Art. 12 I GG ausnehmen will.[822] Ohne hinreichende Begründung werde der Wettbewerbsfreiheit als Teilfreiheit des Art. 12 I GG kein weites Tatbestandverständnis zugestanden. Dazu würden sozialwissenschaftliche, ökonomietheoretische Argumente angeführt, die hinsichtlich ihrer wissenschaftlich fundierten Überzeugungskraft fragwürdig erschienen. Es werde mit wenig fassbaren Kategorien wie „Markt", „Wettbewerb" und „Funktionsbedingungen" gearbeitet, um die Verengung des Schutzbereichs auf ein wackeliges Fundament zu stellen.[823]

Grundlegend verkannt werde hierbei, dass das Festbetragssystem schon von der gesetzgeberischen Intention her auf finale Konsequenzen für die Preisbildung der Arzneimittelhersteller gerichtet sei.[824] Wer bei derartigen „dirigisti-

---

818 Lindner, DÖV 2004, 765 (769, 771).

819 Bäcker, Wettbewerbsfreiheit als normgeprägtes Grundrecht, S. 130.

820 So Jaeger, NZS 2003, 225 (234), die jedoch einräumt, dass „die wirtschaftlichen Auswirkungen ganz erheblich sein können."

821 Jaeger, NZS 2003, 225 (234).

822 Fassbender, NJW 2004, 816 (817).

823 Rixen, Sozialrecht als öffentliches Wirtschaftsrecht, S. 240 f., der von einem „stillen, verschwiegenen Abschied von der grundrechtlichen Wettbewerbsfreiheit" spricht.

824 Posser/Müller, NZS 2004, 178 (181), die in ihrem Aufsatz zwar speziell zur Verfassungsmäßigkeit der Festbetragsre-gelung für patentgeschützte Arzneimittel (§ 35 Ia SGB V) Stellung nehmen, deren vorangestellte allgemeine Kritik am Festbetragssystem jedoch hier bemüht werden kann.

schen Maßnahmen“[825] einen bloßen Reflex für die Berufsausübung der Hersteller annehme, ignoriere den faktischen Preisanpassungszwang, der mit dem Festbetragskonzept einhergehe. Mit dem System werde eine faktische Preisobergrenze etabliert. Der Gesetzgeber schaffe mit dem Festbetragskonzept Rahmenbedingungen, die den einzelnen Arzneimittelhersteller auf Grund des tatsächlichen wirtschaftlichen Zuschnitts des Arzneimittelmarkts (ca. 90 % der Bevölkerung sind in der gesetzlichen Krankenversicherung versichert) zielgerichtet dazu veranlassten, seine Preise an den geltenden Festbeträgen auszurichten. Ein Eingriff in die Preisbildungsfreiheit sei mithin zu bejahen.[826]

Vorzuwerfen sei dem BVerfG allemal seine inkonsequente Bewertung von staatlichen Kostendämpfungsmaßnahmen als Beeinträchtigungen des Grundrechts auf Berufsfreiheit.[827] In den der Festbetragsentscheidung vorangegangenen Kammerentscheidungen sei ein Eingriff in Art. 12 I GG fast durchgängig mit der Begründung bejaht worden, dass gesetzliche Vorgaben für die Bildung der Preise, zu denen das in Ausübung eines Berufs hergestellte Erzeugnis veräußert wird, geeignet seien, sich auf die Ausübung des Berufs auszuwirken.[828]

Die Forderung nach Konsequenz in der Behandlung sei umso lauter zu stellen, als die Frage, ob wettbewerbsrelevantes staatliches Verhalten, das sich vermeintlich nur reflexartig auf die wirtschaftlichen Erfolgsaussichten des Einzelnen auswirkt, einen Eingriff in den Schutzbereich des Art. 12 I GG darstellt, für die fachgerichtliche Praxis von eminenter Bedeutung ist.[829] So habe das Landessozialgericht Berlin [830] den Arzneimittelherstellern unter Rückgriff auf das Festbetragsurteil des BVerfG die Antrags- bzw. Klagebefugnis abgesprochen.[831] Werde den Arzneimittelherstellern jedoch der Individualrechtsschutz vor den Fachgerichten verwehrt, entstehe zu ihren Ungunsten ein Rechtsschutzvakuum,

825 Vgl. Posser/Müller, NZS 2004, 178.

826 So Posser/Müller, NZS 2004, 178 (182); ähnlich Merten, Grundrechtlicher Schutzbereich, in: ders./Papier (Hrsg.), Handbuch der Grundrechte III, § 56 Rn. 77.

827 Fassbender, NJW 2004, 816 (817); Rixen, Sozialrecht als öffentliches Wirtschaftsrecht, S. 237; vgl. in diesem Zusammenhang auch Sodan, NJW 2003, 257 (260), der in der Wahrung von Kontinuität und Herstellung von Stabilität in der verfassungsgerichtlichen Rechtsprechung bedeutsame Werte erkennt, die ohne rechtfertigenden Grund nicht aufgegeben werden sollten.

828 So etwa BVerfG, NJW 1992, 735 – Ausschluss unwirtschaftlicher Arzneimittel aus kassenärztlicher Versorgung; NJW 1999, 3404 – „Negativ-Liste“; NJW 2000, 1781 – Preisabschlag und Preismoratorium für Arzneimittel.

829 Siehe Fassbender, NJW 2004, 816 (817).

830 LSG Berlin, Urteil v. 17.9.2003, Az.: L 9 KR 2/03 NV, S. 8 ff.

831 Posser/Müller, NZS 2004, 178 (186).

das in offenen Konflikt mit den verfassungsrechtlichen Vorgaben in Art. 19 IV GG trete.[832]

f. Stellungnahme

Die Kritik an der Art und Weise, wie das BVerfG in der Festbetragsentscheidung die Berührung der Arzneimittelhersteller, Optiker und Hörgeräteakustiker in ihrem Grundrecht auf Berufsfreiheit verneint, überzeugt. Befremdlich wirkt vorrangig die Bereitwilligkeit, mit der das grundsätzlich nicht normgeprägte Grundrecht auf Berufsfreiheit einer einfachgesetzlichen Ausformung zugänglich gemacht wird.[833] Indem die Grenzen des Schutzbereichs des Art. 12 I GG über die einfachgesetzlichen Regelungen, die den Wettbewerb ermöglichen und begrenzen, bestimmt werden, kommt es zu einer Unterordnung der Reichweite des Freiheitsschutzes unter die Funktionsbedingungen des Marktes. Die Funktionalität des Marktes wird auf diese Weise über den Individualrechtsschutz gestellt.[834] Dies läuft dem liberalen Grundrechtsverständnis zuwider und beschränkt den Grundrechtsschutz für das Individuum. Daraus kann geschlossen werden, dass liberale Grundsätze zum Schutze der Berufsfreiheit in der jüngeren Rechtsprechung des BVerfG nicht mehr in gleicher Weise zur Anwendung gelangen wie noch in der älteren Judikatur.[835] Mit der früheren freiheitsfreundlichen Rechtsprechung des BVerfG sollte jedoch nicht gebrochen werden, da ein rechtfertigender Grund für ein solches Vorgehen nicht ersichtlich ist.[836]

Nicht zu überzeugen vermag insbesondere, dass das BVerfG die Nichtberührung des Schutzbereichs der Berufsfreiheit damit begründet, dass die Wettbewerbspositionen dem Risiko laufender Veränderungen je nach Marktverhältnissen unterliegen. Dieser Aussage ist zwar an sich zuzustimmen, aber nur solange, wie die Veränderungen der Marktverhältnisse aus dem Markt selbst heraus erwachsen und nicht staatlich veranlasst sind. Vor dezisionistischen staatli-

---

832 In diesem Sinne Posser/Müller, NZS 2004, 178 (186).

833 Die Normprägung hingegen befürwortend Bäcker, Wettbewerbsfreiheit als normgeprägtes Grundrecht, S. 157 ff.

834 Ähnliche Einschätzung bei Kahl, AöR 131 (2006), 579 (609).

835 Gleichsinnig Sodan, NJW 2003, 257 (260); in ähnlichem Zusammenhang bestätigend Brüning, JZ 2009, 29 (34).

836 Nochmals Sodan, NJW 2003, 257 (260).

chen Maßnahmen, die in den Markt eingreifen und die Erfolgschancen gezielt beeinflussen, schützt Art. 12 I GG durchaus.[837]

Abzulehnen ist des Weiteren die inkonsequente dogmatische Konstruktion, die in der Argumentation mit der berufsregelnden Tendenz auf der Ebene des Schutzbereichs liegt. Das BVerfG vermischt so die Ebenen des Schutzbereichs und des Eingriffs. Da diese Handhabung keine ersichtlichen Vorteile für den Freiheitsschutz oder die Durchführung der Grundrechtsprüfung mit sich bringt, liegt die Vermutung nahe, dass der ehrliche und konsequente Eintritt auf die Eingriffsebene nur deshalb vermieden wurde, um eine ausführliche Prüfung der verfassungsrechtlichen Rechtfertigung zu umschiffen.

Auch wenn sich das BVerfG auffallend aufwendig darum bemüht, die berufsregelnde Tendenz der §§ 35 und 36 SGB V zu verschleiern, ergibt sich bereits nach dem Wortlaut des § 35 V 2 SGB V das Gegenteil. Es handelt sich bei der Lenkung der Preisstruktur eben nicht um eine bloße vom gesetzgeberischen Willen umschlossene Folgewirkung, sondern um ein eigenständiges Ziel des Gesetzgebers. Damit fällt auch die These vom reinen Reflex auf die Berufsausübung der Arzneimittelhersteller und Leistungserbringer in sich zusammen. Vielmehr hätte ein Eingriff in die Berufsausübungsfreiheit wegen subjektiv berufsregelnder Tendenz der §§ 35 und 36 SGB V festgestellt werden müssen.

Gerade in der Veröffentlichung der Festbetragslisten ist ein (wenn auch faktisch-mittelbarer) Eingriff durch staatliches Informationshandeln zu erkennen. Um den Versicherten hohe Zuzahlungen zu ersparen, werden die behandelnden Ärzte in der ganz überwiegenden Zahl der Fälle billigere Generika verschreiben anstelle der hochpreisigeren Originalmedikamente. Faktisch wird so für die Hersteller eine Höchstpreisgrenze etabliert. Eine solche Maßnahme mit weit reichenden praktischen Konsequenzen sollte als Eingriff verstanden werden, allein schon, um sie auf ihre verfassungsrechtliche Rechtfertigung überprüfen zu können.

Zwar lässt sich anführen, dass das Bestehen eines funktionsfähigen Arzneimittelmarkts ebenso wie die Absicherung einer finanztüchtigen gesetzlichen Krankenversicherung[838] wichtige Elemente des staatlichen Gemeinwesens bilden und die Festsetzung der Festbeträge sowie deren Veröffentlichung diese le-

---

837 BVerfGE 82, 209 (223 f.) – Krankenhausplan; 86, 28 (37) – Sachverständigenbestellung; 115, 205 (230) – Betriebs- und Geschäftsgeheimnis. Vgl. Bäcker, Wettbewerbsfreiheit als normgeprägtes Grundrecht, S. 149 f.

838 Vgl. nur BVerfGE 103, 172 (184) – Altersgrenze für Kassenärzte, sowie BVerfG, DVBl. 2002, 400 (401) – Regelungen vertragsärztlicher Zulassungsbeschränkungen, die „die Sicherung der finanziellen Stabilität und damit der Funktionsfähigkeit der gesetzlichen Krankenversicherung" als einen „Gemeinwohlbelang von hinreichendem Gewicht" selbst für eine Berufswahlregelung einstufen.

gitimen Ziele befördern. Jedoch sind diese Erwägungen nicht in die Schutzbereichsbestimmung einzustellen, sondern gehören in die Abwägung des legitimen Gesetzeszwecks gegen die Interessen der Betroffenen. Auf dieser Ebene kann auch eine vorgefertigte, an den Besonderheiten des Einzelfalls vorbeigehende Grundrechtsprüfung weitest möglich ausgeschlossen werden. Dabei sollte betont werden, dass eine liberale Wirtschaftordnung grundsätzlich von staatlichen Einflussnahmen möglichst freizuhalten ist. Über Angebot und Nachfrage erhält der Arzneimittelmarkt seine Funktionsfähigkeit besser als durch staatliche Regulierung. Der Eingriff in die von Art. 12 I GG geschützte Preisbildungsfreiheit zur Sanierung der gesetzlichen Krankenkassen hätte ehrlicherweise zumindest als solcher benannt werden müssen, um eine Auseinandersetzung mit der verfassungsrechtlichen Rechtfertigung des Vorgehens nicht zu umgehen.

4. Die sog. Schwellenwert-Entscheidung[839]

Die Linie der Rechtsprechung des Ersten Senats wird in der Entscheidung über die Verfassungsmäßigkeit der Beschränkung des Primärrechtsschutzes auf oberschwellige Vergabeverfahren (sog. Schwellenwert-Entscheidung) weitergezeichnet.

Vorauszuschicken ist an dieser Stelle, dass in der Bundesrepublik Deutschland die Rechtsschutzmöglichkeiten gegen Vergabeentscheidungen nach einfachgesetzlicher Gestaltung zweigeteilt waren und auch nach der genannten Entscheidung noch sind: Gegen Vergabeentscheidungen unterhalb des maßgeblichen, auf das Auftragsvolumen bezogenen Schwellenwerts steht kein Primärrechtsschutz offen, während für über dem Schwellenwert liegende Vergabeentscheidungen der Primärrechtsschutz in Form des sog. Nachprüfungsverfahrens nach §§ 102 ff. GWB eingeräumt ist. Der primäre Rechtsschutz und der sekundäre Rechtsschutz unterscheiden sich nach ihrer Zielrichtung. Der Primärrechtsschutz zielt darauf, den Auftrag zu erhalten, während der Sekundärrechtsschutz auf Schadensersatzansprüche gegen Auftraggeber oder Mitbewerber gerichtet ist.

a. Der Sachverhalt

Die Beschwerdeführerin betrieb ein Unternehmen, dessen Tätigkeitsfeld auf dem Gebiet der Verkehrssicherung lag und seinen Umsatz ausschließlich durch öffentliche Aufträge erwirtschaftete. Deren Volumen lag stets unterhalb der für Bauaufträge maßgeblichen Schwellenwerte. Im Juli 2002 schrieb das Landesamt für Straßenwesen des Saarlandes Verkehrssicherungsmaßnahmen auf einer Au-

839 BVerfGE 116, 135 ff. – Schwellenwert.

tobahn öffentlich aus. Das angegebene Auftragsvolumen unterschritt den damals maßgeblichen Schwellenwert von 5 Mio. Euro. Die Beschwerdeführerin beteiligte sich an der Ausschreibung mit einem Haupt- und mit einem Nebenangebot, die jeweils als günstigstes eingereichtes Angebot rangierten. Dennoch wurde der Beschwerdeführerin am 23. August 2002 mitgeteilt, ihr Angebot sei ausgeschlossen worden, weil ihr Nebenangebot nicht entsprechend der Formanforderungen auf besonderer Anlage gemacht und als solches deutlich gekennzeichnet worden sei. Dies rechtfertige den Ausschluss des gesamten Angebots von der Wertung. Am selben Tag erteilte das Landesamt einem anderen Bieter den Zuschlag. Noch am Abend des 23. August 2002 beantragte die Beschwerdeführerin bei der Vergabekammer des Saarlands die Vergabenachprüfung nach §§ 107 ff. GWB. Sie trug vor, weder ihr Haupt- noch ihr Nebenangebot seien unter Verstoß gegen die Formvorschriften abgegeben worden. Der Antrag wurde jedoch als offensichtlich unzulässig zurückgewiesen, da das Nachprüfungsverfahren im Sinne der §§ 102 ff. GWB nur für Vergaben eröffnet sei, die mindestens die Schwellenwerte erreichen. Gegen diesen Beschluss legte die Beschwerdeführerin alsdann sofortige Beschwerde ein, die das OLG Saarbrücken zurückwies. Gegen den Beschluss des OLG wandte sich die Beschwerdeführerin mit ihrer Verfassungsbeschwerde, jedoch ohne Erfolg. Der Erste Senat des BVerfG vermochte darin keine Verletzung der gerügten Grundrechte aus Art. 3 I und Art. 19 IV GG zu erkennen.

b. Der Begründungsweg

Bevor das BVerfG sich mit der Frage auseinandersetzt, ob das Grundrecht auf Berufsfreiheit im Rahmen des allgemeinen Justizgewähranspruchs möglicherweise ein subjektiv-öffentliches Recht vermittelt, lehnt es mit wenigen Worten eine Verletzung der Beschwerdeführerin in ihrem Anspruch auf effektiven Rechtsschutz aus Art. 19 IV GG ab. Schon der Schutzbereich der Vorschrift sei nicht berührt, da die Vergabeentscheidung „nicht in Ausübung öffentlicher Gewalt im Sinne der Vorschrift" erfolge.[840] Welches staatliche Handeln die Rechtsschutzgarantie des Art. 19 IV GG eröffne, müsse dem vom historischen Verfassungsgeber verfolgten Ziel entnommen werden. Dieser wollte den Bürger vor dem Risiko der Missachtung des Rechts durch ein Handeln der übergeordneten und gegebenenfalls mit den Mitteln des Zwangs arbeitenden Exekutive geschützt wissen. Das Grundrecht solle danach Rechtsschutz (nur) dort gewährleisten, wo der Einzelne sich in einem typischen Abhängigkeits- und Unterordnungsverhältnis befindet. Allein in einer solchen Konstellation sei das Individu-

840 BVerfGE 116, 135 (144) – Schwellenwert.

um des besonderen gerichtlichen Schutzes bedürftig, den Art. 19 IV GG vermittelt. Mithin falle nach der durch diesen Schutzzweck angeleiteten Definition der „öffentlichen Gewalt“ von vornherein solches staatliche Handeln heraus, in dem der Staat dem Bürger nicht in einem Über-Unterordnungsverhältnis gegenübertritt. Die Vergabestelle des Saarlands sei als gewöhnliche Nachfragerin am Markt, mithin auf der Ebene der Gleichordnung, aufgetreten, so dass kein Anlass bestehe, die Maßnahme als Ausübung öffentlicher Gewalt im Sinne des Art. 19 IV GG einzuordnen.[841]

Nachdem das BVerfG mit dieser Argumentation die Eröffnung des Schutzbereichs von Art. 19 IV GG verneint, erörtert es die Einschlägigkeit des allgemeinen Justizgewähranspruchs, welcher im Rechtsstaatprinzip i.V.m. Art. 2 I GG verankert ist.[842] Der allgemeine Justizgewähranspruch gewähre „in den nicht von Art. 19 IV GG erfassten Fällen Rechtsschutz gegenüber der behaupteten Verletzung einer Rechtsposition“. Als eine solche dem Beschwerdeführer zustehende Rechtsposition wird zunächst die einfachgesetzliche Norm des § 97 VII GWB in Betracht gezogen. Jedoch gelte dieser aufgrund der Einschränkung des § 100 GWB ausschließlich für Aufträge oberhalb der Schwellenwerte.[843]

Anschließend greift der Erste Senat auf Art. 12 I GG als mögliche Grundlage eines subjektiven Rechts zu. Jedoch lehnt er auch hier bereits die Eröffnung des grundrechtlichen Schutzbereichs ab. Die Vergabe eines öffentlichen Auftrags an einen Mitbewerber berühre grundsätzlich nicht den Schutzbereich der Berufsfreiheit des erfolglosen Bewerbers.[844] Zur Begründung dieser Aussage führt das Gericht aus, dass Art. 12 I GG in der bestehenden Wirtschaftsordnung das berufsbezogene Verhalten von Personen und Unternehmen schützt. Die Reichweite des Freiheitsschutzes werde durch die rechtlichen Regeln mitbestimmt, die den Wettbewerb ermöglichen und begrenzen. Art. 12 I GG sichere in diesem Rahmen die Teilhabe am Wettbewerb nach Maßgabe seiner Funktionsbedingungen.[845] Bei der Vergabe eines öffentlichen Auftrags beeinflusse die handelnde staatliche Stelle den Wettbewerb nicht von außen, sondern werde selbst als Nachfrager tätig, befinde sich also im Einklang mit den Funktionsbedingungen der bestehenden Wirtschaftsordnung. Wesentliche Elemente dieser Wirtschaftsordnung seien weiterhin, dass ein Nachfrager den auf der Angebotsseite bestehenden Wettbewerb zu seinen Gunsten nutzt und dass er bestimmt,

841 BVerfGE 116, 135 (144) – Schwellenwert.

842 Vgl. nur BVerfGE 88, 118 (123) – Einspruchsfrist bei Versäumnisurteil; 93, 99 (107) – Rechtsmittelbelehrung; Knauff, NVwZ 2007, 546 (547); Siegel, DÖV 2007, 237 (238).

843 BVerfGE 116, 135 (145) – Schwellenwert.

844 BVerfGE 116, 135 (145) – Schwellenwert.

845 BVerfGE 116, 135 (145) – Schwellenwert.

nach welchen Kriterien und in welchem Verfahren er das günstigste Angebot auswählt. Der Wettbewerb der Anbieter um einen ausgeschriebenen Auftrag werde als Mittel genutzt, um das Ziel eines wirtschaftlichen und sparsamen Umgangs mit Haushaltsmitteln zu erreichen. Der Wettbewerb sei aber nicht Selbstzweck der haushaltsrechtlichen Normen, die für die handelnden staatlichen Stellen maßgeblich sind.[846]

Zusätzlich weist das Gericht darauf hin, dass die umstrittene Auftragsvergabe nach Ziel und Wirkung keinen Ersatz für eine staatliche Maßnahme darstelle, die als Grundrechtseingriff zu qualifizieren wäre. Insbesondere mache der Umstand, dass als Auftraggeber für die Ausführung von Maßnahmen im Verkehrssicherungsbereich praktisch nur der Staat in Betracht komme, die Vergabeentscheidung nicht zum funktionalen Äquivalent eines Eingriffs.[847]

Auf die Ablehnung der Einschlägigkeit der Berufsfreiheit hin geht das BVerfG schließlich auf den allgemeinen Gleichheitssatz ein. Art. 3 I GG stelle ein subjektives Recht der Beschwerdeführerin dar, das im Rahmen des Justizgewähranspruchs gerichtlich verfolgt werden könne.[848] Allerdings verneint es im Folgenden die Verletzung des allgemeinen Justizgewähranspruchs, da die in der Rechtsordnung vorgesehenen Möglichkeiten des Rechtsschutzes den rechtsstaatlichen Anforderungen genügten.[849] Folglich wird die Ungleichbehandlung in den Rechtsschutzmöglichkeiten von ober- und unterschwelligen Vergabeverfahren verfassungsgerichtlich akzeptiert.

Schon bei der Auseinandersetzung mit der Rechtsschutzgarantie des Art. 19 IV GG bemüht das BVerfG die Figur der Schutzbereichsbegrenzung. Es beschränkt den Schutzbereich des Grundrechts, indem es ein enges Begriffsverständnis von „öffentlicher Gewalt" zu Grunde legt. Um den Begriff inhaltlich auszufüllen, wird die historisch-genetische Auslegungsmethode herangezogen und der Wille des historischen Verfassungsgebers für maßgeblich erklärt. Zusätzlich wird betont, dass das Grundrecht nur bei einem besonderen Bedürfnis des Einzelnen nach gerichtlichem Schutz dessen Schutz bezweckt. Der Erste Senat versteht die Rechtsschutzgarantie also als punktuelle Gewährleistung besonders schutzbedürftigen Verhaltens.

Das gleiche methodische Vorgehen legt das Gericht bei der Erörterung der Berufsfreiheit an den Tag. Die Schutzbereichsbegrenzung wird lediglich auf andere Erwägungen gestützt. Hier führt der Rekurs auf die einfachgesetzliche Wirtschaftsordnung das BVerfG zu dem einschränkenden Verständnis des

846 BVerfGE 116, 135 (146) – Schwellenwert.
847 BVerfGE 116, 135 (146) – Schwellenwert.
848 BVerfGE 116, 135 (147) – Schwellenwert.
849 BVerfGE 116, 135 (147 ff.) – Schwellenwert.

grundrechtlichen Schutzbereichs. Der Schutzgehalt des Art. 12 I GG wird durch die Funktionsbedingungen des Marktes bestimmt. Das staatliche Handeln wird nicht am Grundrecht als solchem gemessen, sondern an der Berufsfreiheit in der einfachgesetzlichen Prägung durch die bestehende Wirtschaftsordnung. Wenn und weil sich die staatliche Stelle innerhalb der so gezeichneten Grenzen bewegt, kann deren Tätigwerden als nicht grundrechtsrelevant eingestuft werden. Zugleich dient der Wettbewerb als Mittel zur Verfolgung öffentlicher Interessen. Der Staat nutzt die Gesetzlichkeiten des Marktes aus, um einen wirtschaftlichen und sparsamen Umgang mit Haushaltsmitteln zu erreichen. Die freiheitliche Betätigung im Wettbewerb nutzt dem Staat. Der Schutzbereich des Grundrechts aus Art. 12 I GG wird so gedeutet, dass es dem Staat möglichst zuträglich ist. Ein dem Staat dienliches Grundrechtsverständnis wird favorisiert und befördert.

Hilfsweise wechselt das BVerfG noch die Herangehensweise. In der Vergabeentscheidung der zuständigen Stellen wird mangels vergleichbarer Finalität und Intensität kein funktionales Äquivalent eines Eingriffs erkannt. Mithin wird mit der Eingriffsebene argumentiert, um eine Eröffnung des Schutzbereichs auszuschließen.

c. Die Auswirkungen auf den konkreten Fall

Da der Beschwerdeführerin eine Berufung auf die Rechtsschutzgarantie sowie auf die Berufsfreiheit versagt blieb, konnte sich die mit dem allgemeinen Justizgewähranspruch zu schützende subjektive Rechtsposition allein aus dem allgemeinen Gleichheitssatz ergeben. Eine Ungleichbehandlung von oberschwelligen und unterschwelligen Vergabeverfahren bei den Rechtsschutzmöglichkeiten war zwar eindeutig gegeben, jedoch nach dem (nach Auffassung des Gerichts einschlägigen) bloßen Willkürverbot durch hinreichend gewichtige Gründe gerechtfertigt.

Wäre der Schutzbereich des Art. 12 I GG extensiv ausgelegt worden, wären indes im Vergleich die Anforderungen an die verfassungsrechtliche Rechtfertigung bei einer Berufsausübungsregelung nach der Dreistufentheorie nicht wesentlich höher ausgefallen.[850] Auch hier hätten vernünftige Gründe des Allgemeinwohls ausgereicht. Die Beschwerdeführerin musste sich letztlich damit begnügen, bei unterschwelligen Vergabeverfahren auf Sekundärrechtsschutz verwiesen zu sein. Im Ergebnis wird die Ungleichbehandlung in den Rechtsschutzmöglichkeiten von ober- und unterschwelligen Vergabeverfahren verfassungsgerichtlich gutgeheißen. Der Vorrang des Primärrechtsschutzes[851] vor dem

850 Gleichsinnig Siegel, DÖV 2007, 237 (240).

851 Vgl. Knauff, NVwZ 2007, 546 (548); dazu auch Wollenschläger, NVwZ 2007, 388 (395), der dieses Prinzip gestützt auf die europäischen Grundfreiheiten herleitet.

Sekundärrechtsschutz (kein: „Dulde und Liquidiere!“) widerfährt eine bereichsspezifische Einschränkung.[852]

d. Die befürwortenden Stimmen

Die Entscheidung uneingeschränkt begrüßende Stimmen in der Literatur sind dünn gesät. Sie verweisen hauptsächlich auf die klärende Wirkung des Urteils in Bezug auf die Rechtswegfrage bei unterschwelligen Vergabeentscheidungen. Die Unzulässigkeit des Verwaltungsrechtswegs stehe jetzt fest.[853] Es erscheine weiterhin konsequent, ein staatliches Nachfragemonopol nicht als funktionelles Äquivalent zu einem Grundrechtseingriff zu bewerten, da anderenfalls die den Wettbewerb anreichernde staatliche Nachfragetätigkeit stigmatisiert werde.[854] Unter Berücksichtigung der Tatsache, dass das Gebot des effektiven Rechtsschutzes nicht auf eine Maximierung der Rechtsschutzmöglichkeiten abzielt, sondern auf einen sachgerechten Ausgleich der rechtlich geschützten Belange, erscheine es vertretbar, dem Interesse an einem zügigen und wirtschaftlichen Vergabeverfahren Vorrang vor den Interessen des unterlegenen Anbieters einzuräumen.[855]

e. Die kritischen Stimmen

Kritik erntet das BVerfG von einigen bereits dafür, dass es gemeinschaftsrechtliches Primärrecht nicht anspricht und zugleich dem EuGH nicht selbst unter dem Aspekt der Vereinbarkeit mit Europarecht vorlegt, obwohl auch das BVerfG eine Vorlagepflicht trifft. Damit taste es das Auslegungsmonopol des EuGH für Europarecht an.[856]

Vorrangig richtet sich die Kritik der Literatur gegen die durch die Entscheidung zementierte Zweiteilung des Rechtsschutzes und des Rechtswegs gegen Vergabeentscheidungen.[857] Bietern in Vergabeverfahren, deren Auftragswert den Schwellenwert nicht erreicht, dürfe – abgesehen von einer bei 10% der Schwellenwerte anzusetzenden de-minimis-Schwelle – der Primärrechtsschutz in der Rechtspraxis nicht völlig versagt bleiben.[858] Verwaltungsgerichtlicher

852 So auch Siegel, DÖV 2007, 237 (240).

853 Hänsel, NJW-Spezial 2007, 69; vorsichtiger Siegel, DÖV 2007, 237 (242), der lediglich von „Indizien“ für eine Zuordnung zu den ordentlichen Gerichten spricht.

854 Siegel, DÖV 2007, 237 (239 f.).

855 Siegel, DÖV 2007, 237 (241).

856 So Frenz, VergabeR 2007, 1.

857 Vgl. nur Knauff, NVwZ 2007, 546 (548 f.); Wollenschläger, NVwZ 2007, 388 (396).

858 Niestedt/Hölzl, NJW 2006, 3680 (3681).

Primärrechtsschutz sei vor dem Hintergrund des Art. 19 IV GG auch notwendig.[859]

Als nicht überzeugend werden insbesondere die Ausführungen des Ersten Senats zum Begriff der öffentlichen Gewalt in Art. 19 IV GG angesehen. Das Gericht gehe dort auf der Grundlage der Historie der Vorschrift von einem zu engen Begriff öffentlicher Gewalt aus.[860] Für den historischen Verfassungsgeber seien die Entwicklungen moderner Staatlichkeit nicht vorhersehbar gewesen.[861] Daher könne nicht gestützt auf dessen Erwägungen ein verengtes Begriffsverständnis zur Bestimmung des Schutzbereichs herangezogen werden.

Zudem sei zu bedenken, dass der Staat als Aufgabenträger nicht lediglich wie ein reines Privatrechtssubjekt am Markt handelt. Geprägt durch die Ambivalenz von fiskalischem und hoheitlichem Handeln sei er nie nur „Nachfrager" oder „Mitspieler", sondern immer auch „Schiedsrichter" und in jedem Fall Staat, der an die Grundrechte gebunden ist.[862] Aufgrund der Entwicklung des Staates zum Gewährleistungsstaat werde der auf Freiwilligkeit basierende Vertragsschluss zur Erreichung seitens des Staats genannter Ziele instrumentalisiert. Privates Engagement werde im Interesse des Staates aktiviert. Dabei verschwömmen die Grenzen zwischen Verwaltungsprivatrecht und Fiskalverwaltung.[863] Entgegen der Ansicht des BVerfG greife der Staat als Nachfrager deshalb sehr wohl auf seine übergeordnete öffentliche Rechtsmacht zurück. Schließlich habe er selbst die Rechtsregeln geschaffen, nach denen sich das Vergabeverfahren richtet.[864] Durch die Art, wie der Staat seine Auswahlentscheidung trifft, beeinflusse er die wettbewerblichen Rahmenbedingungen und gebe den Rahmen vor, innerhalb dessen privater Wettbewerb stattfinden kann.[865] Der Verträge mit Privaten zur Aufgabenerfüllung nutzenden Verwaltung werde es auf der Grundlage eines eingeschränkten Verständnisses von „öffentlicher Gewalt" aufgrund ihrer Handlungsform möglich, Entscheidungen einer wirksamen gerichtlichen Kontrolle zu entziehen.[866]

---

859 Dazu Niestedt/Hölzl, NJW 2006, 3680 (3682). Die an diesem Punkt anknüpfende und im Ergebnis unbedingt Zuspruch verdienende Kritik soll jedoch nicht weiter verfolgt werden, da sie, trotz ihrer unbestritten hohen Praxisrelevanz, im Hinblick auf das Thema der Arbeit keinen Ertrag zu erbringen vermag.

860 Niestedt/Hölzl, NJW 2006, 3680 (3682).

861 Knauff, NVwZ 2007, 546 (547).

862 Frenz, VergabeR 2007, 1 (11).

863 Knauff, NVwZ 2007, 546.

864 Niestedt/Hölzl, NJW 2006, 3680 (3682).

865 Frenz, VergabeR 2007, 1 (11).

866 Knauff, NVwZ 2007, 546 (548).

Für eine weite, auch die staatliche Vergabetätigkeit umfassende Auslegung von „öffentlicher Gewalt“ im Sinne des Art. 19 IV GG spreche nicht zuletzt die Deutung des Art. 1 III GG. Weil dort eine Anknüpfung an bestimmte Handlungsmodalitäten der Verwaltung (etwa hoheitliche, verwaltungsprivatrechtliche oder fiskalische Tätigkeit) fehle, müsse davon ausgegangen werden, dass jede Form staatlicher Tätigkeit an die Grundrechte gebunden werden soll.[867] Die anerkannte umfassende Grundrechtsbindung gem. Art. 1 III GG zwinge dazu, auch andere Handlungsformen des Staates einer vollständigen grundrechtlichen Prüfung zu unterziehen.[868] Dann aber falle auch fiskalisches Beschaffungshandeln unter den Begriff der öffentlichen Gewalt im Sinne von Art. 1 III und Art. 19 IV GG.

Insbesondere verfange der bloße Verweis auf die Andersartigkeit von Gefährdungssituation und Verletzungshandlung nicht, um ein unter den Begriff der öffentlichen Gewalt fallendes staatliches Handeln verneinen zu können. Dabei werde die Fortentwicklung staatlicher Handlungsformen ausgeblendet. Zwar sei zuzugeben, dass von der im traditionellen Sinne im Über-Unterordnungsverhältnis agierenden Exekutive regelmäßig eine besonders starke Gefährdung für die Rechtspositionen der Bürger ausgehe, jedoch sind andere staatliche Handlungsformen deshalb nicht gleichsam gefährdungsfrei.[869]

f. Stellungnahme

Grundlage aller berechtigten Kritik an der Entscheidung ist die Vornahme von Schutzbereichsbegrenzungen sowohl an dem Grundrecht auf effektiven Rechtsschutz aus Art. 19 IV GG als auch an dem Grundrecht auf Berufsfreiheit aus Art. 12 I GG. Im Hinblick auf Art. 19 IV GG wird über die historische Auslegungsmethode ein enges Verständnis von „öffentlicher Gewalt“ im Sinne der Vorschrift herausgearbeitet, das der Überprüfung, ob staatliche Vergabetätigkeit unter den Schutzbereich des Art. 19 IV GG rechnet, zu Grunde gelegt wird. Aus diesem beschnittenen, in keiner Weise vom Wortlaut indizierten und nicht mit der umfassenden Grundrechtsbindung der Exekutive aus Art. 1 III GG zu vereinbarenden Schutzbereichsverständnis muss die staatliche Betätigung im Rahmen der Vergabepraxis herausfallen. Der Wille des historischen Verfassungsgebers, der eine Entwicklung exekutiver Handlungsformen in Richtung Fiskalverwaltung nicht vorherzusehen vermochte und deshalb als Auslegungsmaßstab denkbar ungeeignet ist, wird zur Erzielung des gewünschten Ergebnisses instrumentalisiert. Um die Engfassung des Schutzbereichs näher zu begründen,

867 Dreier, in: ders. (Hrsg.), Grundgesetz I, Art. 1 III Rn. 65 ff. m.w.N.

868 Nochmals Knauff, NVwZ 2007, 546 (548).

869 Dazu Knauff, NVwZ 2007, 546 (547 f.).

wird damit argumentiert, dass das Grundrecht nur besonders schutzbedürftiges Verhalten schützen wolle. Solches wird nur dann bejaht, wenn die Verwaltung dem Bürger im klassischen Über-Unterordnungsverhältnis gegenüber tritt, hingegen nicht, wenn sie ihre Monopolstellung bei der nach staatlichen „Spielregeln“ ablaufenden Auftragsvergabe bemüht. Eine solche Deutung verschließt sich veränderten Realitäten in der Verwaltungspraxis wie auch der Bewältigung neuer grundrechtlicher Gefährdungslagen gleichermaßen. Über die fragwürdige Indienststellung der historisch-genetischen Auslegungsmethode und die dem liberalen Grundverständnis zuwiderlaufende Punktualisierung des Grundrechtsschutzes wird die Schutzbereichsbegrenzung im Rahmen von Art. 19 IV GG möglich gemacht.

Die Begrenzung des Schutzbereichs der Berufsfreiheit wird nach bekannter Manier auf die einfachgesetzliche Wirtschaftsordnung gestützt. Dem Schutzbereich des Grundrechts wird durch einfaches Recht ein gegenüber dem Wortlaut des Grundrechts begrenzter Inhalt zugewiesen. Dies ist aufgrund der Tendenz, von Haus aus sachgeprägte Grundrechte in solche mit normgeprägtem Schutzbereich zu verwandeln, verfehlt. Wenn Art. 12 I GG so verstanden wird, dass er die Teilnahme am Wettbewerb nur nach Maßgabe der einfachgesetzlichen Funktionsbedingungen des Marktes schützt, dann richtet sich das Grundrecht als Verfassungsnorm nach dem einfachgesetzlichen Recht. Ein Grundrecht nach Maßgabe der Gesetze ist die Folge. Zudem kann über den Funktionsvorbehalt des Marktes Verhalten, das nicht der kollektiven Wirtschaftsordnung zu dienen geeignet ist, frei von grundrechtlichem Schutz gestellt werden. Einer „Freiheit um zu“ ist ein solches Ausschlussmoment stets (gewollt) inhärent.

Auf dogmatischen Abwegen befindet sich der Erste Senat des BVerfG, wenn er, augenscheinlich von der Tragkraft seiner eigenen Argumentation nicht hinreichend überzeugt, die Nichteinschlägigkeit des Schutzbereichs hilfsweise von der Eingriffsebene her nachzuweisen sucht. Zum einen ist, wenn man den Ausführungen des Gerichts folgt, der Eintritt auf die Eingriffsebene mangels Schutzbereichseröffnung ausgeschlossen (wo kein Schutzbereich, da kein Eingriff in den Schutzbereich). Zum anderen kann generell nicht die Reichweite des Eingriffsbegriffs über die Weite des sachlichen Schutzbereichs entscheiden. Vielmehr kann umgekehrt der eng oder weit gefasste Schutzbereich die Reichweite des Eingriffsbegriffs bedingen. Eine umgekehrte Verknüpfung ist denklogisch ausgeschlossen.

Nach alledem ist die Entscheidung zur Primärrechtsschutzbeschränkung auf oberschwellige Auftragsvergaben wegen ihrer methodischen Mängel und aufgrund der zweifach bemühten Figur der Schutzbereichsbegrenzung abzulehnen.

5. Die Tariftreue-Entscheidung[870]

Die im Juli 2006 (also einen Monat nach der Schwellenwert-Entscheidung) ergangene Tariftreue-Entscheidung reiht sich bezüglich der Ausführungen zu Art. 9 III GG und zu Art. 12 I GG in Gestalt der Wettbewerbsfreiheit in die Kette der Rechtsprechung des Ersten Senats zur Schutzbereichsbegrenzung ein.

a. Der Sachverhalt

Dem BVerfG wurde im Rahmen einer konkreten Normenkontrolle nach Art. 100 I GG die Frage vorgelegt, ob die Regelung des § 1 I 2 des Berliner Vergabegesetzes (sog. Tariftreueregelung) verfassungsgemäß ist. Nach dieser Vorschrift wird die Vergabe öffentlicher Aufträge unter anderem im Baubereich von sog. Tariftreueerklärungen der Auftragnehmer abhängig gemacht. Der einschlägige § 1 I 2 BerlVgG lautet: „Die Vergabe von Bauleistungen sowie über Dienstleistungen an Gebäuden und Immobilien soll mit der Auflage erfolgen, dass die Unternehmen ihre Arbeitnehmer bei der Ausführung dieser Leistungen nach den jeweils in Berlin geltenden Entgelttarifen entlohnen und dies auch von ihren Nachunternehmern verlangen.“ Die örtlichen Tarifentgelte, zu deren Zahlung sich die Unternehmen mit der Tariftreueerklärung verpflichten sollen, liegen höher als die tariflichen Mindestlöhne nach dem bundesweit verbindlichen Tarifvertrag. Das Bundeskartellamt untersagte dem Land Berlin die Einforderung von Tariftreueerklärungen. Gegen diese Untersagung richtete das Land Berlin eine Beschwerde an das Kammergericht, die jedoch zurückgewiesen wurde. Daraufhin reichte das Land Rechtsbeschwerde vor dem BGH ein. Dieser setzte das Verfahren gem. Art. 100 I GG aus und legte dem BVerfG vor.

b. Der Begründungsweg

Das BVerfG erachtet die Vorlage uneingeschränkt für zulässig. Insbesondere stünden Zweifel an der Vereinbarkeit von § 1 I BerlVgG mit europäischem Gemeinschaftsrecht der konkreten Normenkontrolle nach Art. 100 I GG nicht entgegen. Bei Streitigkeiten sowohl über die gemeinschaftsrechtliche als auch die verfassungsrechtliche Rechtslage gebe es aus verfassungsrechtlicher Sicht keine feste Rangfolge unter den Zwischenverfahren nach Art. 234 EGV[871] und Art. 100 I GG.[872]

---

870 BVerfGE 116, 202 ff. – Tariftreue-Entscheidung.

871 Heute Art. 267 AEUV. Dazu auch Wernsmann, in: Ehlers/Schoch (Hrsg.), Rechtsschutz im Öffentlichen Recht, § 11.

872 BVerfGE 116, 202 (214) – Tariftreue-Entscheidung. Vgl. Wernsmann, in: Ehlers/Schoch (Hrsg.), Rechtsschutz im Öffentlichen Recht, § 16 Rn. 6.

Im Rahmen der Begründetheitsprüfung schiebt der Erste Senat zunächst Bedenken in Bezug auf die Gesetzgebungskompetenz des Landes Berlin beiseite. Das Land sei nämlich nach Art. 70 i.V.m. Art. 72 I GG zuständig, da die Regelungsmaterie von § 1 I BerlVgG in die konkurrierende Zuständigkeit nach Art. 74 I Nr. 11 GG (Recht der Wirtschaft) falle und der Bund nicht abschließend von seinem Gesetzgebungsrecht Gebrauch gemacht habe.[873]

Sodann schließen sich die Ausführungen zur Vereinbarkeit von § 1 I 2 BerlVgG mit Art. 9 III GG an. Dabei unterscheidet das BVerfG zwischen Art. 9 III GG unter dem Gesichtspunkt der sog. negativen Koalitionsfreiheit und der in Art. 9 III GG enthaltenen Bestands- und Betätigungsgarantie der Koalitionen.

In Bezug auf die negative Koalitionsfreiheit führt das BVerfG aus, dass die Tariftreueverpflichtung das durch Art. 9 III GG geschützte Recht der am Vergabeverfahren beteiligten nichtorganisierten Unternehmer, der tarifvertraglichen Koalition fernzubleiben, nicht einschränke. Durch das Gesetz werde auch kein faktischer Zwang oder erheblicher Druck zum Beitritt ausgeübt. Es sei fern liegend, dass sich ein nicht tarifgebundener Unternehmer wegen des Tariftreuezwangs dazu veranlasst sehen könnte, der tarifvertragsschließenden Koalition beizutreten. Weiterhin schütze das Grundrecht nicht davor, dass der Gesetzgeber die Ergebnisse von Koalitionsvereinbarungen zum Anknüpfungspunkt gesetzlicher Bestimmungen nimmt. Allein dadurch, dass jemand den Vereinbarungen fremder Tarifparteien unterworfen wird, sei ein spezifisch koalitionsrechtlicher Aspekt nicht betroffen. Folglich bleibe der Schutzbereich der negativen Koalitionsfreiheit unberührt.[874]

Durch § 1 I BerlVgG werde auch die Bestands- und Betätigungsgarantie der Koalitionen nicht betroffen. Die sich aus der Betätigungsfreiheit der Koalitionen ergebende Normsetzungsbefugnis sei schon deshalb nicht berührt, weil sich dieses Recht nur auf die tarifgebundenen Arbeitgeber und Arbeitnehmer und nicht auf „Außenseiter" bezieht. Zudem kollidierten keine Rechtsetzungskompetenzen des Staates und der Tarifvertragsparteien, da die örtlichen tarifvertraglichen Entgeltabreden nicht kraft staatlicher Anordnung Eingang in die Arbeitsverträge der bei der Ausführung eingesetzten Arbeitnehmer fänden, sondern nach individualvertraglicher Umsetzung durch den Arbeitgeber. Deshalb erwachse den Koalitionen auch kein durch Art. 9 III GG geschütztes Interesse an einer Beteiligung am Verfahren der Tariftreueerklärung. Dies habe umso mehr zu gelten, als die Bestandsgarantie des Art. 9 III GG auch kein solches Beteiligungsrecht ver-

873 BVerfGE 116, 202 (215) – Tariftreue-Entscheidung.
874 BVerfGE 116, 202 (218 f.) – Tariftreue-Entscheidung.

mittele. Die Annahme, die Erstreckung von Tarifverträgen auf Nichtorganisierte könne dazu führen, dass die Anreize für eine Koalitionsmitgliedschaft gemindert werden, weil Außenseiter trotz fehlender Mitgliedschaft in den Genuss tarifvertraglicher Regelungen gelangen, habe spekulativen Charakter.[875] Insgesamt gelangt das BVerfG zu der Überzeugung, dass die Tariftreueklausel den Schutzbereich des Art. 9 III GG unberührt lässt.

Den Schutzgehalt des anschließend zur Überprüfung herangezogenen Art. 12 I GG sieht der Erste Senat hingegen als berührt an. Jedoch wird auch hier differenziert: Eine Betroffenheit der anbietenden Unternehmer in ihrer wirtschaftlichen Betätigungsfreiheit lehnt das Gericht (unterschwellig) mit dem Argument ab, dass das Grundrecht die Teilnahme am Wettbewerb nur im Rahmen der hiefür gestellten rechtlichen Regeln sichere. Nach der Auffassung der Richter reguliert die Tariftreueregelung indes nicht allgemein das Wettbewerbsverhalten der Unternehmen. Vielmehr bewirke sie eine bestimmte Ausgestaltung der Verträge, die der Auftragnehmer mit seinen Arbeitnehmern zur Durchführung des Auftrages abschließt. Mithin berühre § 1 I BerlVgG allein die durch Art. 12 I GG gewährleistete Vertragsfreiheit.[876] Auch sei in der gesetzlichen Regelung nach Zielsetzung und Wirkung ein funktionales Äquivalent eines Eingriffs zu sehen. Dieser mittelbare Eingriff ist nach Ansicht des BVerfG allerdings verfassungsrechtlich gerechtfertigt. Der Gesetzgeber des Landes Berlin habe mit der Tariftreueregelung legitime Ziele verfolgt: die Bekämpfung der Massenarbeitslosigkeit, die Absicherung der finanziellen Stabilität der Systeme der sozialen Sicherheit und die Unterstützung der Ordnungsfunktion der Tarifverträge. Die Verpflichtung der Bewerber um einen öffentlichen Auftrag ist dem Gericht zufolge ein zur Zielverfolgung geeignetes Mittel. Insbesondere habe der Landesgesetzgeber im Rahmen seiner weiten Einschätzungsprärogative annehmen dürfen, dass er mit der Verpflichtung von Bewerbern um öffentliche Aufträge zur Tariftreue den Unterbietungswettbewerb über die Lohnkosten begrenzen und auf diese Weise Arbeitslosigkeit bekämpfen kann.[877] Auch sei die gesetzliche Tariftreueregelung zur Zielerreichung erforderlich. Die Möglichkeit, die Geltung von Tarifverträgen für Außenseiterarbeitgeber durch eine Allgemeinverbindlicherklärung nach § 5 TVG zu erreichen, sei kein milderes Mittel, weil danach der Arbeitgeber seine Arbeitnehmer im Geltungsbereich des Tarifvertrages umfassend nach Tarif entlohnen müsste, wohingegen die Tariftreuerklärung auf den einzelnen Auftrag und die bei dessen Ausführung einge-

875 BVerfGE 116, 202 (220) – Tariftreue-Entscheidung.
876 BVerfGE 116, 202 (221) – Tariftreue-Entscheidung.
877 BVerfGE 116, 202 (224) – Tariftreue-Entscheidung.

setzten Arbeitnehmer beschränkt ist.[878] Die Beeinträchtigung der Vertragsfreiheit durch § 1 I BerlVgG wird schließlich auch als angemessen eingestuft. Dem Eingriff werde die Schwere maßgeblich dadurch genommen, dass die Verpflichtung zur Zahlung der Tariflöhne nicht unmittelbar aus einer gesetzlichen Anordnung folge, sondern erst in Konsequenz der bei dem Unternehmer liegenden Entscheidung, eine Verpflichtungserklärung abzugeben, um den Auftrag zu erhalten. Die gesetzgeberischen Ziele nähmen sich überragend wichtig aus, so dass die vom Gesetzgeber vorgenommene Gewichtung zu Gunsten der Gemeinwohlbelange nicht zu beanstanden sei und die Grenze der Zumutbarkeit für die Bewerber nicht überschritten werde.

Da das BVerfG die Vorschrift des § 1 I BerlVgG auch als mit sonstigem Bundesrecht in Einklang stehend sieht, hält es im Ergebnis die Regelung für verfassungsmäßig.[879]

c. Die Auswirkungen auf den konkreten Fall

Mit der Entscheidung hatte das BVerfG die Einforderung einer Tariftreueerklärung durch öffentliche Auftraggeber verfassungsrechtlich gebilligt. Dies war angesichts des rigorosen Preiskampfes bei der Vergabe öffentlicher Aufträge und der niedrigen Gewinnspanne von hoher praktischer Bedeutung.[880] Der Faktor Personalkosten als Wettbewerbsparameter konnte über die Gutheißung der Tariftreueerklärungen weitgehend ausgeschaltet werden.[881] Der Gesetzgeber war nach Auffassung des BVerfG bei der Erstreckung von Tarifnormen auf Außenseiter nur daran gehindert, diese gleichheitswidrig oder unverhältnismäßig in Bezug auf die in Art. 12 I GG geregelte Arbeitsvertragsfreiheit auszugestalten.[882] Eine Anbindung an Art. 9 III GG wurde bereits auf Schutzbereichsebene ausgeschlossen.

Ungeklärt geblieben war indes die Frage nach der Vereinbarkeit von Tariftreuerklärungen mit Europarecht, insbesondere mit der Dienstleistungsfreiheit.[883] Darauf lieferte erst das Urteil des EuGH vom 3.4.2008[884] eine Antwort: Auf ein Vorabentscheidungsersuchen des OLG Celle hin erklärte der EuGH nationale gesetzliche Maßnahmen, die öffentlichen Auftraggebern vorschreiben, Aufträge nur an solche Unternehmen zu vergeben, die sich bei der Angebotsab-

878 BVerfGE 116, 202 (225 f.) – Tariftreue-Entscheidung.
879 BVerfGE 116, 202 (227) – Tariftreue-Entscheidung.
880 Hänsel, NJW-Spezial 2007, 69 (70).
881 So treffend Klumpp, NJW 2008, 3473.
882 Preis/Ulber, NJW 2007, 465 (467).
883 Hänsel, NJW-Spezial 2007, 69 (70).
884 EuGH, Slg. 2008, I-01989 – Rüffert.

gabe verpflichten, ihren Arbeitnehmern mindestens das am Ort der Ausführung tarifvertraglich vorgesehene Entgelt zu zahlen, als nicht zu rechtfertigende Beschränkungen der Dienstleistungsfreiheit. Insbesondere seien derartige nationale Regelungen nicht von der Richtlinie 96/71/EG (Entsenderichtlichtlinie)[885] gedeckt. Folglich sind Tariftreuerklärungen, obwohl sich das BVerfG für deren Übereinstimmung mit nationalem Verfassungsrecht ausgesprochen hat, angesichts des Anwendungsvorrangs des Gemeinschaftsrechts[886] nicht mehr zulässig. Knapp zwei Jahre später kommt der Tariftreue-Entscheidung des BVerfG wegen der Unionsrechtswidrigkeit von gesetzlichen Tariftreueanordnungen keine Bedeutung mehr zu.

d. Die befürwortenden Stimmen

Die Entscheidung stützende Stimmen sind in der Literatur dünn gesät, aber doch vorhanden. Richtigerweise habe das BVerfG in Übereinstimmung mit seiner früheren Rechtsprechung den Begriff des „Rechts der Wirtschaft" i.S.d. Art. 74 I Nr. 11 GG weit ausgelegt, so dass auch Gesetze mit wirtschaftsregulierendem Charakter dazu rechnen. Bei § 1 I 2 BerlVgG handele es sich um einen vergaberechtlichen Regelungsgegenstand, was durch die in § 1 II BerlVgG enthaltene Sanktionsnorm (befristeter Wettbewerbsausschluss) noch bestätigt werde.[887]

Nach dem Ansatzpunkt des BVerfG sei es überdies unbedenklich, den Schutz vor der Unterwerfung unter fremde Tarifnormen aus dem Schutzbereich der negativen Koalitionsfreiheit auszuschließen. Gehe man mit dem Ersten Senat davon aus, dass die kollektive Koalitionsfreiheit unmittelbar (d.h. ohne Rückgriff auf Art. 19 III GG) zu Gunsten der Koalitionen gewährleistet ist, verbiete sich der Rückschluss auf die negative Koalitionsfreiheit in der Form eines Spiegelbildarguments mit der positiven Koalitionsfreiheit des Individuums (welche auch das Recht der normativen Einbeziehung in den Tarifvertrag umfasst).[888]

Die Befürworter der Tariftreue-Entscheidung loben weiterhin das vom Ersten Senat des BVerfG herangezogene enge Verständnis der grundrechtlichen Tatbestände. Über die Engfassung der Schutzbereiche der negativen Koalitionsfreiheit und der Wettbewerbsfreiheit werde einem Konturenverlust der Schutzbereiche vorgebeugt und zugleich verhindert, dass die Verhältnismäßigkeitsprü-

885 Geltung nur in länderübergreifenden Fällen, vgl. Art. 1 I u. III der Richtlinie 96/71/EG.
886 Statt aller Ruffert, in: Calliess/ders. (Hrsg.), EUV/EGV, Art. 249 EGV Rn. 22.
887 Schwab, AuR 2007, 97 (98).
888 Preis/Ulber, NJW 2007, 465 (466).

fung in die Beliebigkeit abdriftet.[889] Überdies erfahre die Rechtssicherheit für den Gesetzgeber eine Steigerung und es bleibe Raum für gesetzgeberische Prognose- und Ermessensspielräume.[890] Außerdem könne so einer drohenden Bagatellisierung der Grundrechte Einhalt geboten werden.[891]

Der Erste Senat habe in seiner Urteilsbegründung sehr sorgfältig argumentiert.[892] Dem BVerfG könne etwa im Zusammenhang mit der geltend gemachten Befürchtung, Anreize für eine Koalitionsmitgliedschaft könnten durch die Tariftreueverpflichtung gemindert werden, nicht vorgeworfen werden, eine unausgewogene Betrachtung vorgenommen zu haben. Es habe sich nur nicht auf eine verfassungsrechtliche Beurteilung aufgrund widerstreitender Spekulationen einlassen wollen.[893]

Insbesondere könne der moderne deutsche Sozialstaat nicht ohne die Berücksichtigung der ihm nach der Verfassung aufgegebenen Verpflichtungen gegenüber der Allgemeinheit (Sozialstaatsprinzip, Art. 20 I GG) Entscheidungen zur Auftragsvergabe treffen.[894]

e. Die kritischen Stimmen

Die Gegner der Entscheidung halten hingegen die gesamte Begründung des BVerfG für nicht stichhaltig und oberflächlich.[895] Schon die Zuordnung der Regelungsmaterie zum Recht der Wirtschaft i.S.v. Art. 74 I Nr. 11 GG i.V.m. der Ermächtigung des § 97 IV Halbs. 2 GWB gehe fehl, da es sich bei § 1 I 2 BerlVgG schwerpunktmäßig nicht um eine vergaberechtliche, sondern um eine arbeits- bzw. sozialrechtliche Regelung handele.[896] Auf dem Gebiet des Arbeitsrechts habe aber der Gesetzgeber von seiner konkurrierenden Zuständigkeit abschließend Gebrauch gemacht. Deshalb komme eine landesrechtliche Kompetenz nicht in Betracht.

Als nicht überzeugend empfinden die kritischen Stimmen in der Literatur weiterhin, dass die negative Koalitionsfreiheit im Bereich der Betätigungsfrei-

---

889 Preis/Ulber, NJW 2007, 465 (471).
890 Schwab, AuR 2007, 97 (99).
891 Preis/Ulber, NJW 2007, 465 (471).
892 Schwab, AuR 2007, 97 (100).
893 Preis/Ulber, NJW 2007, 465 (468).
894 Schwab, AuR 2007, 97.
895 Sehr polemisch Rieble, NZA 2007, 1 (4): „Und so durchdringt die gesamte Entscheidung vor allem eins: ein Mangel an Ernsthaftigkeit und ein Mangel an Kenntnis." Vgl. auch Höfling/Rixen, RdA 2007, 360 (362.): „Das BVerfG verzichtet (…) auf jeden Anschein aufwändigen und komplexen Argumentierens und zieht souveräne Argumentationssimplizität vor."
896 Tietje, NZBau 2007, 23 (24 f.).

heit nicht berührt sein soll. Mit der Abkehr von der Kernbereichsrechtsprechung zu Art. 9 III GG durch das BVerfG[897] habe es zu verstehen gegeben, dass die Betätigungsfreiheit der Koalitionen grundsätzlich in weitem Sinne geschützt ist. Dazu setze sich der Erste Senat nun ohne (eine notwendige) ausführliche Begründung in Widerspruch.[898] Indem das BVerfG die Einschlägigkeit des Schutzbereichs der negativen Koalitionsfreiheit davon abhängig macht, ob „erheblicher" Druck auf die Tarifvertragsaußenseiter ausgeübt wird, lege das Gericht den Schutzbereich über die Argumentation mit der Eingriffsebene einschränkend aus. Schutzbereich und Eingriff würden vermischt.[899] Vollends übergangen worden sei der koalitionsfreiheitsspezifische Problemaspekt, dass Tariftreueerklärungen sich als systematische Benachteiligung kleinerer Koalitionen erweisen, deren Tarifverträge aufgrund fehlender Durchsetzungskraft nicht zur Grundlage von Tariftreuerklärungen gewählt werden.[900]

Bei der Umschreibung des Schutzbereichs des Art. 12 I GG zeige sich das konsequente, aber deswegen dogmatisch nicht weniger fragwürdige Festhalten des BVerfG an seiner neuen Rechtsprechung zur Berufsfreiheit. Unter dem Primat des Schutzes der „Teilnahme am Wettbewerb im Rahmen der hierfür aufgestellten rechtlichen Regeln"[901] verwirkliche sich das Konzept des Wettbewerbs als einer „staatlich administrierten Veranstaltung".[902]

Durch den pauschalen Verweis darauf, dass die Einforderung von Tariftreue der Bekämpfung der Massenarbeitslosigkeit diene, die als überragend wichtiges Gemeinschaftsgut ein legitimes Ziel der die Vertragsfreiheit beeinträchtigenden Maßnahme darstelle, werde das Sozialstaatsprinzip in eine Generalermächtigungsnorm für Grundrechtseingriffe verwandelt.[903] Die der Tariftreueentscheidung zu Grunde liegende Tendenz, über den Einsatz staatlicher Marktmacht eine Gemeinwohlpflicht einführen zu wollen, liefere Grund zur Besorgnis.[904] Der Staat mische sich in die der Gesellschaft zugeordnete wirtschaftliche Betätigung ein. Dadurch werde die wirtschaftliche Freiheit geschröpft.[905] Politisch in höchstem Maße unglücklich sei die Billigung der Parteinahme des Staates im Tarif-

897 BVerfGE 84, 212 (224) – Aussperrung; 93, 352 (358 ff.) – Mitgliederwerbung II.

898 Tietje, NZBau 2007, 23 (25).

899 Höfling/Rixen, RdA 2007, 360 (361).

900 Höfling/Rixen, RdA 2007, 360 (363); ebenso Tietje, NZBau 2007, 23 (25).

901 BVerfGE 116, 202 (221) – Tariftreue-Entscheidung.

902 Höfling/Rixen, RdA 2007, 360 (364).

903 Rieble, NZA 2007, 1 (2); die Bedenken insoweit teilend Preis/Ulber, NJW 2007, 465 (470).

904 Allgemein gegen einen „Gemeinschaftsvorbehalt" in der Grundrechtsdogmatik Dreier, RW 2010, 11 (22).

905 Rieble, NZA 2007, 1 (4).

system durch das BVerfG.[906] Die Tariferstreckung durch die Tariftreueklausel setze auf Marktabschottung in Bereichen, die aufgrund ihrer Ortsgebundenheit nicht ins Ausland abwandern können. Auch bedeute die Tariflohnerstreckung zwangsweise höhere Preise für den Konsumenten, hier also den Staat, der die Tariftreue selbst einfordert. Tariftreue bewahre also letztlich allein die Tarifparteien vor Konkurrenz und Anpassungsdruck. Ein Schutz von Arbeitsplätzen sei gerade nicht auszumachen.[907] Näher liege der Gedanke, dass die Verfestigung tariflicher Entgelte die Arbeitslosigkeit erhöht, weil sie Konkurrenz und Wettbewerb verhindert und schlimmstenfalls zu Entlassungen zwingt.[908]

Beklagenswert sei ferner, dass sich das BVerfG nicht mit den in der Wissenschaft zum Thema der Tarifbindungsklauseln geführten Diskussionen auseinandersetzt. Dadurch werde der Anschein eines Urteils „von Richters Gnaden“ – getragen allein vom höchstrichterlichen Machtanspruch – vermittelt.[909]

f. Stellungnahme

Die Tariftreue-Entscheidung vermag von ihrem Begründungsweg her nicht zu überzeugen. Gehäuft werden berechtigte Bedenken mit pauschalen Behauptungen („Dass sich ein nicht tarifgebundener Unternehmer [...] veranlasst sehen könnte [...] beizutreten [...] liegt fern.“[910]/ Die Befürchtung, die Erstreckung von Tarifverträgen auf Nichtorganisierte könne dazu führen, dass die Anreize für eine Koalitionsmitgliedschaft gemindert werden, habe „spekulativen Charakter“[911].) abgeschnitten.

Inkonsequent erscheint, dass bei der Erörterung der Gesetzgebungskompetenz eine Zuordnung zum Recht der Wirtschaft bejaht wird, bei Auswahl der legitimen Ziele des Gesetzgebers aber durchweg keine Rückanbindung an diesen für einschlägig erachteten Kompetenzbereich erfolgt. Die legitimen Ziele „Bekämpfung der Massenarbeitslosigkeit“, „Absicherung der finanziellen Stabilität der Systeme der sozialen Sicherheit“ und „Unterstützung der Ordnungsfunktion der Tarifverträge“ legen vielmehr eine schwerpunktmäßige Zuordnung zum Arbeits- und Sozialrecht nahe.

Völlig unklar bleibt dabei, wie die Verpflichtung zu Tariftreue durch den Staat die Ordnungsfunktion des Tarifvertragssystems stärken soll. Wesentliches Merkmal des Tarifvertragssystems, dem gem. Art. 9 III GG verfassungsrechtli-

---

906 Dazu Rieble, NZA 2007, 1 (2), der von „Staatshilfe für Gewerkschaften“ spricht.

907 Rieble, NZA 2007, 1 (3).

908 Tietje, NZBau 2007, 23 (26).

909 In diesem Sinne Rieble, NZA 2007, 1 (4); ähnlich Höfling/Rixen, RdA 2007, 360 (363).

910 BVerfGE 116, 202 (218) – Tariftreue-Entscheidung.

911 BVerfGE 116, 202 (220) – Tariftreue-Entscheidung.

cher Schutz zukommt, ist die *autonome* Ordnung des Arbeitslebens durch die Koalitionen.[912] Die autonome Ordnung wird jedoch gerade unterlaufen, wenn sie staatlich forciert wird.[913]

Zwar ist das Ziel der Bekämpfung der Massenarbeitslosigkeit ein verdienstvolles Ziel. Es ist jedoch zweifelhaft, ob über das Aufoktroyieren von Tarifentgelten eine negative Bilanz hinsichtlich der Entlassungen bzw. eine positive Bilanz hinsichtlich der Einstellungen erreicht wird. Bei der Entscheidung dieser Fragestellung muss jedoch dem formellen Landesgesetzgeber ein Einschätzungsspielraum eingeräumt werden.[914] Insofern ist es richtig, dass das BVerfG nicht eigene politische Erwägungen an die Stelle derer des parlamentarischen Gesetzgebers setzt.

Nicht akzeptabel ist hingegen die pauschale Engfassung der grundrechtlichen Schutzbereiche. Über ein enges Tatbestandsverständnis wird verhindert, dass im Rahmen von Art. 9 III GG und Art. 12 I GG unter dem Aspekt der wirtschaftlichen Betätigungsfreiheit auf die Ebene der verfassungsrechtlichen Rechtfertigung eingetreten wird. Von vornherein wird ein „Weniger“ an Freiheit zugestanden. Dies ist zentral auf das vom Ersten Senat unausgesprochen zu Grunde gelegte Grundrechtsverständnis zurückzuführen. Die Auslegung der Schutzbereiche erfolgt unter dem Eindruck, dass der Staat über die Tariftreueklausel Gutes bewirken will. Der Staat erscheint in einer gemeinwohlfördernden Rolle. Um ihm die Umsetzung dieser Rolle zu ermöglichen, müssen die grundrechtlichen Tatbestände enger gefasst werden. Die Grundrechte werden im Sinne einer sozialstaatlichen Grundrechtstheorie in neuem Gewande gedeutet[915], was unmittelbare Auswirkung auf deren Schutzgehalt hat. Dabei wird verkannt, dass staatliche Stabilisierungs- und Sicherungsmaßnahmen, so positiv sie sich (in der Theorie) für eine bestimmte Bevölkerungsgruppe auswirken mögen, für andere Bevölkerungsteile Freiheitseinbußen zur Folge haben. Die staatliche Intervention wird gutgeheißen, ohne die Möglichkeit, auf eine Einflussnahme zu verzichten und die Problemlösung der privaten Selbstorganisation zu überlassen[916], auch nur ernsthaft in Betracht gezogen zu haben.

912 Vgl. etwa Preis/Ulber, NJW 2007, 465 (470).

913 Anders Schwab, AuR 2007, 97 (99).

914 So auch Tietje, NZBau 2007, 23 (26).

915 Höfling/Rixen, RdA 2007, 360 (366).

916 Auf diese Option einer liberalen Gesellschaft generell verweisend Ladeur, Kritik der Abwägung in der Grundrechtsdogmatik, S. 14.

6. Die Kappungsgrenzen-Entscheidung[917]

Anfang des Jahres 2007 hatte sich der Erste Senat des BVerfG ein weiteres Mal mit der Reichweite des Schutzbereichs des Grundrechts auf Berufsfreiheit auseinander zu setzen – diesmal im Zusammenhang mit der Einführung einer Kappungsgrenze bei den Rechtsanwaltsgebühren.

a. Der Sachverhalt

Eine aus Rechtsanwälten bestehende Partnerschaftsgesellschaft (Beschwerdeführerin zu 1.) und vier Rechtsanwälte, die sich zu einer Sozietät verbundenen hatten (Beschwerdeführer zu 2.), wandten sich mit ihrer Verfassungsbeschwerde unmittelbar gegen die gesetzlichen Regelungen, nach denen der für die Höhe der Vergütung der Rechtsanwälte maßgebliche Gegenstandswert eines Rechtsstreits höchstens 30 Mio. Euro, bei mehreren Auftraggebern insgesamt höchstens 100 Mio. Euro, beträgt. Mit dem Inkrafttreten des Gesetzes zur Modernisierung des Kostenrechts (KostRMoG) am 1.7.2004 erhielt die bislang nach oben nicht begrenzte (und im Übrigen unverändert aus der Bundesgebührenordnung für Rechtsanwälte übernommene) Gebührentabelle gem. den §§ 22 II RVG, 23 I RVG i.V.m. § 39 II GKG eine Kappungsgrenze bei 30 Mio. Euro.

Nach Maßgabe des § 13 RVG bestimmt sich die Höhe der vom Rechtsanwalt zu veranschlagenden Gebühr nach einer an den Gegenstandswerten orientierten Gebührentabelle. Der neue § 22 II RVG lautet:

> „Der Wert[918] beträgt in derselben Angelegenheit höchstens 30 Mio. Euro, soweit durch Gesetz nichts anderes bestimmt ist. Sind in derselben Angelegenheit mehrere Personen Auftraggeber, beträgt der Wert für jede Person höchstens 30 Mio. Euro, insgesamt jedoch nicht mehr als 100 Mio. Euro.“[919]

Damit korrespondiert die Neuregelung in § 39 II GKG:

> „Der Streitwert beträgt höchstens 30 Mio. Euro, soweit nichts anderes bestimmt ist.“[920]

§ 23 I 1 RVG regelt (wie zuvor schon § 8 BRAGO), dass sich der für die Rechtsanwaltsgebühren maßgebliche Gegenstandswert nach den für die Ge-

---

917 BVerfGE 118, 1 ff. – Kappungsgrenze.

918 Gemeint ist der für die Gebührenberechnung maßgebliche Gegenstandswert.

919 Durch das Zweite Gesetz zur Modernisierung der Justiz (2. Justizmodernisierungsgesetz) vom 22.12.2006 wurden die Wörter „nichts anderes“ durch „kein niedrigerer Höchstwert“ ersetzt.

920 Auch hier wurden durch das 2. Justizmodernisierungsgesetz die Wörter „nichts anderes“ durch „kein niedrigerer Höchstwert“ ersetzt.

richtsgebühr geltenden Vorschriften berechnet. Die zuvor nach oben offene Gebührentabelle wurde mithin bei 30 Mio. Euro gedeckelt.

Die Beschwerdeführer zu 1. und 2 gaben jeweils an, in der Vergangenheit bereits Mandate mit einem Streitwert von über 30 Mio. Euro bearbeitet zu haben. Die zulässigen Verfassungsbeschwerden hatten keinen Erfolg.

b. Der Begründungsweg

Im Rahmen der Begründetheitsprüfung wird zunächst die Eröffnung des Schutzbereichs des Grundrechts auf Berufsfreiheit aus Art. 12 I GG thematisiert. Das Grundrecht umfasse auch die wirtschaftliche Verwertung der beruflich erbrachten Leistung am Markt.[921] Das BVerfG stellt in diesem Zusammenhang klar, dass die anwaltliche Berufsausübung der freien Selbstbestimmung des Einzelnen in den Grenzen unterliegt, die der Berufsfreiheit durch gesetzliche Regelungen zugewiesen werden.[922] Nichtsdestotrotz sieht das BVerfG den Schutzbereich der Berufsfreiheit betroffen. Durch die angegriffene Regelung werde das Vergütungssystem insoweit geändert, als dass ab einer bestimmten Kappungsgrenze Anwälte niedrigere Gebühren als bisher hinnehmen müssen oder auf eine Honorarvereinbarung angewiesen sind.[923]

Der Erste Senat vermag indes weder einen Eingriff in die Berufsfreiheit noch eine Maßnahme gleicher Wirkung auszumachen. Nach Ansicht des Gerichts stellt es keine Beeinträchtigung des Grundrechts der Berufsausübungsfreiheit dar, dass innerhalb des Regelungssystems der anwaltlichen Vergütung Veränderungen vorgenommen worden sind. Die bisherige Begünstigung der Rechtsanwälte habe nicht auf einer im Grundgesetz enthaltenen Rechtsposition, sondern auf der gesetzlichen Regelung des Gebührenrechts beruht.[924] Auch umfasse Art. 12 I GG keinen Anspruch auf beruflichen Erfolg in der Wettbewerbsordnung und hinsichtlich der Freiheit das Entgelt der angebotenen Leistung selbst festzulegen, reiche der Schutz nicht über das Recht der Nachfrager hinaus, zu entscheiden, ob sie die Leistung zu diesen Bedingungen abnehmen.[925] Insofern sei in einer Änderung der gesetzlich geschaffenen Anreizstruktur für Honorarvereinbarungen kein Grundrechtseingriff zu sehen. Es fehle bereits an der Beeinträchtigung einer verfassungsrechtlich geschützten Rechtsposition. Ebenso komme die angegriffene Neuregelung nicht nach den Kriterien der Finalität und Intensität einem Eingriff in die anwaltliche Berufsfreiheit gleich. Eine staatliche

921 BVerfGE 118, 1 (15) – Kappungsgrenze.
922 BVerfGE 118, 1 (15) – Kappungsgrenze.
923 BVerfGE 118, 1 (15 f.) – Kappungsgrenze.
924 BVerfGE 118, 1 (16) – Kappungsgrenze.
925 BVerfGE 118, 1 (19) – Kappungsgrenze.

Maßnahme könne nur dann als funktionales Äquivalent eines Eingriffs angesehen werden, wenn sich überhaupt eine grundrechtliche Schutzposition angeben lässt, in die eingegriffen worden sein kann. Eine derartige Position sei hier jedoch nicht ersichtlich.[926] Mangels grundrechtlicher Schutzposition wird der Eingriff verneint.

Hilfsweise führt der Erste Senat aus, dass, selbst wenn der Eingriff in die Berufsausübungsfreiheit bejaht würde, die angegriffenen Bestimmungen dem Verhältnismäßigkeitsgrundsatz entsprächen. Nicht allein der Standpunkt der durch die Neuregelung im Tatsächlichen schlechter gestellten Personen sei bei der Verhältnismäßigkeitsprüfung in den Blick zu nehmen. Es müssten vielmehr auch die verschiedenen Begünstigungen und Belastungen aller von der Regelung Betroffenen Beachtung finden. Die alle Prüfungsstufen durchziehende Tendenz zur Verallgemeinerung der Verhältnismäßigkeitsprüfung ist im Rahmen der Frage nach der Geeignetheit und Erforderlichkeit der Regelungen besonders prominent. Die Eignung und Erforderlichkeit der Ausgestaltung des Gebührenrechts sei nicht aus der Sicht allein des Rechtsanwalts zu beurteilen, sondern auf das gesetzliche System insgesamt zu beziehen.[927]

Das BVerfG stellt bereits eingangs der Prüfung des Schutzbereichs des Art. 12 I GG heraus, dass es von einem normgeprägten Schutzbereich ausgeht. Nur dahingehend kann der Hinweis auf die Freiheit der anwaltlichen Berufsausübung in den Grenzen, die der Berufsfreiheit durch gesetzliche Regeln zugewiesen werden[928], verstanden werden. Der sachgeprägte grundrechtliche Schutzbereich der Berufsfreiheit wird so in einen normgeprägten verwandelt. Zwar anerkennt das BVerfG zunächst die Einschlägigkeit des Schutzbereichs. Die Argumentation, auf die im Folgenden die Verneinung eines Eingriffs in das Grundrecht gestützt wird, weist jedoch auf ein enges Schutzbereichsverständnis hin. Das Gericht vermag nämlich keine verfassungsrechtlich geschützte Rechtsposition auszumachen, die durch die Änderung der Gebührenregelung betroffen wäre.[929] Obwohl das Gebührenrecht Teil eben jener Regelungen ist, die, wie das BVerfG auf der Ebene des Schutzbereichs noch meinte, die Berufsfreiheit ausgestalten oder beschränken, also mitprägen, erkennt es dessen Änderung durch Einführung einer Kappungsgrenze nicht als grundrechts- bzw. eingriffsrelevant an. Mit dieser Argumentation setzt es sich auf der einen Seite zu seinen vorangehenden Ausführungen in Widerspruch, fasst auf der anderen Seite den

926 BVerfGE 118, 1 (19 f.) – Kappungsgrenze.
927 BVerfGE 118, 1 (23) – Kappungsgrenze.
928 BVerfGE 118, 1 (15) – Kappungsgrenze.
929 BVerfGE 118, 1 (19 f.) – Kappungsgrenze.

Schutzbereich der Berufsfreiheit eng.[930] Indem das BVerfG einen Eingriff in die anwaltliche Betätigungsfreiheit mangels einschlägiger grundrechtlicher Schutzposition verneint, wird die Frage nach dem Vorliegen eines Eingriffs mit der Argumentation über den eng verstandenen Schutzbereich beantwortet.

Obwohl nach seiner Ansicht bereits kein Eingriff vorliegt, tritt der Erste Senat (sicherheitshalber) in die Ebene der verfassungsrechtlichen Rechtfertigung ein. Augenfällig ist dabei die maßgebliche Perspektive. Die Verhältnismäßigkeitsprüfung wird auf allen Stufen von der individuellen Betroffenenperspektive weg verallgemeinert.[931] Über die Bezugnahme auf das gesetzliche Gesamtsystem hält eine Normativierung Einzug in die Prüfung der Verhältnismäßigkeit.

c. Die Auswirkungen auf den konkreten Fall

In der Folge der Verneinung eines Eingriffs in die Berufsausübungsfreiheit mangels grundrechtlich geschützter Rechtsposition kann die Gebührenregelung – lässt man die nur hilfsweise durchgeführte Verhältnismäßigkeitsprüfung im Rahmen des Grundrechts auf Berufsfreiheit außen vor – nur anhand des allgemeinen Gleichheitssatzes überprüft werden. Das BVerfG erkennt bei Art. 3 I GG nicht auf eine Diskriminierung von Personengruppen[932], die – die bisherige Rechtsprechung zu Grunde gelegt – zur Anwendung der sog. neuen Formel[933], geführt hätte, sondern lediglich auf eine Ungleichbehandlung von Sachverhalten. Die deshalb zur Anwendung kommende Willkürformel begnügt sich zur Rechtfertigung einer Ungleichbehandlung mit „sachlichen Gründen“[934], die das BVerfG unter Verweis auf die Ausführungen zur hilfsweise vorgenommenen Verhältnismäßigkeitsprüfung unproblematisch als gegeben ansieht. Die Verknüpfung des engen Schutzbereichsverständnisses bei der Berufsfreiheit und des engen Verständnisses einer personenbezogenen Diskriminierung im Rahmen des allgemeinen Gleichheitssatzes lässt den grundrechtlichen Schutz vor gesetzlichen Gebührenregelungen schrumpfen. Die betroffenen Rechtsanwälte konnten nicht damit durchdringen in ihren Grundrechten verletzt zu sein. In Zukunft sind sie bei Streitwerten über 30 Mio. Euro auf individualvertragliche Honorar-

930 Ähnlich Merten, Grundrechtlicher Schutzbereich, in: ders./Papier (Hrsg.), Handbuch der Grundrechte III, § 56 Rn. 77.

931 BVerfGE 118, 1 (23) – Kappungsgrenze.

932 Vergleichspaar wären Rechtsanwälte mit Mandaten von einem Streitwert über 30 Mio. Euro und solche mit Mandaten, deren Streitwerte unterhalb von 30 Mio. Euro rangieren, gewesen.

933 Siehe BVerfGE 55, 126 (146) – Witwenrente; 82, 126 (146) – Kündigungsfristen für Arbeiter; BVerfG, NVwZ 1998, 836 (837) – Überlassung von Gerichtsakten.

934 Vgl. BVerfGE 118, 1 (26 f.) – Kappungsgrenze.

vereinbarungen mit ihren Mandanten verwiesen, wenn sie die gesetzliche Gebührenregelung nicht hinnehmen wollen. Ob sich die Mandanten allerdings auf solche Vereinbarungen einlassen werden, ist eine andere Frage.

d. Die befürwortenden Stimmen

Die Kappungsgrenzen-Entscheidung hat insgesamt erstaunlicherweise kaum Diskussion in der Rechtswissenschaft ausgelöst. Die wenigen Vertreter, die sich zu dem Urteil äußerten, lehnten Begründungsweg und Ergebnis ab. Um nicht einseitig Kritik zu üben, sollen trotzdem die für die Entscheidung sprechenden Argumente herausgestellt werden.

Für das Urteil spricht, dass durch die Einführung der gesetzlichen Kappungsgrenze privatvertragliche Honorarvereinbarungen und damit das Aushandeln des eigenen Preises für rechtsanwaltliche Leistungen im Bereich von Streitwerten von über 30 Mio. Euro eine Stärkung und keine Schwächung erfahren. Dies entspricht dem Prinzip der Privatautonomie, welches der gesetzlichen Ausgestaltung bedarf.[935] Bloß eine solche ist mit §§ 22 II RVG, 23 I RVG i.V.m. § 39 II GKG vorgenommen worden, weshalb konsequenterweise kein Eingriff in eine grundrechtlich geschützte Position bejaht werden kann.[936] Die Prüfung der Verhältnismäßigkeit trotz der Verneinung eines Eingriffs bezeugt möglicherweise weder dogmatische Inkonsequenz noch eine Unsicherheit des Gerichts, sondern vielmehr dessen Bestreben, im Interesse der Rechtklarheit eine umfassende und stichhaltige Begründung abzuliefern. Insbesondere ist das Ziel des Gesetzgebers, im Interesse einer ordnungsgemäß funktionierenden Rechtspflege unverhältnismäßig hohe Anwaltsgebühren zu vermeiden, legitim.

e. Die kritischen Stimmen

Die Gegner der Entscheidung sehen in der eingeführten Kappungsgrenze einen Bruch mit dem System der Vollkostenerstattung angelegt.[937] Diesem Grundsatz nach hat die vor Gericht unterliegende Partei die Kosten des Rechtsstreits – inklusive der Anwaltskosten – zu übernehmen, mit anderen Worten bekommt die obsiegende Partei ihre Kosten voll erstattet. Dies gilt unter dem Eindruck der §§ 22 II RVG, 23 I RVG i.V.m. § 39 II GKG aber nur bis zu der Grenze, in der die Anwaltskosten die gesetzlich festgelegten Gebühren nicht übersteigen. Im Rahmen von Rechtsstreitigkeiten, deren Streitwert über der Kappungsgrenze von 30 Mio. Euro liegt, müsse ein Rechtsanwalt, um dem Arbeits- und Zeitauf-

935 Vgl. etwa Bäcker, Wettbewerbsfreiheit als normgeprägtes Grundrecht, S. 159.
936 Zur Unterscheidung von Ausgestaltung und Eingriff siehe oben S. 36 ff.
937 Römermann, BB 2007, 1184; ähnlich Zuck, JZ 2008, 287 (294).

wand entsprechend entlohnt zu werden, jedoch ein höheres Honorar privatvertraglich vereinbaren. Im Fall des Obsiegens vor Gericht muss die ein solches Honorar vereinbarende Partei trotzdem die gesetzliche Gebührenregelung übersteigenden Anwaltskosten selbst tragen. Damit sei zum einen das deutsche Prinzip der Vollkostenerstattung durchbrochen. Zum anderen werde vor diesem Hintergrund offensichtlich, dass sich die Bereitschaft des Rechtssuchenden zur Honorarvereinbarung in Grenzen halten wird.[938]

Durch die Einführung der Kappungsgrenze werde nicht bloß allgemein das Rechtsschutzsystem ausgestaltet, sondern auch die Berufsausübung der das System nutzenden Rechtsanwälte. Wegen der somit in Frage stehenden Verfassungsmäßigkeit dieser personenabhängigen Regelungen hätte der Erste Senat sich nicht dem Anwendungsbereich des Art. 12 I GG entziehen dürfen, sondern den Eingriff in eine grundrechtlich geschützte Rechtsposition anerkennen müssen.[939] Indem das BVerfG allein auf die Ausformung des allgemeinen Rechtsschutzsystems abstellt, sei das Rechtsschutzbegehren der Beschwerdeführer, denen es um die wirtschaftlichen Grundlagen ihrer Berufsausübung ging, in unzulässiger Weise verfälscht worden.[940] Ihnen wurde ein aliud aufgedrängt.

Das BVerfG blende bei seiner Beurteilung die faktisch präjudizierende Wirkung gesetzlich vorgegebener Gebühren leichtfertig aus.[941] Gesetzliche Vergütungsregelungen beeinträchtigten die Berufsfreiheit, weil sie den Berufsträger in der privatautonomen Vereinbarung ihres Honorars behinderten. Auch diese mittelbare Beeinträchtigung berühre den Schutzbereich der Berufsfreiheit.[942] Die Freiheit, Honorare selbständig auszuhandeln, verkomme zur reinen Theorie, solange sich der Gesetzgeber bemüßigt fühle, gesetzlich Preise vorzugeben. Damit greife er massiv in das Marktgeschehen ein.[943]

Indem der Senat offenbar zwischen dem (von ihm ohne weiteres als berührt angesehenen) Lebensbereich und dem Gewährleistungsbereich des Grundrechts auf Berufsfreiheit unterscheide, beschränke er den Schutzbereich und komme zu dem für ihn begrüßenswerten Ergebnis, dass die Erörterung von Voraussetzungen und Grenzen eines Eingriffs überflüssig wird.[944] Da das BVerfG den Gewährleistungsgehalt als für die Reichweite des Grundrechtsschutzes maßgeblich

---

938 Dazu das Sondervotum des Richters Gaier, BVerfGE 118, 1 (43) – Kappungsgrenze.

939 Zuck, JZ 2008, 287 (290).

940 So die abweichende Meinung des Richters Gaier, BVerfGE 118, 1 (29 f.) – Kappungsgrenze.

941 Römermann, BB 2007, 1184 (1185).

942 Vgl. die abweichende Meinung des Richters Gaier, BVerfGE 118, 1 (32) – Kappungsgrenze.

943 Römermann, BB 2007, 1184 (1185).

944 Zuck, JZ 2008, 287 (291).

erklärt, werde der jedermann zugesagte Freiheitsschutz in bedenklicher Weise eingeschränkt.[945]

Es sei letztlich nicht klar, wessen Schutz die Neuregelung bezwecke. Die sozial Schwachen könnten damit nicht gemeint sein. Die wenigen tatsächlich betroffenen leistungsstarken Marktteilnehmer könnten ungekappte Anwaltsgebühren ohne weiteres schultern. Derart hohe Streitwerte seien kein allgemeines Gebührenproblem. Es fehle mithin sowohl an einem realen schützenswerten Gemeinwohlbelang als auch an einem Schutzbedürfnis auf der Seite der Mandanten als Gebührenschuldner.[946] Vielmehr liege die Vermutung nahe, dass die Neuregelungen allein auf die Reduzierung anwaltlichen Honorars gerichtet sind und damit die Anwaltschaft einseitig belastet wird.[947]

f. Stellungnahme

Die Grundlage dieser dogmatisch verfehlten Entscheidung ist in dem veränderten Verständnis vom grundrechtlichen Schutzbereich auszumachen.[948] Das BVerfG fasst den Schutzbereich des Grundrechts auf Berufsfreiheit eng. Dies geschieht nicht offen auf der Prüfungsebene des Schutzbereichs. Die Reduktion wird vielmehr im Rahmen der Erörterung des Eingriffs vorgenommen. Dabei verstrickt sich das BVerfG jedoch in Widersprüche. Einfachgesetzliche Regelungen, die auf Schutzbereichsebene noch als die Berufsausübungsfreiheit mitprägend verstanden wurden, werden bei der Frage nach dem Eingriff als in keinem Fall (d.h. weder in ihrer unmittelbaren noch in ihrer mittelbaren Wirkung) grundrechtsrelevant bewertet. Zudem werden dogmatisch nicht überzeugend die Ebenen des Schutzbereichs und des Eingriffs miteinander vermengt. Die dogmatische Ungereimtheit setzt sich in der ergänzend vorgenommenen Verhältnismäßigkeitsprüfung fort. Hier geht eine Verlagerung von der individuellen Betroffenenperspektive hin zur Perspektive der Allgemeinheit vonstatten. Unbestritten muss auf der Ebene der Angemessenheit eine Abwägung zwischen den Interessen der von der Regelung Betroffenen und dem Interesse der Allgemeinheit an der Verfolgung des gesetzgeberischen Ziels vorgenommen werden. Wenn aber auf allen Ebenen der Verhältnismäßigkeitsprüfung und insbesondere auf beiden Seiten der Abwägung eine Verallgemeinerung stattfindet, die einen Bezug auf „das gesetzlich geschaffene System insgesamt“[949] wünscht, liegt die Befürch-

945 Zuck, JZ 2008, 287 (295).

946 Zuck, JZ 2008, 287 (294).

947 Siehe die abweichende Meinung des Richters Gaier, BVerfGE 118, 1 (43) – Kappungsgrenze.

948 Ebenso Zuck, JZ 2008, 287 (291).

949 BVerfGE 118, 1 (23) – Kappungsgrenze.

tung einer Normativierung der Verhältnismäßigkeitsprüfung nicht fern. Eine rein an normativen, verallgemeinerten Gesichtspunkten orientierte Verhältnismäßigkeitsprüfung ist jedoch nicht in der Lage, auf alle Besonderheiten des Einzelfalls einzugehen und einen gerechten Ausgleich zwischen den konkret betroffenen Positionen zu schaffen. Aus diesen und den oben genannten Gründen der Entscheidungskritiker ist dem BVerfG in seiner Auffassung nicht zu folgen. Vielmehr hätte ein mittelbarer Eingriff in eine durch das Grundrecht der Berufsfreiheit geschützte Rechtsposition bejaht werden müssen, dessen verfassungsrechtliche Rechtfertigung mangels eines legitimen Ziels, welches einem real bestehenden Schutzbedürfnis zuträglich sein will, gescheitert wäre.

7. Zwischenergebnis

Die zum Grundrecht der Berufsfreiheit aufgeführten Entscheidungen des Ersten Senats haben gemein, dass unter Berufung auf einfachgesetzliche Regelungssysteme der Schutzbereich der Berufsfreiheit verengt wird. Seit der Glykolentscheidung repetiert das BVerfG die Begrenzung des Schutzumfanges durch die einfachgesetzlichen Normen, die den Wettbewerb regeln und begrenzen. Die berufsfreiheitliche Betätigung soll sich in die Normen der bestehenden Wettbewerbsordnung einfügen. Deshalb fallen Betätigungen von vornherein aus dem grundrechtlichen Schutzbereich hinaus, die nicht mit den Regeln, die den Wettbewerb ermöglichen und begrenzen, konform gehen. Die Eingrenzung des Grundrechtsschutzes auf die mit der einfachgesetzlichen Wettbewerbsordnung übereinstimmenden Betätigungen soll der Funktionalität der Wettbewerbs und damit der Wirtschaftsordnung im Ganzen dienen. Das Grundrecht der Berufsfreiheit wird in einer auf den ersten Blick das Gemeinwohl fördernden Weise gedeutet, die den Schutz des Individuums hintanstellt, um als vordringlich empfundene, für die staatliche Gesamtheit förderliche Ziele zu erreichen.

Hierin liegt aber der Denkfehler: Wenn der Staat durch Warnungen (vgl. die Glykol-Entscheidung) oder durch Normierungen (vgl. etwa die Festbetrags-, die Tariftreue- und die Kappungsgrenzen-Entscheidung) mittelbar auf den Wettbewerb Einfluss nimmt, sei es auch mit dem erklärten Ziel, die Funktionalität des Marktes zu garantieren, funktioniert der Markt gerade nicht mehr nach seinen eigenen marktwirtschaftlichen Spielregeln, sondern nach Maßgabe staatlicher Bevormundung. Durch solches Eingreifen von außen – denn der Staat ist nie, auch wenn er sich rein fiskalisch als Anbieter oder Nachfrager am Markt betätigt, mit einem privaten Marktteilnehmer, der innerhalb des Marktes wirkt, gleichzustellen – werden die dem Markt inhärenten Potenziale zur Selbstregulierung außer Kraft gesetzt, um aus Sicht des Staates unerwünschten Entwicklungen vorzubeugen. Ungleich groß sind seine Möglichkeiten der Einflussnahme auf die rechtlichen Vorbedingungen des Marktes und auf seine Abläufe. Das Ziel der Erhaltung der Funktionalität der Wirtschaftsordnung wird durch das Eingreifen des Staates gerade nicht erreicht, sondern in weite Ferne gerückt. Möglich ist allein die schrittweise Einführung einer neuen, mehr (sozial)staatlich geprägten Wirtschaftsordnung.

In der Kappungsgrenzen-Entscheidung geht das BVerfG sogar noch einen Schritt weiter als ansonsten aus der die Glykol-Entscheidung bestätigenden Rechtsprechungsreihe bekannt: Der Erste Senat erklärt hier, dass die durch das Grundrecht aus Art. 12 I GG vermittelte Berufsausübungsfreiheit generell den Grenzen unterliegt, die der Berufsfreiheit durch jedwede einfachgesetzliche Regelungen zugewiesen werden. Es werden nicht mehr „nur" einfachgesetzliche Regelungen, die den Wettbewerb ermöglichen und begrenzen, als Grenzen des Schutzbereichs der Berufsfreiheit verstanden. In den Schutzbereich der Berufsfreiheit wird eine immanente Grenze der einfachgesetzlichen Rechtsordnung hineingelesen, was einer Spielart der engen Tatbestandstheorie entspricht.[950] Die Rückkopplung an die Funktionalität des Wettbewerbs entfällt. Nunmehr gelten nach dem Verständnis des Ersten Senats sämtliche einfachgesetzlichen Regelungen als Schutzbereichsbegrenzungen. An dieser Stelle gibt das BVerfG den Blick auf eine Entwicklung frei, die sich seit der Glykol-Entscheidung fortsetzte: das Verständnis der Berufsfreiheit als ein Grundrecht mit normgeprägtem Schutzbereich.

IV. Fallgruppen der Schutzbereichsbegrenzung

Aus den besprochenen Entscheidungen des BVerfG lassen sich zwei Großgruppen oder Hauptanwendungsfälle der Schutzbereichsbegrenzung entnehmen: Die Schutzbereichsbegrenzung zur Auflösung von Grundrechtskollisionen und die Schutzbereichsbegrenzung zur Verfolgung von Zielen, die über den Individualschutz hinausgehen und dem Gemeinwohl förderlich sind.

Die Großgruppe der Schutzbereichsbegrenzung zur Auflösung von Grundrechtskonflikten ist im Rahmen der Fallbesprechungen zur Kunstfreiheit deutlich geworden. Sowohl im Fall „Naegeli" als auch im Fall „Xavier Naidoo" sowie verdeckt im Fall „Esra" wird über die Schutzbereichsbegrenzung bereits auf der Ebene des Grundrechtstatbestands ein Ausweg aus grundrechtlichen Kollisionslagen gesucht. Aus der Sicht des BVerfG soll die Heranziehung der Figur der

950 Siehe oben S. 83.

Schutzbereichsbegrenzung die Bewältigung von Grundrechtskollisionen vereinfachen.

Der Hauptanwendungsfall der Schutzbereichsbegrenzung zur Verfolgung überindividueller, am Gemeinwohl orientierter Ziele ist im Laufe der Fallbesprechungen zu den Grundrechten auf Versammlungs- und Berufsfreiheit zu Tage getreten. Der grundrechtliche Schutzbereich wird eng gefasst, damit sich die grundrechtliche Betätigung des Individuums gemeinwohlförderlich auswirkt.[951] Nur einer dem Gemeinwohl entsprechenden Tätigkeit widerfährt der volle Grundrechtsschutz. Diese zweite Großgruppe der Schutzbereichsbegrenzung lässt sich nach der Art der verfolgten Ziele in zwei Untergruppen unterteilen.

Die erste Untergruppe ist dem Zweck der Demokratisierung des staatlichen Gemeinwesens verpflichtet. Bei den Entscheidungen zur „Fuckparade" und zur „Love Parade" wie auch bei der Dritten Blockadeentscheidung wird in den Schutzbereich des Grundrechts auf Versammlungsfreiheit ein enges Verständnis vom Begriff der Versammlung hineingelesen. In der Folge sind nur solche Versammlungen grundrechtlich geschützt, welche die Teilhabe an der öffentlichen Meinungsbildung bezwecken. Das Grundrecht wird demokratisch-funktional gedeutet.

Die zweite Untergruppe dient dem Zweck der Funktionalität des Wettbewerbs. Seit der Glykol-Entscheidung, über die Festbetrags-, Schwellenwert-, Tariftreue-Entscheidung hinweg bis (gar in gesteigerter Form) hin zur Kappungsgrenzen-Entscheidung wird der Schutzbereich der Berufsfreiheit als von den einfachgesetzlichen Regeln begrenzt gesehen, die den Wettbewerb ermöglichen bzw. fördern.[952] Der individualrechtliche Grundrechtsschutz wird dem der Funktionalität der Wirtschaftsordnung dienenden einfachgesetzlichen Regelungssystem untergeordnet. Dadurch sollen zum einen Konflikte zwischen dem Individualrechtsschutz und der einfachgesetzlichen Wirtschaftsordnung vermeiden werden. Zum anderen wird darauf abgezielt, der einfachgesetzlichen Wirtschaftsordnung zu größtmöglicher Wirksamkeit zu verhelfen.

Insgesamt geht die Rechtsprechung des BVerfG dahin, dass liberale Grundsätze bei der Bestimmung der grundrechtlichen Schutzbereiche nicht mehr in gewohnter Weise zur Anwendung gelangen. Mit der Funktionalisierung des Grundrechtsverständnisses einher – Funktionalisierung einmal in dem Sinne,

---

951 Grundsätzlich zum Gemeinwohl als Grundlage von Grundrechtsbegrenzungen Sachs, Begriff und Arten der Begrenzungen der Grundrechte, in: Stern (Hrsg.), Das Staatsrecht der Bundesrepublik Deutschland III/2, § 79 S. 343 ff.

952 Bei der Kappungsgrenzen-Entscheidung wird jedwedes einfachgesetzliche Regelungssystem als wirksame Grenze des Schutzbereichs der Berufsfreiheit verstanden, vgl. oben S. 190.

dass grundrechtliche Konfliktlagen (vermeintlich) für den Rechtsanwender leichter zu bewältigen sind, Funktionalisierung zum anderen in dem Sinne, dass der Grundrechtsgebrauch in den Dienst überindividueller Gemeinwohlinteressen gestellt wird – geht die Abwendung von der Deutung der Grundrechte als primär dem Individualschutz dienend. Dabei wird das Verhältnis von ursprunghafter Freiheit des Individuums einerseits und rechtlich gebundener, auf Rechtfertigung angewiesener Staatsgewalt andererseits zu Lasten ersterer verschoben.[953]

953 Dazu Brüning, JZ 2009, 29 (34).

D. Grundrechtsübergreifende Entwicklungslinien

Die Gruppenbildung der Schutzbereichsbegrenzung vollzog sich anhand der Untersuchung der Rechtsprechung des BVerfG zu drei ausgewählten Grundrechten – der Kunstfreiheit, der Versammlungsfreiheit und der Berufsfreiheit. Es ließe sich aufgrund dessen anführen, die Figur der Schutzbereichsbegrenzung sei nichts anderes als eine äußerst grundrechtsspezifisch und insgesamt betrachtet vereinzelt vorkommende Erscheinung, so dass noch nicht von einem neuen dogmatischen Phänomen, schon gar nicht von einer Neujustierung in der Grundrechtsdogmatik ausgegangen werden könne. Diesem Einwand wird im Folgenden der Boden entzogen, indem grundrechtsübergreifende Entwicklungslinien[954] aufgespürt und bewertet werden. Unter dem Eindruck der aus der Fallanalyse gewonnenen Erkenntnisse werden dabei weitere grundrechtstheoretische Verknüpfungen notwendig.

I. Gewährleistungsgehalt unter Funktionsvorbehalt

Allen aufgeführten Entscheidungen ist gemein, dass der Schutzbereich nicht mehr weit bestimmt wird, sondern vielmehr eine Abkehr von den weiten Tatbestandstheorien zu beobachten ist. Die grundrechtlichen Schutzbereiche werden enger gefasst. Grundrechte gelten aufgrund ihrer Einbettung in die Gesamtrechtsordnung als von vornherein (system)immanent begrenzt. Die immanente Begrenzung des Schutzbereichs führt das BVerfG auf einen Funktionsvorbehalt zurück, der dem grundrechtlichen Schutzbereich inne wohnt. Dem grundrechtlichen Schutz untersteht nur, was der grundrechtlichen Funktion entspricht. Die grundrechtliche Funktion wird objektiv bestimmt. Dabei werden verschiedene übergeordnete Kategorien zur Ermittlung des Funktionsvorbehalts herangezogen: die Förderung demokratisch-funktionaler Strukturen („Fuckparade"/„Love Parade"), die Vereinbarkeit mit der einfachrechtlichen Wirtschaftsordnung (Glykol; Festbeträge), im Allgemeinen die Gemeinwohlorientierung (Osho; Tariftreue) bzw. der Nichtschädigungsgedanke (Naegeli) im Speziellen. Diese Kategorien können zwar Ausdruck eines gelebten freiheitlichen Staates sein, bleiben aber von der Wahrnehmung individueller Freiheit verschieden.[955] Was für

954 Solche erkennt auch Rixen, Sozialrecht als öffentliches Wirtschaftsrecht, S. 240, der von einem „über die Anlassfälle weit hinaus weisendem grundrechtstheoretischen Umwertungsprojekt" spricht. Ferner Kahl, Der Staat 43 (2004), 167 (168, 174).

955 In diesem Sinne Möllers, NJW 2005, 1973 (1976).

die staatliche Gemeinschaft und so für die Freiheit des Kollektivs förderlich ist, kann für das Individuum den Schutzbereich begrenzende und damit die Freiheit schmälernde Wirkung entfalten. Die auf einen Funktionsvorbehalt gestützte Suche des BVerfG nach neuen Grenzen für den Schutzbereich bewirkt eine Veränderung der Terminologie: Es wird vom sachlichen „Gewährleistungsgehalt" des Grundrechts gesprochen[956] (bzw. die Vorstellung vom Gewährleistungsgehalt eines Grundrechts wird unausgesprochen zu Grunde gelegt), der vom sachlichen Schutzbereich zu unterscheiden ist.[957] Die Begriffe sind nicht austauschbar, sie werden jeweils nicht unabsichtlich in der Entscheidungsbegründung verwendet. Vielmehr bezeichnet der Begriff des Gewährleistungsgehalts ein nach funktionalen Kriterien bestimmtes Weniger gegenüber dem Begriff des Schutzbereichs. Die inhaltliche Festlegung des Gewährleistungsgehalts eines Grundrechts ist etwas qualitativ Neues, so dass nicht von einer rein terminologischen Veränderung gesprochen werden kann. Der grundrechtliche Schutzbereich wird ausdifferenziert, um „gewährleistungsspezifische Vorgaben" erweitert[958] und letztlich auf den als funktional erachteten Teil – den Gewährleistungsgehalt – reduziert. Nach dem Konzept des BVerfG bleibt das Prüfschema dreistufig. Die Ebene des Schutzbereichs wird durch die des Gewährleistungsgehalts vollständig ersetzt. Die so „modernisierte" Dreischrittprüfung lautet: Gewährleistungsgehalt, Eingriff, verfassungsrechtliche Rechtfertigung.

1. Zur Lehre vom Gewährleistungsgehalt

Zurückgehend auf *Rainer Wahl,* der die Lehre vom Gewährleistungsgehalt für die Wissenschaftsfreiheit (Art. 5 III 1 Alt. 2 GG) entwickelte[959], wird von den Anhängern dieser Lehre gefordert, den Grundsatz umfassender Schutzbereiche zugunsten einer subjektiv-historisch angeleiteten Präzisierung des Gewährleistungsinhalts aufzugeben.[960] Die nach dieser Ansicht vorzunehmende Bestimmung des grundrechtlichen Gewährleistungsgehalts ist ein Akt der Grundrechts-

956 BVerfG, NJW 1984, 1293 (1294) – Naegeli; BVerfGE 105, 252 ff. – Glykol, wo zwar nicht terminologisch, aber in der Sache deutlich zwischen dem Sachbereich und dem Gewährleistungsinhalt des Grundrechts unterschieden wird; ebenso BVerfGE 118, 1 (15) – Kappungsgrenze.

957 Kahl, Der Staat 43 (2004), 167 (176); Zuck, JZ 2008, 287 (291). Sich gegen die Sinnhaftigkeit einer getrennten Prüfung aussprechend Jarass, in: ders./Pieroth (Hrsg.), Grundgesetz, Vorb. vor Art. 1 Rn. 21.

958 Bumke, Die Verwaltung 37 (2004), 22 (28 f.).

959 Vgl. Wahl, Freiburger Universitätsblätter, Heft 95 (1987), 19 (29 ff.).

960 Nachdrücklich Böckenförde, Der Staat 42 (2003), 165 (181 ff.).

konkretisierung.[961] Der eigentliche Schutzbereich fällt von vornherein enger aus.[962] Der zentrale Begriff „Gewährleistungsgehalt“ steht hierbei für die „abstrakte Klärung der grundrechtsspezifischen Reichweite“ der Grundrechte durch den Rechtsanwender.[963] Der Gewährleistungsgehalt dient der Ermittlung der thematischen Einschlägigkeit eines Grundrechts, des grundrechtlichen Schutzguts und der Reichweite des Grundrechtsschutzes. Dabei wird der Grundrechtstatbestand restriktiver als bisher üblich gefasst.[964] Im Anschluss an die herkömmliche Begriffsklärung wird zusätzlich der Schutzumfang des jeweiligen Freiheitsgrundrechts bestimmt.[965] Mit anderen Worten genügt nicht schon die begriffliche Zuordnung eines Lebenssachverhalts zur Eröffnung des speziellen Grundrechtsschutzes (Sachbereich), sondern das Verhalten muss auch vom spezifischen Schutzumfang des Grundrechts umfasst sein (Gewährleistungsinhalt).[966] Der bisherige Gleichlauf von beschreibendem und normativem Moment des Schutzbereichs wird aufgekündigt.[967]

Die Definitionsmacht über den spezifischen Schutzumfang soll der Rechtsprechung und der Rechtswissenschaft zukommen.[968] Dieser objektivierenden, funktionalen Betrachtungsweise wird gegenüber dem Grundrechtssubjektivismus, also der Bestimmung des Grundrechtsgehalts durch das betroffene Individuum, Vorzug gewährt. Auf diese Weise sollen unauflösbare Konflikte unvereinbarer Selbstverständnisse verschiedener Grundrechtsträger[969], mithin Deu-

961 Hoffmann-Riem, Enge oder weite Gewährleistungsgehalte?, in: Bäuerle (Hrsg.), Haben wir wirklich Recht?, S. 53 (59). Zur Grundrechtskonkretisierung allgemein Stern, in: ders./Becker (Hrsg.), Grundrechte-Kommentar, Einl. Rn. 94, der sie als eine „weitere Dimension im Auslegungsprozess“ begreift.

962 Martins, DÖV 2007, 456 (458).

963 So Hoffmann-Riem, Enge oder weite Gewährleistungsgehalte?, in: Bäuerle (Hrsg.), Haben wir wirklich Recht?, S. 53 (72); gleichsinnig Böckenförde, Der Staat 42 (2003), 165 (174).

964 Hoffmann-Riem, Enge oder weite Gewährleistungsgehalte?, in: Bäuerle (Hrsg.), Haben wir wirklich Recht?, S. 53 (56, 74); vgl. auch erneut Böckenförde, Der Staat 42 (2003), 165 (174), der von einer „präziseren“ Bestimmung des Freiheitsgehalts des einzelnen Grundrechts spricht.

965 In diesem Sinne Bäcker, Wettbewerbsfreiheit als normgeprägtes Grundrecht, S. 96.

966 Dazu Böckenförde, Der Staat 42 (2003), 165 (174); Bäcker, Wettbewerbsfreiheit als normgeprägtes Grundrecht, S. 96; Martins, DÖV 2007, 456 (458); Zuck, JZ 2008, 287 (291); Rusteberg, Der grundrechtliche Gewährleistungsgehalt, S. 171.

967 Böckenförde, Der Staat 42 (2003), 165 (174); Martins, DÖV 2007, 456 (458).

968 Hoffmann-Riem, Enge oder weite Gewährleistungsgehalte?, in: Bäuerle (Hrsg.), Haben wir wirklich Recht?, S. 53 (56).

969 Zur Vorzugswürdigkeit der objektivierenden Auslegungsmethode Isensee, Wer definiert die Freiheitsrechte?, S. 31 f.

tungskollisionen vermieden werden. Die richterliche Bestimmung des Gewährleistungsinhalts anhand objektiver Kriterien soll die Gewähr dafür bieten, dass die Entscheidung über grundrechtliche Zweifels- und Konfliktfälle am Gemeinwohl ausgerichtet ist und zu verallgemeinerungsfähigen Ergebnissen führt.[970] Die heranzuziehenden objektiven Kategorien sind den Grundrechten in ihrer Dimension als objektive Wertordnung immanent. Grundrechte – verstanden als wertsetzendes objektives Recht – zielen nicht mehr allein auf die unbedingte individuelle Freiheitsverwirklichung, sondern stehen ordnungsgebend in einem funktionellen gemeinschaftlichen Bezug. Damit schlägt die objektivierende Grundrechtsdeutung die Brücke zum Verständnis der Grundrechte als überindividueller Ordnungsbasis für den Gewährleistungsstaat.[971]

2. Zum grundrechtstheoretischen Fundament

Die Lehre vom Gewährleistungsgehalt fußt auf verschiedenen grundrechtstheoretischen Fundamenten. Eine eindeutige Zuweisung zu einem einzigen Strukturgebäude ist weder möglich noch angezeigt: Das im Hintergrund stehende Gerüst setzt sich aus vielerlei Bauteilen zusammen.

a. Die Grundrechte als punktuelle Gewährleistungen

Der erste Ansatzpunkt ist im Verständnis der Grundrechte als punktuelle Gewährleistungen besonders wichtiger oder gefährdeter Lebensbereiche zu suchen.[972] Wie bei der Schwellenwert-Entscheidung in Bezug auf den Schutzbereich des Art. 19 IV GG beobachtet, soll nur besonders schutzwürdiges Verhalten grundrechtlich geschützt sein.[973] Die Ansicht beruht auf der Überzeugung, Freiheitsrechte dienten nicht dem Schutz des gesamten menschlichen Verhaltens, sondern nur dem Schutz eines engeren Bereichs individuellen Verhaltens.[974] Grundrechte höben sich von der Masse sonstiger Rechte dadurch ab, „dass sie Integrität, Autonomie und Kommunikation des Einzelnen in ihren grundlegenden Bezügen schützen".[975] Der herausgehobenen Stellung der vornehmen Grundrechte entsprechend, sollen sie nicht für jede Banalität menschlichen Verhaltens zu streiten haben. Derartige Verhaltensweisen unterfielen in

970 Isensee, Wer definiert die Freiheitsrechte?, S. 33.

971 Ähnlich Isensee, Wer definiert die Freiheitsrechte?, S. 35.

972 Hesse, Grundzüge des Verfassungsrechts, Rn. 300, 428; Rusteberg, Der grundrechtliche Gewährleistungsgehalt, S. 171.

973 BVerfGE 116, 135 (144) – Schwellenwert. Siehe dazu oben S. 165.

974 So treffend Kahl, Der Staat 43 (2004), 167 (182).

975 Sondervotum Grimm, BVerfGE 80, 137 (168) – Reiten im Walde.

ausreichendem Maße den einfachgesetzlich generierten Schutzmechanismen. Um dem grundrechtlichen Schutzsystem gerecht zu werden, seien die schützenswerten Verhaltensbereiche von den weniger schützenswerten zu sondern. Von vornherein sei nur den ersteren der grundrechtliche Schutz zugedacht.

Der Gewährleistungsgehalt bezeichnet gerade den engeren, besonders schützenswerten und des Schutzes bedürftigen Auszug aus dem Lebensbereich. Die Lehre vom Gewährleistungsgehalt fußt damit grundlegend auf dem punktuellen Grundrechtsschutz besonders wichtiger bzw. gefährdeter Verhaltensweisen.

b. Die Verfassung als unvollständige Rahmenordnung

Als theoretisches Gerüst für die Arbeit mit dem engen, über die historisch-genetische Auslegung zu ermittelnden Gewährleistungsgehalt kann weiterhin die Auffassung dienen, die Verfassung stelle eine unvollständige Rahmenordnung dar.[976] Die Verfassung schreibt dieser Theorie nach kein vollumfängliches Gewährleistungssystem fest. Sie weist lediglich eine Rahmenordnung mit anleitenden Prinzipien aus. Diese Rahmenordnung enthalte zwar auch grundlegende Verbürgungen. Überwiegend werde jedoch den kompetenten Organen bewusst Raum zur Gestaltung von Politik und Rechtsordnung gelassen.[977] Antworten auf sich im Laufe der Verfassungspraxis stellende Fragen seien nicht in der Verfassung vorgefertigt enthalten, sondern müssten im durch feststehende Prinzipien vorgegebenen Rahmen neu entwickelt werden.[978] Deshalb sei es auch angezeigt, sich – statt um eine inhaltlich immer weiter ausgreifende und differenzierter werdende Entfaltung der grundrechtlichen Vorgaben – darum zu bemühen, die inhaltliche Beschränktheit und Offenheit der Verfassung darzulegen, um so dem Parlament mehr Gestaltungsfreiraum und Flexibilität zu erhalten.[979]

Diesem Grundkonzept der Verfassung als bloßer Rahmenordnung entspricht es, sie (und damit auch die in ihr verbürgten Grundrechte) nicht extensiv zu interpretieren. Aus dem Rahmencharakter der Verfassung folgt die Notwendigkeit, den Wirkbereich der grundrechtlichen Gewährleistungen über die historisch-genetische Ermittlung des Gewährleistungsgehalts eng zu fassen. Durch die Engfassung des Schutzbereichs über den Gewährleistungsbegriff soll die von der Lehre der Verfassung als Rahmenordnung gefürchtete „grundrechtliche

---

976 Böckenförde, Der Staat 42 (2003), 165 (186 m.w.N. in Fn. 86); im Grunde zustimmend Dreier, RW 2010, 11 (17); Ladeur, Kritik der Abwägung in der Grundrechtsdogmatik, S. 79; Rusteberg, Der grundrechtliche Gewährleistungsgehalt, S. 109.

977 Böckenförde, Der Staat 42 (2003), 165 (186 f.); ähnlich Bumke, Die Verwaltung 37 (2004), 3 (24).

978 Böckenförde, Der Staat 42 (2003), 165 (187).

979 Bumke, Der Grundrechtsvorbehalt, S. 234.

Überfrachtung“ der Gesamtrechtsordnung vermieden werden. Darüber hinaus wird mittels dieses Vorgehens den als kompetent eingeschätzten staatlichen Akteuren der nötige Spielraum zur (Inter)Aktion in der staatlichen Wirklichkeit belassen, deren aktuelle Gestalt die Verfassung weder vorhersehen konnte noch wollte.

c. Die Lehre vom Gewährleistungsstaat

Nicht zuletzt lässt sich die Figur des Gewährleistungsgehalts auf die Lehre vom Gewährleistungsstaat und – damit einhergehend – der Gewährleistungsverantwortung[980] stützen.[981] Die Entwicklung, Verbreitung und Anwendung der Lehre des Gewährleistungsgehalts ist eng mit der Lehre vom Gewährleistungsstaat verknüpft.[982] Dieser Zusammenhang erklärt sich mit Blick auf den Terminus der „Gewährleistung“, der sowohl bei der Figur des Gewährleistungsgehalts als auch in der Lehre vom Gewährleistungsstaat eine Schlüsselrolle einnimmt.

Im Rahmen der gewährleistungsstaatlichen Konzeption verdeutlicht der Begriff der Gewährleistung, dass staatliche Aufgaben nicht stets unmittelbar durch den Staat selbst erfüllt werden müssen. Der Staat ist lediglich dazu verpflichtet, die normativen Rahmen- und Ordnungsbedingungen zu schaffen, damit der einzelne Bürger bzw. die Gesellschaft im Kollektiv ihre Angelegenheiten selbst regeln können.[983] Die unmittelbare staatliche Leistungserbringung bildet dabei nur eine Möglichkeit, nicht aber eine Notwendigkeit zur Erfüllung von Staatsaufgaben. Vorrangig ist die Erbringung bestimmter Leistungen durch Private über geeignete staatliche Organisation zu gewährleisten.[984] Dem Gewährleistungsstaat liegt das Ideal der Leistungserbringung durch Leistungsorganisation zu Grunde[985]: Eine „regulierte Selbstregulierung“[986] wird angestrebt. Der Staat stellt daher einen Rahmen und strukturierende Vorgaben für die gesellschaftliche Problemlösung bereit.[987] Bei der Organisation der Aufgabenerfüllung ist der

---

980 Zum Zusammenhang zwischen Schutzbereichsbegrenzung und grundrechtlicher Gewährleistungsfunktion bereits oben S. 74.

981 Hoffmann-Riem, Enge oder weite Gewährleistungsgehalte?, in: Bäuerle (Hrsg.), Haben wir wirklich Recht?, S. 53 (60); Höfling, in: Muckel (Hrsg.), Kirche und Religion im sozialen Rechtsstaat, S. 329 (335); Martins, DÖV 2007, 456 ff.

982 Martins, DÖV 2007, 456 (460); Hoffmann-Riem, Der Staat 43 (2004), 203 (228 f.).

983 Bäcker, Wettbewerbsfreiheit als normgeprägtes Grundrecht, S. 31; Bumke, Die Verwaltung 37 (2004), 3; Hoffmann-Riem, AöR 130 (2005), 5 (9); Knauff, DÖV 2009, 581 (582); Martins, DÖV 2007, 456 (458).

984 Martins, DÖV 2007, 456.

985 Knauff, DÖV 2009, 581 (583).

986 Hoffmann-Riem, AöR 130 (2005), 5 (9).

987 Bäcker, Wettbewerbsfreiheit als normgeprägtes Grundrecht, S. 31.

Staat grundsätzlich frei. Gerade durch die erwünschte Entkoppelung von Staatsaufgabenbestimmung und -wahrnehmung kommt dem Staat erhebliches Gestaltungspotenzial zu.[988] Hervorzuheben ist die Stellung der Bürger in der gewährleistungsstaatlichen Konzeption: Die nichtstaatlichen Akteure sind bei der intendierten Selbstverwirklichung der Verfolgung von Gemeinwohlzielen verpflichtet.[989] Somit wird Verantwortung vom staatlichen auf den privaten Sektor transferiert.[990] In der Konsequenz ändert sich auch die Stellung des Staates: Jener tritt seine Erfüllungsverantwortung ab und behält lediglich eine Gewährleistungsverantwortung dafür, dass die festgelegten Gemeinwohlziele erreicht werden.[991] Er steht nur noch für Zielverwirklichung und Zielverfehlung ein, trägt hernach die Auffang-[992] sowie die Abfederungsverantwortung, wenn privates Handeln zu unerwünschten Folgen führt.[993] Im Ergebnis wird die Verantwortung zur Aufgabenerfüllung von Staat und Bürger geteilt.[994] Feste Grenzen zwischen staatlicher und bürgerlicher Sphäre werden zugunsten eines fließenden Übergangs aufgelöst.

Mit Blick auf die Bestimmung des grundrechtlichen Gewährleistungsgehalts beschreibt der Terminus der Gewährleistung das Ziel, gesellschaftliche Problembewältigung unter den Bedingungen von Freiheit zu ermöglichen und zugleich die Folgen des Freiheitsgebrauchs mindestens gemeinwohlverträglich, wenn nicht gar gemeinwohlfördernd zu halten.[995] Dieses Grundrechtsverständnis entspricht der Vorstellung von der Erfüllung der dem Gewährleistungsstaat obliegenden Gewährleistungsaufgabe durch die in Verantwortung gezogenen nichtstaatlichen Akteure. Der Inhalt der Gewährleistungsaufgabe ist den Grundrechten zu entnehmen, die sich nicht in ihrer abwehrrechtlichen Dimension erschöpfen, sondern daneben in Form von Leitprinzipien auch Aussagen über die gemeinwohlverträgliche Gestaltung grundrechtlich geschützter Freiheitsbereiche und Rechtsgüter treffen.[996] Im Zusammenhang mit dem Gewährleistungsstaat

988 Knauff, DÖV 2009, 581 (582).

989 Hoffmann-Riem, Enge oder weite Gewährleistungsgehalte?, in: Bäuerle (Hrsg.), Haben wir wirklich Recht?, S. 53 (60).

990 Bumke, Die Verwaltung 37 (2004), 3.

991 Bäcker, Wettbewerbsfreiheit als normgeprägtes Grundrecht, S. 31; Hoffmann-Riem, AöR 130 (2005), 5 (9); Knauff, DÖV 2009, 581 (582).

992 Martins, DÖV 2007, 456 (458).

993 Hoffmann-Riem, AöR 130 (2005), 5 (18).

994 Hoffmann-Riem, AöR 130 (2005), 5 (9): „Kooperationsverhältnis mit Privaten“; Martins, DÖV 2007, 456 (457).

995 Hoffmann-Riem, Enge oder weite Gewährleistungsgehalte?, in: Bäuerle (Hrsg.), Haben wir wirklich Recht?, S. 53 (60).

996 Bumke, Die Verwaltung 37 (2004), 3 (24, 27).

und dem Gewährleistungsgehalt erfährt mithin die objektiv-rechtliche Dimension der Grundrechte eine ihrer Bedeutung in der gewährleistungsstaatlichen Staats- und Lebenswirklichkeit angepasste Stärkung.[997] Die Akzentuierung der objektiv-rechtlichen Grundrechtsdimension bedingt das für das neue Staatskonzept des Gewährleistungsstaates charakteristische Bemühen, verschiedene Grundrechtspositionen in multipolaren Konfliktlagen miteinander in Einklang zu bringen.[998] In der ihm zugedachten Rolle tritt der Staat nicht nur als Gegner, sondern auch als Garant, „Gewährleister" oder „Moderator"[999] der realen Freiheitssicherung auf.[1000] Aufgrund dieser veränderten Situation stellt sich für die Anhänger der Lehre vom Gewährleistungsgehalt die Frage, ob die für den bürgerlichen Rechtsstaat entwickelte liberale Grundrechtstheorie mit der sie kennzeichnenden Gegensätzlichkeit von Staat und Gesellschaft noch zeitgemäß ist.[1001] Insbesondere wird angezweifelt, ob die hergebrachten Grundrechtskonzeptionen in vielpoligen und mehrdimensionalen grundrechtlichen Konfliktlagen handhabbar sind.[1002]

Die Wurzel der Lehre vom Gewährleistungsgehalt und dem dadurch bewirkten verengten Schutzbereichsverständnis liegt nach alledem in der Abkehr vom liberalen und der Hinwendung zu einem funktionellen Grundrechtsverständnis im Sinne der institutionellen[1003] bzw. der sozialstaatlichen[1004] Grundrechtstheorie[1005], die beide zu den objektiv-rechtlichen Grundrechtstheorien rechnen.[1006] Die Grundrechte werden zum Inhalt dessen, was der Staat im Rahmen seiner Gewährleistungsverantwortung zu gewährleisten hat.[1007] Aus diesem Grund argumentiert der Erste Senat in der Glykol-Entscheidung etwa, dass das Grund-

997 Franzius, Der Staat 42 (2003), 493 (508).

998 In diesem Sinne Ladeur, Kritik der Abwägung in der Grundrechtsdogmatik, S. 11.

999 Martins, DÖV 2007, 456 (461).

1000 Ähnlich Bäcker, Wettbewerbsfreiheit als normgeprägtes Grundrecht, S. 31; Knauff, DÖV 2009, 581.

1001 Böckenförde, Der Staat 42 (2003), 165 (166).

1002 Hoffmann-Riem, Enge oder weite Gewährleistungsgehalte?, in: Bäuerle (Hrsg.), Haben wir wirklich Recht?, S. 53 (61).

1003 Siehe oben S. 49.

1004 Dazu oben S. 52.

1005 Vgl. nochmals Hoffmann-Riem, Enge oder weite Gewährleistungsgehalte?, in: Bäuerle (Hrsg.), Haben wir wirklich Recht?, S. 53 (60); anschaulich Rixen, Sozialrecht als öffentliches Wirtschaftsrecht, S. 244: „Gewährleistungsstaat (...) ist der hinsichtlich seiner Wirkungsmodi modernisierte Sozialstaat."

1006 Vesting, Von der liberalen Grundrechtstheorie zum Grundrechtspluralismus, in: Grabenwarter (Hrsg.), Allgemeinheit der Grundrechte und Vielfalt der Gesellschaft, S. 9 Fn. 1.

1007 Martins, DÖV 2007, 456 (461).

recht auf Berufsfreiheit von vornherein nicht vor sachlichen und zutreffenden Informationen durch die zuständige Stelle schützt.[1008] Die Übermittlung von Informationen ist Aufgabe des Gewährleistungsstaats. Der Umgang mit – besser: die Reaktion auf – die staatlich gelieferten Informationen obliegt den Wein konsumierenden Bürgern. Der Staat liefert diejenigen Informationen, die dem Bürger eine eigenverantwortliche (Kauf)Entscheidung ermöglichen. Damit das staatliche Ziel der Demokratiebildung erreicht wird, erhalten nach der Entscheidung zur „Fuckparade" und zur „Love Parade" nur diejenigen Versammlungen grundrechtlichen Schutz, deren Zweck in der Teilhabe an der öffentlichen Meinungsbildung liegt.[1009] Im Fall Xavier Naidoo wird durch den Ausschluss des nicht im Einklang mit dem Künstler im Wirkbereich Tätigen aus dem Schutzbereich des Grundrechts auf Kunstfreiheit ein Grundrechtskonflikt vermieden.[1010] Insgesamt beruhen die besprochenen Entscheidungen des BVerfG zur Kunst-, Versammlungs- und Berufsfreiheit auf einer wertorientierten bzw. institutionellen Grundrechtsinterpretation. Dabei changiert das BVerfG im Rahmen der institutionellen Grundrechtsinterpretation zwischen einer primär sozialstaatlichen und einer demokratisch-funktionalen Ausrichtung.[1011] Dieses institutionelle Grundrechtsverständnis, das den Gebrauch der Freiheit unter einen Funktionsvorbehalt stellt, zieht sich gleich einem roten Faden durch die Bestimmung der grundrechtlichen Schutzbereiche der bundesverfassungsgerichtlichen Rechtsprechung.

Allerdings vermeidet das BVerfG, diese Umwälzung des grundrechtlichen Vorverständnisses offen zu legen.[1012] Aufgrund dieser mangelnden Klarstellung des grundrechtstheoretischen Vorverständnisses leiden etwa die Entscheidungen „Glykol" und „Festbeträge" an einer defizitären rationalen Argumentationsstruktur. Die zur Begründung gelieferten Argumente erscheinen undurchsichtig, weil ihre Hintergründe im Dunkeln bleiben.[1013] In Anbetracht dessen ist es nicht verwunderlich, dass sich die Verfassungsrichter dem Verdacht ausgesetzt sehen, politische Entscheidungen zu fällen.[1014] Politische Entscheidungen sollten indes, bei allem Verständnis für das Problem, dass die Person des Richters nie frei von

1008 BVerfGE 105, 252 (268) – Glykol; vgl. oben S. 141 f.

1009 BVerfG, NJW 2001, 2459 (2460) – „Fuckparade"/„Love Parade"; vgl. oben S. 122.

1010 BVerfG, NJW 2006, 596 ff. – Xavier Naidoo; siehe oben S. 102.

1011 Ebenso Kahl, Der Staat 43 (2004), 167 (184 Fn. 96).

1012 Gleichsinnig Rixen, Sozialrecht als öffentliches Wirtschaftsrecht, S. 240.

1013 Rixen, Sozialrecht als öffentliches Wirtschaftsrecht, S. 241.

1014 So etwa Niestedt/Hölzl, NJW 2006, 3680 (3682), in Bezug auf BVerfGE 116, 135 ff. – Schwellenwert.

eigenen politischen Vorstellungen und Präferenzen sein kann[1015], der Regierung und dem demokratisch legitimierten Gesetzgeber vorbehalten bleiben. Das BVerfG hat das Problem der politischen Wertungen erkannt und legt deshalb darauf Wert, die grundrechtlichen Funktionsvorbehalte als Wertungen des demokratisch legitimierten Gesetzgebers herauszustellen.[1016] Werden jedoch die grundrechtlichen Schutzbereiche generell einer Ausformung durch den einfachen Gesetzgeber zugänglich gemacht, um darin einen Funktionsvorbehalt verankern zu können, führt dies in höchster Potenz dazu, dass aus traditionell sachgeprägten Grundrechten normgeprägte Grundrechte werden.[1017]

d. Zwischenergebnis

Die Lehre vom Gewährleistungsgehalt lässt sich auf einem grundrechtstheoretischen Fundament gründen, das sich aus der Auffassung von den Grundrechten als punktuelle Gewährleistungen, dem Verständnis von der Verfassung als unvollständiger Rahmenordnung und der Lehre vom Gewährleistungsstaat zusammensetzt. Die Bezugnahme der neuen bundesverfassungsgerichtlichen Rechtsprechung auf die Lehre vom Gewährleistungsgehalt wird nicht offen gelegt. Dadurch wirken die Entscheidungen oftmals unzureichend begründet.

3. Die Argumente für die Lehre vom Gewährleistungsgehalt

Auslegung, auch die Grundrechtsauslegung, ist von ihrer Natur her offen und dynamisch. Es darf deshalb nicht vorschnell angenommen werden, es gebe eine einzig richtige Grundrechtsinterpretation.[1018] Mithin kann auch nicht über die Absolutierung eines Grundrechtsverständnisses ein anderes Verständnis ohne weiteres als fragwürdige Verengung des Grundrechtsschutzes charakterisiert werden.[1019] Aus diesem Grunde ist eine Auseinandersetzung mit dem Für und Wider der Lehre vom Gewährleistungsgehalt für eine adäquate Bewertung des Ansatzes unabdingbar.

1015 Die Prägung des Verfassungsrichters durch persönliche Vorverständnisse positiv erachtend H. Huber, Über die Konkretisierung der Grundrechte, in: Saladin/Wildhaber (Hrsg.), Der Staat als Aufgabe, S. 191 (200).

1016 Dergestalt Bäcker, Wettbewerbsfreiheit als normgeprägtes Grundrecht, S. 206.

1017 Dies zumindest für die Wettbewerbsfreiheit als Teilaspekt der Berufsfreiheit befürwortend Bäcker, Wettbewerbsfrei- heit als normgeprägtes Grundrecht, S. 208.

1018 Bäcker, Wettbewerbsfreiheit als normgeprägtes Grundrecht, S. 210.

1019 Bäcker, Wettbewerbsfreiheit als normgeprägtes Grundrecht, S. 213.

Im Folgenden werden zunächst durchaus verständliche Motive und auf den ersten Blick überzeugende Argumente, die für die Lehre vom Gewährleistungsgehalt sprechen, dargestellt.

a. Die Ausweitung der Grundrechtsschranken

Die Lehre vom Gewährleistungsgehalt läuft der Tendenz entgegen, grundrechtliche Schutzbereiche generell weit zu fassen, wie sie die herkömmliche Schutzbereichsauslegung verfolgt. Schutzbereich und Schranken eines Grundrechts stehen in einem Konnexitätsverhältnis, sie bedingen sich.[1020] Durch eine Ausweitung grundrechtlicher Schutzgehalte ist nicht zwangsweise ein Mehr an Freiheit gewonnen, wenn und weil sie durch eine Ausweitung grundrechtlicher Schranken begleitet ist.[1021] Die Ausweitung grundrechtlicher Schutzgehalte zieht nach dem Verständnis der Befürworter der Lehre vom Gewährleistungsgehalt letztlich ein Schrumpfen des grundrechtlichen Schutzes nach sich, da sie regelmäßig mit der Ausweitung grundrechtlicher Schranken einhergehe.[1022]

Für das durch die Ermittlung des Gewährleistungsgehalts verengte Schutzbereichsverständnis lässt sich daher anführen, dass auf diese Weise einer Ausweitung der Beschränkbarkeit grundrechtlicher Garantien begegnet werden kann. Es wird vermieden, dass geschriebene Grundrechtsschranken extensiv ausgelegt werden (so geschehen beim Regelungsvorbehalt des Art. 12 I GG in Bezug auf die Berufswahlfreiheit) und dass ungeschriebene Schranken überhaupt erst „erfunden" werden (so bei den vorbehaltlos garantierten Grundrechten durch die sog. verfassungsimmanenten Schranken).[1023] Die negativen Konsequenzen eines weiten Schutzbereichsverständnisses können auch nicht einfach dadurch vermieden werden, dass die Grundrechtsschranken *nicht* ebenso weit gezogen werden: Denn wird im Zuge der Beobachtung derartiger Auswirkungen auf eine Erweiterung der Schrankenregelung verzichtet, kann dies verkürzten

1020 Merten, Grundrechtlicher Schutzbereich, in: ders./Papier (Hrsg.), Handbuch der Grundrechte III, § 56 Rn. 19.

1021 Bäcker, Wettbewerbsfreiheit als normgeprägtes Grundrecht, S. 207; Hoffmann-Riem, Enge oder weite Gewährleistungsgehalte?, in: Bäuerle (Hrsg.), Haben wir wirklich Recht?, S. 53 (54); Merten, Grundrechtlicher Schutzbereich, in: ders./Papier (Hrsg.), Handbuch der Grundrechte III, § 56 Rn. 22; Murswiek, Der Staat 45 (2006), 473 (477).

1022 Papier, Aktuelle grundrechtsdogmatische Entwicklungen in der Rechtsprechung des Bundesverfassungsgerichts. Schutzbereich – Eingriff – Gesetzesvorbehalt, in: Merten/ Papier (Hrsg.), Grundsatzfragen der Grundrechtsdogmatik, S. 81 (93).

1023 Dazu eindringlich Böckenförde, Der Staat 42 (2003), 165 (168, 190); Hoffmann-Riem, Enge oder weite Gewährleistungsgehalte?, in: Bäuerle (Hrsg.), Haben wir wirklich Recht?, S. 53 (62 ff.).

Freiheitsschutz für denjenigen Dritten bedeuten, dessen Entfaltungsfreiheit durch die grundrechtlichen Schranken geschützt werden soll.[1024]

b. Die Betonung der objektiv-rechtlichen Dimension

Unbestritten greift ein Grundrechtsverständnis zu kurz, das sich *allein* in der abwehrrechtlichen Komponente erschöpft und die wertsetzende Bedeutung der Grundrechte nicht berücksichtigt. Grundrechte enthalten neben ihrer abwehrrechtlichen Funktion auch objektiv-rechtliche Aufträge zur Sicherung realer Freiheit an den Staat.[1025] Sie bilden eine objektive Wertordnung.

Die objektiv-rechtliche Dimension war bereits in einer frühen Etappe der Grundrechtsentwicklung in Deutschland dominierend[1026]: Die Verfassungen zu Zeiten des deutschen Konstitutionalismus enthielten Grundrechtsnormen in der Form von Aufträgen an den Gesetzgeber zur Gewährung einer freiheitlichen Rechtsordnung.[1027] Grundrechten wurde (auch) eine objektiv-rechtliche Dimension beigemessen.[1028] Vor diesem Hintergrund ist eine Reduktion der Grundrechte auf ihre abwehrrechtliche Funktion eine im Widerspruch zur historischen Entwicklung stehende Verkürzung.[1029]

Die Inanspruchnahme der objektiv-rechtlich aufgeladenen Grundrechte durch das Individuum soll die Verwirklichung bestimmter Werte befördern. Wird die objektive Werthaltigkeit der Grundrechte anerkannt, bedingt dies in der Folge die interpretatorische Reichweite (den Geltungsumfang) der Grund-

---

1024 Hoffmann-Riem, Enge oder weite Gewährleistungsgehalte?, in: Bäuerle (Hrsg.), Haben wir wirklich Recht?, S. 53 (55); ähnlich Murswiek, Der Staat 45 (2006), 473 (476).

1025 Seit BVerfGE 7, 198 (204 f.) – Lüth st. Rspr. Vgl. dazu auch Nierhaus, AöR 116 (1991), 72 (108 f.), der die objektiv-rechtliche Bedeutung der Grundrechte maßgeblich auf Art. 1 III GG zurückführt. Anders Stern, Die Grundrechte als objektives Recht und als subjektive Rechte, in: ders. (Hrsg.), Das Staatsrecht der Bundesrepublik Deutschland III/1, § 65 S. 477, der Grundrechte primär als objektive Rechtsnormen versteht.

1026 Dementsprechend von einer „Wiederentdeckung" der objektiven Komponente der Grundrechte sprechend Grimm, NVwZ 1985, 865 (866).

1027 Ausführlich Dreier, Dimensionen der Grundrechte, S. 28 f.; Hoffmann-Riem, Enge oder weite Gewährleistungsgehalte?, in: Bäuerle (Hrsg.), Haben wir wirklich Recht?, S. 53 (56); vgl. auch Jarass, AöR 110 (1985), 363 (373); Stern, Die historischen und ideengeschichtlichen Grundlagen der Grundrechte, in: ders. (Hrsg.), Das Staatsrecht der Bundesrepublik Deutschland III/1, § 59 S. 108.

1028 Vgl. etwa zu den Grundrechten der Weimarer Reichsverfassung Schmitt, Grundrechte und Grundpflichten, in: ders. (Hrsg.), Verfassungsrechtliche Aufsätze, S. 181 (189): „Auch die Grundrechtsbestimmungen sind objektives Recht (…)."

1029 Dazu Dreier, Dimensionen der Grundrechte, S. 38.

rechte selbst.[1030] Im Hinblick auf die Gesamtheit der Grundrechte in ihrer Wirkung auf die Gesellschaft erfährt der Freiheitsschutz zunächst eine Erweiterung. Für das Individuum wirkt sich diese Ausweitung auf die objektiv-rechtliche Dimension jedoch (auch) begrenzend aus. Der grundrechtliche Schutzumfang kann innerhalb der objektiv-rechtlichen Konzeption lediglich so weit reichen, wie er der Umsetzung der objektiven Wertordnung dient. Insofern stützt die Betonung der objektiv-rechtlichen Dimension ein unter Funktionsvorbehalt stehendes Schutzbereichsverständnis.

c. Die grundrechtsdienende Funktion von Staat und Gesetz

Als veraltet und zu einseitig offenbart sich auch die auf dem klassischen Liberalismus beruhende und der Lehre vom Gewährleistungsgehalt entgegen gehaltene Vorstellung, dass Freiheit mit der Abwesenheit des Staates und insbesondere staatlicher Rechtsnormen gleichzusetzen sei. Die Übersetzung von Freiheit mit dem ungehinderten Belieben des Einzelnen greift zu kurz.[1031] Im modernen Staat mit seinen vielfältigen Verflechtungen wird ein Freiheitsbegriff, der sich lediglich durch das Fehlen staatlicher Eingriffe erschließt, dem Erscheinungsbild moderner Staatlichkeit nicht mehr gerecht. Die Verfechter der Lehre vom Gewährleistungsgehalt argumentieren daher, dass Freiheit nichts anderes als ein dem Individuum durch die Verfassung zuerkannter Freiheitsraum ist. Sie entwerfen ein Konzept der verfassten, der staatlich hervorgebrachten Freiheit. Es handelt sich mithin um Freiheit vom und durch den Staat, um eine Freiheit des Einzelnen, die zugleich verfassungsrechtlich gestaltet und begrenzt ist.[1032]

Die strikte liberale Betrachtung geht dabei undifferenziert über die häufig grundrechtsdienende und -entfaltende Funktion vieler Rechtssätze hinweg.[1033] Zum einen intendiert der Gesetzgeber (subjektiv) oftmals die Stärkung grundrechtlichen Schutzes durch einfachgesetzliche Regelungen. Dem Parlamentsgesetz kann aber auch (objektiv) reales, die Freiheit stärkendes Potenzial zukommen. Es kann einen Mehrwert an realer Freiheit schaffen[1034], indem es über die Festlegung gleicher rechtlicher Handlungsfreiräume durch abstrakte gesetzliche Regelung die Freiheit aller sicher macht[1035] und dadurch verhindert, dass nur die

1030 Nochmals Dreier, Dimensionen der Grundrechte, S. 25.

1031 Morgenthaler, Freiheit durch Gesetz, S. 20.

1032 Dergestalt Schwarz, JZ 2000, 126 (128).

1033 So Bolz, Das Verhältnis von Schutzobjekt und Schranken der Grundrechte, S. 239; gleichsinnig Morgenthaler, Freiheit durch Gesetz, S. 2 (16 ff.), der die „freiheitskonstitutive Funktion der Legislative" besonders hervorhebt.

1034 Hoffmann-Riem, AöR 130 (2005), 5 (69).

1035 Morgenthaler, Freiheit durch Gesetz, S. 20.

Stärkeren sich ihrer Freiheit erfreuen können. Die sich aus der Stärkung der Schwächeren zwangsweise ergebende Schwächung der Stärkeren in ihrer grundrechtlichen Schutzposition kann dabei als in der Verfassung über das Sozialstaatsprinzip (Art. 20 I, 28 I 1 GG) angelegt verstanden werden.

d. Die Dysfunktionalität des Gesetzesvorbehalts

Aufbauend auf dem Verständnis des Staates als Garant oder Mitbegründer grundrechtlicher Freiheit wird es als nicht mehr zeitgemäß empfunden, für jede staatliche Handlung entsprechend dem Grundsatz des Gesetzesvorbehalts eine Legitimation durch den parlamentarischen Gesetzgeber zu verlangen.[1036] Die liberale Vorstellung von einer strikten Gegensätzlichkeit und notwendiger Trennung von Staat und Bürger sei mit dem zunehmenden Verfall tragender Grundlagen des liberal-individualistischen Staatskonzepts ein Auslaufmodell.[1037] Die heutige Verfassungswirklichkeit erfahre durch die Aufhebung der Grenzen zwischen Staat und Bürger und neuartige Verflechtungen ihre Prägung.[1038] Die nicht mehr durchführbare Trennung von Staat und Gesellschaft dürfe demzufolge auch nicht künstlich durch die Forderung nach einem strikten Gesetzesvorbehalt für jedwede staatliche Betätigung mit Grundrechtsbezug aufrecht erhalten werden. Das führe zu einer Inflation von Rechtsvorschriften und einer übermäßigen Verrechtlichung des Alltags, die letztlich auf die Entfaltungsmöglichkeiten der Grundrechtsträger beschränkend wirke.[1039] Ein auf der Grundlage des weiten Schutzbereichsverständnisses in Kombination mit dem modernen Eingriffsbegriff generierter Totalvorbehalt des Gesetzes könne gegenüber einer freiheitlichen gesellschaftlichen Ordnung dysfunktional wirken, zumal sich nicht jedes staatliche Handeln zur Steuerung durch Gesetze anbiete.[1040] Die entscheidende Weichenstellung liegt damit in der engeren Bestimmung des grundrechtlichen Gewährleitungsgehalts, wodurch schon früh der Eintritt in die Rechtfertigungsautomatik für staatliches Handeln und damit das Erfordernis der Einhaltung des Vorbehalts des Gesetzes dispensiert werden kann. Wenn mit der Lehre vom Gewährleistungsgehalt der grundrechtliche Schutzbereich enger gefasst wird,

---

1036 Dafür Hoffmann-Riem, Enge oder weite Gewährleistungsgehalte?, in: Bäuerle (Hrsg.), Haben wir wirklich Recht?, S. 53 (62).

1037 In diesem Sinne Dreier, Dimensionen der Grundrechte, S. 64.

1038 Hoffmann-Riem, AöR 130 (2005), 5 (13).

1039 So in einem datenschutzrechtlichen Kontext Bull, NJW 2009, 3279 (3281).

1040 Hoffmann-Riem, Enge oder weite Gewährleistungsgehalte?, in: Bäuerle (Hrsg.), Haben wir wirklich Recht?, S. 53 (70); gleichsinnig Bäcker, Wettbewerbsfreiheit als normgeprägtes Grundrecht, S. 210.

verkleinert sich der Anwendungsbereich des aus vorgenannten Erwägungen als hinderlich erachteten Vorbehalts des Gesetzes.

e. Die Vermeidung der Abwägungsebene

Vorteilhaft an der Lehre vom Gewährleistungsgehalt mag zunächst erscheinen, dass durch die Begrenzung des Schutzbereichs ein Eintreten auf die Ebene der verfassungsrechtlichen Rechtfertigung mit ihren zuweilen „beliebigen" grundrechtlichen Abwägungsentscheidungen „ohne objektivierbare Kriterien" vermieden wird.[1041] Durch eine Konzentrierung auf die Abwägung würden subjektive Wertungen und mit ihnen Rechtsunsicherheit und Willkür befördert.[1042] Die Grundrechtsanwendung soll durch die Trennung von Sach- und Lebensbereich und das maßgebliche Abstellen auf den möglichst präzise (also eng) gefassten Gewährleistungsgehalt rationalisiert werden. Zudem sei bei einem Übermaß an Abwägung eine Asymmetrie der Funktionenteilung zu Lasten des Gesetzgebers und der Exekutive in Richtung eines Jurisdiktionsstaates zu befürchten.[1043] Im Rahmen der Abwägung setzten nämlich die Gerichte ihr Ermessen an die Stelle desjenigen der Exekutive oder gar des demokratisch legitimierten Gesetzgebers[1044], wodurch sich die politischen Gewichte zum BVerfG verlagerten.[1045] Einer solchen Absorption verfassungsmäßig anderweitig verteilter Kompetenzen müsse durch die Vermeidung der Abwägungsebene Einhalt geboten werden. Dazu sei die Engfassung des grundrechtlichen Schutzbereichs im Sinne der Lehre vom Gewährleistungsgehalt das adäquate Mittel.

1041 Böckenförde, Der Staat 42 (2003), 165 (174, 190), spricht abwertend von „Abwägungseuphorie". Vgl. auch Bäcker, Wettbewerbsfreiheit als normgeprägtes Grundrecht, S. 211; Bumke, Die Verwaltung 37 (2004), 3 (28); Hoffmann-Riem, Enge oder weite Gewährleistungsgehalte?, in: Bäuerle (Hrsg.), Haben wir wirklich Recht?, S. 53 (71); Holoubek, Der Grundrechtseingriff – Überlegungen zu einer grundrechtsdogmatischen Figur im Wandel, in: Merten/Papier (Hrsg.), Grundsatzfragen der Grundrechtsdogmatik, S. 17 (27); Murswiek, Der Staat 45 (2006), 473 (478); Pieroth/Schlink, Staatsrecht II, Rn. 303 f.; Rusteberg, Der grundrechtliche Gewährleistungsgehalt, S. 75 f.; Schlink, Abwägung im Verfassungsrecht, S. 151 ff.

1042 In diesem Sinne Merten, Grundrechtlicher Schutzbereich, in: ders./Papier (Hrsg.), Handbuch der Grundrechte III, § 56 Rn. 67.

1043 So Merten, Grundrechtlicher Schutzbereich, in: ders./Papier (Hrsg.), Handbuch der Grundrechte III, § 56 Rn. 71; vgl. auch Rusteberg, Der grundrechtliche Gewährleistungsgehalt, S. 64 f.

1044 Böckenförde, Der Staat 42 (2003), 165 (187); Bumke, Der Grundrechtsvorbehalt, S. 233.

1045 Murswiek, Der Staat 45 (2006), 473 (478).

f. Die Vorzugswürdigkeit des Gewährleistungsbegriffs

Verteidigt wird schließlich auch die Einführung der Begrifflichkeit des Gewährleistungsgehalts selbst. Der zu verfehlten Ergebnissen führende Begriff des „Schutzbereichs" sei aus zwei Gründen abzulehnen. Zum einem greife in Anbetracht der objektiv-rechtlichen Grundrechtsdimension der Terminus „Schutz" zu kurz, da es nicht nur um Schutz von Freiheit gegen den Staat, sondern umfassend um die Gewährleistung von Freiheit durch den Staat und die Gesellschaft gehe.[1046] Zum anderen leite der Terminus „Bereich" wegen seiner „Raummetaphorik" fehl.[1047] Von Räumen könne nur gesprochen werden, wenn drei Dimensionen feststünden. Diese Voraussetzung treffe auf die „Geltungs- oder Schutzbereiche" der Grundrechte nicht zu.[1048] Angesichts vielfältiger Vernetzungen staatlicher und gesellschaftlicher Verantwortung im Gewährleistungsstaat seien alle Bilder schief, die auf abgegrenzte Sphären verweisen.[1049] Der weite Schutzbereichsbegriff versage gerade in Kombination mit dem weiten Eingriffsbegriff bei vielpoligen komplexen Interessengeflechten, wo er frühzeitig strukturierendes Potenzial der Grundrechtsprüfung verschenke.[1050] In der Konsequenz sei der Begriff „Schutzbereich" entweder durch den Begriff des Gewährleitungsgehalts zu ersetzen[1051] oder durch ihn (im Sinne einer weiteren Prüfungsstufe zwischen Schutzbereich und Eingriff) zu ergänzen.[1052]

1046 Hoffmann-Riem, Enge oder weite Gewährleistungsgehalte?, in: Bäuerle (Hrsg.), Haben wir wirklich Recht?, S. 53 (57).

1047 Siehe Ipsen, JZ 1997, 473 (475); ebenso Hoffmann-Riem, Der Staat 43 (2004), 203 (226). Sich gegen diese Kritik wendend Borowski, Grundrechte als Prinzipien, S. 244; Merten, Grundrechtlicher Schutzbereich, in: ders./Papier (Hrsg.), Handbuch der Grundrechte III, § 56 Rn. 26 ff.

1048 Räumliche Modelle in der Grundrechtdogmatik gemeinhin ablehnend Bolz, Das Verhältnis von Schutzobjekt und Schranken der Grundrechte, S. 224 ff.

1049 Hoffmann-Riem, Enge oder weite Gewährleistungsgehalte?, in: Bäuerle (Hrsg.), Haben wir wirklich Recht?, S. 53 (57).

1050 Bäcker, Wettbewerbsfreiheit als normgeprägtes Grundrecht, S. 96, 100.

1051 Dafür Hoffmann-Riem, Enge oder weite Gewährleistungsgehalte?, in: Bäuerle (Hrsg.), Haben wir wirklich Recht?, S. 53 (57); so auch das neue Prüfprogramm des BVerfG.

1052 Dies favorisierend Böckenförde, Der Staat 42 (2003), 165 (174, 178); gleichsinnig wohl Bäcker, Wettbewerbsfreiheit als normgeprägtes Grundrecht, S. 96. Siehe auch Rusteberg, Der grundrechtliche Gewährleistungsgehalt, S. 171 ff., bei dem insofern verwundert, dass er für eine Trennung zwischen Sach- und Gewährleistungsbereich plädiert, dann aber einräumt, dass beide nach denselben Kriterien ermittelt werden (edenda, S. 174) und „dass es auch bei den beiden Prüfungsstufen selbst zu Überschneidungen kommen kann." (a.a.O., S. 233).

4. Die Kritik an der Lehre vom Gewährleistungsgehalt

Obschon vereinzelte Aspekte für die Lehre vom Gewährleistungsgehalt streiten, überwiegen die durchgreifenden Bedenken gegen den Ansatz. Mit Hilfe des kritischen Schrifttums soll die Ablehnung der Lehre vom Gewährleistungsgehalt nachfolgend begründet und argumentativ untermauert werden.

a. Die Schwächung des Grundrechtsschutzes

Die Verfechter der Lehre vom Gewährleistungsgehalt meinen, durch ein restriktives Schutzbereichsverständnis die Friktionen ausräumen zu können, die durch ein weites Schutzbereichsverständnis im Bereich der Grundrechtsschranken provoziert worden seien. Unabhängig von der Frage, ob die Lehre vom Gewährleistungsgehalt dies tatsächlich leisten kann, wird von deren Befürwortern übersehen, dass die Engfassung des grundrechtlichen Schutzbereichs andere, durchgreifende Fragwürdigkeiten aufwirft. Grundrechtsträger, die mit ihrem Verhalten auf der Grundlage des engen Gewährleistungsbegriffs nicht mehr unter den Schutz der speziellen Freiheitsrechte fallen, werden in den Schutzbereich des Grundrechts auf allgemeine Handlungsfreiheit gedrängt. Auf diese Weise wird das spezielle Schranken- und Schranken-Schrankensystem der Freiheitsgrundrechte zugunsten des Auffanggrundrechts des Art. 2 I GG relativiert.[1053] Es bleibt jedoch nicht bei einer „bloßen" dogmatischen Ungereimtheit: Die allgemeine Handlungsfreiheit weist im Gegensatz zu den Spezialfreiheitsrechten weder einen prägnanten Schranken- noch einen prägnanten Schranken-Schranken-Bereich auf und verlangt damit staatlichen Eingriffen einen weitaus geringeren Rechtfertigungsaufwand ab.[1054] Mit der Heranziehung der Lehre vom engen Gewährleistungsgehalt erfährt der Grundrechtsschutz somit eine substanzielle Schwächung.

Durch den engen Gewährleistungsbegriff werden weiterhin die elementare Eingriffsabwehrfunktion der Grundrechte und die zu ihrer Effektuierung entwickelte weite Tatbestandstheorie untergraben.[1055] Wird der Gewährleistungsgehalt eines Grundrechts im Vergleich zum Schutzbereich eng bestimmt, können staatliche Aktivitäten in größerem Maße nicht mehr als Eingriff gewertet werden, da aufgrund des restriktiven Verständnisses keine grundrechtliche Position mehr betroffen ist. Darauf aufbauend bricht die umfassende Rechtfertigungslast

---

1053 Kahl, Der Staat 43 (2004), 167 (188).

1054 Dies offenbar verkennend Murswiek, Der Staat 45 (2006), 473 (484 f.), der meint, dass die Lehre vom Gewährleistungsgehalt solange nicht freiheitsverkürzend wirke, wie Art. 2 I GG weit als allgemeine Handlungsfreiheit verstanden werde.

1055 Höfling/Rixen, RdA 2007, 360 (366).

des Staates weg. Entgegen dem von der weiten Tatbestandstheorie verfolgten Ziel, über die weite Fassung der Schutzbereiche möglichst jedes menschliche Verhalten grundrechtlichem Schutz zu unterstellen und dadurch jedes dieses Verhalten beschränkende staatliche Tätigwerden der Last der verfassungsrechtlichen Rechtfertigung zu unterwerfen, nimmt die Lehre vom Gewährleistungsgehalt dem Staat seine Rechtfertigungslast auf einer frühen Stufe der Grundrechtsprüfung ab und verringert damit das Potenzial der Freiheitsrechte, staatliche Eingriffe wirksam abzuwehren. Dem kann auch nicht entgegengehalten werden, dass nach dem „neuen" Konzept des Gewährleistungsstaates selbiger nicht beabsichtigt, grundrechtsbeschränkend aktiv zu werden, sondern vielmehr als „Freund der Grundrechte" auftreten möchte, der die sozialen Voraussetzungen des realen Freiheitsgebrauchs schafft. Auch der dem Sozialstaatsprinzip verpflichtete Staat darf nicht um der realen Freiheitsermöglichung willen den negatorischen Grundrechtsschutz hinter sich lassen, indem er ihn über eine Engfassung des Schutzbereichs seiner Wirksamkeit beraubt.[1056]

b. Die Verstaatlichung der Grundrechte

An der Konzeption vom Gewährleistungsgehalt irritiert weiterhin, dass Grundrechte im Gewährleistungsstaat zu etwas werden, das vom Staat zum Zwecke der Aufgabenerfüllung gewährt wird und das – gleichsam – entzogen werden kann.[1057] Mit der Anbindung des grundrechtlichen Schutzumfangs an die Dienlichkeit zur Aufgabenerfüllung und zur Übersetzung der objektivrechtlichen Grundrechtsgehalte in die Staatswirklichkeit werden Grundrechte funktionalisiert.[1058] Der Staat wird selbst zum „Grundrechtsakteur".[1059] Freiheitliche Betätigung wird unter die Bedingung der Gemeinwohlförderlichkeit gestellt. Verhält sich der Grundrechtsträger nicht gemeinwohlkonform, kann ihm der Schutz für eine Betätigung, die nach dem Wortlaut ohne Zweifel in den grundrechtlichen Schutzbereich fällt, von staatlicher Seite versagt werden. Weiter gedacht bestehen die Grundrechte dann nicht mehr um der freiheitlichen Entfaltung der Individuen willen, sondern zwecks Ermöglichung der gewährleistungsstaatlichen Aufgabenteilung zwischen Bürger und Staat. Der gemeinwohlorientierte Gewährleistungsstaat wird zum Selbstzweck.[1060] Um das maßgebli-

1056 Gleichsinnig Rixen, Sozialrecht als öffentliches Wirtschaftsrecht, S. 244.

1057 So Volkmann, JZ 2005, 261 (265); Martins, DÖV 2007, 456 (462).

1058 Ähnlich Enders, in: Friauf/Höfling (Hrsg.), Berliner Kommentar, Vor Art. 1 Rn. 88.

1059 Dergestalt Ladeur, Kritik der Abwägung in der Grundrechtsdogmatik, S. 10 f.

1060 Kritisch zu einem Gemeinwohlverständnis, das den Staat zum Selbstzweck macht Sachs, Begriff und Arten der Begrenzung der Grundrechte, in: Stern (Hrsg.), Das Staatsrecht der Bundesrepublik Deutschland III/2, § 79 S. 356 f.

che (sozial)staatsfreundliche Grundrechtstheoriegebäude in die Staatswirklichkeit umsetzen zu können, ist die dogmatische Vorgehensweise über den engen Gewährleistungsbegriff auch unabdingbar. Nur durch einen extrem reduzierten effektiven Grundrechtsschutz lässt sich mehr Freiraum für den aktivierenden Gewährsleistungsstaat schaffen.[1061] Weil der Gewährleistungsgehalt nach Kriterien der Funktionalität für das demokratische Gemeinwesen bestimmt wird, haftet der Lehre die Tendenz an, Grundrechte zu „verstaatlichen"[1062]. Ihr Schutzbereich wird zunehmend an der Förderlichkeit für staatliche Belange ausgerichtet. Zugleich ist mit der funktionellen Grundrechtsdeutung eine Privilegierung desjenigen verbunden, der bei seiner Grundrechtsausübung mit den demokratischen Belangen konform geht.

Allerdings sperrt sich das Grundgesetz mit seiner liberalen, auf die Freihaltung individueller Sphären vor staatlichen Einwirkungen bedachten Grundhaltung gegen ein instrumentalisiertes Rechtsverständnis[1063], das Grundrechte als Werkzeuge staatlicher Herrschaft deuten will. Auch steht die Verfassung, die das Prinzip der Gleichheit vor dem Gesetz hochhält, tendenziell einer Bevorzugung von Personen aufgrund von grundrechtlicher Betätigung entgegen, die dem Staat als schutzwürdiger erscheint.[1064]

c. Die Betonung der abwehrrechtlichen Dimension

Die der Lehre vom Gewährleistungsgehalt eigene Funktionalisierung des Grundrechtsgebrauchs stützt sich maßgeblich auf eine Überbewertung der objektivrechtlichen Grundrechtsdimension gegenüber der abwehrrechtlichen. Eine vorrangig objektive Konzeption der einzelnen Grundrechte durch das BVerfG schafft einen Zustand, der im Widerspruch zu geltenden Prinzipien der Verfassung steht.[1065] Auch wenn die durch die Gesamtheit der Grundrechte etablierte objektive Wertordnung und mit ihr der objektiv-rechtliche Gehalt der einzelnen Grundrechtsnorm seit der Lüth-Entscheidung zentrales Moment der Grundrechtsdogmatik geworden sind, darf dies nicht zur Abwertung oder Verleugnung der primär abwehrrechtlichen Funktion der Grundrechte führen. Noch immer wollen die Grundrechte einen möglichst breiten privaten Lebensbereich gegen den souveränen, über das Gewaltmonopol verfügenden Staat abschirmen.[1066] In

1061 Höfling/Rixen, RdA 2007, 360 (366).

1062 So die prägnante Formulierung Ladeurs, Kritik der Abwägung in der Grundrechtsdogmatik, S. 19.

1063 Rixen, Sozialrecht als öffentliches Wirtschaftsrecht, S. 248.

1064 Vgl. H.H. Klein, Der Staat 10 (1971), 145 (168).

1065 So in Bezug auf die Rundfunkfreiheit Thum, DÖV 2008, 653 (657).

1066 Dreier, Dimensionen der Grundrechte, S. 33.

Entsprechung mit dem klassisch-liberalen Grundrechtsverständnis, das die Freiheit des Einzelnen grundsätzlich als unbegrenzt und die Gewalt des Staates prinzipiell als beschränkt und rechtfertigungsbedürftig einstuft[1067], ist der abwehrrechtliche Grundrechtsgehalt, welcher der individuellen Freiheit Tribut zollt, nicht wegen gesamt- oder sozialstaatlicher Erwägungen zu beschneiden.[1068] Die Abkehr von einem primär abwehrrechtlichen Grundrechtsverständnis kann nicht aus sich angeblich für den Gewährleistungsstaat neu stellenden Anforderungen der Staatswirklichkeit hergeleitet werden. Die Figur des Gewährleistungsstaats ist lediglich die moderne Form des Sozialstaats, der sich neuartiger Wirkungsmodi bedient. Zwar lässt sich anführen, dass gerade diese neuen Wirkungsmodi i.S.v. veränderten Strategien und Mitteln staatlicher Steuerung neue Herausforderungen für die Grundrechtsdogmatik schaffen[1069] und möglicherweise zu deren Bewältigung die Einführung neuwertiger dogmatischer Konstruktionen verlangen. Es sollte aber nicht das Kind mit dem Bade ausgeschüttet und das staatliche Tätigwerden von grundrechtlicher Rückanbindung durch die Engfassung der Schutzbereiche losgesagt werden. Grundrechtliche Konfliktlagen im komplexen und multipolaren Gewährleistungsstaat dürfen nicht einseitig zuungunsten der Grundrechtsträger aufgelöst werden. Durch ein solches Vorgehen angemessene Ergebnisse zu erzielen, ist um ein Vielfaches unwahrscheinlicher, als wenn der grundrechtliche Schutzbereich angesichts neuer Steuerungsmittel weiter maximiert wird, um prinzipiell jeden Nachteil für das Individuum als Grundrechtseingriff verarbeiten zu können.[1070] Nur so wird die Verteilung der Rechtfertigungslast im liberalen Sinne gewahrt, weil erst mit der Bejahung der Eingriffsebene die Anforderungen der verfassungsrechtlichen Rechtfertigung von staatlicher Seite eingehalten werden müssen. Der Staat kann sich nicht der Gewährleistung liberaler, tatbestandlich weit gefasster Grundrechte entsagen, indem er im Blick auf die realen Grundrechtsvoraussetzungen die Schutzbereiche verengt, damit der Gewährleistungssozialstaat um so mehr sein Gewährleistungswerk verrichten könne. Ein solches Verständnis von „Gewährleistungsstaat“ ist nicht akzeptabel[1071], verstellt es doch den Blick auf den vorrangig abwehrrechtlichen Charakter der Grundrechte des Grundgesetzes.

1067 Brüning, JZ 2009, 29; Martins, DÖV 2007, 456 (463).
1068 Ähnlich Rixen, Sozialrecht als öffentliches Wirtschaftsrecht, S. 244.
1069 So etwa Bäcker, Wettbewerbsfreiheit als normgeprägtes Grundrecht, S. 207.
1070 Anders Bäcker, Wettbewerbsfreiheit als normgeprägtes Grundrecht, S. 207.
1071 Rixen, Sozialrecht als öffentliches Wirtschaftsrecht, S. 244.

d. Die Betätigung des Staates außerhalb der Gewährleistungsfunktion

Dies hat umso mehr zu gelten, als der Staat nach wie vor auch außerhalb der von den Befürwortern des Ansatzes einseitig in den Vordergrund gerückten Gewährleistungsfunktion agiert. Schon deswegen ist die der Abwehrfunktion zugrunde liegende Trennung zwischen Staat und Gesellschaft nicht aufzugeben.[1072] Insbesondere der Grundsatz des Vorbehalts des Gesetzes darf nicht, wie in den Fällen „Osho" und „Glykol" geschehen, aufgeweicht werden. Jedes staatliche Handeln, welches dem Einzelnen ein Verhalten, das in den Schutzbereich eines Grundrechts fällt, erschwert, muss auf ein formell und materiell verfassungsmäßiges Gesetz gestützt sein. Diesem liberalstaatlichen Prinzip kommt eine nicht überschätzbare freiheitssichernde Wirkung zu. Daher darf weder die Erforderlichkeit eines die Befugnis für staatliches Handeln ausweisenden Gesetzes für bestimmte Sachbereiche generell verneint werden (vgl. insoweit nur die Aussagen des BVerfG zur Verzichtbarkeit einer Ermächtigungsgrundlage für staatliche Informationspolitik) noch über die Engfassung der grundrechtlichen Schutzbereiche das Anspringen des Rechtfertigungsmechanismus für staatliches Handeln verhindert werden. Dazu handelt der Staat zu oft, selbst wenn er unter dem Deckmantel der Erfüllung seines angenommenen Gewährleistungsauftrags agiert, bewusst oder unbewusst in einer die Freiheit des Individuums beschränkenden Form.[1073] Die Grenzen zwischen grundrechtshegendem und grundrechtsbeschränkendem staatlichen Tun sind oft fließend. Zumeist kommt es nur auf die eingenommene Perspektive an. Ein Gesetz, das dem Einen erst die reale Teilhabe an grundrechtlicher Freiheit in der Gesellschaft ermöglicht, nimmt dem Anderen Raum für die persönliche oder wirtschaftliche Entfaltung. Um eine lückenlose staatliche Rechtfertigungsobliegenheit durchsetzen zu können und damit ein hohes Niveau an Freiheitsschutz zu erhalten, ist es daher notwendig, die Bestimmung des grundrechtlichen Schutzbereichs nicht einseitig nach dem Bedarf eines seine Gewährleistungsaufgabe wahrnehmenden Staates eng auszurichten, sondern entsprechend dem abwehrrechtlichen Grundrechtskonzept die Schutzbereiche weit zu fassen.

e. Das Sicherungsbedürfnis des Rechtsstaats

Auch ein sich über die Jahre bewährender Rechtsstaat bedarf der aufmerksamen Sicherung und Beförderung. Freiheitlichkeit bleibt im Großen wie im Kleinen

1072 Nochmals Martins, DÖV 2007, 456 (463).

1073 Vgl. bereits Friauf, DVBl. 1971, 674 (681).

ständigen Gefährdungen ausgesetzt.[1074] Zwar drohen der freiheitlichen demokratischen Grundordnung nicht mehr die alten Gefahren. Nach wie vor bestehende rechts- und linksextremistische Gruppierungen haben (derzeit) nicht die Kraft, sich innerhalb des Staates in Machtpositionen zu drängen und dort unmittelbar auf die Freiheit des Einzelnen Einfluss zu nehmen.[1075] Weiterhin ist der Rechtsstaat in den Köpfen der Rechtsschöpfer, der Rechtsanwender und der Rechtsunterworfenen weitaus stabiler verankert, als es jemals in der krisengeschüttelten Weimarer Zeit der Fall sein konnte. Auch besteht eine größere Sensibilität gegenüber verfassungsfeindlichen Bestrebungen. Trotzdem kann aus diesen Erwägungen nicht geschlossen werden, dass die Reichweite des Grundrechtsschutzes über eine Engfassung des Schutzbereichs im Sinne der Lehre vom Gewährleistungsgehalt bedenkenlos zurückgefahren werden kann. Der materielle Rechtsstaat definiert sich gerade über die Gewährung einklagbarer Grundrechte. Werden diese beschnitten, verliert auch der Rechtsstaat an sich an Substanz. Die weit verstandene Gewährleistung grundrechtlicher Freiheit sichert dem Rechtsstaat darüber hinaus seinen Rückhalt in der Bevölkerung. Wer Vertrauen in einen die Grundrechte hoch haltenden und damit die Freiheit des Einzelnen achtenden, funktionierenden Rechtsstaat gewinnen konnte, wird diese Staatsform nicht stürzen, sondern stützen wollen und ist gegen radikale Tendenzen geimpft.

Zudem bewahrheitet sich in letzter Zeit immer häufiger, dass zur Sicherung der westlichen Staatlichkeit gut Gemeintes für die Bewahrung der individuellen Freiheit selten gut Gemachtes ist. Verwiesen sei hier auf das Beispiel der Online-Durchsuchung: Die insbesondere vom Verfassungsschutz angewandte Methode wurde mit den besten Absichten eingesetzt. Der damit verbundene massive Eingriff in das „Grundrecht auf Gewährleistung der Vertraulichkeit und Integrität informationstechnischer Systeme" gem. Art. 2 I i.V.m. Art. 1 I GG konnte sich aber weder auf eine Ermächtigungsgrundlage in der StPO stützen[1076], noch wurde die vom Land Nordrhein-Westfalen erlassene Vorschrift des § 5 II Nr. 11 S. 1 VSG NRW als taugliche Ermächtigungsgrundlage für die Methode anerkannt[1077]. Zum Schutz des Staates wurde die Freiheit des Individuums

1074 So treffend Kahl, Der Staat 43 (2004), 167 (200); ähnlich Dreier, RW 2010, 11 (14). Dergestalt bereits Schmitt, Freiheitsrechte und institutionelle Garantien der Reichsverfassung, S. 27.

1075 Der Nationaldemokratischen Partei Deutschlands (NPD) gelang zwar 2004 und 2009 in Sachsen und 2006 in Mecklenburg-Vorpommern der Einzug in das Landesparlament. Sie gehört(e) aber jeweils – isoliert von anderen Parteien – der Opposition an, ohne gestalterischen Einfluss auf die grundrechtsrelevante Rechtsetzung nehmen zu können.

1076 Siehe BGHSt 51, 211 (Ls.).

1077 BVerfGE 120, 274 (302) – Online-Durchsuchung.

ohne gesetzliche Grundlage beschränkt. Die Entscheidung des BVerfG zur Online-Durchsuchung zeigt deutlich, inwiefern durch technische Neuerungen Grundrechtsgefährdungen entstehen können, die zu ihrer wirksamen Abwehr gar die „Schöpfung" eines neuen „Computergrundrechts" erfordern. So kann es unter dem Eindruck eines dringenden Sicherheitsbedürfnisses – zum Teil unbewusst – zu einer Aushöhlung und Entwertung grundrechtlicher Positionen kommen. Gerade hier kann der Einsatz der bewährten Grundrechtsdogmatik mit ihrem weiten Schutzbereichsverständnis staatlichem Übermut dämpfend entgegenwirken. Dieses Kontrollpotenzial würde durch den engen Gewährleistungsbegriff allzu freigiebig verschenkt.

f. Die Verschiebung der Abwägung auf die Schutzbereichsebene

Es ist Augenwischerei, wenn behauptet wird, durch die Verkürzung des Schutzbereichs über die Ermittlung des Gewährleistungsgehalts würden beliebige grundrechtliche Abwägungsentscheidungen vermieden. Diese werden nämlich keineswegs eliminiert, sondern bloß auf die Ebene der Bestimmung des Schutzgehalts vorverlegt.[1078] Wenig überzeugend ist denn auch die „Klarstellung", dass bei der „Bestimmung des Gewährleistungsgehalts nur *abstrakte* Abwägungen maßgebend werden dürfen"[1079], während Abwägungen *im konkreten Fall* wie gewohnt in der verfassungsrechtlichen Rechtfertigung zu verorten seien.[1080] Dies führt zu einer künstlichen Aufspaltung eines zusammenhängenden Abwägungsvorgangs und birgt die Gefahr, dass die sog. abstrakte Abwägung auf der Tatbestandsebene eine dezisionistische Färbung annimmt.[1081] Die Differenzierung zwischen abstrakten und konkreten Abwägungsmomenten sollte vielmehr danach vollzogen werden, ob im Rahmen der verfassungsrechtlichen Rechtfertigung die Übereinstimmung der Norm mit den Schranken-Schranken („Normebene") oder die Übereinstimmung des Einzelakts mit den Schranken-Schranken („Anwendungsebene") überprüft wird. Probleme der Abwägung können auf der

1078 Ebenso Alexy, Theorie der Grundrechte, S. 259 f.; Dreier, in: ders. (Hrsg.), Grundgesetz I, Vorb. Rn. 122; Höfling, in: Muckel (Hrsg.), Kirche und Religion im sozialen Rechtsstaat, S. 329 (334); P. M. Huber, JZ 2003, 290 (293); Kahl, Der Staat 43 (2004), 167 (192); Martins, DÖV 2007, 456 (462); Möllers, NJW 2005, 1973 (1977); Schwabe, Probleme der Grundrechtsdogmatik, S. 160. A.A. Murswiek, Der Staat 45 (2006), 473 (488 ff.); kritisch auch Rusteberg, Der grundrechtliche Gewährleistungsgehalt, S. 154 f. (170), der jedoch den Vorwurf der „verschleierten Abwägung" auf Schutzbereichsebene nicht entkräften kann.

1079 Hoffmann-Riem, Enge oder weite Gewährleistungsgehalte?, in: Bäuerle (Hrsg.), Haben wir wirklich Recht?, S. 53 (74).

1080 Kritisch hierzu auch Kahl, Der Staat 43 (2004), 167 (192).

1081 Siehe Kahl, AöR 131 (2006), 579 (606).

Rechtfertigungsebene flexibler und gehaltvoller gelöst werden[1082], weil auf der Ebene des Gewährleistungsinhalts eine Entweder-Oder-Entscheidung getroffen werden muss. Auf der Basis der Rechtfertigungslösung besteht eine höhere Gewähr für die Erzielung von Einzelfallgerechtigkeit[1083] und für die flexible Berücksichtigung aller tragenden Umstände.[1084] Maßgeblich der im höchsten Grade theoretisch durchdrungene Verhältnismäßigkeitsgrundsatz garantiert eine konstante und doch flexible Grundrechtsanwendung.[1085]

g. Der Wortlaut der Grundrechtsnormen

Die Lehre vom Gewährleistungsgehalt mit der ihr eigenen Beschränkung der grundrechtlichen Schutzbereiche setzt sich in Widerspruch zum Wortlaut der Verfassung. Der Verfassungstext trifft eine klare Aussage über die Reichweite des Grundrechtsschutzes, wenn dort ohne Einschränkung von „Beruf", „Kunst", „religiösem Bekenntnis" gesprochen wird, an anderen Stellen aber bewusst klare Eingrenzungen (vgl. nur Art. 5 I 1 Alt. 2 GG: „das Recht, [...] sich aus allgemein zugänglichen Quellen [...] zu unterrichten" sowie Art. 8 I GG: „das Recht, sich [...] friedlich und ohne Waffen zu versammeln") vorgenommen werden. Wo der Verfassungsgeber nichts geregelt hat, hat das BVerfG keine analogen Freiheitsbeschränkungen etwa durch Prinzipienbildung zu erfinden.[1086] Im Gegenschluss ist es vielmehr angezeigt, den Schutz nicht künstlich und dezisionistisch aufgrund fragwürdiger, mitunter dem einfachem Gesetzesrecht entnommener Kriterien aus Richterhand zu beschränken, sondern ihn weit im Sinne eines umfassenden Schutzes des jeweils thematisierten Lebensbereichs zu verstehen.[1087]

1082 A.A. Volkmann, JZ 2005, 261 (267).

1083 Kahl, Der Staat 43 (2004), 167 (193).

1084 Dies einräumend Holoubek, Der Grundrechtseingriff – Überlegungen zu einer grundrechtsdogmatischen Figur im Wandel, in: Merten/Papier (Hrsg.), Grundsatzfragen der Grundrechtsdogmatik, S. 17 (20).

1085 Nochmals Kahl, Der Staat 43 (2004), 167 (194).

1086 So Möllers, NJW 2005, 1973 (1977); vgl. auch Nolte, in: Stern/Becker (Hrsg.), Grundrechte-Kommentar, Art. 12 Rn. 20. A.A. Murswiek, Der Staat 45 (2006), 473 (490).

1087 Anders Rusteberg, Der grundrechtliche Gewährleistungsgehalt, S. 129 f., 138 f., der jedoch nicht widerspruchsfrei darzulegen vermag, wieso seiner Ansicht nach die (wohl grundsätzlich befürwortete) Orientierung am Wortlaut keine Aufschlüsse über die Zulässigkeit von Schutzbereichsbegrenzungen gibt. Kritisch auch Merten, Immanente Grenzen und verfassungsunmittelbare Schranken, in: ders./Papier (Hrsg.), Handbuch der Grundrechte III, § 60 Rn. 28; Sachs, Die verfassungsunmittelbaren Begrenzungen, in: Stern (Hrsg.), Das Staatsrecht der Bundesrepublik Deutschland III/2, § 81 S. 513 ff. (523).

Ein weites Schutzbereichsverständnis bei den speziellen Freiheitsrechten steht auch im Einklang mit der Stellung der allgemeinen Handlungsfreiheit aus Art. 2 I GG im Gefüge der Grundrechte. Es gewährt als subsidiäres Auffanggrundrecht dann Schutz, wenn ein menschliches Verhalten ausnahmsweise durch das engmaschige Netz des speziellen grundrechtlichen Freiheitsschutzes fällt. Jedoch ist der durch die allgemeine Handlungsfreiheit vermittelte Grundrechtsschutz gegenüber dem durch die speziellen Freiheitsrechte garantierten Grundrechtsschutz aufgrund des ihr eigenen weiten Schrankenbereichs schwächer ausgestaltet. Nach der freiheitlichen Konzeption des Grundrechtskatalogs soll dieses schwächere Grundrecht im (Ausnahme)Fall des Nichteingreifens eines speziellen Freiheitsgrundrechts ein Mindestmaß an Grundrechtsschutz vermitteln. Diese Auffangfunktion wird aber nur dann im vorgesehenen Rahmen wahrgenommen, wenn der Schutzbereich der vorrangig zu prüfenden Freiheitsgrundrechte weit ausgelegt wird.

h. Die Definitionsmacht des Grundrechtsträgers

Wird ungeachtet der Bedenken gegen die Abkehr vom Verfassungstext der Schutzbereich eng gefasst, so dass der Wortlaut des Grundrechts keinen Aufschluss mehr über die Reichweite des vermittelten Schutzes gibt, muss eine andere Instanz als die Verfassung definitiv über die Grenzen des Grundrechtsschutzes befinden. Es stellt sich mithin die Frage, wer nach welchen Kategorien über die Reichweite des Schutzumfangs entscheidet. Sollte die Macht zur Differenzierung zwischen schützenswertem und nicht schützenswertem Verhalten (allein) bei den Richterinnen und Richtern liegen?[1088] Sollte die gesamte „offene Gesellschaft", also alle Staatsorgane, alle öffentlichen Kräfte, alle Bürger und Gruppen an der Interpretation beteiligt werden?[1089] Oder sollte sie dem einzelnen Grundrechtsträger zukommen?[1090] Wer allein auf die verfassungsgerichtlichen Entscheidungsträger abstellt, verengt den Blickwinkel zu sehr auf die verfassungsrichterliche Interpretation und lässt unberücksichtigt, dass jeder, der ein

---

1088 Dafür Hoffmann-Riem, Enge oder weite Gewährleistungsgehalte?, in: Bäuerle (Hrsg.), Haben wir wirklich Recht?, S. 53 (56).

1089 Dergestalt zur Verfassungsinterpretation allgemein der Vorschlag von Häberle, JZ 1975, 297.

1090 So etwa geschehen in BVerfGE 33, 23 (28 ff.) – Eidesverweigerung aus Glaubensgründen, wo das Gericht seine eigenen objektiven Überlegungen zugunsten der subjektiven Qualifikation des Einzelnen zurückzieht. Dazu kritisch Isensee, Wer definiert die Freiheitsrechte?, S. 7 ff., der in dieser subjektiven Methode eine „kopernikanische Wende der Grundrechtsdogmatik" erblickt.

Grundrecht lebt, dieses auch mitinterpretiert.[1091] Wird umgekehrt die gesamte Gesellschaft in den Auslegungsprozess mit einbezogen, droht der Grundrechtsschutz seine individualrechtliche Verankerung zu Gunsten einer gemeinwohlverträglich funktionalisierten Ausrichtung zu verlieren.

Vorzugswürdig zur Lösung des Problems ist eine Orientierung an der Verfassung [1092]: Nach dem dort verwirklichten Menschenwürdekonzept (Art. 1 I GG) als oberstem Konstitutionsprinzip entspricht es dem selbstbestimmten[1093] Menschenbild, im Zweifel auf die Wertung des Grundrechtsträgers abzustellen.[1094] Es ist Ausdruck der freiheitlichen Rechtsordnung, die Definition von Freiheit dem Individuum zu überlassen.[1095] Die Verfassung sieht den Bedeutungskern des Freiheitsbegriffs in der Verhaltensselbstbestimmung des Einzelnen.[1096] Für die Bestimmung des Inhalts der Grundrechte kommt es demnach maßgeblich auf das Selbstverständnis des Grundrechtsträgers an.[1097] Er ist in dieser Hinsicht „Souverän"[1098], er hat insoweit die „Kompetenz-Kompetenz"[1099] inne. Dementsprechend kann es keine verfassungsgerichtliche Kompetenz zur inhaltlichen Bewertung einer grundrechtlichen Betätigung geben[1100], die das Selbstverständnis des Grundrechtsträgers nicht berücksichtigt. Der Grundrechtsträger darf nicht zum bloßen Objekt richterlicher Interpretation degradiert werden. Ihm muss schon durch die dogmatische Konstruktion der Bestimmung des Schutzbereichs die Möglichkeit belassen werden, aktiv am Interpretationsprozess mitzuwirken.[1101] Die Engfassung des Schutzbereichs im Sinne der Lehre vom Gewährleistungsgehalt steht der vom Menschenbild der Verfassung geforderten Definitionsmacht des Grundrechtsträgers entgegen, weil die Bestimmung

1091 Überzeugend Häberle, JZ 1975, 297.

1092 Tendenziell anders Isensee, Wer definiert die Freiheitsrechte?, S. 48.

1093 Zum „Selbstverständnis" des Grundrechtsträgers als Argumentationsmuster Isensee, Wer definiert die Freiheitsrechte?, S. 12 ff. mit zahlreichen Nachweisen.

1094 Kahl, Der Staat 43 (2004), 167 (184 f.); dies anzweifelnd Bumke, Der Grundrechtsvorbehalt, S. 236.

1095 Möllers, NJW 2005, 1973 (1978); ähnlich Grimm, NVwZ 1985, 865 (867).

1096 In diesem Sinne Cornils, Die Ausgestaltung der Grundrechte, S. 505.

1097 Häberle, Die Wesensgehaltgarantie des Art. 19 Abs. 2 GG, S. 362; unentschlossen Rusteberg, Der grundrechtliche Gewährleistungsgehalt, S. 142 f.

1098 Ablehnend Isensee, Wer definiert die Freiheitsrechte?, S. 19.

1099 Kritisch Isensee, Wer definiert die Freiheitsrechte?, S. 10.

1100 Im Hinblick auf die Berufsfreiheit dergestalt Brüning, JZ 2009, 29.

1101 Vgl. Häberle, JZ 1975, 297 (300): „Interpretation ist ein offener Prozess, keine passive Unterwerfung, kein Befehlsempfang." Treffend bereits Schmitt, Freiheitsrechte und institutionelle Garantien der Reichsverfassung, S. 27: „Was Freiheit ist, kann nämlich in letzter Instanz nur derjenige entscheiden, der frei sein soll. Sonst ist es nach allen menschlichen Erfahrungen mit der Freiheit schnell zu Ende."

des Gewährleistungsgehalts aufgrund richterlicher Entscheidungsmacht ohne Einbeziehung der Belange des Grundrechtsträgers erfolgt.

i. Die defizitäre Methodik

Selbst die Befürworter der Lehre des Gewährleistungsgehalts müssen einräumen, dass der von ihnen geforderten restriktiven Bestimmung des Realbereichs noch kein gesichertes methodisches Vorgehen zu Grunde liegt.[1102] Selbst wenn Einigkeit über den Definitionsberechtigten erzielt werden könnte, fehlen weiterhin die zur Unterscheidung des Gewährleistungsgehalts vom weiten Schutzbereich notwendigen sachlichen Kriterien. Der Erste Senat des BVerfG bedient sich wechselnd verschiedener Aspekte, um den Gewährleistungsgehalt einzelner Freiheitsrechte funktional zu umgrenzen. Feststehend sind dabei nur die Ziele der engen Bestimmung des Gewährleistungsgehalts: die Auflösung von Grundrechtskollisionen und ein gemeinwohlförderlicher Grundrechtsgebrauch.[1103] Hinsichtlich der Berufung auf die „Achtung der Eigentumsordnung", die „Wahrung des Persönlichkeitsrechts Dritter", die „Zweckdienlichkeit für die demokratisch-funktionale Grundordnung" oder die „einfachgesetzliche Wettbewerbsordnung", die auf immanente Tatbestandsbegrenzungen, den historischen Bedeutungsgehalt oder einfachgesetzliche Ausgestaltungen zurückgeführt werden, kann von einem Begründungsdefizit des Ansatzes gesprochen werden.[1104] Dieses Manko rationaler Begründungsstruktur kann auch nicht durch den Verweis auf das Modell des Gewährleistungsstaates kaschiert werden. Die gegenwärtige

---

1102 Etwa Bumke, Der Grundrechtsvorbehalt, S. 234; Hoffmann-Riem, Enge oder weite Gewährleistungsgehalte?, in: Bäuerle (Hrsg.), Haben wir wirklich Recht?, S. 53 (68); anders Böckenförde, Der Staat 42 (2003), 165 (191), der eine „methodisch gesicherte Ermittlung" des Gewährleistungsgehalts durch die historisch-genetische Grundrechtsinterpretation gegeben sieht.
Bezeichnenderweise besteht selbst innerhalb der einzelnen Ansätze Unsicherheit. Wer sich beispielsweise für eine Bestimmung der grundrechtlichen Schutzbereiche anhand des einfachen Gesetzesrechts, dem verallgemeinerungsfähige Prinzipien zur Bestimmung des Schutzbereichs entnommen werden sollen, ausspricht, muss diese Prinzipien zunächst anhand tragfähiger Kriterien herausarbeiten. Zur Bewältigung dieser Aufgabe scheint es sich anzubieten, auf den Zweck des einfachen Gesetzes abzustellen. Jedoch besteht bezüglich der Bestimmung des Gesetzeszwecks der (auch unabhängig von der Lehre vom Gewährleistungsgehalt geführte) Streit, wie dieser Zweck zu ermitteln sei: durch den Rückgriff auf die Verfassung (dafür Cremer, NVwZ 2004, 668) oder durch den Rückgriff auf den Willen des Normgebers (so überzeugend Wernsmann, NVwZ 2000, 1360)?

1103 Siehe oben S. 191 f.

1104 So Kahl, Der Staat 43 (2004), 167 (190); ähnlich Möllers, NJW 2005, 1973 (1977).

Lehre vom Gewährleistungsstaat benutzt nur unspezifisch benannte, diffus bleibende gesellschaftliche Veränderungen dazu, die Staatlichkeit anders zu konstruieren als in der Vergangenheit und alle Errungenschaften des liberalen Rechtsmodells zu relativieren.[1105] Solange das Rationalitätsdefizit in der Grundrechtsauslegung[1106] nicht überwunden ist, sollte im Zweifel entsprechend der Maxime, diejenige Interpretation zu bevorzugen, die die juristische Wirkkraft der Norm am stärksten entfaltet[1107], der Schutzbereich der Freiheitsrechte weit ausgelegt werden.[1108] Dies darf nicht im Sinne einer Verweigerung gegen Innovationen in der Grundrechtsdogmatik missverstanden werden. Jedoch sollten Innovationen nicht zum Selbstzweck verkommen, sondern müssen stets den Nachweis einer Verbesserung gegenüber dem Status quo antreten.[1109] Diesen Nachweis bleibt die Lehre vom Gewährleistungsgehalt indes schuldig.

5. Zwischenergebnis

Die Abwendung der verfassungsgerichtlichen Rechtsprechung von der weiten Bestimmung des grundrechtlichen Schutzbereichs hin zum Gewährleistungsgehalt greift über das einzelne Freiheitsrecht hinaus. Die Inanspruchnahme grundrechtlicher Freiheit wird unter einen Funktionsvorbehalt gestellt, der die widerspruchslose Einbettung der Grundrechte in die Gesamtrechtsordnung ermöglichen soll. Zur Ermittlung des im Vergleich zum Schutzbereich engeren Gewährleistungsinhalts wird maßgeblich auf die objektiv-rechtliche Dimension der Grundrechte abgehoben. Bei der Anwendung in der Grundrechtsprüfung ersetzt das BVerfG die Ebene des Schutzbereichs durch die des Gewährleistungsgehalts, behält also einen dreistufigen Aufbau bei. Als grundrechtstheoretisches Fundament der Lehre vom Gewährleistungsgehalt dienen das Verständnis von den Grundrechten als punktuelle Gewährleistungen, die Lehre von der Verfassung als unvollständige Rahmenordnung sowie die Lehre vom Gewährleistungsstaat.

1105 Dergestalt Ladeur, Kritik der Abwägung in der Grundrechtsdogmatik, S. 83, der den Gedanken der Gewährleistungsstaatlichkeit nicht rundweg ablehnt, sondern vielmehr ein „produktives Verständnis" selbiger im Rahmen eines ergänzten liberalen Rechtsmodells fordert.

1106 Vgl. Kahl, AöR 131 (2006), 579 (611).

1107 BVerfGE 6, 55 (72) – Steuersplitting; 32, 54 (71) – Betriebsbetretungsrecht; 39, 1 (38) – Schwangerschaftsabbruch I; v. Arnauld, Die Freiheitsrechte und ihre Schranken, S. 82 f. (100, 108, 222); Schwabe, Probleme der Grundrechtsdogmatik, S. 64.

1108 Kahl, Der Staat 43 (2004), 167 (199).

1109 Nochmals Kahl, Der Staat 43 (2004), 167 (201 Fn. 205).

Trotz möglicher Vorzüge der Lehre vom Gewährleistungsgehalt etwa bei der Erfassung der auch freiheitssichernden Funktion von Staat und Gesetz stehen ihr durchgreifende Bedenken entgegen. Die mit ihr verbundene Engfassung des grundrechtlichen Schutzbereichs schwächt die primäre Abwehrfunktion der Grundrechte und verringert die Anforderungen an die Rechtfertigungsobliegenheit des Staates, der sich nach wie vor auch freiheitsbeschränkend betätigen kann und demgegenüber aus diesem Grunde die Anforderungen des Vorbehalts des Gesetzes nicht pauschal gelockert werden sollten. Durch die Aufnahme eines Funktionsvorbehalts in die Bestimmung des Gewährleistungsgehalts wird die freiheitliche Betätigung des Individuums unter die Bedingung der Gemeinwohlförderlichkeit gestellt und das Grundrecht so verstaatlicht. Entgegen der als Vorteil gegenüber dem weiten Schutzbereichsverständnis dargestellten Ankündigung kommt auch die Lehre vom Gewährleistungsgehalt um die Vornahme einer Abwägung nicht umhin. Der Abwägungsvorgang wird nur auf die Ebene des Schutzbereichs vorgezogen und inhaltlich beschnitten. Dadurch verliert er an Flexibilität, wird in der Handhabung starr. Die Lehre vom Gewährleistungsgehalt setzt sich weiterhin in Widerspruch zum Wortlaut der Grundrechtsnormen sowie zur vom Menschenbild des Grundgesetzes vorgesehenen Definitionsmacht des Grundrechtsträgers. Insgesamt leidet sie an einer defizitären Methodik. Nach alledem gibt sich der unter Funktionsvorbehalt gestellte Gewährleistungsgehalt als eine von der Verfassungsrechtsprechung grundrechtsübergreifend angewandte dogmatische Figur zu erkennen, der erhebliche Bedenken entgegenstehen und die deshalb entschieden abzulehnen ist.

II. Verallgemeinerung der Verhältnismäßigkeitsprüfung

Bei der Analyse der Rechtsprechung des Ersten Senat des BVerfG lässt sich eine weitere Entwicklung nachvollziehen: die zunehmende Verallgemeinerung der Verhältnismäßigkeitsprüfung, deren Verortung nicht mehr zwingend klassisch unter dem Punkt der verfassungsrechtlichen Rechtfertigung erfolgen muss. Grundsätzlich besteht eine wichtige Eigenschaft der Verhältnismäßigkeitsprüfung in ihrer Einzelfallbezogenheit. Schon ihrer dogmatischen Struktur nach ist sie darauf ausgelegt, die Besonderheiten des jeweils einzigartigen Lebenssachverhalts aufzunehmen, sinnvoll zu strukturieren, rechtlich zu übersetzen und zu verarbeiten. Das BVerfG hat im Bereich der Verhältnismäßigkeit eine Verschiebung im Umgang mit dem Gesetzesrecht eingeleitet. Der Maßstab der Abwägung als Teil der Verhältnismäßigkeitsprüfung ist nicht mehr die Eingriffsintensität im konkreten Fall, sondern die Wertigkeit, die der Gesetzgeber dem betroffenen Rechtsgut in der gesamten Rechtsordnung zuschreibt.[1110] So wie der Gesetzgeber gehalten ist, stets die Einbettung einer bereichsspezifischen Norm in die gesamte Rechtsordnung zu berücksichtigen[1111], ist der Richter nach diesem Konzept des BVerfG veranlasst, die allgemeinen Rahmenbedingungen des einfachen Gesetzesrechts in seine Verhältnismäßigkeitsprüfung einfließen zu lassen. Der richterliche Fixpunkt wandert vom adäquaten Ausgleich der Besonderheiten des Einzelfalls zur reibungslosen Eingliederung in das Gesamtrechtssystem mit seinen Wert- und Ordnungsvorstellungen. In der Kappungsgrenzen-Entscheidung nimmt der Erste Senat des BVerfG bei der Verhältnismäßigkeitsprüfung nicht nur die durch die Neuregelung im Tatsächlichen schlechter gestellten Personen in den Blick. Vielmehr finden auch die verschiedenen Begünstigungen und Belastungen aller von der Regelung Betroffenen Beachtung. Die Eignung und Erforderlichkeit der Ausgestaltung des Gebührenrechts wird nicht aus der Sicht allein des Rechtsanwalts beurteilt, sondern auf das gesetzliche System insgesamt bezogen.[1112] Die Verhältnismäßigkeitsprüfung wird auf allen Stufen von der individuellen Betroffenenperspektive weg verallgemeinert.[1113] Über die Bezugnahme auf das gesetzliche Gesamtsystem hält eine Normativierung Einzug in die Prüfung der Verhältnismäßigkeit.

Der an Systemgesichtspunkten orientierten Abwägung durch das BVerfG fällt deren Einzelfallbezug zum Opfer.[1114] Individuelle Wertungen werden zusehends zugunsten des Ideals einer empirisch betrachteten Systemgerechtigkeit aufgegeben. Die Verhältnismäßigkeitsprüfung wird so verallgemeinert und ihrer vornehmsten Funktion, der Garantie von Einzelfallgerechtigkeit, beraubt.

III. Abwendung von der Abwägung

Simultan zur Verallgemeinerung der Abwägung in der Rechtsprechung des BVerfG durch Normprägung werden die Leistungen der Abwägung in der urtümlichen, auf Einzelfallgerechtigkeit ausgerichteten Form im Schrifttum grundsätzlich angezweifelt: Die Leistungsfähigkeit der Abwägung werde weitaus

---

1110 Möllers, NJW 2005, 1973 (1977).

1111 Hoffmann-Riem, AöR 130 (2005), 5 (30).

1112 BVerfGE 118, 1 (23) – Kappungsgrenze. Die Bezugnahme auf das gesetzliche Gesamtsystem bei der Verhältnismäßigkeitsprüfung ist dem Steuerrecht nicht fremd, vgl. Wernsmann, Verhaltenslenkung in einem rationalen Steuersystem, S. 230 ff. m.w.N.

1113 BVerfGE 118, 1 (23 f.) – Kappungsgrenze.

1114 Möllers, NJW 2005, 1973 (1978).

überschätzt.[1115] Dies ist so neu nicht. Im Gleichlauf mit der in der grundrechtlichen Rechtsprechung und Dogmatik auszumachenden Dominanz der Theorie der Abwägung[1116] wird seit jeher deren Rationalität bezweifelt.[1117]

Mit dem Drang zur Verallgemeinerung der Abwägung über die Einführung genereller Prinzipien und dem Perspektivenwechsel vom Individuum zum Gesamtrechtssystem macht das BVerfG deutlich, dass es die Abwägungsskepsis teilt und die befürchteten zentralen Negativwirkungen der Figur abzumildern sucht. Über die engere Bestimmung der grundrechtlichen Schutzbereiche gelingt es dem Gericht (oberflächlich betrachtet) sogar, sich von der Abwägung insgesamt abzuwenden, indem der Eintritt in die Prüfungsebene der verfassungsrechtlichen Rechtfertigung, die von der Abwägung dominiert wird, durch einen frühen Ausschluss des Grundrechtsschutzes auf Schutzbereichsebene verhindert wird.

Ein zentraler Vorwurf der Kritiker der Abwägung geht dahin, dass diejenigen Instanzen, die zur Abwägung berufen sind (Parlament und Gerichte), das für die sachadäquate Vornahme der Abwägung erforderliche Wissen nicht in sich vereinigen.[1118] Die Zweifel an der ausreichenden Sachkenntnis reichen in Hinsicht auf die zur Entscheidung berufenen Gerichte besonders tief. Es wird generell in Frage gestellt, ob sie bei der Anwendung des Verhältnismäßigkeitsprinzips Zugang zur notwendigen Tatsachengrundlage und dem notwendigen Fachwissen haben.[1119] So stützt sich beispielsweise die harsche Kritik an der Tariftreue-Entscheidung maßgeblich auf einen behaupteten Mangel an Kenntnis des BVerfG bezüglich ökonomischer Sachverhalte.[1120] Angesichts der zahlreichen, oft jahrelang Vorarbeit leistenden Abgeordneten, Ministerialbürokraten und zu Rate gezogenen externen Fachleuten, die dem Parlament bei der Ausarbeitung von Gesetzesentwürfen zur Verfügung stehen, erscheint das Tatsachenermittlungspotenzial des Parlaments gegenüber dem des BVerfG in der Tat höher.

1115 Ladeur, Kritik der Abwägung in der Grundrechtsdogmatik, S. 27; Rusteberg, Der grundrechtliche Gewährleistungsgehalt, S. 64 ff. (158 ff.); ähnlich Schlink, Abwägung im Verfassungsrecht, S. 151.

1116 Statt aller Ladeur, Kritik der Abwägung in der Grundrechtsdogmatik, S. 12.

1117 Böckenförde, NJW 1974, 1529 (1534); ders., Der Staat 2003 (42), 165 (190); Leisner, NJW 1997, 636 (638); Müller, Positivität der Grundrechte, S. 18; Schlink, Abwägung im Verfassungsrecht, S. 134 ff.

1118 Ladeur, Kritik der Abwägung in der Grundrechtsdogmatik, S. 32.

1119 Zuck, JZ 2008, 287 (292).

1120 Vgl. Rieble, NZA 2007, 1 (3): „Die Entscheidung des BVerfG krankt in erster Linie an Ignoranz gegenüber den ökonomischen Grundlagen." Ähnlich Höfling/Rixen, RdA 2007, 360 (363): „ Nur vermochten die Argumente, ..., wie dargelegt, nicht zu überzeugen, weil das Gericht sich mit bloßen Mutmaßungen begnügt."

Aber selbst die Expertise des Gesetzgebers, der auf die zuarbeitende Ministerialbürokratie und Expertengremien zurückgreifen kann[1121], reicht zuweilen nicht aus, um einen Gesetzesentwurf ohne Hinzuziehung von Großkanzleien auszuarbeiten.[1122] Als Konsequenz des mangelnden Wissens sehen die Gegner der Abwägung Gerichte wie auch Parlamente als nicht hinreichend für das Befinden über Abwägungsentscheidungen qualifiziert an. Über das Wissensdefizit der Rechtsschöpfer und Rechtsanwender helfe auch die Unterstellung einer Gestaltungsfreiheit oder eines Prognosespielraums nicht hinweg, weil die Zuerkennung von auf Unwissenheit fundierten Abwägungsspielräumen auf eine staatliche „Fiktionskompetenz" hinauslaufe.[1123] Dem Staat würde dann zugestanden, eine fallentscheidende Abwägung aufgrund von Tatsachen vorzunehmen, über deren Wahrheitsgehalt er nur mutmaßen kann.

Die Möglichkeit des unzureichenden Fachwissens der Rechtsschöpfer und Rechtsanwender kann nicht wegdiskutiert werden. In Frage zu stellen ist jedoch die Konsequenz, welche die Kritiker der Abwägung daraus ziehen: der völlige Verzicht auf Abwägung in der Rechtsetzung und der Rechtsprechung. An deren Stelle soll der Glaube an in der (Grund)Rechtsordnung verwirklichte Institute und damit einhergehend das Vertrauen auf die selbstregulierende und ausdifferenzierende Kraft der Gesellschaft treten.[1124]

Möglicherweise ist die Vornahme einer Abwägung jedoch bereits durch das Bauprinzip der Grundrechte vorgegeben und im konkreten Fall notwendig, um gegenläufige Interessen und Belange zum Ausgleich bringen zu können.

Nach der von *Alexy* begründeten Abwägungslehre, die auf seiner Prinzipientheorie fußt, sind Grundrechte auf Optimierung gerichtete Prinzipien[1125], die einer Abwägung – schon ihrer außentheoretischen Normstruktur nach[1126] – stets bedürfen, damit ihr tatsächlicher Schutzgehalt im konkreten Fall ermittelt werden kann.[1127] Er versteht „Prinzipien" dabei nicht untechnisch im Sinne von

---

1121 Hoffmann-Riem, AöR 2005, 5 (32 f.).

1122 Angespielt sei auf die Beauftragung der Kanzlei Linklaters durch den ehemaligen Bundeswirtschaftsminister zu Guttenberg für den Entwurf eines „Gesetzes zur Ergänzung des Kreditwesengesetzes", vgl. dazu Gathmann, unter: http://www.spiegel.de/politik/deutschland/0,1518,641728,00.html [Datum des letzten Abrufs: 17.3.2011].

1123 Ladeur, Kritik der Abwägung in der Grundrechtsdogmatik, S. 27 (29).

1124 So Ladeur, Kritik der Abwägung in der Grundrechtsdogmatik, S. 79 f.

1125 Alexy, Theorie der Grundrechte, S. 75 f.; vgl. auch Rossen, Grundrechte als Prinzipien, in: Grabenwarter (Hrsg.), Allgemeinheit der Grundrechte und Vielfalt der Gesellschaft, S. 41 (52).

1126 Alexy, Theorie der Grundrechte, S. 272 ff.; siehe dazu auch bereits oben S. 80.

1127 Kritisch hierzu Enders, in: Friauf/Höfling (Hrsg.), Berliner Kommentar, Vor Art. 1 Rn. 141 f.

Grundsätzen, sondern als Normen, die gebieten, ihren Normgehalt in Relation zu den rechtlichen und tatsächlichen Möglichkeiten in einem möglichst hohen Maß zu realisieren.[1128] Prinzipien treffen im Unterschied zu „Regeln", die stets nur erfüllt sein können oder eben nicht, keine abschließende Festsetzung für den konkreten Fall, sondern erhalten ihren definitiven Gehalt erst durch den Optimierungs(=Abwägungs)vorgang.

Die Kritiker der Abwägungslehre befürchten nun, dass die Unterschiede zwischen den einzelnen Grundrechtsnormen eingeebnet werden, würden Grundrechte als stets abwägungsbedürftige Prinzipien verstanden. Müsste jedes Grundrecht mit einem anderen Grundrecht, zu dem es in Konflikt tritt, in Ausgleich gebracht werden, gingen hochzuhaltende Ausdifferenzierungen der einzelnen Grundrechte unter.[1129] Von der Eigenrationalität der Grundrechte bleibe dann nicht mehr viel übrig.[1130] Zudem sei die Anwendung des Verhältnismäßigkeitsprinzips und mithin der Ausgang der Verhältnismäßigkeitsprüfung generell beliebig[1131], irrational und dezisionistisch[1132], weswegen die negativen Auswirkungen der Abwägung durch einen möglichst weitgehenden Verzicht auf deren Anwendung zurückzuschrauben seien. Dazu scheint ein verengtes Schutzbereichsverständnis dienlich, das den frühen Abbruch der Grundrechtsprüfung auf der Ebene des Schutzbereichs ermöglicht und so ein Eintreten auf die Abwägungsebene ausschließt.

Zwar ist der Kritik an der Abwägung zuzugeben, dass es kein zwingend (im Sinne von einzig) richtiges Ergebnis bei der Entscheidung von sich bei der Abwägung stellenden normativen Fragen gibt.[1133] Jedoch darf deswegen nicht das Konzept der Abwägung als solches verworfen werden. Mit dem Grundsatz der Verhältnismäßigkeit im weiteren Sinne, welcher aus einer Grundrechts(=Prinzipien)kollision, die eine Abwägung notwendig macht, logisch folgt[1134], stehen die Kategorien der Geeignetheit und der Erforderlichkeit zur Verfügung, die durch ihren Bezug auf „tatsächliche Möglichkeiten"[1135] (bei Auswertung aller im Lebenssachverhalt mitgeteilten Informationen) eine sichere Einordnung gewährleisten. Aber auch auf der Ebene der Verhältnismäßigkeit im engeren Sinne, die von der Bezugnahme auf „rechtliche Möglichkeiten"[1136] lebt,

1128 Anschaulich zum Ganzen Couzinet, JuS 2009, 603 (604 ff.).

1129 So Zuck, JZ 2008, 287 (292).

1130 Ladeur, Kritik der Abwägung in der Grundrechtsdogmatik, S. 44.

1131 Zuck, JZ 2008, 287 (292).

1132 Pieroth/Schlink, Grundrechte, Rn. 303.

1133 Dies zugebend auch Couzinet, JuS 2009, 603 (608).

1134 Alexy, Theorie der Grundrechte, S. 100 ff.; dagegen Klement, JZ 2008, 756 (761).

1135 Couzinet, JuS 2009, 603 (605).

1136 Nochmals Couzinet, JuS 2009, 603 (605).

werden die dort notwendigen Abwägungsentscheidungen nicht willkürlich getroffen. Zwar ist der Rechtsanwender bei der Entscheidung eines ersten, einzelnen Falls nicht festgelegt. Jedoch trifft er mit jeder Entscheidung weiterer Fälle neue Festlegungen, die zu einem System von abstrakten Kriterien der Abwägung zusammenwachsen. Dieses Geflecht von Kriterien produziert über den Einzelfall hinaus Rechtssicherheit.[1137] Die Abwägungslehre mit ihrem in höchstem Maße durchdrungenen Konzept des Verhältnismäßigkeitsprinzips erlaubt, grundrechtliche Argumentation klarer zu strukturieren, eine bessere Grundrechtsdogmatik zu entwickeln und damit den Grundrechtsschutz zu steigern.[1138] Damit geht der an die Verfechter der Abwägung gerichtete Vorwurf von Dezisionismus und Beliebigkeit ins Leere.

Die geforderte rigorose Abwendung von der Abwägung offenbart sich darüber hinaus als blauäugig. Wenn auf der Schutzbereichsebene Beschränkungen vorgenommen werden, kommt die dort erforderliche Grenzziehung nicht ohne ein mehr oder weniger ausgeprägtes Abwägungsmoment aus. Der Verlass auf die Selbstregulierung der Gesellschaft hilft dem kraft des Justizgewähranspruches zur Entscheidung verpflichteten Richter[1139] nicht weiter. Er muss, auch wenn dies bereits auf der Schutzbereichsebene durch die Engfassung des grundrechtlichen Tatbestands geschieht, anhand von gegeneinander zu stellenden Kriterien über die Reichweite des grundrechtlichen Schutzes befinden. Die Abwägung wird also keineswegs vermieden, sondern lediglich verschoben: Sie wird in den Schutzbereich vorgezogen.

Wenn man aber um den Abwägungsvorgang an sich sowieso nicht umhin kommt, ist dessen Vornahme im Rahmen der verfassungsrechtlichen Rechtfertigung vorzugswürdig. Das Konzept der Abwägung auf dieser Stufe der Grundrechtsprüfung erlaubt die Entscheidung normativer Fragen auf dem derzeit höchstmöglichen analytischen Niveau, wohingegen die Heranziehung von abwägenden Gesichtspunkten zur Schutzbereichsbegrenzung von methodischen Unsicherheiten gespickt ist. Daher sollte ein Rückgriff auf nur vermeintlich abwägungsfreie Kriterien auf Schutzbereichsebene unterbleiben.[1140]

1137 Borowski, Grundrechte als Prinzipien, S. 122.

1138 So für die Prinzipientheorie allgemein Sieckmann, JZ 2009, 557 (558 f.).

1139 Stern, Das allgemeine Schutzinstrumentarium für die Grundrechte, in: ders. (Hrsg.), Das Staatsrecht der Bundesrepublik Deutschland III/2, § 90 S. 1189.

1140 Grundlegend Borowski, Grundrechte als Prinzipien, S. 258.

IV. Ausklammerung der eigenmächtigen Inanspruchnahme fremder Rechtsgüter

Der Rechtsprechung des BVerfG wohnt nicht zuletzt die Tendenz inne, den Grundrechten eine immanente Schranke in Form eines Nichtschädigungsvorbehalts[1141] an die Seite zu stellen. Aus dem grundrechtlichen Schutzbereich sollen stets solche Verhaltensweisen des Grundrechtsträgers ausgeschlossen sein, durch die fremde Rechtsgüter eigenmächtig in Anspruch genommen werden.[1142] Das ist Ausfluss des Nichtstörungs- bzw. Nichtschädigungsgedankens der engen Tatbestandstheorie.[1143] Im Fall „Naegeli" rechnete der Zweite Senat des BVerfG das Graffiti-Sprayen aus dem sachlichen Schutzbereich der Kunstfreiheit von vornherein heraus, weil sich der Sprayer auf in fremdem Eigentum stehenden Hauswänden verwirklichte.[1144] Bei dem Fall „Xavier Naidoo" konnte der sich grundsätzlich im Wirkbereich der Kunstfreiheit betätigende (und dabei im konkreten Fall vorrangig kommerzielle Interessen verfolgende) Musikproduzent nicht auf das Grundrecht der Kunstfreiheit berufen, weil er nicht zur Unterstützung der vorrangigen Kunstfreiheit des Künstlers im Werkbereich tätig wurde, sondern deren Produkt eigenmächtig und eigennützig zum Nachteil des Künstlers in Anspruch nahm. Im Fall „Esra" wurde klargestellt, dass der Schutzbereich der Kunstfreiheit nur so weit reicht, wie nicht durch erkennbar realitätsnahe Schilderungen die durch das allgemeine Persönlichkeitsrecht geschützte Intimsphäre einer dritten Person betroffen wird.[1145] In den Entscheidungen „Glykol" und „Festbeträge" erläutert das BVerfG, dass das Grundrecht auf Berufsfreiheit nicht vor der Verbreitung von sachlich gehaltenen und inhaltlich zutreffenden Informationen schützt, deren Kenntnis den Verbraucher vor eventuellen Einbußen an eigenen Rechtspositionen bewahrt[1146] bzw. die Marktrelevanz besitzen[1147], indem sie eine wirtschaftliche Käuferentscheidung ermöglichen. Die Ausnutzung eines Informationsnachteils eines Dritten (in vorgenannten Fällen:

1141 Zum neminem-laedere Verbot siehe Lindner, Theorie der Grundrechtsdogmatik, S. 235 ff., der dieses – anders als das BVerfG – als ungeschriebene Schrankenregel einordnet.

1142 Siehe nur Holoubek, Der Grundrechtseingriff – Überlegungen zu einer grundrechtsdogmatischen Figur im Wandel, in: Merten/Papier (Hrsg.), Grundsatzfragen der Grundrechtsdogmatik, S. 17 (25 f.); Merten, Grundrechtlicher Schutzbereich, in: ders./Papier (Hrsg.), Handbuch der Grundrechte III, § 56 Rn. 62.

1143 Vgl. oben S. 82 ff.

1144 BVerfG, NJW 1984, 1293 (1294) – Naegeli.

1145 BVerfGE 119, 1 (33 f.).

1146 BVerfGE 105, 252 (265).

1147 BVerfGE 106, 275 (302).

des Verbrauchers) wird vom grundrechtlichen Schutzbereich also von Anfang an nicht erfasst.

Zur Begründung der Annahme des ungeschriebenen Tatbestandsausschlusses in Form des Nichtschädigungsvorbehalts wird zum einen mit dem Verständnis der freiheitlich demokratischen Grundordnung als Wertordnung gearbeitet. Hieraus ergebe sich, dass die Verfassung keineswegs wertneutral sei. Aus dem Gedanken der Wertordnung selbst folge vielmehr, dass dem Wertgeflecht des Grundgesetzes diametral zuwiderlaufende Verhaltensformen nicht unter den Schutz dieser Wertordnung fallen können.[1148] Die Vertreter dieser Ansicht lesen in grundrechtliche Schutzbereiche stets ein Fremdschädigungsverbot hinein, um den Grundrechtsschutz um die der grundrechtlichen Wertordnung zuwider laufende fremdschädliche Komponente zu reduzieren.

Zum anderen wird der Nichtschädigungsvorbehalt auf das Gewaltmonopol des Staates zurückgeführt, das von der Verfassung notwendig vorausgesetzt wird. Die Verfassung setze sich zu sich selbst in Widerspruch, wenn sie schädigende Eingriffe Dritter in fremde Rechtsgüter unter grundrechtlichen Schutz stelle, zugleich aber den Staat verpflichte, den Einzelnen gegen Schädigungen durch Dritte zu schützen.[1149]

Der von dieser Auffassung geforderte Ausschluss bestimmter gemeinwohlschädlicher Modifikationen tritt jedoch in Konflikt mit der rechtsdogmatischen Trennung von Grundrechtstatbestand und Grundrechtsschranken.[1150] Die Unterscheidung zwischen Tatbestand und Schranke, die der verfassungsrechtlichen Rechtfertigung bedarf, rationalisiert die Grundrechtsprüfung. Sie ist auch kein beliebiges Konstrukt, das ebenso gut durch die gemeinsame Übereinkunft der Rechtsanwender durch ein anderes abgelöst werden kann, sondern entspricht dem außentheoretischen Aufbau der Grundrechte in ihrer grundlegenden abwehrrechtlichen Funktion sowie der Rechtfertigungsobliegenheit des Staates in einem freiheitlichen Gesellschaftsmodell. Die Definition von Grundrechtsgehalten muss daher um der Rationalität der Grundrechtsprüfung willen grundsätzlich ohne Rücksicht auf die Rechte anderer erfolgen.[1151] Gegenläufige Rechtspositionen oder Interessen Dritter finden im Rahmen der verfassungsrechtlichen

1148 Schwarz, JZ 2000, 126 (129).

1149 So Murswiek, Der Staat 45 (2006), 473 (495), dessen Ansatz aber insofern inkonsequent ist, als er das Grundrecht aus Art. 2 I GG ausdrücklich als nicht mit einem allgemeinen Gewaltverbot als Gewährleistungsgrenze versehen wissen will (ebenda, S. 496 Fn. 64). Setzt sich eine Verfassung, die Art. 2 I GG nicht mit einem Gewaltverbot ausstattet, etwa nicht in Widerspruch mit sich selbst?

1150 Dies einräumend Schwarz, JZ 2000, 126 (128). Gleichsinnig Dreier, in: ders. (Hrsg.), Grundgesetz I, Vorb. Rn. 120.

1151 Martins, DÖV 2007, 456 (463); a.A. Volkmann, JZ 2005, 261 (268).

Rechtfertigung an geeigneter Stelle Eingang in die Grundrechtsprüfung. Wird den Grundrechten ein genereller Friedlichkeitsvorbehalt zugeordnet, werden pauschal sämtliche einfachgesetzliche Regelungen zur Verhinderung gewaltsamer Verletzungen subjektiver Rechte den Freiheitsgrundrechten übergeordnet.[1152] Zudem würden die vom Verfassungsgeber geschaffenen differenzierten Schrankenvorbehalte ad absurdum geführt, wenn in jedes Grundrecht pauschal ein Nichtschädigungsvorbehalt hineingelesen wird.[1153]

V. Zwischenergebnis

Die Schutzbereichsbegrenzung hat sich als keinesfalls als auf einzelne Grundrechte beschränkte und in der Rechtsprechung des Ersten Senats des BVerfG vereinzelt gebliebene dogmatische Figur offenbart. Vielmehr konnten durch die Schutzbereichsbegrenzung bedingte und sie gleichsam bedingende grundrechtsübergreifende Entwicklungslinien herausgearbeitet werden. Vor dem Hintergrund der Rechtsprechung des Ersten Senats haben sich als solche die Hinwendung zur Lehre vom engen Gewährleistungsgehalt, die Verallgemeinerung der Verhältnismäßigkeitsprüfung, die Abwägungsskepsis und der Ausschluss fremdschädigenden Verhaltens aus grundrechtlichen Schutzbereichen abgezeichnet. Den Entwicklungen ist die Tendenz gemeinsam, den effektiven Grundrechtsschutz des Individuums zugunsten des Gemeinwohls zu beschneiden. Sie stützen sich maßgeblich auf eine Übergewichtung des objektiv-rechtlichen Grundrechtsverständnisses. Aufgrund dieser gewandelten theoretischen Grundüberzeugung widerfährt der Grundrechtsdogmatik eine Neujustierung. Für den Umgang mit den Freiheitsrechten zentrale Annahmen wie das weite Verständnis der grundrechtlichen Schutzbereiche, die Ausrichtung der Verhältnismäßigkeitsprüfung auf den konkreten Einzelfall, der Glaube an die Eigenrationalität des Abwägungsvorgangs und das Fehlen von immanenten Tatbestandsausschlüssen werden in Frage gestellt und durch neue Konstruktionen ersetzt, die sich durchweg als gegenüber der hergebrachten Konstruktion in Bezug auf den effektiven Grundrechtsschutz minderwertig erwiesen haben.

1152 Sachs, Die verfassungsunmittelbaren Begrenzungen, in: Stern (Hrsg.), Das Staatsrecht der Bundesrepublik Deutschland III/2, § 81 S. 539 f.

1153 Vgl. Merten, Immanente Grenzen und verfassungsunmittelbare Schranken, in: ders./ Papier (Hrsg.), Handbuch der Grundrechte III, § 60 Rn. 25, der jedoch ein grundrechtsimmanentes „Verbot erheblicher Sozialschädlichkeit“ bejaht.

E. Schlussbetrachtungen

I. Zu den Folgen der Schutzbereichsbegrenzung durch das BVerfG

Schon die Betrachtung der mit der Figur der Schutzbereichsbegrenzung einhergehenden grundrechtsübergreifenden Entwicklungslinien lässt unmittelbare Auswirkungen auf den individuellen Freiheitsschutz erkennen. Die konkreten Folgen der Neuausrichtung der Grundrechtsdogmatik für den Freiheitsschutz des Individuums sollen nun im Einzelnen in Augenschein genommen und bewertet werden.

1. Verschleifung der Grundrechtsprüfung

Nach der hergebrachten Grundrechtsdogmatik wird die Grundrechtsprüfung in die Schutzbereichs-, die Eingriffs- und die Rechtfertigungsebene strukturiert. Über das Durchlaufen der drei Ebenen wird der Subsumtionsprozess diszipliniert und kontrolliert, erlangt mithin mehr Rationalität und Transparenz.[1154] Die Dreiteilung der Grundrechtsprüfung soll zum systematischen Abarbeiten von Begründungslasten für staatliche Maßnahmen zwingen.[1155] Der Prüfungsaufbau garantiert die optimale Durchsetzung der an den Staat gerichteten Rechtfertigungsanforderungen für grundrechtsrelevantes Handeln.

Mit der Anwendung der Figur der Schutzbereichsbegrenzung wird dieser bewährte, die Freiheit wirksam machende Argumentationsprozess missachtet, indem Eingriffs- und Rechtfertigungsargumente zur Konturierung des Schutzbereichs herhalten müssen.[1156] Im Fall „Naegeli“ wird zum Beispiel die Beein-

1154 Nochmals Kahl, Der Staat 43 (2004), 167 (190).

1155 Dreier, in: ders. (Hrsg.), Grundgesetz I, Vorb. Rn. 120; Kahl, Der Staat 43 (2004), 167 (189).

1156 Rixen, Sozialrecht als öffentliches Wirtschaftsrecht, S. 240; ähnlich Martins, DÖV 2007, 456 (457). Die Ermittlung eines engen grundrechtlichen Gewährleistungsgehalts trotz dieser erkennbaren Schwäche favorisierend Rusteberg, Der grundrechtliche Gewährleistungsgehalt, S. 173: Der grundrechtliche Gewährleistungsgehalt „zielt (…) darauf, ob die in den jeweiligen Sachbereich fallende Verhaltensweise des Grundrechtsträgers bzw. spiegelbildlich die jeweilige innerhalb des jeweiligen Sachbereich [sic] erfolgende staatliche Maßnahme [Hervorhebung nur hier] von der Abkehrwirkung des Grundrechts erfasst werden.“ Daraus wird deutlich, dass er den Inhalt der

trächtigung des Eigentums Dritter, die bei der Überprüfung eines staatlichen Eingriffs in die Kunstfreiheit ein klassisches Element der verfassungsrechtlichen Rechtfertigung in Form von kollidierenden Grundrechten ist, als Ausschlusskriterium in die Überprüfung der Einschlägigkeit des grundrechtlichen Schutzbereichs hineingezogen.[1157] Mit der Engfassung des Schutzbereichs werden letztlich die Auslegung des Schutzbereichs und die Verhältnismäßigkeitsprüfung miteinander verwoben, indem der Verhältnismäßigkeitsgrundsatz als Maßstab für die Eingrenzung des Schutzbereichs dient.[1158] Bei der Entscheidung des Falls „Glykol" wird die Einschlägigkeit des Schutzbereichs der Berufsfreiheit davon abhängig gemacht, ob die staatlichen Informationen den Anforderungen der inhaltlichen Richtigkeit und der Sachlichkeit entsprechen.[1159] Die Eröffnung des Schutzbereichs wird mithin unter die Bedingung der Rechtswidrigkeit der staatlichen Beeinträchtigung gestellt. Genauso wird im Fall „Osho"[1160] die Reichweite des Schutzbereichs über die mögliche Rechtfertigung eines Eingriffs definiert.[1161] Durch diese Vermischung der Ebenen der Grundrechtsprüfung[1162] geht die durch sie beförderte rationale Argumentationsstruktur verloren.[1163] Es kommen damit Maßstäbe, welche die Einheitlichkeit im juristischen Begründen gewährleisten, abhanden, was Unsicherheit bei der Grundrechtsprüfung wie auch Zweifel an deren Ergebnissen aufkommen lässt. Die Schutzbereichsbegrenzung leidet mithin an einem Rationalitätsdefizit.[1164]

Gewährleistung von der staatlichen Maßnahme, also vom Eingriff her bestimmen will. Vgl. dazu auch ders., Der grundrechtliche Gewährleistungsgehalt, S. 204.

1157 BVerfG, NJW 1984, 1293 (1294) – Naegeli.

1158 Kahl, Der Staat 43 (2004), 167 (192).

1159 BVerfGE 105, 252 (268).

1160 BVerfGE 105, 279 ff. – Osho.

1161 BVerfGE 105, 279 (295) – Osho.

1162 Siehe Holoubek, Der Grundrechtseingriff – Überlegungen zu einer grundrechtsdogmatischen Figur im Wandel, in: Merten/Papier (Hrsg.), Grundsatzfragen der Grundrechtsdogmatik, S. 17 (23).

1163 Ein weiteres eklatantes Beispiel nicht schlüssiger Argumentation wegen Vermischung von dogmatischen Prüfungsebenen liefert BVerfGE 104, 337 (346) – Schächten: Hier wird aufgrund eines engen Verständnisses von der durch Art. 4 I, II GG geschützten Religionsfreiheit das Schlachten warmblütiger Tiere ohne Betäubung (Schächten) durch einen muslimischen Metzger nicht als Akt der Religionsausübung verstanden, so dass Art. 4 I, II GG von vornherein nicht geprüft wird. Nichtsdestotrotz wird dann aber die Berufsfreiheit des Metzgers, die für Ausländer über die allgemeine Handlungsfreiheit geschützt wird, durch die Religionsfreiheit verstärkt (sog. Schutzbereichsverstärkung).

1164 A.A. Volkmann, JZ 2005, 261 (266).

Der mit der Abkehr vom dreigliedrigen Prüfungsaufbau verbundene Rationalitätsverlust kann nicht dadurch aufgewogen werden, dass die Schutzbereichsbegrenzung andere Schwierigkeiten der Grundrechtsdogmatik überlegen auflöst. Die Probleme, welche die Befürworter der Schutzbereichsbegrenzung mit dieser Figur auf Tatbestandsebene zu lösen suchen, nämlich Probleme der Abwägung und der Grundrechtskollisionen, hat der Verfassungsgeber erkannt und deren Lösung anderen Prüfungsebenen zugewiesen. Dafür spricht zum einen der außentheoretische Aufbau der Grundrechte[1165], zum anderen die (un)geschriebenen Schrankenregelungen, welche Fragen der Abwägung und der Kollision von Verfassungsgütern der Ebene der Rechtfertigung zugewiesen haben.[1166] Auch aus einer weiteren Überlegung wird die Sinnhaftigkeit der hergebrachten Verortung deutlich: Die Wertigkeit verschiedener Rechtsgüter muss denklogisch erst dann beurteilt werden, wenn der Schutzbereich eines Grundrechts eröffnet ist. Ansonsten kommt es gar nicht zu einer Rechtsgüterkollision, die durch Abwägung bewältigt werden muss. Bei der Frage nach der Gewichtung eines Rechtsguts handelt es sich folglich stets um eine Frage der Rechtfertigung.[1167]

Wird vor diesem Hintergrund die Schutzbereichsbegrenzung trotzdem mit dem Argument favorisiert, dass sie ganz ohne Wertungs- und Abwägungsentscheidungen auskomme, leidet sie zusätzlich an einem Transparenzdefizit. Dieses rührt daher, dass unter dem Deckmantel, den Schutzumfang präzise bestimmen zu wollen, normative Bewertungen und Einschränkungen, also Abwägungen vorgenommen werden, ohne sie als solche offen zu bezeichnen. Eine angebliche wertungs- und abwägungsfreie Schutzbereichsreduktion kann es nicht geben.[1168] Anhand irgendwelcher Kriterien muss die Grenze zwischen grundrechtlich geschütztem und grundrechtlich nicht geschütztem Verhalten gezogen werden. Diese können aber nur auf menschlichen Bewertungs- oder Abwägungsvorgängen beruhen. Die enge Interpretation spezialgrundrechtlicher Schutzbereiche bewirkt, dass die stets notwendige Abwägung sich auf die Prüfung des Schutzbereichs verlagert, ohne an die spezifischen Schranken-Schranken-Anforderungen gebunden zu sein.[1169] Ein Vorzug der Abwägungsdoktrin auf Rechtfertigungsebene besteht gerade darin, dass sie vorgenommene Wertungen offen legt und zum Begründungszwang des Staates für bestimmte Wertungspräferenzen führt.[1170]

1165 Vgl. S. 80.

1166 Kahl, Der Staat 43 (2004), 167 (190).

1167 Möllers, NJW 2005, 1973 (1977).

1168 Kahl, Der Staat 43 (2004), 167 (192).

1169 V. Arnauld, Die Freiheitsrechte und ihre Schranken, S. 83.

1170 So Dreier, Dimensionen der Grundrechte, S. 56.

Freilich ist es nicht immer einfach, die inhaltliche Tragweite eines Grundrechts von den seinen Inhalt mitbestimmenden Grenzen zu unterscheiden.[1171] Trotzdem sollte in Anbetracht der genannten Konsequenzen an der dogmatischen Trennung zwischen Schutzbereich und Grundrechtsschranken festgehalten werden.[1172] Dafür spricht nicht zuletzt auch die Zuweisung der Rechtfertigungslast an den Staat: Wird infolge der Vermischung der Prüfungsebenen die Grundrechtsprüfung bereits auf der Tatbestandsebene abgebrochen, muss staatliches Handeln nicht mehr gerechtfertigt werden, was dem rechtsstaatlichen Verteilungsprinzip[1173] zuwider läuft.[1174] Der Verschleifung der Grundrechtsprüfung ist durch einen Verzicht auf die Figur der Schutzbereichsbegrenzung in der Grundrechtsprüfung entgegen zu wirken.

2. Wertungswidersprüchlichkeit gegenüber der allgemeinen Handlungsfreiheit

Vereinzelt wird in der Beschränkung der Schutzbereiche der speziellen Freiheitsgrundrechte und dem dann vorgenommenen Rückgriff auf Art. 2 I GG eine Ungereimtheit erkannt. Es ist widersprüchlich, die Grundentscheidung des Parlamentarischen Rates für einen größtmöglichen Freiheitsschutz nur auf die schwächere allgemeine Handlungsfreiheit zu beziehen, nicht aber für die spezielleren besonderen Freiheitsgrundrechte wirksam machen zu wollen.[1175] Es entspricht der Funktion der allgemeinen Handlungsfreiheit aus Art. 2 I GG als Auffanggrundrecht, die individuelle Freiheit allgemein gegen Beliebigkeitszugriffe von Gesetzgeber und Verwaltung abzuschirmen, welche durch das Schutzbereichsraster der speziellen Freiheitsgrundrechte gefallen sind. Diese Stellung als

---

1171 Vgl. zur ähnlich gelagerten Problematik der Unterscheidbarkeit von Bereichsausnahmen und Rechtfertigungsgründen in der Grundfreiheitendogmatik etwa Jarass, EuR 2000, 705 (717 f.).

1172 Vgl. bereits Nierhaus, AöR 116 (1991), 72 (79 f.).

1173 Vgl. dazu Merten, Grundrechtlicher Schutzbereich, in: ders./Papier (Hrsg.), Handbuch der Grundrechte III, § 56 Rn. 50, der von einer „Freiheit im Grundsatz und nicht im Detail“ ausgeht.

1174 Kahl, Der Staat 43 (2004), 167 (189 Fn. 133); Lübbe-Wolff, Die Grundrechte als Eingriffsabwehrrechte, S. 97 (100).

1175 Nochmals Kahl, Der Staat 43 (2004), 167 (188); tendenziell ähnlich Cremer, DÖV 2003, 921 (928). Anders Rusteberg, Der grundrechtliche Gewährleistungsgehalt, S. 146 ff., der den Widerspruch, der darin liegt, gerade das subsidiäre Auffanggrundrecht weit zu verstehen und den Schutzbereich der speziellen Freiheitsgrundrechte eng zu fassen, nicht sieht.

„Muttergrundrecht“ wurde bereits vom Parlamentarischen Rat intendiert[1176] und spiegelt das Freiheitsprinzip wider, wie es nach den Eindrücken der NS-Zeit im Grundrechtskatalog der Verfassung Niederschlag gefunden hat. Die Stellung der allgemeinen Handlungsfreiheit als Auffanggrundrecht ist bereits von den Verfassungsvätern vorgesehenen und wird durch die Normierung bestimmter Situationen menschlicher Freiheitsäußerungen in speziellen Freiheitsrechten und die dazugehörige spezifische grundrechtliche Schrankensystematik verdeutlicht.[1177] Das allgemeine Freiheitsrecht aus Art. 2 I GG, dem beim Individualrechtsschutz gleichsam eine Reservekompetenz zugedacht ist, wird seiner Bedeutung allerdings nur unter der Bedingung gerecht, dass der über die vorrangigen speziellen Freiheitsgrundrechte vermittelte Schutz weit gefasst ist. Eine Engfassung der spezialgrundrechtlichen Schutzbereiche führt zum Rückgriff auf das allgemeine Freiheitsrecht des Art. 2 I GG, was dessen Anwendungsbereich zu Lasten der speziellen Freiheitsrechte vergrößert. Dadurch wird aber die allgemeine Handlungsfreiheit überstrapaziert. Es entsteht der Eindruck einer „Flucht in die Generalklausel“ zum Zwecke der Minderung der Überprüfbarkeit der Rechtsfindung durch die Umgehung konkreter Bewertungsmaßstäbe in Form von differenzierten Schutzbereichs- und Schrankenbestimmungen.[1178]

Der Rückgriff auf das subsidiäre Grundrecht aus Art. 2 I GG bei vom Wortlaut her den Sachbereichen anderer Grundrechte zugehörigen Lebenssachverhalten würde von der Ausnahme zum Regelfall. Aus diesem Grund kann für die Auslegung der Schutzbereiche der speziellen Freiheitsgrundrechte nichts anderes gelten als bei der Auslegung des Schutzbereichs der allgemeinen Handlungsfreiheit: Sie hat weit zu erfolgen.

3. Differenzierung zwischen höherwertigem und banalem menschlichen Verhalten

Die Anhänger der Schutzbereichsbegrenzung wollen über die punktuelle und damit im wahrsten Sinne exklusive Bestimmung des sachlichen Schutzgehalts

---

1176 Vgl. Hollmann (Bearbeiter), 2. Lesung des Hauptausschusses und Stellungnahme des Redaktionsausschusses [Stand: 25. Jan. 1949], in: Deutscher Bundestag und Bundesarchiv (Hrsg.), Der Parlamentarische Rat 1948–1949 VII, S. 202 (205). Ausführlich Böckenförde, Der Staat 42 (2003), 165 (188 f.) m.w.N.

1177 V. Arnauld, Die Freiheitsrechte und ihre Schranken, S. 83; tendenziell anders Merten, Grundrechtlicher Schutzbereich, in: ders./Papier (Hrsg.), Handbuch der Grundrechte III, § 56 Rn. 3, der Art. 2 I GG eine von Verfassungs wegen nur „partielle“ Auffangfunktion zuspricht.

1178 V. Arnauld, Die Freiheitsrechte und ihre Schranken, S. 82.

der Grundrechte deren hohen Rang im verfassten Staat bewahren. In der Schwellenwert-Entscheidung etwa führt das BVerfG aus, dass Art. 19 IV GG (nur) dort Rechtsschutz gewährleisten soll, wo der Einzelne sich in einem typischen Abhängigkeits- und Unterordnungsverhältnis befindet. Allein in einer solchen Konstellation sei das Individuum des besonderen gerichtlichen Schutzes bedürftig, den Art. 19 IV GG vermittelt.[1179] Hierbei kann dem BVerfG noch eingeräumt werden, dass es sich bei der Umgrenzung des Schutzbereichs an einer besonderen grundrechtlichen Gefährdungslage des Individuums orientiert.

Fragwürdiger wird die Ausgrenzung von menschlichen Verhaltensweisen aus den grundrechtlichen Schutzbereichen, wenn argumentiert wird, dass ohne das Bestehen auf den Zweck der öffentlichen Meinungskundgabe bei der Definition des Versammlungsbegriffs die Garantie des Art. 8 I GG unbotmäßig banalisiert werde[1180] oder wenn sich einige zu der Aussage hinreißen lassen, dass das Grundrecht aus Art. 2 I GG zur kleinen Münze verkomme, wenn das „Reiten im Walde“ in den Schutzbereich des Art. 2 I GG rechne. Hier drängt sich die Frage auf, wo die Grenze zwischen banalem und höherwertigem Verhalten zu ziehen ist und wer darüber zu urteilen vermag. Was für den einen banal erscheint, kann für den anderen zentraler Lebensinhalt sein.

Die Befürworter eines exklusiven Schutzbereichsverständnisses meinen, Grundrechte höben sich von der Masse sonstiger Rechte dadurch ab, „dass sie Integrität, Autonomie und Kommunikation des Einzelnen in ihren grundlegenden Bezügen schützen“.[1181] Der Grundrechtsschutz wird damit auf den Kernbereich der jeweiligen Regelungsmaterie beschränkt. Dieses enge Schutzbereichsverständnis kommt der Überzeugung entgegen, welche die Grundrechte vorrangig als homogene objektive Wertordnung versteht. Eine einheitliche Grundrechtsordnung setzt voraus, dass die einzelnen Grundrechte von einander abgrenzbar sind und möglichst keine Überschneidungen vorkommen. Um die Einheitlichkeit der grundrechtlichen Wertordnung gewährleisten zu können, müssen die Schutzbereiche der einzelnen Grundrechte tendenziell enger gefasst werden. Des Weiteren wird menschliches Verhalten nur noch in dem Maße geschützt, in welchem es der Verwirklichung der den Grundrechten innewohnenden werthaltigen Ordnung zuträglich ist. Über die Einführung eines funktionalen Wertbezugs in die Schutzbereichsdeutung wird eine Kategorisierung, eine Bewertung menschlichen Verhaltens möglich.[1182]

1179 BVerfGE 116, 135 (144).

1180 Hoffmann-Riem, Enge oder weite Gewährleistungsgehalte?, in: Bäuerle (Hrsg.), Haben wir wirklich Recht?, S. 53 (66).

1181 So das Sondervotum Grimm, BVerfGE 80, 137 (168) – Reiten im Walde.

1182 Anders Vesting, Von der liberalen Grundrechtstheorie zum Grundrechtspluralismus, in: Grabenwarter (Hrsg.), Allgemeinheit der Grundrechte und Vielfalt der Gesellschaft,

Nun sind Wertentscheidungen als solche für jede Verfassung charakteristisch und bilden wichtige Stützen einer jeden (staatlichen) Gemeinschaft.[1183] Wird jedoch der einzelgrundrechtliche Schutzbereich wertgebunden begrenzt, kann eine „Tyrannei der Werte“ die Folge sein.[1184]

Soweit der Grundrechtsschutz nach dem Wortlaut der einzelnen Grundrechtsartikel reicht, darf nicht zwischen schützenswertem und weniger schützenswertem Verhalten unterschieden werden.[1185] Wollte man etwa die Gewährleistung der allgemeinen Handlungsfreiheit auf den Schutz des Persönlichkeitskerns beschränken[1186], würde sich diese auf das Gebot reduzieren, das Verhalten des Individuums möglichst wenig durch den Staat zu begrenzen, anstatt ein justitiables Verbot für nicht verfassungsrechtlich gerechtfertigtes Eingreifen des Staates in jedwede freiheitliche Betätigung aufzustellen. Lücken im individuellen Grundrechtsschutz wären die Folge. Ein so verstandener Freiheitsgegenstand kann keine über das Erforderlichkeitsgebot hinausgehenden Bindungen gegenüber dem Staat entfalten.[1187] Bei derart geringen Anforderungen an staatliches Handeln im grundrechtlichen Bereich würde die Rechtfertigungsobligation des eingreifenden Staates ausgehöhlt. Es gilt jedoch das Prinzip des lückenlosen Grundrechtsschutzes und damit einhergehend das Gebot des Grundrechtsschutzes für alle Freiheitsbetätigungen.[1188]

S. 9 (15), der im objektiv-rechtlichen Ansatz den Weg sieht, die Grundrechtsordnung zu enthierarchisieren.

1183 Kahl, AöR 131 (2006), 579 (593).

1184 So reißerisch Schmitt, in: Buve (Hrsg.), Säkularisation und Utopie. Ebracher Studien, S. 37 (59), unter Berufung auf Nicolai Hartmann; sachlich bestätigend Dreier, Dimensionen der Grundrechte, S. 19. Diese Aussage relativiert Dreier an späterer Stelle (S. 24), wenn er anführt, dass in der verfassungsgerichtlichen Praxis „die Wertordnungskomponente mehr der Darstellung als der Herstellung der Entscheidung zugehört.“ A.A. Häberle, Die Wesensgehaltsgarantie des Art. 19 Abs. 2 GG, S. 6, der die Möglichkeit einer Herrschaft der Werte mit dem Argument der Einheitlichkeit des Wertsystems zurückweist.

1185 Vgl. Bethge, Mittelbare Grundrechtsbeeinträchtigungen, in: Merten/Papier (Hrsg.), Handbuch der Grundrechte III, § 58 Rn. 78; ähnlich Cremer, DÖV 2003, 921 (927).

1186 So noch die Persönlichkeitskerntheorie; siehe oben Fn. 282.

1187 Bumke, Der Grundrechtsvorbehalt, S. 100 f.

1188 Bethge, Der Staat 24 (1985), 351 (361).

4. Instrumentalisierung des Willens des historischen Verfassungsgebers

Ein Kriterium, anhand dessen die Grenzen des grundrechtlichen Schutzbereichs enger gezogen werden, ist die historisch-genetische Auslegung. [1189] In der Schwellenwert-Entscheidung wird das enge Schutzbereichsverständnis der Rechtsschutzgarantie nach Art. 19 IV GG darauf gestützt, dass der historische Verfassungsgeber den Bürger vor dem Risiko der Missachtung des Rechts durch ein Handeln der übergeordneten und gegebenenfalls mit den Mitteln des Zwangs arbeitenden Exekutive geschützt wissen wollte.[1190]

Soweit die Auffassung des historischen Verfassungsgebers den maßgeblichen Anknüpfungspunkt der Schutzbereichsbestimmung bildet, wird die historisch-genetische Auslegungsmethode gegenüber den übrigen in ihrer Bedeutung gestärkt.[1191] Die so generierte Vorrangstellung der historisch-genetischen Auslegungsmethode läuft Gefahr, der Versteinerung der normativen Grundrechtsgehalte Vorschub zu leisten. Es gibt kein für irgendjemanden von vornherein erkennbares Repertoire an Grundrechtsfällen. Eine historische Akzentuierung des Gewährleistungsgehalts der Grundrechte kann mit der Dynamik von im Entstehen begriffenen neuen Konflikt- und Gefährdungslagen nur unzureichend Schritt halten.[1192] Der Rekurs auf die Entstehungsgeschichte bei der Grundrechtsdeutung bewirkt, dass der Schutzgehalt eines Grundrechts in schwer zu bestimmendem Umfang richterrechtlich fixiert wird, also nicht *ermittelt*, sondern nur *gefunden* werden kann.[1193] Eine situations- und entwicklungsbedingt notwendige Offenheit für die Auslegung der Schutzgehalte wird so verspielt.

Der Rückgriff auf die historisch-genetische Auslegungsmethode zur Schutzbereichsbestimmung[1194] vermag auch nach der Lehre der Verfassung als Rahmenordnung[1195] nicht zu überzeugen. Dieser Ansatz zieht den Willen des historischen Verfassungsgebers heran, um die Lücken der als schemenhaft verstandenen Grundordnung zu füllen.

1189 Böckenförde, Der Staat 42 (2003), 165 (175, 186, 191); vgl. auch Reimer, Verfassungsprinzipien, S. 132 ff.; Rusteberg, Der grundrechtliche Gewährleistungsgehalt, S. 175 ff.; in diesem Punkt zustimmend Möllers, NJW 2005, 1973 (1978).

1190 BVerfGE 116, 135 (144).

1191 Diese Entwicklung gutheißend Rüthers, NJW 2009, 1461 (1462).

1192 Gleichsinnig Ladeur, Kritik der Abwägung in der Grundrechtsdogmatik, S. 79.

1193 Dergestalt Zuck, JZ 2008, 287 (291).

1194 So aber Böckenförde, Der Staat 42 (2003), 165 (187); Rusteberg, Der grundrechtliche Gewährleistungsgehalt, S. 175 ff., der den Vorwurf der Historisierung nicht entkräftet.

1195 Siehe dazu oben S. 197 ff.

Soll allerdings in Einklang mit der Lehre der Verfassung als Rahmenordnung das Grundgesetz als herausgehobene, aber lediglich rahmengebende Grundnorm verstanden werden, die „bewusst eine Offenheit für die Rechtsgestaltung durch den Gesetzgeber“[1196] erhalten will, ist eine Überhöhung der historisch-genetischen Interpretation der grundrechtlichen Schutzbereiche dem gerade abträglich.[1197] Der Wille des historischen Verfassungsgebers unterliegt nicht der Wandelung und er kann schwerlich alle grundrechtlichen Konfliktlagen, die aus Veränderungen der tatsächlichen Gegebenheiten resultieren, über Jahrzehnte vorausgesehen haben. Die Auffassung der Verfassungsmütter und -väter wurde einmal im Zeitpunkt der Verfassungsgebung abschließend gebildet. Die Stoßrichtung, die sie vorgibt, nimmt dem darauf festgelegten Normgeber bzw. Normanwender gerade diejenige Offenheit bei der Rechtsgestaltung, die von der Lehre der Verfassung als Rahmenordnung her gefordert wird. Die Arbeit mit dem Willen des historischen Verfassungsgebers im Rahmen der Lehre von der Verfassung als Rahmenordnung ist in sich widersprüchlich.

Die Indienststellung der historisch-genetischen Auslegungsmethode zur Begrenzung der grundrechtlichen Schutzbereiche ist eine Folge der Figur der Schutzbereichsbegrenzung. Sie führt regelmäßig zu einer Schmälerung des Individualrechtsschutzes. Auf eine Instrumentalisierung der Intentionen der Verfassungsmütter und -väter zur Engfassung der grundrechtlichen Schutzbereiche sollte jedoch mit den vorgenannten Erwägungen verzichtet werden.

5. Gefahr von Lücken im Grundrechtsschutz

Die Vertreter der Persönlichkeitskerntheorie aus der heutigen Zeit meinen, dass der Rechtsstaat in Deutschland inzwischen derart verfestigt sei, dass das Recht, zu tun und zu lassen, was einem beliebt, garantiert ist, auch ohne dass es über die allgemeine Handlungsfreiheit verfassungsrechtlich überhöht wird.[1198] Es sei ein verbreiteter Irrglaube, dass der Schutzbereich des Art. 2 I GG weit gedeutet werden müsse, um gewährleisten zu können, dass bei der Verneinung der Voraussetzungen eines Spezialgrundrechts stets die allgemeine Handlungsfreiheit

1196 Böckenförde, Der Staat 42 (2003), 165 (187).

1197 Ähnliche Bedenken anschneidend Bumke, Die Verwaltung 37 (2004), 3 (28).

1198 Hoffmann-Riem, Enge oder weite Gewährleistungsgehalte?, in: Bäuerle (Hrsg.), Haben wir wirklich Recht?, S. 53 (68); in diesem Punkt tendenziell ähnlich Möllers, NJW 2005, 1973 (1978): „Die heile Welt von Elfes und Lüth, in der Grundrechte als Passepartout gesellschaftlicher Problemlösung dienten, stand der politisch verunsicherten deutschen Nachkriegsgesellschaft besser zu Gesicht als einer modernen Demokratie.“ Kritisch hingegen Kahl, Der Staat 43 (2004), 167 (182).

als Auffanggrundrecht bereitsteht. Diese Vorstellung sei der verfehlten räumlichen Vorstellung geschuldet, nach der es ein in keinen grundrechtlichen Schutzraum fallendes Verhalten nicht geben kann. Werde der jeweilige einzelgrundrechtliche Gewährleistungsgehalt von vornherein präzise bestimmt, ergäben sich Fälle, in denen ein Grundrecht trotz genereller thematischer Einschlägigkeit keinen Schutz gewähre. Dann aber solle das Verhalten auch nicht über die Hintertür durch Art. 2 I GG geschützt werden.[1199]

In entsprechender Weise ging das BVerfG im Fall „Glykol“ vor: Es lehnte die Einschlägigkeit des Grundrechts auf Berufsfreiheit mit der Erwägung ab, dass Art. 12 I GG nicht vor der Verbreitung zutreffender und sachlich gehaltener Informationen schütze[1200], verneinte aber zugleich die Eröffnung des Schutzbereichs der allgemeinen Handlungsfreiheit, weil sie thematisch verbraucht sei[1201]. Vorteilhaft an dieser Methodik erscheint, dass das BVerfG sich so nicht dem Vorwurf aussetzt, es flüchte sich in die Generalklausel des Art. 2 I GG, um die Anforderungen der speziellen Grundrechtsschranken zu umgehen. Es verweigert jedweden grundrechtlichen Schutz, was den vorausgeschickten Erwägungen zufolge konsequent sein mag, den von der staatlichen Maßnahme Betroffenen jedoch schutzlos stellt.

Die Befürworter der Kombination eines engen Schutzbereichsverständnisses bei den speziellen Freiheitsrechten und der Persönlichkeitskerntheorie argumentieren im Hinblick auf solche Ergebnisse, dass die Verfassungsordnung des Grundgesetzes durchaus vom Grundrechtsschutz dispensierte Bereiche kenne. Der grundrechtliche Freiheitsschutz bleibe als bewusste Entscheidung der Verfassung unvollständig. Dieser Gedanke lässt sich noch auf das Verständnis der Verfassung als unvollständige Rahmenordnung[1202] zurückführen.

Von vornherein nicht zu überzeugen vermag hingegen, sich auf die Rechtsprechung des BVerfG zu berufen, um die These von der Lückenhaftigkeit des Grundrechtsschutzes weiter zu untermauern.[1203] Zwar meinen beachtliche Stimmen, dass das Grundgesetz praktisch so gelte, wie das BVerfG es auslegt[1204],

---

1199 In diesem Sinne Bethge, VVDStRL 57 (1998), 7 (25); Hoffmann-Riem, Enge oder weite Gewährleistungsgehalte?, in: Bäuerle (Hrsg.), Haben wir wirklich Recht?, S. 53 (73); Schwarz, JZ 2000, 126 (129 f.); Volkmann, JZ 2005, 261 (268). Eine Abschaffung der allgemeinen Handlungsfreiheit andenkend, sie aber schnell verwerfend Möllers, NJW 2005, 1973 (1978).

1200 BVerfGE 105, 252 (268).

1201 BVerfGE 105, 252 (279).

1202 Siehe dazu oben S. 197 ff.

1203 So aber Schwarz, JZ 2000, 126 (128).

1204 Vgl. grundlegend Smend, Festvortrag zum zehnjährigen Bestehen des BVerfG, in: Häberle (Hrsg.), Verfassungsgerichtsbarkeit, S. 329 (330); zustimmend etwa Maurer,

und das BVerfGG, welches in § 31 I die Entscheidungen des BVerfG für alle staatlichen Organe für verbindlich erklärt und in § 31 II Normenkontrollentscheidungen des BVerfG Gesetzeskraft beimisst, gibt ihnen vermeintlich Recht. Trotzdem kann die angeblich in der Verfassung angelegte Präformierung des Grundrechtsschutzes nur über die Verfassung selbst und nicht mit der Rechtsprechung des BVerfG belegt werden. Die Rechtsprechung des BVerfG liefert nur eine (wenn auch gewichtige) mögliche Deutung der Verfassung. Wer grundsätzliche Aussagen über den Gehalt der Verfassung treffen will, muss sich mit der Primärquelle, also dem Verfassungstext selbst, auseinandersetzen und darf sich nicht auf die Lektüre der Auffassungen eines die Grundrechte anwendenden Gerichtes begnügen.

Die Verfassung selbst gibt jedoch keinen Anhaltspunkt für eine gewollt lückenhafte Ausgestaltung des Grundrechtsschutzes.[1205] Vielmehr sind die Schutzbereiche der speziellen Freiheitsgrundrechte dem Wortlaut nach denkbar weit gefasst und die allgemeine Handlungsfreiheit als Auffanggrundrecht sichert den umfassenden Grundrechtsschutz des Individuums ab[1206].

Nimmt man dennoch bei den speziellen Freiheitsgrundrechten eine Schutzbereichsbegrenzung vor und beschränkt zugleich den Schutz der allgemeinen Handlungsfreiheit auf den Persönlichkeitskern im Sinne der Persönlichkeitskerntheorie, drohen empfindliche Lücken im Grundrechtsschutz aufzuklaffen. Es entstehen grundrechtsfreie Räume.[1207] Dies wirkt sich unmittelbar auf die Rechtsschutzmöglichkeiten des Individuums aus. Der Betroffene verliert in den nicht unter Art. 2 I GG rechnenden Fällen mangels Beschwerdebefugnis die Möglichkeit, Verfassungsbeschwerde zu erheben. Auch außerhalb des verfassungsrechtlichen Rechtsbehelfs ist der Rechtsschutzsuchende schlechter gestellt. Bereits die Klagebefugnis im Verwaltungsprozess wird ihm regelmäßig mangels Einschlägigkeit der sog. Adressatentheorie[1208] fehlen.[1209] Zugleich wird der Staat in weiten Bereichen seiner Rechtfertigungslast enthoben.[1210] Die so hervorgerufene Beschränkung der Rechtsschutzmöglichkeiten und die Aufhebung der staat-

---

Staatsrecht I, § 20 Rn. 9; kritisch hingegen Merten, Grundrechtlicher Schutzbereich, in: ders./Papier (Hrsg.), Handbuch der Grundrechte III, § 56 Rn. 74.

1205 Vgl. Bethge, Mittelbare Grundrechtsbeeinträchtigungen, in: Merten/Papier (Hrsg.), Handbuch der Grundrechte III, § 58 Rn. 72.

1206 Enders, in: Friauf/Höfling (Hrsg.), Berliner Kommentar, Vor Art. 1 Rn. 97; Horn, in: Stern/Becker (Hrsg.), Grundrechte-Kommentar, Art. 2 Rn. 27.

1207 Kahl, Der Staat 43 (2004), 167 (186); Pieroth, AöR 115 (1990), 33 (37 ff.).

1208 Dazu statt aller Detterbeck, Allgemeines Verwaltungsrecht, Rn. 1352.

1209 Vgl. Stern, Die allgemeine Handlungsfreiheit, in: ders. (Hrsg.), Das Staatsrecht der Bundesrepublik Deutschland IV/1, § 104 S. 970 ff.

1210 Dergestalt Kahl, AöR 131 (2006), 579 (612).

lichen Rechtfertigungslast widersprechen jedoch der in der Verfassung unter dem Eindruck des NS-Regimes bewusst verankerten Grundentscheidung für einen umfassenden und lückenlosen Freiheitsschutz, der auch praktisch mittels einer effektiven Verfahrensordnung gerichtlich durchgesetzt werden kann und in Art. 19 IV GG Verankerung gefunden hat.[1211] Dem Postulat des lückenlosen und lückenschließenden Grundrechtsschutzes entsprechend steht Art. 2 I GG bereit, um sich subsidiär aller nicht besonders geschützten Freiheitsbereiche anzunehmen.[1212] Deswegen ist der Schutzbereich der allgemeinen Handlungsfreiheit ebenso wie die Schutzbereiche der speziellen Freiheitsgrundrechte weit auszulegen.[1213]

Unter einem weiteren Aspekt zeigt sich die Richtigkeit dieser Grundannahme: Die weite Interpretation der Freiheit des Art. 2 I GG als allgemeine Handlungsfreiheit bildet die normative Grundlage für die Lehre von den unbenannten speziellen Freiheiten.[1214] Die Existenz des allgemeinen Persönlichkeitsrechts[1215], des Rechts auf informationelle Selbstbestimmung[1216] oder des Rechts auf Integrität und Vertraulichkeit informationstechnischer Systeme[1217] lässt sich nicht sinnvoll ohne die Annahme eines weiten Schutzbereichs des Art. 2 I GG herleiten und begründen.[1218] Will man auf diese Errungenschaften des speziellen Grundrechtsschutzes, deren (Er)Findung wegen neuer grundrechtlicher Gefährdungslagen in der Staatswirklichkeit erforderlich war, nicht verzichten, muss Art. 2 I GG interpretationsoffen und damit weit verstanden werden.

6. Verkürzung des Grundrechtsschutzes

Die Befürworter der Schutzbereichsbegrenzung meinen, es sei dem Grundrechtsschutz insgesamt nicht zuträglich, nahezu jedes Verhalten als grundrechtlich geschützt und jede irgendwie belastende staatliche Maßnahme als Eingriff

1211 Bethge, Der Staat 24 (1985), 351 (360); Kahl, Der Staat 43 (2004), 167 (187); ähnlich Böckenförde, Der Staat 42 (2003), 165 (188).

1212 Bethge, Der Staat 24 (1985), 351 (361).

1213 Gleichsinnig Borowski, Grundrechte als Prinzipien, S. 258.

1214 Stern, Die allgemeine Handlungsfreiheit, in: ders. (Hrsg.), Das Staatsrecht der Bundesrepublik Deutschland IV/1, § 104 S. 887, spricht deshalb von Art. 2 I GG als „Vervollständigungsgrundrecht".

1215 BVerfGE, 34, 269 (281 f.).

1216 Etwa BVerfGE 113, 29 (57 f.).

1217 BVerfGE 120, 274 ff. – Online-Durchsuchung.

1218 Starck, in: v. Mangoldt/Klein/ders. (Hrsg.), Grundgesetz I 5, Art. 2 I Rn. 18.

in diesen Schutzbereich zu verstehen.[1219] Tatsächlich gibt es Gesichtspunkte, unter denen der Gewinn an Freiheitsschutz durch ein weites Schutzbereichsverständnis fragwürdig erscheint. Ist etwa die weite Auslegung des grundrechtlichen Tatbestands stets damit verbunden, dass auch die Schrankenregelung des jeweiligen Grundrechts weit verstanden wird, reicht der Grundrechtsschutz im Ergebnis auch nicht weiter, als es bei einem engen Tatbestandsverständnis der Fall gewesen wäre. Trotzdem liegt in der Schutzbereichsbegrenzung die für den Grundrechtsschutz größere Gefahr. Wenn das Vorliegen einer bestimmten Grundrechtsbeschwer schon an der Schutzbereichsprüfung scheitert, bedeutet dies ein Minus an Grundrechtsschutz für den Betroffenen[1220], auch wenn er im Ergebnis mit dem erst nach einer umfassenden Verhältnismäßigkeitsprüfung scheiternden Grundrechtsträger gleichauf liegt. Das liegt daran, dass bei einer Verneinung des Grundrechtsschutzes auf der Ebene des Schutzbereichs die Möglichkeiten zur Überprüfung der staatlichen Maßnahmen ungenutzt bleiben und der Staat so von vornherein seiner Begründungslast enthoben wird. Der Staat muss weder darlegen, dass er aufgrund einer wirksamen Ermächtigungsgrundlage tätig geworden ist, noch dass er sich bei seinem Tun am Grundsatz der Verhältnismäßigkeit orientiert hat. Ihm wird bei einer Engfassung des Schutzbereichs auf einer frühen Stufe der Grundrechtsprüfung bescheinigt, dass sein Handeln (mangels grundrechtlicher Schutzposition, in die hätte eingegriffen werden können) mit den Grundrechten des Betroffenen in Einklang steht, was eine vorschnelle Einengung oder sogar Ausblendung grundrechtlich geschützter Freiheit bewirkt.[1221] Dies läuft dem rechtsstaatlichen Verteilungsprinzip zuwider.[1222]

Die Verkürzung des Freiheitsschutzes des Einzelnen über die Engfassung der grundrechtlichen Schutzbereiche wird noch durch die dahinter stehenden Erwägungen verstärkt. Die Schutzbereiche der Einzelgrundrechte werden um objektiv-rechtliche Wertgehalte angereichert, was deren Gehalt für das Schutz suchende Individuum schmälert. Seine Freiheit wird zugunsten des Ausgleichs objektiver Interessen zurückgefahren. Der Schutz individueller Freiheit gerät durch die Aufnahme gesamtgesellschaftlicher Funktionalität in die Grundrechts-

1219 Papier, Aktuelle grundrechtsdogmatische Entwicklungen in der Rechtsprechung des Bundesverfassungsgerichts. Schutzbereich – Eingriff – Gesetzesvorbehalt, in: Merten/ders. (Hrsg.), Grundsatzfragen der Grundrechtsdogmatik, S. 81 (93).

1220 Möllers, NJW 2005, 1973 (1974).

1221 Gleichsinnig Hufen, Staatsrecht II, § 9 Rn. 30; Schwarz, JZ 2003, 126 (128); Stern, Die allgemeine Handlungsfreiheit, in: ders. (Hrsg.), Das Staatsrecht der Bundesrepublik Deutschland IV/1, § 104 S. 889.

1222 Bethge, Mittelbare Grundrechtsbeeinträchtigungen, in: Merten/Papier (Hrsg.), Handbuch der Grundrechte III, § 58 Rn. 63 f.

prüfung zur Nebensächlichkeit.[1223] Der über funktionale Aspekte ermittelte Gewährleistungsgehalt ist so konzentriert, dass er der Verwirklichung der als homogen verstandenen objektiven Wertordnung dient. Wer den Grundrechtsschutz auf den Gewährleistungsgehalt des Grundrechts konzentriert, der verringert den jeweiligen Schutzbereich und damit den Freiheitsschutz des Individuums. Der Bürger, der entsprechend dem Wortlaut der Grundrechtsartikel umfassenden Grundrechtsschutz erwartet, muss enttäuscht feststellen, dass seine Lebens- und Rechtsprobleme von der Verfassung gar nicht erfasst werden.[1224]

Mit der Schutzbereichsbegrenzung wird das traditionelle Verständnis der vorstaatlichen Freiheit des Individuums aufgegeben. Das Prinzip des umfassenden Grundrechtsschutzes weicht dem Prinzip der punktuellen Gewährleistung.[1225]

7. Verlust an Bestimmtheit und Rechtssicherheit

Die Schutzbereichsbegrenzung verkürzt den Schutzbereich eines Grundrechts abweichend von der Reichweite, die aufgrund des Wortlauts der Bestimmung zu vermuten ist. Der Wortlaut der Vorschrift gibt nicht mehr präzise über ihren Schutzbereich Auskunft. Der Grundrechtsträger kann sein Handeln nicht orientiert am Wortlaut des Grundrechtsartikels kalkulieren, weil die Reichweite des ihm prima facie vermittelten Grundrechtsschutzes daraus nicht mehr berechenbar hervorgeht. Der Wortlaut der Bestimmungen reicht zur Festlegung des grundrechtlichen Schutzgehalts nicht mehr aus. Er muss aufgrund anderer Kriterien ermittelt werden. Die in Frage kommenden Kriterien stammen nicht aus der Verfassung, sondern aus Richterhand. Sie stehen nirgendwo geschrieben und werden nicht einheitlich auf alle sich stellenden tatsächlichen Lebenssachverhalte mit Grundrechtsbezug angewandt. Durch die Entfernung vom Wortlaut bei der Bestimmung des grundrechtlich geschützten Verhaltens droht die Grundrechtsgeltung einer auf fragwürdigen Kategorien beruhenden richterlichen Definitions- und Dezisionsmacht ausgeliefert zu werden.[1226] Die vom Richter zu treffende Entscheidung über die Zugehörigkeit des einen oder des anderen Verhaltens zum Schutzbereich eines Freiheitsgrundrechts ist dem Verdacht der Subjek-

1223 So auch Möllers, NJW 2005, 1973 (1979).

1224 Zuck, JZ 2008, 287 (292).

1225 Martins, DÖV 2007, 456 (462).

1226 Mahrenholz, in: Benda/Maihofer/Vogel (Hrsg.), Handbuch des Verfassungsrechts, § 26 Rn. 73 (Fn. 95).

tivität und der Willkürlichkeit ausgesetzt.[1227] Die richterliche Schutzbereichsbestimmung öffnet sich gesteigert persönlichen Wertungen und dem Zeitgeist, wird situationsabhängig[1228] und für den Bürger zunehmend weniger durchschaubar. Bestimmtheit und Rechtssicherheit gehen verloren.[1229] Entscheidungen der Gerichte werden weniger prognostizierbar, so dass sich die Erfolgsaussichten eines Rechtsschutzbegehrens schwerer einschätzen lassen, Varianten des Rechtsschutzes gegebenenfalls ganz wegfallen[1230] und der aufgrund dessen verunsicherte Bürger im Zweifel auf die Anstrengung eines Verfahrens verzichten wird.[1231] Kasuistik[1232] – eigentlich kennzeichnend für primitive Rechtsordnungen auf niedrigem Abstraktionsniveau[1233] – wird befördert.

Als extremer Gegenentwurf zu dem Richter, dem aufgrund der Entfremdung vom Wortlaut eine erweiterte Dezisionsmacht zukommt, kann der Richter als bloßer „Subsumtionsautomat"[1234] gezeichnet werden. Unbestritten haften auch der Vorstellung von einer „Rechtsprechungsmaschine" Nachteile an. Dies liegt zuvörderst an der Materie „Recht" selbst. Recht – als etwas vom Menschen Gemachtes und maßgeblich durch dessen Gerechtigkeits- und Wertvorstellungen Geprägtes – lässt sich nicht wie ein Naturgesetz in eine Formel pressen, deren sachgerechte Anwendung stets genau ein richtiges Ergebnis hervorbringt. Ein Rechtssatz kann kaum einmal so präzise gefasst sein, dass er auf alle Eventualitäten des von ihm zu regelnden realen Lebensausschnitts einzugehen vermag, ohne an einem bestimmten Punkt doch auf die abwägende Entscheidung des Rechtsanwenders angewiesen zu sein. Selbst bei auf den ersten Blick eindeutigen Normen stößt der auf den technischen Subsumtionsvorgang beschränkte Richter an seine Grenzen. Wenn der Rechtssatz lautet: „Männern ist der Zutritt zum Frauen-Wellnessbereich verboten!" ist die Subsumtion eines Sachverhalts, der vom zum Eintritt gewillten Herrn Xaver handelt, unter diesen Rechtssatz

1227 P. M. Huber, JZ 2003, 290 (293); Kahl, Der Staat 43 (2004), 167 (191); dagegen Bumke, Der Grundrechtsvorbehalt, S. 91.

1228 P. M. Huber, JZ 2003, 290 (292), der von „situativer Schutzbereichsbestimmung" spricht.

1229 Kahl, Der Staat 43 (2004), 167 (194).

1230 Zuck, JZ 2008, 287 (291).

1231 Die genannten Probleme der Unvorhersehbarkeit für den Betroffenen und der richterlichen Dezisionsmacht bei Begrenzungen des grundrechtlichen Schutzbereichs durch Richterhand treten gleichfalls bei der richterlichen Rechtfertigungsprüfung auf. Allerdings werden richterliche Wertungsentscheidungen an dieser Stelle offen gelegt, strukturiert und dort auch vom Rechtsschutzsuchenden erwartet, siehe unten S. 248 f.

1232 Zur neuerlichen kasuistischen Tendenz der bundesverfassungsgerichtlichen Rechtsprechung Schlink, JZ 2007, 157 (161).

1233 So Bethge, Der Staat 24 (1985), 351 (356).

1234 Siehe Ogorek, Richterkönig oder Subsumtionsautomat?, S. 1 und passim.

zunächst denkbar eindeutig. Wandelt man den Sachverhalt nun derart ab, dass Herr Xaver ein Intersexueller[1235] ist, der seit seiner Geburt von seinen Eltern als Träger des männlichen Geschlechts behandelt wurde, da dies weitestgehend seiner äußerlichen Erscheinung entspricht, sich selbst aber als Frau fühlt, kann bei der Subsumtion nicht mehr schematisch vorgegangen werden. Wer den Richter als bloßen „Subsumtionsautomaten" denken will, scheitert also bereits an der Natur des Rechts. Diese erfordert vielmehr durchaus einen zur Wertung fähigen und befugten Richter.

Allerdings sollte die richterliche Wertung so gut wie möglich angeleitet werden, damit die Rechtsprechung ein Mindestmaß an Vorhersehbarkeit und Berechenbarkeit nicht unterschreitet. Um dies zu gewährleisten, muss sich das BVerfG bei der Bestimmung des Schutzbereichs eines Freiheitsgrundrechts vornehmlich an dessen Wortlaut orientieren und weder wechselnde ungeschriebene Kategorien benutzen noch bereits auf der Ebene des Schutzbereichs eine Abwägung vornehmen, um den Schutzgehalt zu verkleinern. Die Unterschreitung eines Minimums an Berechenbarkeit wird wahrscheinlicher, wenn und weil die sachliche Schutzbereichseröffnung unter einen als solchen nicht offen bezeichneten Abwägungsvorbehalt gestellt und von ungeschriebenen Kriterien abhängig gemacht wird.[1236] Dadurch wird ein Teil des strukturierenden Potenzials der Grundrechtsprüfung verschenkt. Zwischen den abzulehnenden Extremen des dezisionistischen Richters und des Richters als „Subsumtionsautomaten" wird also am besten gemittelt, wenn der Schutzbereich mit dem Wortlaut des jeweiligen speziellen Freiheitsgrundrechts weit bestimmt wird und Wertungen des Richters auf der Ebene der verfassungsrechtlichen Rechtfertigung strukturiert in die Prüfung der Verhältnismäßigkeit der staatlichen Maßnahme einfließen.

8. Entwicklung zum Richterstaat

In engem Zusammenhang mit dem Vorwurf des Einzugs von Dezisionismus in die gerichtliche Entscheidung steht der dem Bundesverfassungsgericht in letzter

1235 Zuweilen wird der Begriff „Hermaphrodit" bevorzugt.

1236 Kahl, Der Staat 43 (2004), 167 (195). Anders aber Rusteberg, Der grundrechtliche Gewährleistungsgehalt, S. 69, der meint, gerade die enge Bestimmung des Gewährleistungsgehalts erhöhe die Rechtssicherheit für die Betroffenen.

Zeit häufig gemachte Vorwurf, Rechtspolitik zu betreiben[1237] und sich zu einer Art „Ersatzgesetzgeber“ aufzuschwingen.[1238]

Nicht nur im öffentlichen Diskurs, sondern auch im verfassungsrechtlichen Institutionengefüge ist die Frage virulent, in welcher Weise das mit der Gesetzgebung betraute Parlament und das die Verfassung hütende BVerfG zum Schutze der Freiheit zusammenwirken müssen und wie dabei ihre Kompetenzen abzugrenzen sind.[1239] Die Gefahr weit ausgreifender verfassungsgerichtlicher Regulierung zu Lasten des demokratisch-parlamentarischen Gesetzgebers ist mit der gewollten Kompetenzfülle des BVerfG[1240] und des Zirkels, demzufolge die Verfassung realiter so und mit dem Inhalt gilt, den ihr das Gericht durch abschließende Interpretation verleiht, in der Verfassung angelegt.[1241] Das BVerfG nimmt etwa aufgrund der Garantie der Verfassungsbeschwerde (Art. 93 I Nr. 4a GG) zu Recht eine Befugnis zur umfassenden Kontrolle des parlamentarischen Gesetzgebers für sich in Anspruch.[1242] In der von der Verfassung zugedachten Rolle des letztverbindlichen Interpreten des Grundgesetzes ist ihm die Pflege der Verfassung anvertraut.[1243]

Legt man vor dem Hintergrund der weitläufigen Befugnisse des BVerfG ein Augenmerk auf die Tendenz zum dezisionistischen Herausdefinieren von Ausübungsmodalitäten aus dem grundrechtlich geschützten Freiheitsbereich, wird jedoch das dieser Entwicklung innewohnende Gefahrenpotenzial deutlich: Es droht die Wandlung zum Jurisdiktionsstaat.[1244] Bei der definitorischen Engfassung der grundrechtlichen Schutzbereiche wird das BVerfG nicht mehr als Interpret, sondern als Rechtsfortbilder tätig.[1245] Die Richter bestimmen die Gren-

---

1237 Dies beobachtend Papier, DVBl. 2009, 473 (474); Vosgerau, AöR 133 (2008), 346 (382); vgl. auch Knopp, NJW 2010, 1777 (1778).

1238 So zuletzt in der Diskussion um das Lissabon-Urteil (BVerfGE 123, 267); vgl. dazu Neukirch/Pfister, Politiker in Roben, Spiegel 40/2009, S. 28 f.

1239 Die Kompetenzabgrenzung zwischen Legislative und Verfassungsgerichtsbarkeit als „Kardinalproblem“ bezeichnend Bethge, Der Staat 24 (1985), 351 (366); vgl. ferner Borowski, Grundrechte als Prinzipien, S. 250; Morgenthaler, Freiheit durch Gesetz, S. 2; siehe auch Vollmeyer, DÖV 2009, 55 (57 ff.).

1240 Vgl. zuletzt Papier, DVBl. 2009, 473 (474): „Das Grundgesetz schuf bewusst einen Justizstaat.“

1241 Dreier, Dimensionen der Grundrechte, S. 62.

1242 Morgenthaler, Freiheit durch Gesetz, S. 30; Stern, in: ders./Becker (Hrsg.), Grundrechte-Kommentar, Einl. Rn. 110.

1243 Voßkuhle, JZ 2009, 917 (918).

1244 Kritisch dazu Volkmann, JZ 2005, 261 (271).

1245 Vgl. etwa Bolz, Das Verhältnis von Schutzobjekt und Schranken der Grundrechte, S. 291, der die Tätigkeit des Verfassungsrichters als „rechtsschöpferische Konkretisierung von Elementen der verfassungsrechtlichen Ordnung“ beschreibt. Ähnlich bereits

zen des Schutzbereichs unter Rekurs auf die von der Gesamtheit der Grundrechte übermittelte objektive Wertordnung, aus der sie konkrete Anforderungen an den einzelgrundrechtlich zu schützenden Freiheitsgebrauch ableiten, die aus dem Normtext des jeweiligen Grundrechtsartikels nicht erkennbar sind.[1246] Der Freiheitsschutz wird, um eine Vereinbarkeit mit der in sich geschlossenen Wertordnung herzustellen, unter das Joch eines allgemeingültigen Funktionsvorbehalts gestellt: Der Gebrauch grundrechtlicher Freiheit soll der Integration in das staatliche Gemeinwesen dienen.[1247] Dementsprechend müssen Werte gefunden werden, welche die Inanspruchnahme grundrechtlicher Freiheit durch das Individuum in Einklang mit der aufgestellten Wertordnung bringen. Die Ermittlung der den Freiheitsgebrauch legitimierenden Werte[1248] obliegt dabei den Gerichten. Durch sie, sprich vornehmlich durch das BVerfG, wird der behauptete Konkretisierungsbedarf der Grundrechtsgehalte im Rahmen der objektiven Dimension gestillt.[1249] Der Richter setzt seine abstrakt-generellen Wertungen an die Stelle derjenigen des verfassungsändernden Gesetzgebers[1250], dem die Aufgabe der sich vom Wortlaut entfernenden Einengung der grundrechtlichen Schutzbereiche zukommt. Dabei werden die Grenzen der Auslegung oder Konkretisierung der Verfassung[1251] überschritten, da der Verfassungstext keine Anhaltspunkte für die Entwicklung solcher Vorgaben bietet.[1252] Mit der Überschreitung der Grenzen der Verfassungsauslegung verbunden ist der Übergriff des BVerfG in fremde Kompetenzbereiche.[1253] Abstrakt-generelle (also normative)

Vesting, Von der liberalen Grundrechtstheorie zum Grundrechtspluralismus, in: Grabenwarter (Hrsg.), Allgemeinheit der Grundrechte und Vielfalt der Gesellschaft, S. 9 (17), der die eigenständige Produktivität des Richters der Betonung der objektivrechtlichen Dimension der Grundrechte zuschreibt.

1246 Den Kompetenzübergriff ebenfalls auf die objektiv-rechtliche Grundrechtsdeutung zurückführend Thum, DÖV 2008, 653 (656).

1247 Grundlegend Smend, Verfassung und Verfassungsrecht, S. 119 ff., mit seiner „Integrationslehre“.

1248 Dieses Verständnis entspricht der Werttheorie der Grundrechte, vgl. S. 51.

1249 Ähnlich Böckenförde, Grundrechte als Grundsatznormen, in: ders. (Hrsg.), Staat, Verfassung, Demokratie, S. 159 (189); Kröger, Grundrechtsentwicklung in Deutschland, S. 94.

1250 Kahl, Der Staat 43 (2004), 167 (195); Möllers, NJW 2005, 1973 (1978); siehe auch Dreier, in: ders. (Hrsg.), Grundgesetz I, Vorb. Rn. 122.

1251 BVerfGE 34, 269 (280) – Soraya.

1252 Bumke, Der Grundrechtsvorbehalt, S. 233.

1253 Anders Vollmeyer, DÖV 2009, 55 (61), der die drohende Gefahr eines Jurisdiktionsstaates nicht auf Kompetenzübergriffe des BVerfG zurückführt, sondern auf die Schwäche des parlamentarischen Gesetzgebers, der sich von verfassungsrichterlichen Zweckerwägungen beeindrucken lässt.

Wertungen zu treffen ist klassisches Terrain des Gesetzgebers. Aufgrund seiner demokratischen Legitimation erscheint das Parlament als „Erstadressat“ der Freiheitsgarantien im Grundgesetz.[1254] Nur die eigentliche, „explikative“ Interpretation der Verfassungsbestimmungen ist in letzter Instanz Sache des BVerfG, während die „ausfüllende“ Konkretisierung von Grundrechtsartikeln vorrangig dem parlamentarischen Gesetzgeber obliegt.[1255] Dieser ist bei der Konkretisierung der Grundrechtstatbestände allerdings den strengen Anforderungen an verfassungsändernde Gesetze[1256] unterworfen. Betätigt sich hingegen das BVerfG im Bereich der Grundrechtskonkretisierung, wird der Schutzmechanismus des Art. 79 GG umgangen. Das Institutionengefüge des demokratischen Verfassungsstaates wird in folgenschwerer Weise zugunsten des BVerfG verschoben[1257], wodurch das rechtsstaatliche Prinzip der Gewaltenteilung Schaden nimmt. Die Kasuistik des BVerfG tritt dann in eine „zersetzende Konkurrenz“ zur parlamentarischen Gesetzgebung.[1258]

Nach alledem wird erkennbar, dass nicht etwa die fortwährende Ausweitung der grundrechtlichen Schutzbereiche[1259] Wegbereiter des Richterstaats ist, sondern die Schutzbereichsbegrenzung.[1260]

Dieser Entwicklung kann nur durch die Einhaltung einer präzisen Dogmatik Einhalt geboten werden. Die zuweilen vernehmbare Forderung nach bloßer genereller richterlicher Zurückhaltung im Sinne des judicial self-restraint hat sich demgegenüber als stumpfes Schwert erwiesen.[1261] Die erforderliche Dogmatik zeichnet sich dadurch aus, dass sie ein streng durchgehaltenes und allgemeingültiges Prüfungsmuster aufstellt, das die verfassungsgerichtliche Kontrolle anzuleiten vermag. Für die Figur der Schutzbereichsbegrenzung ist eine derartig verfestigte Dogmatik (noch) nicht entwickelt worden. Im Gegensatz dazu bietet das klassische weite Schutzbereichsverständnis im Rahmen der dreigliedrigen Grundrechtsprüfung dem befassten Richter eine stabile dogmatische Grundlage, die Entwicklungen zu einem Jurisdiktionsstaat Einhalt gebietet.

1254 Morgenthaler, Freiheit durch Gesetz, S. 19.

1255 Nochmals Morgenthaler, Freiheit durch Gesetz, S. 37.

1256 Vgl. Art. 79 I GG – sog. Textänderungsgebot; Art. 79 II – Zweidrittelmehrheit der Mitglieder im Bundestag und im Bundesrat; Art. 79 III GG – sog. Ewigkeitsgarantie.

1257 Tendenziell ähnlich Böckenförde, Grundrechte als Grundsatznormen, in: ders. (Hrsg.), Staat, Verfassung, Demokratie, S. 159 (190), der die Wurzel des Problems bereits in der Anerkennung der objektiv-rechtlichen Grundrechtsdimension verortet.

1258 So Morgenthaler, Freiheit durch Gesetz, S. 37.

1259 So aber Morgenthaler, Freiheit durch Gesetz, S. 31.

1260 Gleichsinnig Kahl, Der Staat 43 (2004), 167 (196).

1261 Vgl. Friauf, DVBl. 1971, 674 (677), der diese Befürchtung schon früh anklingen lässt. Gleichsinnig Morgenthaler, Freiheit durch Gesetz, S. 34 f.

9. Normprägung des Verfassungsrechts

Bereits im Rahmen der Betrachtung des Umgangs mit dem Verhältnismäßigkeitsgrundsatz in der Rechtsprechung des BVerfG konnte eine Tendenz zur Verallgemeinerung der Grundrechtsprüfung ausgemacht werden.[1262] Näher besehen, geht die Verallgemeinerungstendenz auf eine verstärkte Ausrichtung der Grundrechtsprüfung am einfachen Gesetzesrecht zurück. Die Schutzbereichsbegrenzung führt zu einer zunehmend abstrakt-generellen Ausrichtung der Bestimmung des grundrechtlichen Schutzes. Die Entwicklung kumuliert in einer auszumachenden Normprägung der Grundrechte. Im Rahmen der Schutzbereichsbegrenzung wird die normgeprägte Grundrechtskonzeption, nach welcher der Grundrechtsträger zum Grundrechtsgebrauch nicht bereits naturgemäß, sondern erst durch die Rechtsordnung im Stande ist[1263], zum tragenden Konstruktions- und Argumentationsmodell für die Bestimmung eines jeden einzelgrundrechtlichen Schutzbereichs. Dies wird in der Glykol- [1264] und in der Festbetragsentscheidung[1265] erkennbar, wo eine Umgrenzung des grundrechtlichen Schutzbereichs durch die einfachgesetzliche Wettbewerbsordnung ebenso zu beobachten ist wie die Heranziehung einfachgesetzlicher Wertungen auf der Abwägungsebene[1266]. Auch im Fall „Naegeli"[1267] trat der Gedanke zum Vorschein, dass die bürgerlich-rechtliche Eigentumsordnung von vornherein den Schutzbereich der Kunstfreiheit begrenzt.[1268]

Diese in der Rechtsprechung des BVerfG im Zusammenhang mit der Schutzbereichsbegrenzung auszumachende Entwicklung lässt sich auch anhand von Strömungen im Schrifttum nachvollziehen. Sie legen der Normprägung des Verfassungsrechts den Gedanken zugrunde, dass der parlamentarische Gesetzgeber in der Pflicht sei, durch einfaches Gesetzesrecht den Inhalt der Grundrechte zu bestimmen.[1269] Dieser Auffassung ist zuzugeben, dass Freiheitsverbürgungen als bedeutungsoffene Normen – allen voran die sog. normgeprägten Grundrechte – zuweilen auf den „grundrechtsaktualisierenden und grundrechtseffektuierenden Zuspruch des Gesetzgebers" angewiesen sind.[1270] Es kommt dem

---

1262 Siehe oben S. 222 f.

1263 Martins, DÖV 2007, 456 (462).

1264 BVerfGE 105, 252 (265).

1265 BVerfGE 106, 275 (298).

1266 Vgl. auch BVerfGE 118, 1 (23) – Kappungsgrenze.

1267 BVerfG, NJW 1984, 1293 ff. – Naegeli.

1268 Siehe oben S. 100.

1269 So etwa Morgenthaler, Freiheit durch Gesetz, S. 249. Vgl. auch Häberle, Die Wesensgehaltgarantie des Art. 19 Abs. 2 GG, S. 131; Hoffmann-Riem, AöR 130 (2005), 5 (10 f.).

1270 Anschaulich Bethge, Der Staat 24 (1985), 351 (364); vgl. bereits oben S. 23 ff.

Bundestag als unmittelbar demokratisch legitimiertem Organ zu, durch das einfache Gesetz dort Inhalt und Umfang eines grundrechtlichen Schutzgutes zu bestimmen, wo dessen Begrenzungen in der Verfassung zwar bereits angelegt, aber noch nicht konkret ausgeformt sind.[1271]

Die Befugnis zu grundrechtskonkretisierender Gesetzgebung darf dem Parlament allerdings nicht schrankenlos zugebilligt werden. Der Gesetzgeber besetzt bei der näheren Ausformung der Freiheitsrechte als zugleich grundrechtskonkretisierende und grundrechtsgebundene Figur eine schwierige Doppelrolle.[1272] Auf der einen Seite verpflichten ihn die Grundrechte gem. Art. 1 III GG, auf der anderen wird er über die grundrechtlichen Gesetzesvorbehalte dazu ermächtigt, die Grenzen zulässiger Grundrechtsausübung zu markieren. Darüber hinaus erfordern die Grundrechte insgesamt eine organisations- und verfahrensrechtliche Absicherung und Verwirklichung, die allein durch einfachgesetzliche Ausgestaltung möglich ist.[1273] Der Bindungsklausel des Art. 1 III GG wird in diesem Zusammenhang ein Zirkelschluss vorgeworfen.[1274] In der Tat ist nur schwer vorstellbar, wie eine effektive Grundrechtsbindung des Gesetzgebers erreicht werden soll, wenn dieser selbst die Grundrechte inhaltlich prägt. Geht der Gesetzgeber allzu sehr in der Rolle des Grundrechtskonkretisierenden auf, drohen die Grundrechte leer zu laufen, droht ein Zustand der Gesetzmäßigkeit der Verfassung[1275], was in Widerspruch zu dem Art. 1 III GG inhärenten Verbot für den Gesetzgeber steht, sich zum Schöpfer des ihn bindenden Maßstabs zu machen.[1276] Eine durchgängig normgeprägte Grundrechtskonzeption selbst bei originär sachgeprägten Freiheitsrechten setzt sich zur liberalen Konzeption der Verfassung in Widerspruch. Freiheit besteht nicht von „Gesetzgebers Gnaden". Gemäß Art. 1 III GG sind die Grundrechte mit absolutem Geltungsvorrang ausgestattet und binden den Gesetzgeber unmittelbar. Die Bindungsklausel weist Grundrechte nicht mehr – wie zu Zeiten der Weimarer Verfassung – nur als programmatischen Appell an den Gesetzgeber, sondern als für alle staatlichen Funktionen und Instanzen verbindliche und unmittelbar anwendbare Normen

1271 So Gellermann, Grundrechte im einfachgesetzlichen Gewande, S. 181.

1272 Bethge, Der Staat 24 (1985), 351 (365).

1273 Nierhaus, AöR 116 (1991), 72 (79); ähnlich Kröger, Grundrechtsentwicklung in Deutschland, S. 96; Vesting, Von der liberalen Grundrechtstheorie zum Grundrechtspluralismus, in: Grabenwarter (Hrsg.), Allgemeinheit der Grundrechte und Vielfalt der Gesellschaft, S. 9 (14, 16).

1274 Dazu Nierhaus, AöR 116 (1991), 72 (75, 104) m.w.N., der die Zirkularität der Verfassungsnorm verneint und ihr ausschließlich bindungsverstärkenden Charakter zuspricht.

1275 Bethge, Der Staat 24 (1985), 351 (365 f.).

1276 Vgl. BVerfGE 7, 377 (403); siehe auch Nierhaus, AöR 116 (1991), 72 (103); Schwabe, Probleme der Grundrechtsdogmatik, S. 131.

aus.[1277] Sie begründen für den Bürger, ohne dass es einer Transformation durch den Gesetzgeber bedürfte, (verfassungs)gerichtlich durchsetzbare Abwehransprüche.[1278] Grundrechte folgen nicht den Gesetzen nach, sondern umgekehrt Gesetze den Grundrechten. Die Verbindlichkeit der Grundrechte für den Gesetzgeber und damit ihre Eigenschaft als dem Individuum unmittelbar zur Seite stehende Abwehrrechte gerät in Gefahr, wenn dieses Verhältnis auf den Kopf gestellt wird.[1279]

Andere sehen in der zunehmenden Normprägung des Verfassungsrechts keine Gefahr, sondern eine zu begrüßende Notwendigkeit. Zwar sei die Rechtsordnung in Bezug auf die grundrechtlichen Werte „rezeptionsbedürftig“. Jedoch seien umgekehrt die Grundrechte zugleich „konkretisierungsbedürftig“.[1280] Diese Art von wechselseitiger Durchdringung wird offenbar als förderlich für die Harmonisierung der Gesamtrechtordnung und die Gewährleistung einer widerspruchsfreien (Grund)Rechtsanwendung erachtet.

Wieder andere machen gerade die entgegengesetzte Tendenz aus. Sie beklagen nicht eine Normprägung der Verfassung, sondern besorgen eine sich angeblich seit geraumer Zeit in Deutschland ausbreitende Konstitutionalisierung der Rechtsordnung.[1281] Mit der neuen Rechtsprechung des BVerfG werde die Bindung des Gesetzgebers an die Grundrechte noch verstärkt. Die der Schutzbereichsbestimmung übergestülpte Systemgerechtigkeit befördere Versteinerungstendenzen, schränke demokratische Regelungsspielräume zusehends ein.[1282] Es drohe eine „Überkonstitutionalisierung“[1283]. Immer enger würden die Bindungen des Gesetzgebers, die aus den grundrechtlichen Schutzpflichten abgeleitet werden.[1284]

Diese Betrachtungsweise verkennt indes, dass die „Vergrundrechtlichung“ der Rechtsordnung kein Phänomen ist, welches auf die vom BVerfG betriebene Engfassung der Schutzbereiche begründet ist. Sie geht vielmehr auf die Etablie-

1277 Nierhaus, AöR 116 (1991), 72 (77).

1278 Bethge, Der Staat 24 (1985), 351 (364); Nierhaus, AöR 116 (1991), 72 (77).

1279 Vgl. dazu bereits Schmitt, Grundrechte und Grundpflichten, in: ders. (Hrsg.), Verfassungsrechtliche Aufsätze, S. 181 (209): „Eine Freiheit nach Maßgabe der Gesetze ist überhaupt keine Freiheit im liberalen Sinne.“

1280 Bolz, Das Verhältnis von Schutzobjekt und Schranken der Grundrechte, S. 255.

1281 Ladeur, Kritik der Abwägung in der Grundrechtsdogmatik, S. 11; Merten, Grundrechtlicher Schutzbereich, in: ders./Papier (Hrsg.), Handbuch der Grundrechte III, § 56 Rn. 61.

1282 Möllers, NJW 2005, 1973 (1978); gleichsinnig bereits Grimm, NVwZ 1985, 865 (868).

1283 Nochmals Möllers, NJW 2005, 1973 (1979); gleichsinnig Rusteberg, Der grundrechtliche Gewährleistungsgehalt, S. 104.

1284 Ladeur, Kritik der Abwägung in der Grundrechtsdogmatik, S. 45.

rung der objektiv-rechtlichen Grundrechtsgehalte und der Ausstrahlungswirkung der Grundrechte zurück und ist insoweit unumkehrbar.[1285] Die Konstitutionalisierung der Rechtsordnung ist in dem Verständnis der Grundrechte als objektive Wertordnung angelegt. Art. 1 III GG legt die Bindung des Gesetzgebers an die Grundrechte ausdrücklich fest. Die Gefahr, die von einer konsequenten Bindung der Legislative an grundrechtliche Gehalte ausgeht, ist als weitaus geringer einzustufen als jene, welche von einer Normprägung der Grundrechte ausgeht.

In Bezug auf das Für oder Wider die Normprägung der Grundrechtsprüfung darf nicht über die damit verbundenen Probleme und Gefahren hinweggesehen werden. Denkt man Grundrechte, gleich ob norm- oder sachgeprägt, als stets der einfachgesetzlichen Umsetzung bedürftig, wird der ihnen eigene unmittelbare subjektive Abwehranspruch zurückgedrängt. Freiheitliche Betätigung bedarf dann immer der Vermittlung durch Gesetz und kann durch ebensolches genauso leicht verwehrt werden. Die äußerste Grenze bildete dann (vergleichbar mit der Lage bei Institutsgarantien) die Wesensgehaltsgarantie des Art. 19 II GG. Durch die zunehmende gesetzliche Ordnung grundrechtlich geschützter Lebensbereiche wird der Staat als Adressat auf Ziele verpflichtet, die nicht aus der Individualfreiheit der Grundrechtsträger abgeleitet wurden.[1286] Darüber hinaus bewirkt eine verstärkte Verschränkung von Verfassungsrecht und einfachem Gesetz, dass die grundrechtlichen Garantien aufgrund der möglichen Kurzlebigkeit einfachen Gesetzesrechts ins Ungewisse getrieben und somit letztlich geschwächt werden.[1287]

Zur Rechtfertigung der normgeprägten Schutzbereichsauslegung auf die „in der Verfassung angelegten Begrenzungen" hinzuweisen, führt nicht weiter. Mit dieser Wendung ist kollidierendes Verfassungsrecht gemeint, das auf der Ebene der verfassungsrechtlichen Rechtfertigung in schonenden Ausgleich mit dem grundrechtlichen Schutzgut gebracht werden muss[1288], und nicht einfaches Gesetzesrecht, das den grundrechtlichen Schutzbereich bestimmt. Eine Begrenzung des Schutzbereichs durch einfaches Gesetz, die nicht einmal in einem Gesetzesvorbehalt in der Verfassung vorgesehen ist, kann schwerlich als zulässige Normprägung durch den parlamentarischen Gesetzgeber angesehen werden.[1289]

1285 Dergestalt Couzinet, JuS 2009, 603 (607).

1286 Ähnlich Cornils, Die Ausgestaltung der Grundrechte, S. 547.

1287 Cornils, Die Ausgestaltung der Grundrechte, S. 506.

1288 Dreier, in: ders. (Hrsg.), Grundgesetz I, Vorb. Rn. 142.

1289 Vgl. nur v. Arnauld, Die Freiheitsrechte und ihre Schranken, S. 36: „Dem einfachen Recht kommt nach alledem über die ausdrücklichen Verfassungsaufträge zur Bestimmung des Inhalts von Freiheitsrechten hinaus eine diese Rechte ausgestaltende Funktion nicht zu."

Tatsächlich liegt darin ein Eingriff der Legislative in den grundrechtlichen Schutzbereich, der einer verfassungsrechtlichen Rechtfertigung bedarf.

10. Hyperkomplexität der Grundrechtsdogmatik

In der universitären Ausbildung ist dem durchschnittlichen Studenten nicht bewusst, dass das klassische Aufbauschema Schutzbereich – Eingriff – Rechtfertigung Gegenstand teils heftiger wissenschaftlicher Diskussionen ist. Tatsächlich herrschen auf dem gesamten Gebiet der Grundrechtsdogmatik zahlreiche Streitigkeiten: Es gibt nichts, was nicht umstritten ist oder angezweifelt wird.

Hinter dem Vorhang der Homogenität der Grundrechtsdogmatik, wie sie größtenteils dem studentischen Publikum in der Vorlesung vermittelt wird, herrscht dogmatischer Wirrwarr.[1290] Dieser Zustand größtmöglicher Unordnung in der Grundrechtsdogmatik verlangt nicht nach weiteren Verästelungen und Abspaltungen sondern nach Vereinfachung.[1291] Ungereimtheiten bei der dogmatischen Bewältigung konkreter Grundrechtsfälle steigern die Gefahr schwer vorhersehbarer Ergebnisse. Um bestehende Unsicherheiten aufzulösen, sollte daher überflüssige dogmatische Komplexität abgebaut anstatt befördert werden.[1292]

Die Beschlüsse „Osho“ [1293] und „Glykol“ [1294] sowie die Festbetragsentscheidung[1295] weisen allerdings auf die Etablierung eines (weiteren) grundrechtlichen Sonderregimes für den Bereich staatlicher Informationstätigkeit[1296] hin, das die ohnehin schon vorhandene Komplexität der Grundrechtsdogmatik steigert. Die Figur der Schutzbereichsbegrenzung insgesamt, unab-

---

1290 Ähnlich Kahl, AöR 131 (2006), 579 (599), der von der „Undurchschaubarkeit der deutschen Grundrechtsdogmatik“ spricht. Siehe auch die Nachweise Lindners, Theorie der Grundrechtsdogmatik, S. 45 Fn. 194; weiterhin Schwabe, JZ 2007, 135, der eine „Überproduktion“ der Grundrechtsdogmatik ausmacht.

1291 Einprägsam Jarass, AöR 120 (1995), 345 (346): „Allgemein gilt, daß die Dogmatik so einfach wie möglich und so kompliziert wie nötig sein muß.“

1292 Insoweit übereinstimmend Bäcker, Wettbewerbsfreiheit als normgeprägtes Grundrecht, S. 222; Kahl, AöR 131 (2006), 579 (600). Anders Hoffmann-Riem, AöR 130 (2005), 5 (53), der sich für eine „differenzierte Grundrechtsdogmatik, die die jeweiligen grundrechtlichen Gewährleistungsgehalte (...) grundrechtsspezifisch bestimmt“ ausspricht.

1293 BVerfGE 105, 279 ff. – Osho.

1294 BVerfGE 105, 252 ff.

1295 BVerfGE 106, 275 ff.

1296 So Dreier, Die Verwaltung 2003, 105 (135 f.); weitergehend Kahl, Der Staat 43 (2004), 167 (175).

hängig vom Kontext der staatlichen Informationstätigkeit und unabhängig von dem jeweiligen Grundrecht, verändert die etablierte Grundrechtsdogmatik grundlegend. Sie macht nicht nur eine Neubestimmung des grundrechtlichen Schutzbereichs erforderlich, sondern verlangt nach einer Auseinandersetzung mit den Auswirkungen der Figur auf allen Prüfungsebenen. Sie muss grundrechtsdogmatisch vollständig neu bewältigt werden. Die Auswirkungen der Schutzbereichsbegrenzung sind also keineswegs punktuell. Sie reichen umgekehrt sehr weit in alle Ebenen der Grundrechtsprüfung hinein und machen die Grundrechtsdogmatik insgesamt noch komplexer, als sie ohnehin schon ist.

11. Aufweichung des Gesetzesvorbehalts

Der Grundsatz des Vorbehalts des Gesetzes, der in einigen Grundrechten in der Form eines einfachen oder qualifizierten Gesetzesvorbehalts speziell kodifiziert ist[1297], ist Ausdruck des Rechtsstaatsprinzips (Art. 20 III GG).[1298] Als grundrechtlicher Gesetzesvorbehalt soll er garantieren, dass Beschränkungen grundrechtlicher Freiheit nur durch oder aufgrund eines Gesetzes erfolgen, welches vom demokratisch legitimierten Gesetzgeber erlassen wurde. Der Gesetzesvorbehalt dient folglich unmittelbar der Sicherung grundrechtlicher Freiheit.[1299] Die Einhaltung des Gesetzesvorbehalts ist Eingriffsbedingung, ist vorgelagerter Grundrechtsschutz.[1300]

Die Schutzbereichsbegrenzung weicht diese Sicherungsfunktion auf doppelte (streng genommen widersinnige) Weise auf[1301]: Zum einen führt die Engfassung der grundrechtlichen Schutzbereiche dazu, dass Beschränkungen freiheitlicher Betätigungen, welche aufgrund der Schutzbereichsbegrenzung nicht mehr zum grundrechtlichen Schutzbereich rechnen, gar keiner Ermächtigungsgrundlage mehr bedürfen. Sie können nicht als rechtfertigungsbedürftiger Eingriff er-

---

1297 Vgl. Schulze-Fielitz, in: Dreier (Hrsg.), Grundgesetz II, Art. 20 (R) Rn. 106; Sommermann, in: v. Mangoldt/Klein/Starck (Hrsg.), Grundgesetz II5, Art. 20 Abs. 3 Rn. 273.

1298 Daneben hat der Gesetzesvorbehalt auch eine demokratische Wurzel, vgl. Herzog/Grzeszick, in: Maunz/Dürig (Hrsg.), Grundgesetz, Art. 20 III Rn. 77 f.

1299 Gleichsinnig Holoubek, Der Grundrechtseingriff – Überlegungen zu einer grundrechtsdogmatischen Figur im Wandel, in: Merten/Papier (Hrsg.), Grundsatzfragen der Grundrechtsdogmatik, S. 17 (30).

1300 So Bethge, Mittelbare Grundrechtsbeeinträchtigungen, in: Merten/Papier (Hrsg.), Handbuch der Grundrechte III, § 58 Rn. 103; Höfling, in: Muckel (Hrsg.), Kirche und Religion im sozialen Rechtsstaat, S. 329 (339).

1301 Siehe Kahl, AöR 131 (2006), 579 (607); vgl. auch Volkmann, JZ 2005, 261 (270), der – unkritisch – von einer „Lockerung“ des Prinzips des Gesetzesvorbehalts spricht.

fasst werden, weil sie kein grundrechtliches Schutzgut betreffen, es also an einem tauglichen Eingriffsobjekt fehlt. Deshalb müssen sie sich auch nicht auf eine gesetzliche Ermächtigung stützen. Der Anwendungsbereich des Gesetzesvorbehalts wird in der Folge verengt. Dies ist der Sicherungsfunktion des Grundrechtsvorbehalts abträglich, aber zumindest in sich konsequent.

An dogmatischer Folgerichtigkeit fehlt es hingegen der zweiten Modalität, die zur Aufweichung des Gesetzesvorbehalts führt und die erste Konstellation voraussetzt. Das BVerfG, wohl selbst von der Heranziehung der Schutzbereichsbegrenzung und ihren Auswirkungen auf die Grundrechtsprüfung überrascht, belässt es nämlich häufig nicht bei der Feststellung, dass mangels grundrechtlichen Schutzguts keine relevante Beeinträchtigung vorliegt, sondern prüft „hilfsweise", ob der Nicht-Eingriff ohnehin verfassungsrechtlich gerechtfertigt wäre. Im Fall „Glykol"[1302] hat der Erste Senat des BVerfG bei staatlichen Maßnahmen, welche nach dem Konzept der Schutzbereichsbegrenzung eigentlich gar keinen Eingriff in ein spezialgrundrechtlich geschütztes Verhalten darstellen, dennoch nicht konsequent an dieser Stelle die Grundrechtsprüfung abgebrochen. Der Erste Senat geht vielmehr auf die Ebene der verfassungsrechtlichen Rechtfertigung über, nur dass er mildere Anforderungen an die vom grundrechtlichen Gesetzesvorbehalt geforderte gesetzliche Ermächtigungsgrundlage stellt. So soll bei staatlicher Informationstätigkeit unter Umständen eine bloße Aufgabenzuweisungsnorm genügen, um dem Gesetzesvorbehalt Rechnung zu tragen.

Die Aufweichung bzw. vollständige Suspendierung des grundrechtlichen Gesetzesvorbehalts löst den Staat im Allgemeinen aus seiner Rechtfertigungspflicht gegenüber dem Betroffenen. Grundrechtsrelevantes Handeln staatlicher Organe muss keine Grundlage mehr in einem vom parlamentarischen Gesetzgeber erlassenen und aufgrund dessen mit demokratischer Legitimation versehenen Gesetz finden.[1303] Indem bereits die Einschlägigkeit des grundrechtlichen Schutzbereichs verneint und damit der Eintritt auf die Eingriffsebene, die für die Auslösung des Rechtfertigungsautomatismus zentral ist, verhindert wird, kann das BVerfG (insoweit es Bedarf nach einer hilfsweisen Rechtfertigung seiner Einschätzung sieht) die Anforderungen an die verfassungsrechtliche Rechtfertigung beliebig niedrig setzen. Darin besteht auch der wichtige Unterschied zur Situation bei schon von Verfassungs wegen vorbehaltlos garantierten Grundrechten. Eingriffe in vorbehaltlos gewährte Schutzgüter lassen sich über kollidierendes Verfassungsrecht rechtfertigen, wobei auch hier die Rückführung der

1302 BVerfGE 105, 252 ff.

1303 Gleichsinnig Holoubek, Der Grundrechtseingriff – Überlegungen zu einer grundrechtsdogmatischen Figur im Wandel, in: Merten/Papier (Hrsg.), Grundsatzfragen der Grundrechtsdogmatik, S. 17 (21).

staatlichen Maßnahme auf eine gesetzliche Ermächtigung, die den Schutz des kollidierenden Verfassungsguts bezweckt, möglich sein muss.[1304] Diese Notwendigkeit einer einfachgesetzlichen Umsetzung lässt sich entweder mithilfe eines Erst-Recht-Schlusses im Vergleich zu unter Vorbehalt gewährleisteten Freiheiten oder unmittelbar mithilfe des Grundsatzes des Vorbehalts des Gesetzes[1305] begründen. Jedenfalls besteht grundsätzlich eine Pflicht des Staates zur umfassenden Rechtfertigung seines Handelns, welcher durch die Erforderlichkeit einer einfachgesetzlichen Ermächtigungsgrundlage Ausdruck verliehen wird. Ist jedoch im Wege der Schutzbereichsbegrenzung der Gesetzesvorbehalt ausgeschaltet, wird im Unterschied zur Lage bei vorbehaltlos garantierten Grundrechten gänzlich auf eine gesetzliche Legitimation verzichtet.[1306] Die durch die Figur der Schutzbereichsbegrenzung mögliche Umgehung des Gesetzesvorbehalts schraubt die formale Kontrollmöglichkeit staatlichen Handelns zurück und muss als Rückschritt für den individuellen Freiheitsschutz qualifiziert werden.

12. Zwischenergebnis

Die negativen Folgen der Schutzbereichsbegrenzung für den Freiheitsschutz des Individuums sind nicht zu überschätzen. Die Figur treibt eine Verschleifung der Ebenen der Grundrechtsprüfung voran, welche die Nachvollziehbarkeit und Logik des Argumentationsprozesses beeinträchtigt, ohne dass sich Probleme der Abwägung oder der Grundrechtskollision unter Zuhilfenahme der dogmatischen Konstruktion einfacher bewältigen ließen. Die Heranziehung der Schutzbereichsbegrenzung bei speziellen Freiheitsrechten wirkt im Hinblick auf die allgemeine Handlungsfreiheit fragwürdig, weil sie das (tatbestandlich weit verstandene) schwächere Auffanggrundrecht überstrapaziert und den Eindruck der „Flucht in die Generalklausel", deren Schrankenbestimmungen viel weiter gefasst sind, erweckt. Anmaßend erscheint die mit der Schutzbereichsbegrenzung einhergehende Differenzierung zwischen höherwertigem und banalem menschlichen Verhalten, wobei als nicht schutzwürdig eingestufter Gebrauch individueller Freiheit aus dem Sicherheitsnetz des Grundrechtsschutzes in der Hoffnung

1304 Dietlein, Berufs-, Arbeitsplatz- und Ausbildungsfreiheit, in: Stern (Hrsg.), Das Staatsrecht der Bundesrepublik Deutschland IV/1, § 111 S. 1856; Hufen, Staatsrecht II, § 9 Rn. 30; Jarass, AöR 110 (1985), 363 (385). A.A. Holoubek, Der Grundrechtseingriff – Überlegungen zu einer grundrechtsdogmatischen Figur im Wandel, in: Merten/Papier (Hrsg.), Grundsatzfragen der Grundrechtsdogmatik, S. 17 (21).

1305 Dergestalt Sachs, in: ders. (Hrsg.), Grundgesetz, Vor Art. 1 Rn. 125.

1306 Vgl. bereits Jarass, AöR 120 (1995), 345 (370 f.).

vollständig hinauskatapultiert wird, dass auf einer Ebene unter dem Verfassungsrecht ein angemessenes Auffangen gewährleistet ist. Der zur Legitimation wie auch zur Ausfüllung der Schutzbereichsbegrenzung vollzogene Rückgriff auf den Willen des historischen Gesetzgebers leistet Versteinerungstendenzen in der Grundrechtsauslegung Vorschub und verschließt sich der Einsicht, dass neue grundrechtliche Gefährdungslagen für den historischen Verfassungsgeber nur in sehr begrenztem Umfang voraussehbar waren. Durch die Kombination von Persönlichkeitskerntheorie und Schutzbereichsbegrenzung bei speziellen Freiheitsrechten werden Teile menschlichen Verhaltens nicht mehr vom grundrechtlichen Schutz erfasst, was der noch unter dem Eindruck des unheilvollen NS-Regimes entwickelten Verfassungskonzeption entgegen steht. Lücken im Grundrechtsschutz tun sich in der Folge auf. Die Konstruktion der Schutzbereichsbegrenzung verhindert eine umfassende Würdigung aller sich im konkreten Grundrechtsfall auftuenden Fragen, weil die Prüfung verfrüht auf der Ebene des Schutzbereichs abgebrochen wird und sich der Staat so vorschnell seiner Begründungslast entledigen kann. Die Verwendung der Schutzbereichsbegrenzung innerhalb der Grundrechtsprüfung führt dazu, dass sich der als vom Grundrecht garantiert verstandene Freiheitsbereich zusehends vom weit gefassten Wortlaut der Grundrechtsartikel entfernt, wodurch Bestimmtheit und Rechtssicherheit verloren gehen. Das sich in der Schutzbereichsbegrenzung übende BVerfG schwingt sich zum Ersatzgesetzgeber auf, der sich nicht einmal an die Vorgaben des Art. 79 GG gebunden fühlt, was gegen den Grundsatz der Gewaltenteilung verstößt und die Wandlung in einen Jurisdiktionsstaat befürchten lässt. Mittels der Bestimmung des grundrechtlichen Schutzgehalts anhand von einfachgesetzlichen Vorgaben wird die Einflussnahme von gemeinwohlorientierten Erwägungen auf die Reichweite des individuellen Freiheitsschutzes verstärkt. Die Schutzbereichsbegrenzung verlangt nach eigenständiger dogmatischer Bewältigung und erhöht damit die Komplexität der Grundrechtsdogmatik zusätzlich. Schließlich wird über die Schutzbereichsbegrenzung der Gesetzesvorbehalt umgangen bzw. aufgeweicht, so dass dessen Sicherungsfunktion für den individuellen Freiheitsschutz nicht greift.

Unter dem Eindruck dieser Folgen der Schutzbereichsbegrenzung kann keine Rede davon sein, dass die jüngst geführte Diskussion um weite oder enge Schutzbereiche der Grundrechte in ihrer Bedeutung überschätzt wird.[1307] Es bildet sich eine veränderte Grundrechtsdogmatik heraus[1308], deren Auswirkungen

1307 So aber Ladeur, Kritik der Abwägung in der Grundrechtsdogmatik, S. 81.

1308 Kahl, AöR 131 (2006), 579; Zuck, JZ 2008, 287 (291); vgl. auch Volkmann, JZ 2005, 261, der eine „grundlegende Neuausrichtung" der Grundrechtsdogmatik erkennt. Beschwichtigend Merten, Grundrechtlicher Schutzbereich, in: ders./Papier (Hrsg.),

auf die Rechtsanwendung sich nicht im theoretischen Elfenbeinturm wegschließen lassen. Nichts weniger als der effektive Grundrechtsschutz des Individuums ist direkt betroffen. Der durch die speziellen Grundrechte garantierte Freiheitsschutz des Individuums wird geschmälert. Die dargelegten Folgewirkungen bilden den Grund dafür, dass auf die Figur der Schutzbereichsbegrenzung in der Grundrechtsanwendung wie in der Grundrechtsdogmatik verzichtet werden sollte.

II. Zusammenfassung und Ausblick

Im Zusammenhang mit der Klärung der Begrifflichkeiten, die der eigentlichen Untersuchung vorausging, wurde die Figur der Grundrechtsausgestaltung vorgestellt (A.I.2). Sie lässt sich nur schwer von der Kategorie des Grundrechtseingriffs in Form einer Grundrechtsbeschränkung unterscheiden (A.I.2.b.(2)).

Eine Ausgestaltung grundrechtlicher Schutzbereiche durch einfaches Gesetzesrecht sollte auf normgeprägte Grundrechte beschränkt bleiben (A.I.2.a). Der parlamentarische Gesetzgeber, dem das Recht und die Pflicht zukommen, Grundrechtsausgestaltungen vorzunehmen, verfügt über eine weiter reichende Einschätzungsprärogative als es bei eingreifender Gesetzgebung der Fall ist. Im Übrigen ist er jedoch, wie von Art. 1 III GG gefordert, umfassend grundrechtsgebunden (A.I.2.b.(1)). Mithin müssen auch Ausgestaltungsgesetze verfassungsrechtlich gerechtfertigt sein. Sie unterliegen insbesondere dem Verhältnismäßigkeitsgrundsatz.

Die Beschäftigung mit der Grundrechtsausgestaltung weist mit der Schutzbereichsbegrenzung Gemeinsamkeiten auf (A.I.3). Beide Figuren können unter den Oberbegriff der „Schutzbereichsbegrenzung i.w.S." gefasst werden. Da es bei konsequenter Anwendung der Schutzbereichsbegrenzung im Unterschied zur Grundrechtsausgestaltung nicht mehr zu einer Überprüfung der verfassungs-

---

Handbuch der Grundrechte III, § 56 Rn. 67 („nur eine Kurskorrektur"); Papier, Aktuelle grundrechtsdogmatische Entwicklungen in der Rechtsprechung des Bundesverfassungsgerichts. Schutzbereich – Eingriff – Gesetzesvorbehalt, in: Merten/ders. (Hrsg.), Grundsatzfragen der Grundrechtsdogmatik, S. 81 (93 f.), der ob der Rechtsprechung des Ersten Senats des BVerfG lediglich eine „gewisse Tendenz" ausmacht, „die grundrechtlichen Gewährleistungen neu zu hinterfragen." Zurückhaltend Murswiek, Der Staat 45 (2006), 473 (481); Preis/Ulber, NJW 2007, 465 (471): „Ob (…) generell mit einer restriktiveren Handhabung grundrechtlicher Schutzbereiche durch das BVerfG gerechnet werden muss, bleibt abzuwarten." Verneinend Hoffmann-Riem, Der Staat 43 (2004), 203 (215): „Anzeichen für einen grundrechtsdogmatischen Systemwandel sehe ich nicht."

rechtlichen Rechtfertigung kommt, sind die beiden Kategorien gleichwohl strikt voneinander zu unterscheiden. Je nachdem von wem die den Schutzbereich begrenzende Tendenz ursprünglich ausgeht (A.I.4), handelt es sich um eine Ausgestaltung (parlamentarischer Gesetzgeber) oder um eine Schutzbereichsbegrenzung (BVerfG).

Die Figur der Schutzbereichsbegrenzung, also die engere Bestimmung des Schutzbereichs eines Freiheitsgrundrechts durch das BVerfG im Rahmen des ersten Schritts einer Grundrechtsprüfung (A.I.1), wurde zunächst auf abstrakter Ebene in Augenschein genommen. Die Untersuchung begann mit der grundrechtstheoretischen und -dogmatischen Einordnung der Figur. Die hergebrachten Grundrechtstheorien, namentlich die institutionelle, die demokratisch-funktionale, die sozialstaatliche Grundrechtstheorie sowie die Werttheorie der Grundrechte stützen eine systematische Engfassung grundrechtlicher Schutzbereiche (B.I.3 bis B.I.6). Nur die liberale Grundrechtstheorie, die als „Urtyp" verstanden werden kann, versperrt sich einer vorgefertigten Begrenzung grundrechtlich verbürgter Freiheit (B.I.2). Die liberale Grundrechtstheorie in sozialstaatlicher Einkleidung stellt allerdings die Grundrechtstheorie des Grundgesetzes dar (B.I.7). Sie ist insofern interpretationsleitend.

Die Schutzbereichsbegrenzung ist Teil der Schutzbereichsdogmatik, die wiederum einen Unterpunkt der allgemeinen Grundrechtsdogmatik bildet (B.II.1). Die Engfassung grundrechtlicher Schutzbereiche ist eine Reaktion auf die gewandelten Funktionsanforderungen, die an Grundrechte gestellt werden. Das zunehmend verobjektivierte Grundrechtsverständnis, welches den Wirkbereich der Grundrechte im Rahmen der Gesamtrechtsordnung vergrößert, muss grundrechtsdogmatisch erfasst werden. Die Schutzbereichsbegrenzung kommt grundsätzlich zur Bewältigung dieser Aufgabe in Betracht (B.II.2). Das neuerliche Aufkommen der Schutzbereichsbegrenzung in der Rechtsprechung des BVerfG und in Teilen der Literatur ist auf ein Ursachenbündel zurückzuführen (B.III), das sich aus völker- und europarechtlichen Einflüssen, der Angst vor einer Grundrechtsinflation bzw. -müdigkeit, dem Weiterentwicklungsbedürfnis der Grundrechtsdogmatik, der Bedeutungsstärkung der historischen Auslegungsmethode sowie aus der Konzeption eines verantwortungsvollen Grundrechtsgebrauchs zusammensetzt.

Um eine dogmatische Diskussionsgrundlage für die in der vorliegenden Arbeit zentrale Fallanalyse gewinnen zu können, wurde im Anschluss der außentheoretische Aufbau der Grundrechte nachgewiesen (B.IV.1). In schutzbereichsdogmatischer Sicht setzen nur die weiten Tatbestandstheorien das außentheoretische Konzept vollständig um (B.IV.1.c). Ihr Ansatz, alles zum Schutzbereich eines Freiheitsgrundrechts zu rechnen, was thematisch vom Schutz des jeweiligen grundrechtlichen Prinzips erfasst wird, erwies sich gegenüber den verschiedenen engen Tatbestandstheorien (B.IV.2) als dogmatisch vorzugswürdig (B.IV.3). Deshalb erfolgte die kritische Auseinandersetzung mit der Rechtsprechung des BVerfG im sich anschließenden praktischen Teil der Untersuchung auf der Grundlage der weiten Tatbestandstheorien.

Der praxisbezogene Teil der Arbeit befasste sich (mit einer Ausnahme) mit der Schutzbereichsbegrenzung in der Rechtsprechung des Ersten Senats des BVerfG zu drei ausgewählten Freiheitsgrundrechten: der Kunstfreiheit (C.I), der Versammlungsfreiheit (C.II) und der Berufsfreiheit (C.III).

Bei der Besprechung des Falls „Naegeli" (C.I.2) konnte gezeigt werden, dass die pauschale Annahme, die Kunstfreiheit schütze von vornherein nicht die eigenmächtige Beeinträchtigung fremden Eigentums zum Zwecke künstlerischer Entfaltung, eine Schutzbereichsbegrenzung bewirkt. Sie führt dazu, dass Abwägungsentscheidungen zwischen Kunstfreiheit und Eigentumsordnung aus der Ebene der verfassungsrechtlichen Rechtfertigung ausgliedert und mit vorgefertigtem Ergebnis in die Schutzbereichsprüfung einfügt werden (C.I.2.f).

Die Beschäftigung mit dem Fall „Xavier Naidoo" (C.I.3) ergab, dass nur dann dem im Wirkbereich entgegen den Interessen des Künstlers Agierenden die Berufung auf die Kunstfreiheit bereits auf Schutzbereichsebene versagt werden sollte, wenn er ausschließlich kommerzielle Interessen gegen den Künstler durchsetzen will. Will der im Wirkbereich Tätige hingegen (auch) Interessen verfolgen, die der Kunst im eigentlichen Sinne dienen, so ist die Abwägung zwischen den kollidierenden Belangen des Künstlers und des Mittlers auf der Ebene der verfassungsrechtlichen Rechtfertigung vorzunehmen (C.I.3.f).

Die Auseinandersetzung mit der Esra-Entscheidung (C.I.4) offenbarte, dass der Erste Senat (obwohl oberflächlich betrachtet dem offenen Kunstbegriff und einer Fiktionalitätsvermutung verpflichtet) die Kunstfreiheit einer „faktischen Schutzbereichsbegrenzung" unterzogen hat (C.I.4.f). Der grundrechtliche Schutz literarischer Werke, welche Bezüge zu realen Personen und Gegebenheiten aufweisen und noch dazu Intimszenen real und detailreich schildern, wird aufgrund dieser Vorgehensweise regelmäßig gegenüber dem allgemeinen Persönlichkeitsrecht betroffener Dritter zurückstehen müssen. Als verbindendes Element aller drei Entscheidungen zur Kunstfreiheit stellte sich die Auflösung von Grundrechtskollisionen über die Figur der Schutzbereichsbegrenzung heraus (C.I.5).

Bei der Erörterung der Fälle „Fuckparade"/„Love Parade" (C.II.2) hat sich der enge Versammlungsbegriff des BVerfG als untauglich erwiesen (C.II.2.f). Wer innerhalb des Art. 8 GG einen auf öffentliche Meinungsbildung gerichteten Versammlungszweck fordert, begrenzt, ohne dass dies durch Wortlaut, Systematik, Entstehungsgeschichte oder die Verwaltungspraxis angezeigt wäre, den Schutzbereich der Versammlungsfreiheit.

Trotzdem wurde der enge Versammlungsbegriff auch in der Dritten Blockadeentscheidung (C.II.3) herangezogen und ist zu einem festen Bestandteil der ständigen Rechtsprechung des BVerfG zur Versammlungsfreiheit geworden. Die Gemeinsamkeit der Entscheidungen zu Art. 8 GG lag in der demokratisch-funktionalen Deutung des Grundrechts, die dazu führt, dass derjenige privilegiert wird, der durch seinen Grundrechtsgebrauch zur staatlich erwünschten Demokratiebildung beiträgt (C.II.4).

Der Fall „Glykol" (C.III.2) wurde ob seiner zahlreichen dogmatischen Ungereimtheiten scharf kritisiert. Die Begrenzung des Schutzbereichs der Berufsfreiheit durch die Regeln, die den Wettbewerb bestimmen, sollte verschleiern, dass eine taugliche Ermächtigungsgrundlage für das mittelbar-faktisch eingreifende staatliche Informationshandeln fehlte (C.III.2.f).

Bei der Diskussion der Festbetragsentscheidung (C.III.3) wurde auf die Gefahr für den Individualschutz hingewiesen, welche droht, wenn der Schutzbereich des ursprünglich sachgeprägten Grundrechts auf Berufsfreiheit als durch die einfachgesetzlichen Wettbewerbsregelungen begrenzt verstanden wird. Art. 12 I GG wird so in ein normgeprägtes Grundrecht verwandelt, dessen Reichweite sich nach der Funktionalität des Grundrechtsgebrauchs für die Wirtschaftsordnung richtet (C.III.3.f).

In der Schwellenwert-Entscheidung (C.III.4) nahm das BVerfG zwei Schutzbereichsbegrenzungen vor, wobei keine von beiden zu überzeugen vermochte (C.III.4.f): Die im Rahmen von Art. 19 IV GG durchgeführte nicht, weil der zur Begründung herangezogene Wille des historischen Verfassungsgebers bei Fragen des Grundrechtsschutzes im Rahmen der Fiskalverwaltung wenig aufschlussreich ist und ein restriktives Schutzbereichsverständnis der umfassenden Grundrechtsbindung der Exekutive nach Art. 1 III GG widerspricht. Die bei Art. 12 I GG vorgenommene nicht, weil sie sich auf das aus den vorgenannten Entscheidungen bereits bekannte normgeprägte Schutzbereichsverständnis stützt.

Die Tariftreue-Entscheidung (C.III.5) des BVerfG zeugt von einem für den Individualrechtsschutz abträglichen Übergewicht der sozialstaatlichen Grundrechtstheorie bei der Grundrechtsauslegung, das eine Verengung des grundrechtlichen Schutzbereichs nach sich zieht (C.III.5.f).

Auch bei der Kappungsgrenzen-Entscheidung (C.III.6) konnten dogmatische Mängel nachgewiesen werden, die auf ein verengtes Schutzbereichsverständnis zurückzuführen sind (C.III.6.f). Besonders bedenklich erschienen hier die normativierte Verhältnismäßigkeitsprüfung und die Ausweitung der Normen, die nach Ansicht des BVerfG den Schutzbereich des Art. 12 I GG bestimmen und begrenzen, auf jedwede einfachgesetzliche Regelungen. Die Entscheidungen zur Berufsfreiheit durchzieht ein normgeprägtes Schutzbereichsverständnis des von Haus aus sachgeprägten Grundrechts aus Art. 12 I GG. Die so geartete Deutung des Schutzbereichs soll der Funktionalität des Wettbewerbs dienen und stellt dabei den Individualrechtsschutz hinter die Verfolgung von Gemeinwohlbelangen (C.III.7).

Aus den besprochenen Entscheidungen des BVerfG zu den Grundrechten der Kunst-, Versammlungs- und Berufsfreiheit ließen sich zwei Hauptanwendungsfälle der Schutzbereichsbegrenzung ermitteln (C.IV): Die Schutzbereichsbegrenzung zur Auflösung von Grundrechtskollisionen sowie die Schutzbereichsbegrenzung zur Verfolgung von dem Gemeinwohl förderlichen Zielen. Letztere Gruppe lässt sich in zwei Unterfälle aufspalten: die Schutzbereichsbegrenzung zur Unterstützung und Festigung der demokratischen Strukturen des staatlichen Gemeinwesens und die Schutzbereichsbegrenzung zur Sicherung der Funktionalität des Wettbewerbs. Beide Großgruppen zeugen von einem funktionalisierten Grundrechtsverständnis.

Als grundrechtsübergreifende Entwicklungslinien konnten die Hinwendung zur Lehre vom engen Gewährleistungsgehalt (D.I), die Verallgemeinerung der Verhältnismäßigkeitsprüfung (D.II), die Abwägungsskepsis (D.III) und der Ausschluss fremdschädigenden Verhaltens aus grundrechtlichen Schutzbereichen (D.IV) ermittelt werden. Alle vier Erscheinungen liegen darin begründet, dass sich der Schwerpunkt des Grundrechtsverständnisses von der individualrechtlichen auf die objektiv-rechtliche Seite verlagert hat. Gleichzeitig wurde bei der Betrachtung dieses Quartetts an Entwicklungslinien herausgestellt, dass die daraus erwachsenden neuartigen Konstruktionen den effektiven Grundrechtsschutz des Individuums mindern. Die Lehre vom Gewährleistungsgehalt verringert die Anforderungen an die Rechtfertigungsobliegenheit des Staates, stellt Gemeinwohlinteressen über den grundrechtlichen Individualrechtsschutz und verstümmelt den keineswegs obsolet gewordenen Abwägungsvorgang auf Schutzbereichsebene fast bis zur Unkenntlichkeit, so dass er seine zentrale Funktion, einzelfallgerechte Entscheidungen zu generieren, nicht mehr erfüllen kann (D.I.5). Durch die am Gedanken der Systemgerechtigkeit orientierte Verallgemeinerung der Verhältnismäßigkeitsprüfung bleibt die Garantie von Einzelfallgerechtigkeit in gleicher Weise auf der Strecke (D.II). Die vollständige Abwendung von der Abwägung ist keine realistische Alternative, weil wertende Entscheidungen über die engere Fassung grundrechtlicher Schutzbereiche ohne ein abwägendes Moment nicht auskommen und bereits der außentheoretische Aufbau der Grundrechte nach einer Abwägung verlangt (D.III). Ein generelles Ausklammern der eigenmächtigen Inanspruchnahme fremder Rechtsgüter aus dem grundrechtlichen Schutz läuft sowohl der außentheoretischen Konstruktion der Freiheitsrechte, die nach einer strikten Trennung von Grundrechtstatbestand und -

schranke verlangt, als auch der differenzierten Schrankensystematik des Grundrechtskatalogs zuwider (D.IV).

Abschließend wurden sämtliche Folgen der Schutzbereichsbegrenzung für den Freiheitsschutz des Individuums aufgeführt (E.I). Der Schutz persönlicher Freiheit wurde durch die Einführung der Figur der Schutzbereichsbegrenzung in die Grundrechtsdogmatik durchgängig geschmälert. Deshalb plädiert die Arbeit, nachdem die Schutzbereichsbegrenzung sowohl abstrakt (in grundrechtstheoretischer wie grundrechtsdogmatischer Hinsicht) als auch konkret (im Rahmen einer Analyse der Rechtsprechung des Ersten Senats des BVerfG) umfassend untersucht wurde, für den Verzicht auf die Schutzbereichsbegrenzung in der Grundrechtsprüfung.

Es bleibt die Frage, ob der Erste Senat des BVerfG weiter von der Figur der Schutzbereichsbegrenzung Gebrauch machen wird. Die Verwendung des engen Versammlungsbegriffs bei der Bestimmung des Schutzbereichs der Versammlungsfreiheit gilt mittlerweile als gesicherte Rechtsprechung. Ebenso hat sich die Beschränkung des Schutzbereichs der Berufsfreiheit durch einfachgesetzliche Regeln, die den Wettbewerb ermöglichen und begrenzen, zur ständigen Rechtsprechung entwickelt. Im Bereich der Art. 8 und 12 I GG kann daher davon ausgegangen werden, dass das BVerfG an der Schutzbereichsbegrenzung mit all ihren Unwägbarkeiten für den individuellen Freiheitsschutz festhalten wird.

Auch für die Kunstfreiheit ist ein gleichbleibend enges Schutzbereichsverständnis zu erwarten. Zwar führte im Nichtannahmebeschluss zum Theaterstück „Ehrensache“[1309] die Anwendung der aus dem Fall „Esra“ bekannten kunstspezifischen Betrachtungsweise nicht dazu, dass die Kunstfreiheit grundsätzlich hinter dem postmortalen Persönlichkeitsrecht zurückstehen musste. Allerdings lässt die 1. Kammer des Ersten Senats erkennen, dass sie gewillt ist, an der Tabuisierung von real und detailreich aus dem direkten Erleben des Autors geschilderten Intimszenen grundsätzlich festzuhalten. Der „kunstfreundliche“ Ausgang dieser Entscheidung ist maßgeblich darauf zurückzuführen, dass die in ihrem Persönlichkeitsrecht betroffene Person bereits verstorben war, und liefert insofern keinen Beleg für eine Umkehr in der Rechtsprechung des Ersten Senats zum Konflikt Kunstfreiheit - allgemeines Persönlichkeitsrecht.

Weitere Tendenzen zu einem engen Schutzbereichsverständnis zeigen sich bei der Rechtsprechung zur Rundfunkfreiheit nach Art. 5 I 2 GG. In seiner zweiten Entscheidung zu Fernsehaufnahmen im Gerichtssaal[1310] erklärte der Erste Senat, dass zum Schutz der Rundfunkfreiheit ebenso wenig wie zum Schutz der Informationsfreiheit die Eröffnung einer Informationsquelle gehöre. Insoweit

1309 BVerfG, NVwZ 2008, 549 (550).
1310 BVerfGE 103, 44 (59 f.).

reiche die Rundfunkfreiheit nicht weiter als die Informationsfreiheit des Art. 5 I 1 GG, die als Abwehrrecht nur den Zugang zu allgemein zugänglichen Informationsquellen gegen staatliche Beschränkungen sichert. Mithin wird in den Schutzbereich der Rundfunkfreiheit hineingelesen, dass er sich nur auf allgemein zugängliche Informationsquellen beschränke. Diese Schutzbereichsbegrenzung läuft systematischen Erwägungen zuwider, denn die Beschränkung auf allgemein zugängliche Informationsquellen wird im Verfassungstext nur der Informationsfreiheit in Art. 5 I 1 GG vorangestellt, fehlt aber in Satz 2 der Vorschrift.

Auf der anderen Seite waren in jüngerer und jüngster Vergangenheit auch einige überaus freiheitsfreundliche Judikate des BVerfG zu begrüßen. Die Entscheidungen zum Luftsicherheitsgesetz[1311], zur Online-Durchsuchung[1312], zur automatisierten Kennzeichenerfassung[1313] und zur Vorratsdatenspeicherung[1314] haben bewiesen, dass das BVerfG dort, wo der Staat zum Wohle der Sicherheit in Grundrechte eingreift, als entschiedener Hüter der Freiheitsrechte auftritt, um einem Übergewicht der Sicherheit auf Kosten der Freiheit im Staat entgegenzuwirken.

Ungeachtet dessen liegt die Vermutung nahe, dass der Erste Senat des BVerfG weiter von der Schutzbereichsbegrenzung Gebrauch machen wird, wenn Freiheitsrechte zweier Grundrechtsträger miteinander kollidieren und wenn der Gebrauch eines Freiheitsrechts eine dem Gemeinwohl förderliche Wirkung erzielen soll. Aufgrund der nachteiligen Folgen für den individuellen Grundrechtsschutz ist vor einer solchen Entwicklung jedoch entschieden zu warnen und mit Nachdruck zu wiederholen: Die Figur der Schutzbereichsbegrenzung sollte bei der dogmatischen Erschließung und bei der Prüfung der Freiheitsrechte keine Anwendung finden.

1311 BVerfGE 115, 118 ff.

1312 BVerfGE 120, 274 ff.

1313 BVerfGE 120, 378 ff.

1314 BVerfG, NJW 2010, 833 ff.

Literaturverzeichnis

Ahlt, Michael/Deisenhofer, Thomas, Europarecht, 3. Aufl., München 2003.

Alexy, Robert, Theorie der Grundrechte, Baden-Baden 1985.

ders., Theorie der juristischen Argumentation, 2. Aufl., Frankfurt am Main 1991.

Anschütz, Gerhard, Die Verfassung des Deutschen Reiches vom 11.8.1918. Ein Kommentar für Wissenschaft und Praxis. 4. Bearb., 14. Aufl., Berlin 1933.

von Arnauld, Andreas, Die Freiheitsrechte und ihre Schranken, Baden-Baden 1999.

Bäcker, Matthias, Wettbewerbsfreiheit als normgeprägtes Grundrecht, Baden-Baden 2007.

Bäuerle, Michael/Hausotter, Carola/Hanebeck, Alexander/Mayer, Matthias/ Preedy, Kara/Wallrabenstein, Astrid/Mahr, Jörg/Mors, Michael(Hrsg.), Haben wir wirklich Recht?, Baden-Baden 2004.

von Becker, Bernhard, Docufiction – Ein riskantes Format, ZUM 2008, 265 ff.

Benda, Ernst/Maihofer, Werner/Vogel, Hans Jochen (Hrsg.), Handbuch des Verfassungsrechts, 2. Aufl., Berlin 1994.

Berg, Wilfried, Entwicklung und Grundstrukturen der Eigentumsgarantie, JuS 2005, 961 ff.

Bethge, Herbert, Grundrechtsverwirklichung und Grundrechtssicherung durch Organisation und Verfahren, NJW 1982, 1 ff.

ders., Aktuelle Probleme der Grundrechtsdogmatik, Der Staat 24 (1985), 351 ff.

ders., Der Grundrechtseingriff, VVDStRL 57 (1998), 7 ff.

ders., Die Freiheit des privaten Rundfunks, DÖV 2002, 673 ff.

ders., Zur verfassungsrechtlichen Legitimation informalen Staatshandelns der Bundesregierung, Jura 2003, 327 ff.

Böckenförde, Ernst-Wolfgang, Grundrechtstheorie und Grundrechtsinterpretation, NJW 1974, 1529 ff.

ders. (Hrsg.), Staat, Verfassung, Demokratie, Frankfurt am Main 1991.

ders., Schutzbereich, Eingriff, verfassungsimmanente Schranken, Der Staat 42 (2003), 165 ff.

Bolz, Marcel, Das Verhältnis von Schutzobjekt und Schranken der Grundrechte, Zürich 1991.

Borowski, Martin, Grundrechte als Prinzipien, 2. Aufl., Baden-Baden 2007.

Breyer, Patrick, Kfz-Massenabgleich nach dem Urteil des BVerfG, NVwZ 2008, 824 ff.

Brüning, Christoph, „Nichts geht mehr?“ – Zum grundrechtlichen Schutz der Berufsfreiheit vor staatlicher Wirtschaftstätigkeit, JZ 2009, 29 ff.

Bull, Hans Peter, Sind Video-Verkehrskontrollen „unter keinem rechtlichen Aspekt vertretbar“?, NJW 2009, 3279 ff.

Bumke, Christian, Der Grundrechtsvorbehalt, Baden-Baden 1998.

ders., Publikumsinformation, Die Verwaltung 37 (2004), 3 ff.

ders., Ausgestaltung von Grundrechten, Tübingen 2009.

Calabresi, Steven G. (Hrsg.), Originalism: The Quarter-Century of Debate, Washington 2007.

Calliess, Christian/Ruffert, Matthias (Hrsg.), EUV/EGV, 3. Aufl., München 2007.

von Coelln, Christian, Urteilsanmerkung zu BVerfG, Beschluß vom 26. Juni 2002, NJW 2002, 2621 ff. (Warnung vor glykolhaltigem Wein), JA 2003, 116 ff.

Conzelmann, Ruben, Modelle für eine Förderung der inländischen Nachwuchssportler zur Stärkung der Nationalmannschaften, Berlin 2008.

Cornils, Matthias, Die Ausgestaltung der Grundrechte – Untersuchungen zur Grundrechtsbindung des Ausgestaltungsgesetzgebers, Tübingen 2005.

Couzinet, Daniel, Die Prinzipientheorie der Grundrechte – Einführung, Strukturhinweise, Anwendung in der Fallbearbeitung, JuS 2009, 603 ff.

Cremer, Wolfram, Rechtfertigung legislativer Eingriffe in Grundrechte des Grundgesetzes und Grundfreiheiten des EG-Vertrags nach Maßgabe objektiver Zwecke, NVwZ 2004, 668 ff.

ders., Gewinnstreben als öffentliche Unternehmen legitimierender Zweck: Die Antwort des Grundgesetzes, DÖV 2003, 921 ff.

Dagtoglou, Prodromos, Wesen und Grenzen der Pressefreiheit, Stuttgart 1963.

Denninger, Erhard/Hoffmann-Riem, Wolfgang/Schneider, Hans-Peter/Stein, Ekkehart (Hrsg.), Kommentar zum Grundgesetz (Alternativkommentar), Loseblatt, Stand: August 2002.

Detterbeck, Steffen, Allgemeines Verwaltungsrecht, 8. Aufl., München 2010.

Deutelmoser, Anna, Angst vor den Folgen eines weiten Versammlungsbegriffs?, NVwZ 1999, 240 ff.

Deutscher Bundestag und Bundesarchiv (Hrsg.), Der Parlamentarische Rat 1948-1949, Band VII, Boppard am Rhein 1995.

Dietel, Alfred/Gintzel, Kurt/Kniesel, Michael, Versammlungsgesetz, 16. Aufl., Köln 2011.

Dolderer, Michael, Objektive Grundrechtsgehalte, Berlin 2000.

Dreier, Horst, Dimensionen der Grundrechte, Hannover 1993.

ders., Grundrechtsdurchgriff contra Gesetzesbindung? Exemplarische Betrachtungen zum Verhältnis von Verfassungs- und Verwaltungsrecht anhand der Rechtsprechung des Bundesverwaltungsgerichts, Die Verwaltung 36 (2003), 105 ff.

ders. (Hrsg.), Grundgesetz Kommentar, Band I, 2. Aufl., Tübingen 2004.

ders. (Hrsg.), Grundgesetz Kommentar, Bd. II, 2. Aufl., Tübingen 2006.

ders., Der freiheitliche Verfassungsstaat als riskante Ordnung, RW 2010, 11 ff.

Dreier, Ralf/Schwegmann, Friedrich (Hrsg.), Probleme der Verfassungsinterpretation, Baden-Baden 1967.

Duttge, Gunnar, Freiheit für alle oder allgemeine Handlungsfreiheit?, NJW 1997, 3353 ff.

Ehlers, Dirk (Hrsg.), Eigentumsschutz, Sozialbindung und Enteignung bei der Nutzung von Boden und Umwelt, VVDStRL 51 (1992), 211 ff.

ders., Europäische Grundrechte und Grundfreiheiten, 3. Aufl., Berlin 2009.

Ehlers, Dirk/Schoch, Friedrich (Hrsg.), Rechtsschutz im Öffentlichen Recht, Berlin 2009.

Enders, Christoph, Der Schutz der Versammlungsfreiheit, Jura 2003, 34 ff.

Engels, Andreas, Die verfassungsrechtliche Dogmatik des Grundsatzes der Tarifeinheit, RdA 2008, 331 ff.

Epping, Volker/Hillgruber, Christian, Beck`scher Online-Kommentar Grundgesetz, Stand: 1.2.2010, Edition 6.

dies., Beck`scher Online-Kommentar Grundgesetz, Stand: 15.1.2011, Edition 9.

Erichsen, Hans-Uwe, Staatsrecht und Verfassungsgerichtsbarkeit I, 3. Aufl., Frankfurt am Main 1982.

Fassbender, Kurt, Wettbewerbsrelevantes Staatshandeln und Berufsfreiheit: Quo vadis, Bundesverfassungsgericht?, NJW 2004, 816 ff.

Fastenrath, Ulrich, BVerfG verweigert willkürlich die Kooperation mit dem EuGH, NJW 2009, 272 ff.

Forsthoff, Ernst, Der Staat der Industriegesellschaft, 2. Aufl., München 1971.

Franzius, Claudio, Der "Gewährleistungsstaat" – ein neues Leitbild für den sich wandelnden Staat?, Der Staat 42 (2003), 493 ff.

ders., Grundrechte als Verfassungsgefährdung? – Der Vertrag von Lissabon aus deutscher Perspektive, DÖV 2008, 933 ff.

Frenz, Walter, Unterschwellenvergabe, VergabeR 2007, 1 ff.

ders., Die Berufsfreiheit – Nichtraucherschutz, Sportwetten, Studiengebühren, JA 2009, 252 ff.

Friauf, Karl Heinrich, Zur Rolle der Grundrechte im Interventions- und Leistungsstaat, DVBl. 1971, 674 ff.

Friauf, Karl Heinrich/Höfling, Wolfram (Hrsg.), Berliner Kommentar zum Grundgesetz, Bd. I, Losebl., Stand: Jan. 2011.
Frowein, Jochen, Die Versammlungsfreiheit vor dem Bundesverfassungsgericht, NJW 1985, 2376 ff.

Gallwas, Hans-Ulrich, Der Missbrauch von Grundrechten, Berlin 1967.
Gathmann, Florian, Großkanzlei hilft Wirtschaftsministerium, unter: http://www.spiegel.de/politik/deutschland/0,1518,641728,00.html [Datum des letzten Abrufs: 17.3.2011].
Geck, Wilhelm Karl, Der Versammlungsbegriff des Art. 8 GG, DVBl. 1980, 797 ff.
Gellermann, Martin, Grundrechte in einfachgesetzlichem Gewande, Tübingen 2000.
von Gierke, Otto, Deutsches Privatrecht, Bd. 2, Leipzig 1905.
Gostomzyk, Tobias, Wahrheit, keine Dichtung, NJW 2008, 737 ff.
Grabenwarter, Christoph (Hrsg.), Allgemeinheit der Grundrechte und Vielfalt der Gesellschaft, Stuttgart 1994.
Grimm, Dieter, Verfahrensfehler als Grundrechtsverstöße, NVwZ 1985, 865 ff.
ders., Die Meinungsfreiheit in der Rechtsprechung des Bundesverfassungsgerichts, NJW 1995, 1687 ff.
ders., „Keine Trumpfkarte im ‚Fall Esra'"- Kunstfreiheit und Persönlichkeitsrecht müssen gegeneinander abgewogen werden, ZRP 2008, 29 ff.

Häberle, Peter, Die Wesensgehaltgarantie des Art. 19 Abs. 2 GG, 3. Aufl., Heidelberg 1983.
ders., Grundrechte im Leistungsstaat, VVDStRL 30 (1972), 43 ff.
ders., Die offene Gesellschaft der Verfassungsinterpreten, JZ 1975, 297 ff.
ders. (Hrsg.), Verfassungsgerichtsbarkeit, Darmstadt 1976.
ders., Die Freiheit der Kunst im Verfassungsstaat, AöR 110 (1985), 577 ff.
ders., Europäische Rechtskultur, Baden-Baden 1994.
Hahn, Richard, Persönlichkeitsrecht und Buch, ZUM 2008, 97 ff.
Hain, Karl-E., „Big Brother" im Gerichtssaal? – Zugleich eine Besprechung des Urteils des BVerfG (1 BvR 2623/95, 1 BvR 622/99) vom 24.1.2001, DÖV 2001, 589 ff.
ders., Besprechung von Cornils, Die Ausgestaltung der Grundrechte, JZ 2005, 939 f.
Hänsel, Tobias, Rechtsschutz im Unterschwellenbereich und Tariftreue: Endlich Klarheit oder doch nicht?, NJW-Spezial 2007, 69 ff.
Hesse, Konrad, Grundzüge des Verfassungsrechts der Bundesrepublik Deutschland, 20. Aufl., Heidelberg 1995.

Heun, Werner, Original Intent und Wille des historischen Verfassungsgebers, AöR 116 (1991), 185 ff.

Hoffmann, Josef, Kunstfreiheit und Sacheigentum - Bemerkungen zum "Sprayer"-Beschluß des BVerfG, NJW 1985, 237 ff.

Hoffmann-Riem, Wolfgang, Neuere Rechtsprechung des BVerfG zur Versammlungsfreiheit, NVwZ 2002, 257 ff.

ders., Grundrechtsanwendung unter Rationalitätsanspruch, Der Staat 43 (2004), 203 ff.

ders., Gesetz und Gesetzesvorbehalt im Umbruch, AöR 130 (2005), 5 ff.

ders., Die Caroline II-Entscheidung des BVerfG - Ein Zwischenschritt bei der Konkretisierung des Kooperationsverhältnisses zwischen den verschiedenen betroffenen Gerichten, NJW 2009, 20 ff.

Höfling, Wolfram, Offene Grundrechtsinterpretation, Berlin 1987.

ders., Kopernikanische Wende rückwärts?, in: Muckel, Stefan (Hrsg.), Kirche und Religion im sozialen Rechtsstaat – Festschrift für Wolfgang Rüfner zum 70. Geburtstag, Berlin 2003, S. 329 ff.

Höfling, Wolfram/Rixen, Stephan, Tariftreue oder Verfassungstreue? – Von der „gewährleistungsstaatlichen" Relativierung des Grundrechtsschutzes am Beispiel der Tariftreue-Entscheidung des BVerfG, RdA 2007, 360 ff.

Hömig, Dieter (Hrsg.), Grundgesetz, 9. Aufl., Baden-Baden 2010.

Huber, Peter M., Die Informationstätigkeit der öffentlichen Hand - ein grundrechtliches Sonderregime aus Karlsruhe?, JZ 2003, 290 ff.

Huber, Ulrich, Savignys Lehre von der Auslegung der Gesetze in heutiger Sicht, JZ 2003, 1 ff.

Hufen, Friedhelm, Entstehung und Entwicklung der Grundrechte, NJW 1999, 1504 ff.

ders., Staatsrecht II, 2. Aufl., München 2009.

ders., Reichweite der Privatautonomie bei Abschluss eines Künstlervertrags – Xavier Naidoo, JuS 2006, 648 ff.

ders., Grenzen der Kunstfreiheit durch den Persönlichkeitsschutz – Roman Esra, JuS 2008, 363 ff.

Iglesias, Gil Carlos Rodríguez, Gedanken zum Entstehen einer Europäischen Rechtsordnung, NJW 1999, 1 ff.

Ipsen, Jörn, Gesetzliche Einwirkungen auf grundrechtlich geschützte Rechtsgüter, JZ 1997, 473 ff.

Isensee, Josef, Wer definiert die Freiheitsrechte? Selbstverständnis der Grundrechtsträger und Grundrechtsauslegung des Staates, Heidelberg 1980.

ders., Kunstfreiheit im Streit mit Persönlichkeitsschutz, AfP 1993, 619 ff.

Isensee, Josef/Kirchhof, Paul (Hrsg.), Handbuch des Staatsrechts, Bd. V, 1. Aufl., Heidelberg 1992.
dies. (Hrsg.), Handbuch des Staatsrechts, Bd. VII, 1. Aufl., Heidelberg 1992.
dies. (Hrsg.), Handbuch des Staatsrechts, Bd. VII, 3. Aufl., Heidelberg 2009.

Jaeger, Renate, Die Reformen in der gesetzlichen Sozialversicherung im Spiegel der Rechtsprechung des Bundesverfassungsgerichts, NZS 2003, 225 ff.
Jarass, Hans D., Grundrechte als Wertentscheidungen bzw. objektivrechtliche Prinzipien in der Rechtsprechung des Bundesverfassungsgerichts, AöR 110 (1985), 363 ff.
ders., Bausteine einer umfassenden Grundrechtsdogmatik, AöR 120 (1995), 345 ff.
ders., Elemente einer Dogmatik der Grundfreiheiten II, EuR 2000, 705 ff.
Jarass, Hans D./Pieroth, Bodo (Hrsg.), Grundgesetz Kommentar, 11. Aufl., München 2011.
Jestaedt, Thomas/Kästle, Florian, Kehrtwende oder Rückbesinnung in der Anwendung von Art. 30 EGV: Das Keck-Urteil, EWS 1994, 26 ff.
Jestaedt, Mattias, Grundrechtsentfaltung im Gesetz, Tübingen 1999.

Kahl, Wolfgang, Vom weiten Schutzbereich zum engen Gewährleistungsgehalt, Der Staat 43 (2004), 167 ff.
ders., Neuere Entwicklungslinien der Grundrechtsdogmatik, AöR 131 (2006), 579 ff.
ders., Grundfälle zu Art. 2 I GG, JuS 2008, 499 ff.
von Kielmannsegg, Sebastian, Grundfälle zu den allgemeinen Grundrechtslehren, JuS 2009, 19 ff.
Kingreen, Thorsten, Verfassungsgerichtliche Grenzen der Rechtsetzungsbefugnis des Gemeinsamen Bundesausschusses im Gesundheitsrecht, NJW 2006, 877 ff.
ders., Das Grundrecht von Ehe und Familie (Art. 6 I GG), Jura 1997, 401 ff.
Klein, Eckart, Grundrechtliche Schutzpflicht des Staates, NJW 1989, 1633 ff.
Klein, Hans H., Öffentliche und private Freiheit. Zur Auslegung des Grundrechts der Meinungsfreiheit, Der Staat 10 (1971), 145 ff.
Klement, Jan Henrik, Der Vorbehalt des Gesetzes für das Unvorhersehbare, DÖV 2005, 507 ff.
ders., Verantwortung. Funktion und Legitimation eines Begriffs im Öffentlichen Recht, Tübingen, 2006.
ders., Vom Nutzen einer Theorie, die alles erklärt, JZ 2008, 756 ff.
Klumpp, Steffen, Dienstleistungsfreiheit versus Tariftreue, NJW 2008, 3473 ff.

Knauff, Matthias, Vertragsschließende Verwaltung und verfassungsrechtliche Rechtsschutzgarantie, NVwZ 2007, 546 ff.

ders., Gewährleistungsstaatlichkeit in Krisenzeiten: Der Gewährleistungsstaat in der Krise?, DÖV 2009, 581 ff.

Knopp, Lothar, Griechenland-Nothilfe auf dem verfassungsrechtlichen Prüfstand, NJW 2010, 1777 ff.

Koch, Hans-Joachim/Rüssmann, Helmut, Juristische Begründungslehre, München 1982.

Kraujuttis, Sigrid, Versammlungsfreiheit zwischen liberaler Tradition und Funktionalisierung, Köln 2005.

Kriele, Martin, Vorbehaltlose Grundrechte und die Rechte anderer, JA 1984, 629 ff.

Kröger, Klaus, Grundrechtsentwicklung in Deutschland, Tübingen 1998.

Krüger, Herbert, Allgemeine Staatslehre, 2. Aufl., Stuttgart 1966.

Kudlich, Hans/Christensen, Ralph, Die Kanones der Auslegung als Hilfsmittel für die Entscheidung von Bedeutungskonflikten, JA 2004, 74 ff.

Ladeur, Karl-Heinz, Kritik der Abwägung in der Grundrechtsdogmatik, Tübingen 2004.

ders., Nochmals: Der Fall „Esra" und das Verhältnis von Fiktion und Wirklichkeit, AfP 2008, 30 ff.

Landau, Herbert, Die Entwicklung der Menschenrechte in der Rechtsprechung des Bundesverfassungsgerichts und des Europäischen Gerichtshofs für Menschenrechte, DVBl. 2008, 1269 ff.

Larenz, Karl/Canaris, Claus-Wilhelm, Methodenlehre der Rechtswissenschaft, 3. Aufl., Berlin 1995.

Laubinger, Hans-Werner/Repkewitz, Ulrich, Die Versammlung in der verfassungs- und verwaltungsgerichtlichen Rechtsprechung, VerwArch 92 (2001), 585 ff.

Lecheler, Helmut/Gundel, Jörg, Übungen im Europarecht, Berlin 1999.

Leisner, Walter, Grundrechte und Privatrecht, München 1960.

ders., "Abwägung überall" - Gefahr für den Rechtsstaat, NJW 1997, 636 ff.

Lenski, Sophie-Charlotte, Grundrechtsschutz zwischen Fiktionalität und Wirklichkeit – zum „Esra"-Beschluss des BVerfG, NVwZ 2008, 281 ff.

Lepsius, Oliver, Der große Lauschangriff vor dem Bundesverfassungsgericht (Teil I), Jura 2005, 587 ff.

Lerche, Peter, Übermaß und Verfassungsrecht, Köln 1961.

Lindner, Josef Franz, Theorie der Grundrechtsdogmatik, Tübingen 2005.

ders., EG-Grundrechtscharta – weniger Rechte für den Bürger?, BayVBl. 2001, 523 ff.

ders., „Grundrechtseingriff“ oder „grundrechtswidriger Effekt“?, DÖV 2004, 765 ff.
ders., Besprechung von Cornils, Die Ausgestaltung der Grundrechte, DÖV 2006, 86 ff.
Losch, Bernhard/Radau, Wiltrud Christine, Forschungsverantwortung als Verfahrensaufgabe, NVwZ 2003, 390 ff.
Lübbe-Wolff, Gertrude, Die Grundrechte als Eingriffsabwehrrechte, Baden-Baden 1988.

Mager, Ute, Einrichtungsgarantien, Tübingen 2003.
Magiera, Siegfried, Die Grundrechtecharta der Europäischen Union, DÖV 2000, 1017 ff.
von Mangoldt, Hermann /Klein, Friedrich (Hrsg.), Kommentar zum Grundgesetz, Bd. I, 2. Aufl., München 1957.
von Mangoldt, Hermann/Klein, Friedrich/Starck, Christian (Hrsg.), Kommentar zum Grundgesetz, Bd. I, 5. Aufl., München 2005.
dies. (Hrsg.), Kommentar zum Grundgesetz, Bd. II, 5. Aufl., München 2005.
Martins, Renata, Grundrechtsdogmatik im Gewährleistungsstaat: Rationalisierung der Grundrechtsanwendung?, DÖV 2007, 456 ff.
Maunz, Theodor/Dürig, Günter (Hrsg.), Grundgesetz Kommentar, Stand 1958.
dies. (Hrsg.), Grundgesetz Kommentar, Losebl., Stand: Oktober 1999.
dies. (Hrsg.), Grundgesetz Kommentar, Losebl., Stand: Oktober 2010.
Maurer, Hartmut, Staatsrecht I, 6. Aufl., München 2010.
Mayer, Franz, Der Vertrag von Lissabon im Überblick, JuS 2010, 189 ff.
Merten, Detlef/Papier, Hans-Jürgen (Hrsg.), Grundsatzfragen der Grundrechtsdogmatik, 2007.
dies. (Hrsg.), Handbuch der Grundrechte, Bd. III, Heidelberg 2009.
Möllers, Christoph, Wandel der Grundrechtsjudikatur, NJW 2005, 1973 ff.
Morgenthaler, Gerd, Freiheit durch Gesetz, Tübingen 1999.
Müller, Friedrich, Die Positivität der Grundrechte. Fragen einer praktischen Grundrechtsdogmatik, 2. Aufl., Berlin 1990.
Müller-Terpitz, Ralf, Der Schutz pränatalen Lebens: eine verfassungs-, völker- und gemeinschaftsrechtliche Statusbetrachtung an der Schwelle zum biomedizinischen Zeitalter, Tübingen 2007.
Murswiek, Dietrich, Das Bundesverfassungsgericht und die Dogmatik mittelbarer Grundrechtseingriffe, NVwZ 2003, 1 ff.
ders., Grundrechtsdogmatik am Wendepunkt?, Der Staat 45 (2006), 473 ff.

Neukirch, Ralf/Pfister, René, Politiker in Roben, Spiegel 40/2009, S. 28 f.
Neumeyer, Jochen, Die „Esra“-Entscheidung des BVerfG und ihre Konsequenzen, AfP 2007, 509 ff.

Nierhaus, Michael, Grundrechte aus der Hand des Gesetzgebers? – Ein Beitrag zur Dogmatik des Art. 1 Abs. 3 GG, AöR 116 (1991), 72 ff.

Niestedt, Marian/Hölzl, Franz Josef, Zurück aus der Zukunft? Verfassungsmäßigkeit der Primärrechtsschutzbeschränkung im Vergaberecht oberhalb bestimmter Schwellenwerte, NJW 2006, 3680 ff.

van Nieuwland, Herwig, Darstellung und Kritik der Theorien der immanenten Grundrechtsschranken, Göttingen 1981.

Nipperdey, Hans Carl (Hrsg.), Die Grundrechte und Grundpflichten der Reichsverfassung, Bd. 1, Frankfurt am Main 1929.

Obergfell, Eva Inés, Wissenschaftsfreiheit und Tierschutz – Zur Wertigkeit des Tierschutzes im deutschen Verfassungsrechtssystem, ZUM 2007, 910 ff.

Ogorek, Regina, Richterkönig oder Subsumtionsautomat?: Zur Justiztheorie im 19. Jahrhundert, Frankfurt am Main 1986.

Ossenbühl, Fritz, Die Interpretation der Grundrechte in der Rechtsprechung des Bundesverfassungsgerichts, NJW 1976, 2100 ff.

Pahlke, Armin/Koenig, Ulrich (Hrsg.), Abgabenordnung, E-Book, 2. Aufl., München 2009.

Papier, Hans-Jürgen, Verhältnis des Bundesverfassungsgerichts zu den Fachgerichtsbarkeiten, DVBl. 2009, 473 ff.

Pieroth, Bodo, Der Wert der Auffangfunktion des Art. 2 Abs. 1 GG. Zu einem bundesverfassungsgerichtsinternen Streit um die allgemeine Handlungsfreiheit, AöR 115 (1990), 33 ff.

Pieroth, Bodo/Schlink, Bernhard, Grundrechte, 26. Aufl., Heidelberg 2010.

Poetzsch-Heffter, Fritz, Handkommentar der Reichsverfassung, 3. Aufl., Berlin 1928.

Poscher, Ralf, Grundrechte als Abwehrrechte, Tübingen 2003.

Posser, Herbert/Müller, Georg, Arzneimittelmarkt 2004 – Herstellerzwangsrabatt und Festbeträge für Patentarzneimittel, NZS 2004, 178 ff.

Preis, Ulrich/Ulber, Daniel, Tariftreue als Verfassungsproblem, NJW 2007, 465 ff.

Reimer, Franz, Verfassungsprinzipien, Berlin 2001.

Rieble, Volker, Tariftreue vor dem BVerfG, NZA 2007, 1 ff.

Rixen, Stephan, Sozialrecht als öffentliches Wirtschaftsrecht, Tübingen 2005.

Römermann, Volker, Anmerkung zur Kappungsgrenzen-Entscheidung, BB 2007, 1184 f.

Ruck, Silke, Zur Unterscheidung von Ausgestaltungs- und Schrankengesetzen im Bereich der Rundfunkfreiheit, AöR 117 (1992), 543 ff.

Rüfner, Wolfgang, Grundrechtskonflikte, in: Starck, Christian (Hrsg.), Bundesverfassungsgericht und Grundgesetz, Festgabe aus Anlaß des 25jährigen Bestehens des Bundesverfassungsgerichts, Bd. 2, Tübingen 1976, S. 453 ff.

Rusteberg, Benjamin, Der grundrechtliche Gewährleistungsgehalt, Tübingen 2009.

Rüthers, Bernd, Fortgesetzter Blindflug oder Methodendämmerung der Justiz? Zur Auslegungspraxis der obersten Bundesgerichte, JZ 2008, 446 ff.

ders., Trendwende im BVerfG?, NJW 2009, 1461 ff.

Sachs, Michael, Grundrechtsbegrenzungen außerhalb von Gesetzesvorbehalten, JuS 1995, 984 ff.

ders. (Hrsg.), Grundgesetz, 5. Aufl., München 2009.

Saladin, Peter, Grundrechte im Wandel, 2. Aufl., Bern 1957.

ders. (Hrsg.), Der Staat als Aufgabe, Gedenkschrift für Max Imboden, Basel 1972.

von Savigny, Friedrich Carl, System des heutigen römischen Rechts I, Neudruck der Ausg. Berlin 1840, 1973.

Schelsky, Helmut (Hrsg.), Zur Theorie der Institution, Düsseldorf 1970.

Scheuner, Ulrich, Pressefreiheit, VVDStRL 22 (1965), 1 ff.

ders., Die Funktion der Grundrechte im Sozialstaat, DÖV 1971, 505 ff.

ders., Grundrechte im Leistungsstaat, VVDStRL 30 (1972), 142 ff.

Schilling, Theodor, Rechtsfragen zu Art. 30 EGV, EuR 1994, 50 ff.

Schlink, Bernhard, Abwägung im Verfassungsrecht, Berlin 1976.

ders., Freiheit durch Eingriffsabwehr, EuGRZ 1984, 457 ff.

ders., Abschied von der Dogmatik. Verfassungsrechtsprechung und Verfassungsrechtswissenschaft im Wandel, JZ 2007, 157 ff.

Schmidt, Walter, Die Freiheit vor dem Gesetz, AöR 91 (1966), 42 ff.

Schmitt, Carl, Freiheitsrechte und institutionelle Garantien der Reichsverfassung, Berlin 1931.

ders., Verfassungsrechtliche Aufsätze, Berlin 1958.

ders., Die Tyrannei der Werte, in: Buve, Sergius (Hrsg.), Säkularisierung und Utopie, Ebracher Studien, Ernst Forsthoff zum 65. Geburtstag, Stuttgart 1967, S. 37 ff.

Schneider, Hans-Peter, 50 Jahre Grundgesetz – Vom westdeutschen Provisorium zur gesamtdeutschen Verfassung, NJW 1999, 1497 ff.

Schoch, Friedrich, Die Haftungsinstitute des enteignungsgleichen und enteignenden Eingriffs im System des Staatshaftungsrechts, Jura 1989, 529 ff.

Schröder, Meinhard, Die Je-desto-Formel des Bundesverfassungsgerichts in der Esra-Entscheidung und ihre Bedeutung für Grundrechtsabwägungen, DVBl. 2008, 146 ff.

Schwab, Brent, Urteilsanmerkung zur Tariftreue-Entscheidung, AuR 2007, 97 ff.

Schwabe, Jürgen, Probleme der Grundrechtsdogmatik, Darmstadt 1977.

ders., Über Grundpflichtmythen, Abstraktionismus und Überproduktion in der Grundrechtsdogmatik. Erwiderung auf Christian Calliess (JZ 2006, 321), JZ 2007, 135 ff.

Schwartländer, Johannes (Hrsg.), Modernes Freiheitsethos u. christlicher Glaube, München 1981.

Schwarz, Kyrill-A., Das Postulat lückenlosen Grundrechtsschutzes und das System grundrechtlicher Freiheitsgewährleistung, JZ 2000, 126 ff.

Schweitzer, Michael, Staatsrecht III, 10. Aufl., Heidelberg 2010.

Seidel, Gerd, Das Versammlungsrecht auf dem Prüfstand, DÖV 2002, 283 ff.

Selmer, Peter, Generelle Norm und individueller Grundrechtsschutz – Gedanken zum Thema Recht und Individualität, 1972, 551 ff.

Sieckmann, Jan-R., Zum Nutzen der Prinzipientheorie für die Grundrechtsdogmatik, JZ 2009, 557 ff.

Siegel, Thorsten, Effektiver Rechtsschutz und der Vorrang des Primärrechtsschutzes, DÖV 2007, 237 ff.

Smend, Rudolf, Verfassung und Verfassungsrecht, München 1928.

ders., Staatsrechtliche Abhandlungen, Berlin 1955.

Sodan, Helge, Verfassungsrechtsprechung im Wandel – am Beispiel der Berufsfreiheit, NJW 2003, 257 ff.

ders. (Hrsg.), Grundgesetz, München 2009.

Starck, Christian, Die Grundrechte des Grundgesetzes, JuS 1981, 237 ff.

Stern, Klaus (Hrsg.), Das Staatsrecht der Bundesrepublik Deutschland, Bd. III/1, München 1988.

ders., Das Staatsrecht der Bundesrepublik Deutschland, Bd. III/2, München 1994.

ders., Das Staatsrecht der Bundesrepublik Deutschland, Bd. IV/1, München 2006.

Stern, Klaus/Becker, Florian (Hrsg.), Grundrechte-Kommentar, Köln 2010.

Streinz, Rudolf (Hrsg.), EUV/EGV, München 2003.

Studie der Friedrich-Ebert-Stiftung vom 8.7.2008 unter: http://www.fes.de/aktuell/documents2008/Zusammenfassung_Studie_GPI.pdf [Datum des letzten Abrufs: 17.3.2011].

Thum, Kai, Das Grundrecht der Rundfunkfreiheit nach deutschem und europäischem Recht, DÖV 2008, 653 ff.
Tietje, Teemu, Die Verfassungsmäßigkeit eines Tariftreueverlangens bei Bauauftragsvergabe, NZBau 2007, 23 ff.
Tschentscher, Axel, Versammlungsfreiheit und Eventkultur, NVwZ 2001, 1243 ff.

Volkmann, Uwe, Veränderungen der Grundrechtsdogmatik, JZ 2005, 261 ff.
ders., Leitbildorientierte Verfassungsanwendung, AöR 134 (2009), 157 ff.
Vollmeyer, Jan, Zweckprüfung und Zwecksetzung, DÖV 2009, 55 ff.
Vosgerau, Ulrich, Zur Kollision von Grundrechtsfunktionen, AöR 133 (2008), 346 ff.
ders., Das allgemeine Persönlichkeitsrecht als Universalschranke der Kunstfreiheit: ein Irrweg der Rechtsprechung, Der Staat 48 (2009), 107 ff.
Voßkuhle, Andreas, Stabilität, Zukunftsoffenheit und Vielfaltssicherung – Die Pflege des verfassungsrechtlichen „Quellcodes" durch das BVerfG, JZ 2009, 917 ff.

Wahl, Rainer, Freiheit der Wissenschaft als Rechtsproblem, Freiburger Universitätsblätter, Heft 95 (1987), 19 ff.
Wehr, Matthias, Rechtspflichten im Verfassungsstaat. Verfassungs- und verwaltungsrechtliche Aspekte der Dogmatik öffentlich-rechtlicher Pflichten Privater, Berlin 2005.
Wernsmann, Rainer, Wer bestimmt den Zweck einer grundrechtseinschränkenden Norm – BVerfG oder Gesetzgeber?, NVwZ 2000, 1360 ff.
ders., Das demokratische Prinzip und der demographische Wandel, Der Staat 44 (2005), 43 ff.
ders., Verhaltenslenkung in einem rationalen Steuersystem, Tübingen 2005.
Wiefelspütz, Dieter, Ist die Love-Parade eine Versammlung?, NJW 2002, 274 ff.
Wollenschläger, Ferdinand, Das EU-Vergaberegime für Aufträge unterhalb der Schwellenwerte, NVwZ 2007, 388 ff.
Würkner, Joachim, Wie frei ist die Kunst?, NJW 1988, 317 ff.
ders., Das Bundesverfassungsgericht und die Freiheit der Kunst, München 1994.

Zuck, Rüdiger, Die Reduktion des Schutzgehalts der Grundrechte durch den Ersten Senat, JZ 2008, 287 ff.

Studien und Materialien zum Öffentlichen Recht

Herausgegeben von Herbert Bethge

Band 1 Hans-Georg Kamann: Die Mitwirkung der Parlamente der Mitgliedstaaten an der europäischen Gesetzgebung. National-parlamentarische Beeinflussung und Kontrolle der Regierungsvertreter im Rat der Europäischen Union im Spannungsfeld von Demokratie und Funktionsfähigkeit des gemeinschaftlichen Entscheidungsverfahrens. 1997.

Band 2 Gerhard Spieß: Der Grundrechtsverzicht. 1997.

Band 3 Stefan Hepach: Der Grundrechtsstatus der Landesmedienanstalten. 1997.

Band 4 Michael Fraas: Sicherheitsrat der Vereinten Nationen und Internationaler Gerichtshof. Die Rechtmäßigkeitsprüfung von Beschlüssen des Sicherheitsrats der Vereinten Nationen im Rahmen des VII. Kapitels der Charta durch den Internationalen Gerichtshof. 1998.

Band 5 Friedrich Loschelder: Die Durchsetzbarkeit von Weisungen in der Bundesauftragsverwaltung. 1998.

Band 6 Gunila Dieterich: Rechtsschutz der deutschen Bundesländer vor dem Bundesverfassungsgericht in Angelegenheiten der Europäischen Union. 1998.

Band 7 Wolfgang Weiß: Die Personenverkehrsfreiheiten von Staatsangehörigen assoziierter Staaten in der EU. Eine vergleichende Analyse der Assoziationsabkommen. 1998.

Band 8 Christian Bamberger: Verfassungswerte als Schranken vorbehaltloser Freiheitsgrundrechte. Vom Verfassungs- zum Gegenseitigkeitsvorbehalt. 1999.

Band 9 Andreas Rohde: Freier Kapitalverkehr in der Europäischen Gemeinschaft. 1999.

Band 10 Herbert Bethge: Rechtsberatung im privaten Rundfunk. Rechtsgutachten, erstattet auf Ansuchen von SAT 1, unter Mitwirkung von Christian von Coelln. 2000.

Band 11 Marcel Vachek: Das Religionsrecht der Europäischen Union im Spannungsfeld zwischen mitgliedstaatlichen Kompetenzreservaten und Art. 9 EMRK. 2000.

Band 12 Kerstin Ebock: Der Schutz grundlegender Menschenrechte durch kollektive Zwangsmaßnahmen der Staatengemeinschaft. Vom Interventionsverbot zur Pflicht zur humanitären Intervention? 2000.

Band 13 Christiane Gucht: Das Zensurverbot im Gefüge der grundrechtlichen Eingriffskautelen. 2000.

Band 14 Markus Ruttig: Der Einfluß des EG-Beihilferechts auf die Gebührenfinanzierung der öffentlich-rechtlichen Rundfunkanstalten. 2001.

Band 15 Jochen Murach: Die Haftung der öffentlichen Hand im Verwaltungsschuldrecht. 2002.

Band 16 Holger Schäfer: Die ungeschriebenen Freiheitsrechte in der schweizerischen Bundesverfassung von 1874 im Vergleich mit dem Grundgesetz. 2002.

Band 17 Alexander Glos: Die deutsche Berufsfreiheit und die europäischen Grundfreiheiten. Ein Strukturvergleich. 2003.

Band 18 Georg Blasberg: Verfassungsgerichte als Ersatzgesetzgeber. Entscheidungsaussprüche bei Normenkontrollen von Bundesverfassungsgericht und Corte Costituzionale. 2003.

Band 19 Artur Müller-Wewel: Souveränitätskonzepte im geltenden Völkerrecht. 2003.

Band 20 Helmut Wirner: Kommunale Wohnungsunternehmen als öffentliche Auftraggeber im Sinne der EG-Vergaberichtlinien. 2003.

Band 21 Christian Abt: Die Mitwirkung der deutschen Bundesländer bei völkervertraglichen Handlungen im Rahmen der Europäischen Union. 2003.

Band 22 Wolfram Wormuth: Die Bedeutung des Europarechts für die Entwicklung des Völkerrechts. 2004.

Band 23 Sonja Rademacher: Diskriminierungsverbot und „Gleichstellungsauftrag". Zur Auslegung des Art. 3 Abs. 2 Satz 2 GG. 2004.

Band 24 Thomas Lennarz: Die Rechtsprechung des Europäischen Gerichtshofs und des Gerichts erster Instanz zu prozessualen Fragen des Verfügungsgrundsatzes und der Fristen. 2004.

Band 25 Florian Niewöhner: Elektronische Benutzerführungssysteme und chancengerechter Zugang zum digitalen Fernsehen. Eine Untersuchung unter besonderer Berücksichtigung der Position des öffentlich-rechtlichen Rundfunks. 2004.

Band 26 Oliver Glück: § 24c KWG und das Recht auf informationelle Selbstbestimmung. Eine Untersuchung der Verfassungsmäßigkeit des automatisierten Abrufs von Kontoinformationen. 2005.

Band 27 Siegfried Kwanka: Die Einwirkungen des Europarechts auf den vorläufigen Rechtsschutz im nationalen Verwaltungsprozess. 2006.

Band 28 Christian von Coelln: Spielräume des Gesetzgebers für die Erweiterung des Zugangs der Zeitungsverlage zum Rundfunk in Bayern. Rechtsgutachten, erstattet auf Ansuchen des Verbandes Bayerischer Zeitungsverleger e.V. 2006.

Band 29 Christoph Schultes: Die verfassungsändernde Volksgesetzgebung in Bayern. Eine Untersuchung zur Revision der Bayerischen Verfassung durch Volksbegehren und Volksentscheid. 2006.

Band 30 Kai Thum: Einfachgesetzliche Präzisierung des verfassungsrechtlichen Funktionsauftrags des öffentlich-rechtlichen Rundfunks. Zugleich ein Beitrag zur Dogmatik der Rundfunkfreiheit. 2007.

Band 31 Stefan Remmert: Wirtschaftssanktionen zum Schutz der Menschenrechte. Zur Frage ihrer Vereinbarkeit mit dem allgemeinen Zoll- und Handelsabkommen (GATT). 2008.

Band 32 Anna-Mirjam Frey: Die Romanfigur wider Willen. 2008.

Band 33 Eva Maria Schimpfhauser: Das Gewaltmonopol des Staates als Grenze der Privatisierung von Staatsaufgaben. Dargestellt am Beispiel des Strafvollzuges. 2009.

Band 34 Torben Frank: Der Schutz von Unternehmensgeheimnissen im Öffentlichen Recht. 2009.

Band 35 Katja Gößling: Der Aufenthaltsstatus von ausländischen Arbeitnehmern in der Bundesrepublik Deutschland. Gemeinschaftsrechtliche Vorgaben und ihre Umsetzung in das nationale Recht. 2009.

Band 36 Daniel Ferdinand Kendziur: Neue Wege für den Rechtsschutz Privater gegen die Wirtschaftstätigkeit der öffentlichen Hand. 2009.

Band 37 Cathrin I. Mächtle: Bildungsspezifische Implikationen des allgemeinen Diskriminierungsverbots und der Freizügigkeit. 2010.

Band 38 Johanna Dittmann: Privatrechtliche Diskriminierungsverbote aus verfassungsrechtlicher Sicht. Eine Untersuchung unter besonderer Berücksichtigung des Allgemeinen Gleichbehandlungsgesetzes. 2010.

Band 39 Angela Streibel: Rassendiskriminierung als Eingriff in das allgemeine Persönlichkeitsrecht. 2010.

Band 40 Katja Arnold: Die grundrechtliche Schutzbereichsbegrenzung. 2011.